신자유주의 시대 한국문화와 코뮌주의
문화사회론적 접근

신자유주의 시대 한국문화와 코뮌주의

지은이 ㅣ 강내희

초판발행일 ㅣ 2008년 12월 26일

발행인 ㅣ 손자희
발행처 ㅣ 문화과학사
주 소 ㅣ 120-831 서울시 서대문구 연희동 421-43
전 화 ㅣ 335-0461   팩 스 ㅣ 3141-0466
e-mail ㅣ transics@chol.com

출판등록 ㅣ 제1-1902 (1995. 6. 12)
값 18,000원
ISBN 978-89-86598-84-1   93300

신자유주의 시대 한국문화와 코뮌주의

―문화사회론적 접근

강내희

문화과학사

■ 서문

　신자유주의가 드디어 위기를 맞았다. 지난 수십 년간 자본축적의 만능기술자
로 통하던 신자유주의는 이제 대공황 전초 단계로 보이는 경제위기를 야기한 근
본 원인으로, 자본주의를 망치는 원흉으로 지목받고 있다. 신자유주의에 대한 이
평가 변화는 자본주의 헤게모니국가 미국이 2008년 10월부로 1세기에 한 번 닥칠
까말까 한 금융위기를 겪으며 세계경제를 나락으로 내몰면서 생긴 결과이다. 미
국은 그동안 자본의 극단적 자유를 허용할 것을 세계 각국에 강요해 왔으나 주택
시장, 월스트리트, 자동차산업 등 자국 경제 전반의 몰락과 쇠퇴를 눈앞에 두고
있다. 이로 인해 과거 '워싱턴 컨센서스'를 내세우며 신자유주의를 강요하던 자들
도 자신들의 신조가 문제였음을 실토할 수밖에 없게 되었다. 오랫동안 신자유주
의적 금융정책을 지휘해온 연방준비제도이사회 그린스펀 전의장이 최근 의회에
불려나와 자신의 과실을 인정한 것이 대표적 예일 것이다.
　이 책에 수록한 글 대부분은 신자유주의 시대 한국문화가 어떤 특징과 경향,
문제점들을 드러내고 있는지 살펴보면서 이후의 바람직한 문화상을 그려보는 시도
들이다. 나는 지난 10여 년 동안 신자유주의 시대 문화와 그와 관련한 사회적 현상
들을 검토하는 작업을 진행하여 그 성과들을 『신자유주의와 문화』(2000), 『한국의
문화변동과 문화정치』(2003)로 모아 발표한 바 있다. 이번에 상재하는 글들도 신

자유주의에 대한 문제의식을 깔고 있다는 점에서 앞선 글들과 맥락을 함께 한다. 신자유주의가 위기를 맞은 지금 그 전성기의 문화 문제를 살펴본 글들을 함께 묶는 작업의 시의성은 무엇일까? 신봉자들까지 자신의 문제점을 인정하고 나섰으니 신자유주의 문제는 과거지사라고 치부할 사람도 있을 것이다. 그러나 최근의 한국문화를 고찰한 글들로『신자유주의 시대 한국문화와 코뮌주의—문화사회론적 접근』이라는 제목의 책을 내는 것은 신자유주의 비판은 여전히 중요하며 계속되어야 한다고 믿기 때문이다.

　　신자유주의의 위기를 그 종언으로 받아들이면 곤란하다. 특히 최근의 한국 상황에 이런 지적이 들어맞는다고 보는데, 그것은 2008년 초 이명박 정권의 출범으로 한국에서는 신자유주의가 오히려 강화되고 있기 때문이다. 지난 30년간 우리 사회는 신자유주의의 지배로부터 벗어난 적이 없다. 신자유주의는 박정희 말기에 도입된 뒤 전두환, 노태우, 김영삼 정권 등 권위주의 및 자유주의 우파 지배 시절을 거쳐서 개혁적이라던 김대중, 노무현 정권에서까지 그 기조가 이어져 왔다. 지금은 어떠한가? 이명박 정권이 종부세를 폐지하고 더 한 층의 민영화와 사유화를 추진하고 있으니 한국에서 신자유주의는 종언은커녕 위기라 부르기도 어려울 정도이다. 이런 추세는 최근의 금융위기 충격 속에 역사상 처음으로 흑인대통령을 탄생시킨 미국 등 다른 선진 자본주의 국가에서 나타나고 있는 신자유주의에 대한 반성 기조와는 대조를 이룬다. 전통적으로 사민주의, 케인스주의 전통이 강한 유럽에서는 경제위기의 조짐이 보이자 국가 주도의 대규모 투자를 실시하며 시장을 관리하기 시작했고, 미국에서도 오바마 대통령 당선자가 새로운 뉴딜정책을 펼칠 준비를 하고 있다.

　　그러나 사실 이런 반성마저도 얼마나 큰 진정성이 있는지 의문을 품게 된다. 특히 미국의 움직임이 이런 의혹을 강하게 불러일으킨다. 오바마는 차기 정부의 경제팀을 꾸리면서 클린턴 정권에서 재무 장관을 지낸 로런스 서머스를 국가경제위원장으로, 서머스의 제자 티모시 가이스너를 재무 장관으로, 카터와 레이건 정권에서 연준 의장을 지낸 폴 볼커를 경제회복자문위 의장으로 기용했다. 문제는 이들이 한결같은 신자유주의자라는 것이다. 가이스너는 한국이 1997년 IMF 위기를 맞았을 때 당시 재무 장관 로버트 루빈의 요청에 따라 한국의 금융계를 무장해제시켰고, 서머스는 일본에 가서 한국에 금융지원을 하지 못하도록 조치를 취한 경력이 있다. 볼커의 경우 연준 의장 시절 물가상승을 잡는다며 가혹한 통화정책, 긴축정책을 쓰며 1980년대 남미 경제를 파탄에 몰아넣은 장본인이다. 이런 경력의 소유자들로 경제팀을 구성한 오바마 정권이 신자유주의에 대해 얼마나 근본적으로 반성할 수 있을까?

한국에서나 미국에서나, 그리고 세계에서 신자유주의 기조는 따라서 쉽게 사라질 것 같지 않다. 더 나아가서 신자유주의가 설령 종언을 고한다고 해도 그동안 신자유주의를 가동해온 사회체제와 이를 뒷받침해온 이데올로기나 전략이 과연 종결될 것인가 하는 문제가 있다. 사실 신자유주의만이 문제라고 볼 수는 없다. 신자유주의는 근래의 자본주의가 채택한 자본축적 전략 또는 이와 연동된 지배 이데올로기에 불과하다. 역사적으로 자본주의는 자유주의를 지배이데올로기로 채택하면서 축적의 조건에 따라 이를 고전적 자유주의, 수정 자유주의, 신자유주의 등으로 변화시켜 왔다. 신자유주의가 지금 종언을 고하더라도 자본주의가 온존하고, 그와 함께 자유주의가 작동하는 한 사정이 크게 달라지지 않을 것은 그 때문이고, 신자유주의에 대한 반성을 무조건 지지할 수 없는 이유도 여기에 있다.

미국과 유럽의 지배블록이 신자유주의의 위기를 인정하고 케인스주의로의 복귀를 시도하며 새로운 '뉴딜정책'을 펼치려는 것은 나름대로 의미가 없지는 않을 것이다. 그러나 어쩌면 한국에서도—이명박 정권이 대중적 저항 때문에 지금의 신자유주의 강화 노선을 변경해야 하거나 정권 교체가 일어날 경우—채택할 가능성이 있는 이 수정 노선에는 세 가지 문제점이 있다. 첫째, 진정성의 문제이다. 오바마의 경제팀 구성이 보여주듯 오늘 신자유주의 노선을 수정하는 자들은 과거에 신자유주의 정책을 펼친 경력이 있는 자들이다. 그들이 과연 신자유주의를 포기할 것인지에 대해서는 이미 의문을 제기한 바 있다. 둘째, 설령 그들이 신자유주의를 포기하고 과거의 수정 자유주의 또는 케인스주의로 복귀하려고 해도 그것이 가능할 것인가라는 문제가 떠오른다. 그런 일은 불가능하지는 않더라도 극히 어려울 것이다. 케인스주의는 자본의 축적이 호조를 보일 때 가능했으나 지금은 자본의 축적 자체가 위기에 처해 있어서 케인스주의를 위한 물적 기반 자체가 없다. 셋째, 가장 중요한 문제는 신자유주의에서 케인스주의, 수정 자유주의로의 복귀가 과연 근본적 해결이냐는 것이다. 신자유주의가 문제이기는 하지만 근본적 문제는 자본주의이고 자유주의이다. 자본주의와 자유주의가 결합하여 세계를 지배하는 한 신자유주의가 종언을 고하더라도 인류의 문제는 사라지지 않을 것이다.

내가 이 책에서 신자유주의 지배 하의 한국문화의 문제들을 다루면서 아울러 자본주의를 넘어서는 문제, 다시 말해 코뮌주의의 전망을 제시하려 한 것은 이런 이유 때문이다. 신자유주의 전략은 자본주의가 최근까지 가동해 왔고 한국자본주의에서는 오히려 강화되고 있지만 그것을 포기한다고 해서 자본주의의 문제가 사라지지는 않는다. 자본주의는 고전적 자유주의가 축적의 위기를 초래하자 수정 자유주의를 가동시켰고, 이것이 제대로 효력을 발휘하지 못하자 신자유주의를 가동시켜 왔다. 이제 자본주의는 신자유주의의 위기를 맞아 또 다른 축적 전략을 찾으려 들 것이다. 신자유주의가 위기를 맞은 사실만 가지고 안심할 수가 없는 이유가 여기에 있다. 문제는 신자유주의를 어떻게 사고하고 극복하느냐는 것이다. 코뮌주의의 전망이 그래서 중요해진다. 코뮌주의는 당연히 신자유주의를 문제로 보지만 그것의 극복만을 목표로 삼지 않는다. 신자유주의만이 문제라면 비록 지금은 실현하기 어렵다 해도 수정 자유주의를 전망으로 삼을 수도 있다. 코뮌주의의 입장은 그런 선택이 자본주의에의 영원한 종속이라고 보고, 자본주의 자체의 극복에서 살길을 찾자는 것이다.

이 책은 크게 세 부분으로 구성되어 있다. 제1부에 실린 글들은 주로 자본주의 극복의 방향을 코뮌주의적 관점에서 찾고 그 의의를 생각해보는 내용이다. 하지만 여기서 나는 코뮌주의를 완결된 관점으로 보기보다는 문화적 관점에서 새롭게 해석하고자 한다. 코뮌주의를 자본주의를 극복하는 가장 올바른 관점으로 인정하면서도 문화적 시각이 포함되어야만 그것이 더욱 풍부해지리라 보기 때문이다. 말하자면 코뮌주의의 문화적 문제설정을 제출하는 셈인데, 그것은 '문화사회론'이라는 이름으로 제시된다.

제2부에는 신자유주의 시대 문화지형이 어떻게 구성되었는지 다루는 글들이 배치되어 있다. 한국에 신자유주의가 도입되어 문화에 영향을 미치기 시작한 것은 대략 1980년대 초부터이다. 이때 광주학살을 자행한 전두환 정권이 신자유주의를 기조로 삼아 문화정책을 펼치기 시작했다. 이후에 문화의 시장화와 자유화가 심화된 것은, 예컨대 1990년대 초부터 소비문화가 급속하게 퍼지고 1990년대 말 이후에 한류가 등장한 것은 신자유주의가 이때부터 지배적 위상을 차지함에 따라서 생긴 변동이다. 2부에 실린 글들은 이런 변화를 추적하면서 지난 30년 동안 신자유주의가 한국의 문화지형에 미친 영향을 살펴보고 있다.

3부에 실린 글들은 대부분이 신자유주의의 지배를 받고 있는 한국문화의 새로운 탈출구를 모색하는 것들이다. 2부의 글들이 주로 신자유주의의 지배적 효과를 문화적 관점에서 살펴봤다면 3부의 글들은 신자유주의적 문화지형 타파를 위해 필요한 문화운동의 방향과 과제를 설정하고자 한다. 이 과정에서 내가 제시하는 문화운동의 목표는 '문화사회' 건설이다.

이 책의 상당 부분은 특정한 시점에 원고나 강연 청탁을 받아서 작성한 글들이다. 대부분이 이전에 쓴 많은 다른 글처럼 특정 국면에 대한 개입으로서 시의성을 강하게 띠는 것은 그 때문이다. 이런 글을 쓸 수 있게끔 나를 강제한 단체들, 개인들에게 감사드린다. 참고로 여기 수록된 글들 가운데 다른 매체에 발표된 글들의 출처는 다음과 같다.

「현 단계 한국 문화운동의 방향과 과제」, 『문화/과학』 56호, 2008

「문화와 시장」, 『마르크스주의 연구』 10호, 2008

「의림과 시적 정의, 또는 사회미학과 코뮌주의」, 『문화/과학』 53호, 2008

「신자유주의와 한류」, 『중국현대문학』 42호, 2007

「신자유주의 시대 문화지형의 변동과 문화운동」, 『마르크스주의 연구』 7호, 2007

「코뮌주의와 문화사회」, 『문화/과학』 50호, 2007

「19-20세기 서구 코뮌주의 운동에서 문화적 관점의 동요」, 『21세기 자본주의와 대안적 세계화』, 문화과학사, 2007

「가없는 미디어매트릭스?」, 『문화/과학』 48호, 2006

「맑스와 한국 문화운동의 방향」, 『맑스, 왜 희망인가?』, 메이데이, 2005

「'문화적 관점'」, 『문화/과학』 39호, 2004

「강남의 계급과 문화」, 『황해문화』 42호, 2004

이 가운데 「맑스와 한국 문화운동의 방향」은 제2회 맑스코뮤날레 학술문화제 (2005년 5월), 「19-20세기 서구 코뮌주의 운동에서 문화적 관점의 동요」는 제3회 맑스코뮤날레 학술문화제(2007년 6월)에서 발표한 글이고, 「문화와 시장」은 중앙게르마니아 100회 기념토론회(2007년 10월), 「신자유주의 시대 문화지형의 변동과 문화운동」은 인천문화재단 주최 연속 콜로키움(2006년 10월), 「현 단계 한국 문화운동의 방향과 과제」는 한국사회포럼(2008년 8월)에서 발표한 것을 수정한 것이다. 이밖에 「문화사회론으로 본 현대문화」는 중앙게르마니아의 2007년 기획 강연 '현대문화를 보는 13개의 창'의 일환으로, 「신자유주의 체제와 문화적 권리」는 문화연대 주관으로 열린 문화권 토론회(2007년 5월)에서, 「문화운동과 교육」은 지역문화연구 사람대사람 창립 토론회(2007년 10월)에서 발표한 글이다.

2008년 12월

강내희

■ 차례

1부

코뮌주의의 문화적 문제설정

코뮌주의와 문화사회

19-20세기 서구 코뮌주의 운동에서 문화적 관점의 동요

의림과 시적 정의, 또는 사회미학과 코뮌주의

문화사회론으로 본 현대문화

코뮌주의와 문화사회

코뮌사회에서는 생산능력의 발전뿐만이 아니라 향유능력의 발전이 중시된다. 이 능력은 무엇보다 개
인적 능력, 개인적 생산력의 발전이다. 다시 말해 유적 존재로서 인간의 인간적 역능의 발전인 것이다.
이것은 코뮌주의가 추구하는 사회가 곧 문화사회임을 말해준다. 그것은 필요성의 영역을 기반으로 하
지만 그 자신은 가치생산에서 벗어난, 즉 비-임금노동으로서의 성격이 강한 활동, 다시 말해 '그 자체
의 목적'으로서의 활동이 중심이 되어야 한다. 코뮌주의가 자본주의를 지양하여 만들 사회가 문화사회
가 되어야 하는 것은 따라서 문화적 활동이 중심이 된 삶을 통해 그 사회의 주체들이 다양한 주체적
역능들을 강화하여 자본주의적 삶으로의 회귀를 거부할 수 있는 힘을 갖추기 위함이기도 하다.

코뮌주의와 문화사회

1. 맑스와 엥겔스의 코뮌주의

맑스와 엥겔스는 통상 코뮌주의의 창시자로 알려져 있지만 그들이 코뮌주의자가 된 것은 동시대의 다른 사람들에 비해 빨랐던 편이 아니다.[1] 맑스가 코뮌주의자가 된 것은 만 25세의 나이로 "유토피아가 '유행'이던 도시" 파리에 도착한 1843년이고,[2] 엥겔스가 자신을 코뮌주의자로 선언한 것은 한 해 전인 1842년이었다.[3] 홉스봄에 따르면 당시 정치적 후진사회였던 독일에서조차 두 사람은 선구자가 아니었다. 최초의 독일 태생 코뮌주의 이론가는 재봉사 빌헬름 바이틀링이었고, 지식인으로는 모제스 헤스가 엥겔스를 앞질렀으며, 1840년대 초 프랑스, 영국,

---

1_ 여기서 나는 자본주의 지양을 추구하는 관점 또는 현실 사회운동의 조류를 '공산주의' 대신 '코뮌주의'라고 부르고자 한다. 이는 맑스와 엥겔스의 사상을 '맑스주의'로 종합하고 그것을 정통 교리로 삼아서 현실운동의 원칙으로 삼고 그를 통해 볼셰비키 혁명에 성공한 소련에서의 역사적 실험을 가리키는 '공산주의'와 '코뮌주의'를 구분하기 위함이다. 이런 입장은 정통 맑스주의에서는 사라지거나 위축되었지만 오늘 자본주의 사회의 대안을 구축하기 위해서는 맑스로 돌아가야 한다는 것이기도 하다.

2_ 다니엘 렝당베르그, 「맑스와 '파리의 미스테리'」, 서관모 편, 『역사적 맑스주의』, 새길, 1993, 206쪽.

3_ 에릭 홉스봄, 「맑스, 엥겔스와 맑스 이전의 사회주의」, 『역사적 맑스주의』, 151쪽.

미국에서는 이론적이자 실천적인 사회주의 및 공산주의 운동들이 이미 존재하고 있었던 것이다.4) 그러나 맑스와 엥겔스가 코뮌주의로 '개종'함으로써 19세기 중반 유럽을 지배하던 사회주의는 물론이고 코뮌주의 전통 안에서도 결정적 변화의 계기가 마련된다.

맑스와 엥겔스가 코뮌주의자임을 자임한 것은 당시 성행하던 사회주의로부터 거리를 두기 위함이었다. 이는 그들이 당대 사회주의에 대해 비판적 태도를 지녔음을 보여준다. 1888년 엥겔스는 40년여 년 전 맑스와 자신이 공동으로 집필한 『코뮌주의자 선언』의 서문을 쓰면서 다음과 같이 말하고 있다.

> 1847년에 사회주의자들이라고 하면 한편으로는 다양한 공상적 체계들의 추종자들, 즉 이미 점차 사멸해 가는 종파들로 오그라들고 있었던 영국의 오언주의자들, 프랑스의 푸리에주의자들을 의미했고, 다른 한편으로는 잡다한 졸서들을 통해서 자본과 이윤에 어떠한 위험도 주지 않고 사회적 폐해들을 제거하겠노라고 약속하는 잡다하기 그지없는 사회적 돌팔이 의사들을 의미했다. 두 경우 모두에서 사회주의자들이란 노동자 운동의 바깥에 서 있으면서 오히려 '교양 있는' 계급의 후원을 구한 사람들이었다. 노동자 중에서 단순한 정치적 변혁들의 불충분함을 깨닫고 사회의 총체적 개조의 필요성을 요구했던 바로 그러한 부분은 그 당시 자신을 공산주의자라고 불렀다…두 명칭들 중에 어떤 것을 선택해야 할 것인가에 대해서는 의문의 여지가 없었다.5)

"자본과 이윤에 어떠한 위험도 주지 않고 사회적 폐해들을 제거"하려는 입장과 "사회의 총체적 개조"를 추구하는 입장, 엥겔스는 여기서 이 두 입장의 차이를

4_ 같은 글, 151-52쪽.
5_ 프리드리히 엥겔스, 「(1888년 영어판) 서문」, 칼 맑스 「공산주의당 선언」, 『칼 맑스 · 프리드리히 엥겔스 저작 선집』 1권, 최인호 역, 박종철출판사, 1991, 380쪽.

'사회주의자'와 '코뮌주의자'를 구별짓는 기본 잣대로 제시한다. 아울러 그는 사회주의자들이 '교양' 계급이라면 코뮌주의자는 '노동자 중에서' 나올 것임을 암시하고 있다. 코뮌주의자는 그에게 "단순한 정치적 변혁들의 불충분함을 깨닫고 사회의 총체적 개조"를 위해 행동하는 노동자계급이었던 것이다. 물론 노동자계급이라고 하여 모두 단일한 사회변혁의 이념을 갖고 있었던 것은 아니다. 당시 노동자 운동은 "사회주의적, 공산주의적 또는 상호부조주의적 담론들의 집합체"로 존재하고 있었기 때문이다.[6] 그러나 맑스의 경우 "카베, 데자미, 바이틀링 등이 가르치는 것과 같은 현실적으로 존재하는 공산주의"를 접하고[7] "프랑스에서 노동자계급과 그들의 자기해방 운동을 발견"[8]함으로써, 노동자계급 운동과 융합한 사회변혁 이론으로서의 코뮌주의를 수용하게 된다.

이런 사실은 맑스와 엥겔스가 19세기 초반 유럽의 진보운동을 주도하던 사회주의자들과는 근본적으로 다른 길을 걸었음을 보여준다. 오언, 푸리에, 생시몽의 경우 사회개혁을 꿈꾸었으되 '사회의 총체적 개조'를 지향한 것은 아니었다. 오언이 만든 '뉴 하모니'나 푸리에주의자들이 만든 '팔랑스테르'(phalanstère)는 기존의 자본주의 사회와는 질적으로 다른 삶의 방식을 추구했지만 예외적인 별세계에 그쳤을 뿐 자본주의 사회에 대한 현실적 대안에 이르지는 못했다.[9] 당시 사회주의자들은 기본적으로 자본주의 사회를 넘어서려는 이행전략, 자본주의 사회의 작동 방식 자체를 바꾼다는 변혁의 전망이 없었기 때문이다. 맑스와 엥겔스에게 이러한 "사회주의는…'상류사회적'이었고, 공산주의는 바로 그 반대의 것이었

6_ 렝당베르그, 앞의 글, 197쪽.

7_ Karl Marx/Frederick Engels, *Collected Works* Vol. 3. *Marx and Engels 1843-44* (Moscow: Progress Publishers, 1975), p. 143; 렝당베르그, 같은 글, 198쪽에서 재인용.

8_ 막시밀리엥 뤼벨, 『칼 맑스의 지적 전기』; 렝당베르그, 209쪽에서 재인용.

9_ 오언과 푸리에가 행한 실험들의 한계에 대해서는 박주원, 「오웬과 푸리에, 19세기 사회주의의 또 다른 길과 꿈」, 제2회 맑스코뮤날레조직위원회 편, 『맑스, 왜 희망인가』, 메이데이, 2005, 205-206쪽과 이 책에 같이 실려 있는 「19-20세기 서구 코뮌주의 운동에서 문화적 관점의 동요」 참조

다."[10] 그들은 당시 상류사회의 사회주의를 유토피아 사회주의로 규정하고 대신 코뮌주의를 선택하면서 대안사회 건설은 자본주의 사회 자체의 변혁을 통과해야 하며, 이 변혁의 주체는 자본주의 생산양식의 핵심 주체인 노동자계급임을 분명히 한다.[11]

맑스와 엥겔스는 코뮌주의 전통 내부에서도 중대한 전환의 계기를 마련했다. 사실 맑스와 엥겔스가 선택한 코뮌주의가 코뮌주의 전체를 대변하는 것은 아니다. 코뮌주의의 역사는 노동자계급 중심의 코뮌주의보다 더 이전으로, 프랑스 혁명 시기는 물론이고 기독교를 포함한 다양한 원시 종교에서 발현된 코뮌주의로까지 멀리 거슬러 올라간다. 윤소영에 따르면 맑스의 코뮌주의는 첫 번째 코뮌주의인 아나키즘과 두 번째 코뮌주의인 '시민적 코뮌주의'와 구분되는 역사상 세 번째의 코뮌주의였다.[12] 이는 코뮌주의 전통 안에서도 맑스와 엥겔스의 코뮌주의가 그 이전의 코뮌주의와는 다르며, 맑스주의 고유의 흐름을 만들어냈다는 말이다.

맑스주의적 코뮌주의의 고유함은 무엇보다 기독교의 천년왕국론에서 출발하여 19세기의 아나키즘으로 발전한 첫 번째 코뮌주의와의 구분에서 드러난다. 맑스주의와 아나키즘은 "모두 유토피아 사회주의 이후의 정치이념"으로서 "노동자 연합의 이념을 계승한다"(77)는 공통점을 갖지만, 알다시피 두 전통은 이행 전략

10_ 엥겔스, 앞의 글, 380쪽.

11_ 맑스와 엥겔스가 사회주의자임을 완전히 포기한 것은 아니다. 엥겔스는 1880년에 『유토피아에서 과학으로의 사회주의의 발전』을 썼고, 맑스도 엥겔스가 맑스주의를 '과학적' 또는 '혁명적' 사회주의로 간주하는 것을 묵인했다고 할 수 있다. 그들은 『코뮌주의자 선언』에서 오언, 푸리에 등을 '유토피아' 사회주의자라고 규정했지만 다른 한편 후자의 '연합적 생산양식' 개념을 수용하는 등 높이 평가하였다(최갑수, 「초기사회주의와 '사회주의적 유토피아'」, 제1회 맑스 코뮤날레조직위원회 편, 『지구화 시대 맑스의 현재성 1』, 문화과학사, 2003과 이 책에 실린 강내희, 「19-20세기 서구 코뮌주의 운동에서 문화적 관점의 동요」 참조). 그래도 이 글에서는 나중에 다루려고 하는 문화사회의 문제를 부각시키기 위해 두 사람을 사회주의자 이전에 코뮌주의자로 인식하는 것이 중요하다고 본다.

12_ 이 부분과 이하 기독교 또는 아나키즘적 코뮌주의, 시민적 코뮌주의, 맑스주의적 코뮌주의의 관계에 대해서는 윤소영, 『역사적 마르크스주의: 이념과 운동』, 공감, 2004, 64-79쪽 참조. 이후 이 책에서의 인용은 본문의 괄호 속에 그 쪽수를 표시한다.

을 놓고 중요한 차이점을 드러냈다. 아나키즘이 "도덕경제론과 반경제론을 절충"하며 주체적 결단에 의한 자본주의 극복을 추구했다면, 맑스주의는 "도덕경제론을 경제학 비판으로 대체"(79)하여 이행의 객관적 조건을 검토하는 '과학적 사회주의'의 태도를 취하고, 아울러 변혁의 주체적 조건을 도덕주의와는 달리 '프롤레타리아 독재'에서 구했던 것이다. 맑스주의에서는 이에 따라 코뮌주의가 다른 방식으로 이해된다. 맑스와 엥겔스는 『독일 이데올로기』에서 "우리에게 있어서 공산주의는 조성되어야 할 하나의 **상태**, 현실이 이에 의거하여 배열되는 하나의 **이상**이 아니다. 우리는 현재의 상태를 지양해나가는 **현실적** 운동을 공산주의라고 부른다"고 했다.[13] '현재의 상태'는 자본주의이고, 그것을 지양하는 현실적 운동은 '현재의 상태'로서의 자본주의를 분석하고, 자본축적의 메커니즘을 이해하며, 그것을 변혁하기 위해 그 안에서 움직이는 노동자계급 운동이다. 맑스주의적 코뮌주의는 아나키즘과 함께 유토피아 사회주의가 제시한 '노동자연합의 이념'을 공유하지만, 자본축적 메커니즘을 변혁하지 않고는 자본주의라는 현재 상태를 지양할 수 없으며 따라서 프롤레타리아 독재와 같은 이행의 전략이 필수적이라고 본다. 반면에 아나키즘은 도덕적 결단 등에 의해 코뮌사회로 바로 나아갈 수 있다고 보는 입장이다.

다른 한편 맑스주의적 코뮌주의는 시민적 코뮌주의와는 좀 더 많은 친연성을 가지고 있다. 윤소영에 따르면 이 코뮌주의 전통은 1640년의 영국혁명에서 1789년의 프랑스혁명으로 이어지는 "시민의 자기해방"으로 나타났고, 프랑스혁명 과정에서는 "급진화된 부르주아 노선을 대표"하며 "생존권이라는 개념을 제시"한 로베스피에르와는 달리 "공산주의화한 노동권" 개념을 제시한 바뵈프에 의해서 제출된 바 있다. 이후 푸리에가 바뵈프의 노동권 개념을 "자기 자신에 대한 소유로 개념화"하는데, 1848년 혁명에서 주된 쟁점으로 떠오른 것이 바로 이 "프롤레

13_ 칼 맑스·프리드리히 엥겔스, 「독일이데올로기」, 『칼 맑스·프리드리히 엥겔스 저작 선집』 1권, 215쪽.

타리아 노동권과 부르주아적 소유권"(65) 사이의 갈등이었다. 맑스와 엥겔스는 프롤레타리아 노동권을 양보할 수 없는 인간의 기본적 인권으로 주장한 두 번째의 시민적 코뮌주의의 입장을 적극 수용했다고 할 수 있다. 이런 점은 그들이 유토피아 사회주의자들을 가리켜 이행전략이 없는 비과학적, 비혁명적 관념론자라고 비판하면서도 그들의 '연합'(association) 개념만큼은 적극 수용하는 데에서도 드러난다. 윤소영은 맑스가 『자본』에서 "자본주의적 역사적 경향으로서 연합적 생산양식을 제시하면서, 연합노동자를 개인적 소유로 특징"지었음을 지적하고, 이는 "두 번째 공산주의로서 시민적 공산주의가 세 번째 공산주의로서 맑스주의와 직접적으로 결합"(67)한 사례라고 본다. 맑스주의적 코뮌주의는 따라서 연합적 생산양식을 구축하기 위하여 노동권을 프롤레타리아의 주체적 권리로 인정하며 프롤레타리아가 그것을 통해 부르주아의 소유권에 맞서야 한다는 입장으로 이해될 수 있겠다.

2. 노동권과 문화사회

문제는 현실에서 노동권이 어떤 형태로 존재하느냐는 것이다. 이와 관련하여 발리바르가 말한 "본래적인 노동권"과 "사이비 노동권"의 차이를 생각해볼 필요가 있다. 발리바르에 따르면 "본래적인 노동권은…소유권에 적대하는 노동권"으로서 "봉기적인 권리"이고, 따라서 "구성적인 권리"에 불과한 "사이비 노동권"(66)과는 구분된다. 봉기적인 권리와 구성적인 권리의 차이는 바뵈프나 푸리에 정의에 따라서 노동자가 자기 자신에 대해 소유권을 갖느냐, 즉 남에게 양도할 수 없는 자기 자신에 대한 소유의 권리를 인정받느냐 아니면 자본가의 자본에 대한 소유권을 침해하지 않는 선에서 노동을 할 권리만 인정받느냐의 차이이다. 노동자의 진정한 노동권은 당연히 자기 자신에 대한 소유를 타자, 즉 자본가에게 이양하지 않을 수 있는 권리일 것이다. 하지만 문제는 자본주의 사회에서는 이 본래적 노동권이 계속 사이비 노동권의 뒷전으로 밀린다는 점이다. 다음은 1848년의 혁명으로 성립되기 시작한 노동권이 어떻게 변형되었는가에 대한 맑스의 말이다.

> 6월 사건 이전에 작성된 최초의 헌법 초안에는 아직 프롤레타리아트의 혁명적 요구를 요약한 최초의 서투른 공식인 **'노동의 권리'**라는 말이 들어 있었다. 그런데 이 노동의 권리는 **국가로부터 부조를 받을 권리**로 변형되었다. 그러나 현대의 어떤 국가가 어떤 형태로든 빈민을 먹여 살리지 않을 수 있겠는가? 노동의 권리는 부르주아적 의미에서는 터무니없는 것이며, 가련하고 헛된 소망이다. 그러나 노동의 권리 배후에는 자본에 대한 지배 요구가 있고, 자본에 대한 지배 요구 배후에는 생산수단을 점유하여 그것을 단결한 노동 계급에게 종속시키고, 그렇게 해서 자본과 노동, 그리고 그들 상호관계를 폐지시키자는 요구가 있다. '노동의 권리' 배후에는 6월 봉기가 있었다. 혁명적 프롤레타리아트를 사실상 법률의 보호 밖으로 몰아낸 제헌의회는 법 중의 법인 헌법으로부터 **프롤레타리아트**의 공식을 원칙적으로 삭제했으며, '노동의 권리'에 저주를 내려야 했다.[14]

문제의 핵심은 '노동권'과 '소유권'의 대결이었다. 1848년 혁명 전후에 맑스주의적 코뮌주의가 성립한 것은 부르주아적 소유권이 지배하는 현실을 지양하려는 입장과 운동이 그때 등장했음을 말해준다. 이는 곧 프롤레타리아트의 혁명적 요구를 표현하는 '노동의 권리', 다시 말해 "자본에 대한 지배 요구", "자본과 노동의 상호관계를 폐지시키자는 요구"가 노동의 권리로서 떠올랐다는 것이다. 그러나 알다시피 승리한 것은 부르주아지의 소유권이었고 저주를 받은 것은 노동권이었

14_ 칼 마르크스, 「프랑스에서의 계급투쟁」, 『프랑스 혁명사 3부작』, 임지현 · 이종훈 역, 소나무, 1991, 77-78쪽. 강조는 원문. 이 책에서의 인용은 괄호 속에 표시한다.

다. 예리하게도 맑스는 이 과정에서 노동권이 "국가로부터 부조를 받을 권리로 변형되었다"는 점을 지적한다. "국가로부터 부조를 받을 권리"란 무엇인가? 그것은 1848년 당시 "프롤레타리아트에게 일자리를 주어야 한다"(맑스, 49)며 루이 블랑이 만들어낸 것으로, "노동법에 의해 보장되는 노동권", "자본의 소유권을 존중한다는"(윤소영, 66) 전제 위에서 설정된 노동권이었다. 루이 블랑은 뤽상부르 위원회에서 인민 작업장 설립을 주장했는데, 그의 발상은 10만의 노동자들을 불러들인 '국민 작업장'으로 실현되었다. "명칭으로 볼 때 국민 작업장은 부르주아 산업, 부르주아 신용 체계 및 부르주아 공화정에 대한 프롤레타리아트의 저항을 구현한 것이었다."(맑스, 59) 그러나 1848년 당시는 물론이고 그 이후의 역사는 노동권이 노동을 대가로 한 생존권으로 전환되면서 그 본질이 타락하고 자본의 소유권에 대한 지배를 포기함으로써 더 이상 자본주의를 지양하려는 입장과 운동으로 연결되지 못하고 말았음을 보여준다.[15]

오늘도 노동권이 이런 상황에 처해 있음을 누가 부인할 수 있을까? '역사적 공산주의'의 실험이 끝난 지 20년이 다 된 지금 노동권이 자기 자신에 대한 소유권이며, 프롤레타리아트의 이 인권은 오늘 인류사회를 지배하는 자본주의 체제에 대한 근본적 반대를 의미한다는 사실을 얼마나 많은 사람들이 기억하고 있는가? 자본주의 사회를 지배하는 기본 이념의 하나는 자유주의이다. 자유주의는 기본적으로 가진 자의 자유, 즉 소유권의 권리를 전제한다. 경제적 자유주의가 흔히 시장의 자유로 인식되는 것은 그런 자유를 구가할 수 있는 능력이 배타적으로 자본의 소유자에게 있기 때문이다. 정치적 자유주의 역시 그 주체로서의 부르주아 시민을 사적 소유가 있어서 정치적 의사결정 과정에 참여할 기회를 보장받을 수 있는 능력 있는 개인들로 규정하고, 문화적 자유주의도 상징적, 문화적 자본의 소유자

15_ 노동권의 타락은 맑스주의적 코뮌주의의 부침과 궤를 함께 한 것으로 이해된다. 맑스주의적 코뮌주의는 파리코뮌, 평의회 코뮌주의 등의 형태로 일시적 모습을 드러냈지만 19세기 후반 이후 '사민주의'와 '국가사회주의' 등으로 축소되었다. 강내희, 앞의 글 참조

를 전제한다. 신자유주의가 지배하고 있는 오늘, 누가 자유주의의 이런 배타적 성격이 더욱 강화되어 나타나고 있다는 점을 부인하겠는가. 노동권도 사정은 마찬가지이다. 대부분의 경우 그것은 노동을 할 권리, 다시 말해서 생존을 위해서 일자리에서 쫓겨나지 않을 권리에 지나지 않는 것이다. 노동권이 이처럼 사이비 노동권으로 타락하면 노동권을 내세우면 내세울수록 심각한 문제가 일어나게 된다. "프롤레타리아트의 혁명적 요구를 요약한 최초의 서투른 공식으로서의 노동권"과는 거리가 먼, 오히려 노동자계급의 자기 해방을 부정하며 자본의 소유권에 복종하려는 태도가 강화되는 것이다.16) 하지만 노동권을 자기 자신에 대한 소유 대신 자기의 생존을 위해 노동을 하는 권리로만 이해한 것이 루이 블랑과 그 이후 노동자계급의 계급투쟁을 무력화하며 등장한 무수히 많은 쁘띠 부르주아 사회주의자들뿐이었을까?

오늘 코뮌주의를 말하면서 맑스의 코뮌주의를 다시 강조하려는 것은 '본래의 노동권'에 입각한 프롤레타리아 인권의 정치를 펼치는 대신 사이비 노동권을 강요하며 노동자계급, 나아가서 프롤레타리아트 일반의 권리를 왜곡해온 전통을 바로잡아야 하겠기 때문이다. 노동권을 노동할 권리로 전락시킨 왜곡의 사례는 맑스와 코뮌주의의 이름을 들먹이며 이루어진 역사적 실험들 안에서, 특히 맑스주의의 이름으로 혁명이 일어난 20세기의 러시아와 러시아혁명의 뒤를 따라 사회주의 혁명을 성공시킨 현실사회주의 국가들에서 얼마든지 찾을 수 있다. 코뮌주의는 이 과정에서 '공산주의'로 둔갑했고, 프롤레타리아트는 사회주의 국가를 건설하기 위해 동원되어야 하는 노동자로 전락했다. 이 과정은 노동권이 사이비 노동권으로 전환되는 그것이었으며, 노동자계급의 주체적 소유로서의 노동권이 계획적 통제에 의해서 박탈되어 관리되는 그것이었다. 물론 현실사회주의 권에서만

16_ 정규직 노동자들이 중심이 되어 주로 자신들의 경제적 이익 보호에 전념하고 있는 한국의 민주노총 소속 노조들은 대체로 프롤레타리아트의 노동권보다는 부르주아지의 소유권을 강화하는 데 이바지한다고 해야 할 것이다.

노동권 박탈이 일어난 것은 아니다. 자본주의 진영에서 벌어진 노동권의 타락은 훨씬 더 광범위하고 근본적이었으며, 1970년대 중반 이후 자본축적의 새로운 전략인 신자유주의가 강화되면서 특히 심화되었다. 노동권에 대한 자본의 공격이 우세를 점하면 프롤레타리아트의 노동권은 불가피하게 생존권으로 축소되고 마는데, 이런 변화를 주도하는 신자유주의 세력은 1980년대에 미국과 영국에서, 현실사회주의 국가들이 붕괴된 1990년대에 이르러서는 구 사회주의 국가들과 독일이나 프랑스 등 사민주의 국가들에서 강력한 지배력을 행사하기 시작했다. 미국 자본주의에 종속된 한국 자본주의의 경우 1970년대 말부터 신자유주의가 도입되기 시작하였으나, 노동자계급이 한국전쟁 이후 처음 벌인 총파업으로 신자유주의에 저항한 1997년 공교롭게도 IMF 위기를 맞으며 노동권의 급속한 약화가 이루어졌다. 지난 10년 사이에 한국사회가 더 철저한 노동사회가 된 것은 이 결과이다.

'노동사회'는 본래적 의미의 노동권이 부정당하고 사이비 노동권이 판을 치는 사회이다. 이 사회에서 노동은 자신에 대한 소유권을 행사하는 노동자의 주체적 능동적 활동이 아니라 자본의 소유권 행사를 위해 가동되는 대상적 소극적 활동으로 바뀐다. 자본주의 체제에서는 노동이 지배적으로 임금노동의 형태를 띤다는 점에서 노동의 이런 성격 변화는 불가피하다. 노동사회에서 인류, 특히 프롤레타리아트의 삶이 노동을 할 수 있는 기회의 획득 여부에 기본적으로 의존하고, 노동권이 '노동에 대한 권리'에서 '노동을 해야 하는 의무'로 전환되는 것은 그 때문이다. 노동권이 대부분 사람들의 기본 권리가 아니라 의무로 전환되면 노동을 할 수 있는가 없는가가 노동권을 가질 수 있고 없고의 잣대가 되면서 삶이 노동에 종속되어 버린다. 최근에 들어와서 과학기술의 발전으로 노동에 대한 수요가 줄어들며 노동으로부터의 더 많은 자유가 가능해졌지만, 신자유주의 세력은 이런 국면마저도 자신에게 유리하게 몰아가는 중이다. 노동자계급에 대한 공격을 통해 프롤레타리아트의 노동 종속을 심화시키고 있는 것이다. 오늘 비정규직이 급증하고 더 많은 사람들이 일자리에 목을 매달고 살아야 하는 것은 신자유주의 정세 속에서 자본의 지배력이 강화되면서 본래적 의미의 노동권이 약화된 결과이다.

　본래적인 노동권, 즉 자신에 대한 소유의 권리를 회복하여 노동자계급, 프롤레타리아트, 나아가서 인류가 부르주아적 소유권에서 벗어날 수 있는 길은 어디에 있는가? 이 질문에 대한 답을 찾는 과정에서 잊지 말아야 할 중요한 점이 있다. 노동권의 약화는 소유권의 강화를 기반으로 하고 있으며, 특히 신자유주의가 상승세를 타고 있는 상황에서 이는 자본주의적 부의 축적을 최대의 목표로 하여 인류사회가 작동되고 있기 때문에 일어나는 현상이라는 사실이 그것이다. 오늘 사회정책들은 대부분이 자본에 의한 강화된 계급투쟁인 신자유주의 노선을 따르고 있고, 그 결과는 극단적인 부의 축적이라는 형태로 나타나고 있다. 지난 사반세기에 걸쳐 사회적 공유(共有)의 사유화에 따른 사회적 공공성의 와해 속에 비정규직이 급증하고 사회적 불평등이 강화된 것은 부 또는 자본의 축적이 더욱 견고하게 사회의 목표로 둔갑한 결과이다. 그러나 이런 식으로 자본주의적 축적이 노골화되고, 그에 따라 노동사회의 경향이 강화되어서는 자신에 대한 개인적 소유로서의 노동권을 행사하는 프롤레타리아트의 인권의 정치는 기대하기 어렵다. 진정한 노동권을 회복하려면 부르주아적 소유권이 지배하는 자본주의 사회에서 벗어나야 하며, 이를 위해서는 곧 사회의 총체적 개조, 즉 변혁을 위한 이념과 운동으로서의 코뮌주의가 요청된다. 이 코뮌주의를 실천하는 중요한 방안의 하나가 문화사회를 건설하는 것이다.

　'문화사회'는 노동과 문화가 드러내는 오늘의 지배적 관계 양상을 새롭게 만들어 노동을 최소화하되 노동과 유리된 것이 아니라 노동을 기반으로 한, 노동의 성과와 보장으로서 구축된 인간적 여유 공간으로서의 문화를 중심으로 구축된 사회를 가리킨다. 문화사회는 노동을 기반으로 하지만 노동이 중심이 되는 것이 아니라 문화가 중심이 된다는 점에서 무엇보다 노동사회와 대립된다고 할 수 있다. 노동을 회귀한 것으로 만들어 노동의 기회 유무에 따라서 프롤레타리아트를 분리 지배하는 오늘의 신자유주의 정세에서는 노동사회를 해체하고 문화사회를 건설하는 것이 코뮌주의의 주된 목표이자 과제가 되어야 한다. 코뮌주의와 문화사회의 결합, 이것이 오늘 한국, 나아가서 세계의 진보운동이 새로운 인류의 미래를 구축하기 위해 이룩해야 할 변혁적 과제이다.

3. 왜 문화사회인가?

혹자는 본래적 의미의 노동권을 강조하면서 왜 문화사회를 만들자고 하느냐, 기본적 인권으로서 노동권을 중시한다면 노동사회를 만들자고 할 것이지 어째서 문화사회를 만들자고 하느냐고 궁금해 할 수도 있겠다. 우리가 만들어야 할 사회를 '문화사회'라고 부르고 싶은 것은 두 가지 이유 때문이다. 우선 노동권은 '노동을 하는 권리'라기보다는 '노동에 대한 결정권'이라는 점이 있다. 자기 자신에 대한 소유는 자기 활동에 대한 소유이며, 이는 노동에 대해서도 스스로 결정할 권리를 의미한다. 이렇게 보면 노동권은 노동을 포함한 활동에 대한 개인적 권리로서 언제나 노동을 포함하지만 또한 늘 그것을 넘어서는 활동에 대한 권리가 된다. 하지만 임금노동이 중심이 된 사회로서 노동사회는 이런 점에서 자기 자신에 대한 권리로서의 노동권을 형편없이 축소하여 노동에 대한 권리를 노동할 권리로만 보장하는 사회, 그것도—오늘 비정규직이 정규직보다 더 많은 것을 보면—그 권리를 불평등하게 배분하는 사회일 뿐이다. '노동사회'는 이렇게 볼 때 노동에 대한 기회가 여유로운 삶에의 접근을 결정하는, 노동이 지배하는 사회인 것이지 바람직한 사회의 이름은 아닌 것으로 보인다.

다른 한편 우리가 노동권을 회복하며 세워야 할 사회를 문화사회로 부르는 것이 더 적합한 것은 그런 사회는 문화적 풍요로움이 보장될 것이기 때문이다. '노동사회'보다 '문화사회'를 선호하는 데에는 노동과 문화에 대한 변별적 이해가 작용하는 것이 사실이다. 문화는 노동을 기반으로 하여 구성되는 인간활동이지만 반드시 노동으로 환원되지는 않는다. 노동은 자연에 속한 하나의 유적(類的) 존재로서 인간이 자연에 대해 가하는 인위적 활동으로서, 자본주의 사회에서는 자본에 의해 구매되어 가치를 생산하는 활동으로 나타나기 때문에 주로 임금노동의 형태를 띤다. 이 임금노동은 노동활동의 한 종류이지만 오늘날은 노동활동은 물론이고 인간의 활동 전반에서 가장 지배적인 형태를 이루고 있다. 이처럼 그 대부분이 임금노동 형태를 띠게 되면 노동은 대부분의 사람들에게 생존을 위해 어쩔 수 없이 해야 하는 강제노동의 성격을 갖게 되며, 그 결과 기피하고 싶으나 어쩔 수 없이 해야 하는 가증스런 활동이 될 확률이 높다.

자본주의 사회에서 노동이 문화와 구별되는 것은 주로 이 때문이다. 노동은 인간을 인간답게 만드는 유적 활동이지만 자본주의 사회에서는 자본을 위한 가치생산, 자본축적의 수단으로 전락하기 때문에 인간의 자기실현과는 거리가 먼 소외 유발 활동이 되는 경우가 대부분이다. 삼성그룹이나 현대그룹 등 자본가 조직을 위해서 일하는 개인이 자기의 의지대로, 의욕대로, 또는 판단대로 행동하는 것이 거의 불가능한 것도 그 때문이다. 이런 노동에 비하면 문화는 대부분 그 자체로 가치 있는 활동으로 드러난다. 노동이 임금노동으로 환원되어 유적 존재로서의 인간의 자기실현 가능성을 오히려 축소하는 활동으로 변질된다면 문화는 거꾸로 특권화되고, 선택받은 인간들만이 향유할 수 있는 활동으로 격상되는 것이다. 이처럼 문화와 노동이 구분되는 것은 물론 양자의 관계가 자본주의적으로 규정되어 있기 때문이기도 하다.

노동과 문화가 아무런 공통점이 없는 것은 아니다. 우선 문화도 노동과 마찬가지로 자연과 대비되는 유적 존재로서의 인간이 영위하는 고유한 활동이다. 문화도 노동처럼 인위적인 성격을 띠는 것이다. 노동과 문화가 인위적이라 함은 자연에 대해서 그렇다는 말이며, 이때 자연은 활동으로서의 노동과 문화에 의해 변형될 수 있는 하나의 상태로서 등장한다. 문화와 노동은 기본적으로 자연에 속하지만 자연을 자신의 대상으로 삼는 활동인 것이다. 이처럼 중요한 공통점을 갖는 노동과 문화가 각기 다른 용어로 불리는 것은 노동이 인간의 생존을 위해 필수적인 활동이라면 문화는 그와는 다른 차원의 필요성 때문에 요청되는 활동이기 때문일 것이다. 노동은 인간 고유의 활동이라는 점에서 인간에게 부여된 창조성을 드러내는 것이지만 동시에 피하고 싶은 노역으로도 이해된다면 문화는 노동 못지 않게 고생스럽더라도 많은 사람들에 의해 즐거움으로, 멋으로, 또는 유의미한 것으로 받아들여지는 특징을 갖는다. 이로 인해 노동은 그 최소화가 목적인 경우가 많은 반면 문화는 그 최대화가 목적인 경우가 많다.

문화와 노동은 구분될 수 있지만 인간적 삶을 위해 양자택일할 수 있는 것은 아니다. 노동과 문화 가운데 어느 것을 택할 것이냐고 묻는 것은 목숨과 멋진 삶 가운데 무엇을 택할 것이냐고 묻는 것과 다르지 않다. 멋진 삶을 위해서는 목숨의 부지가 필수적 조건이듯이 문화를 영위하려면 노동이라는 기반이 절대적으로 필요하다. 노동 없는 문화는 존속할 수가 없다. 문화가 자유의 차원이라면 노동은 필요성, 필연의 차원이며, 자유의 향유가 가능하려면 후자가 반드시 충족되어야 하기 때문이다. 이에 관련하여 맑스는 『자본』 3권에서 "자유의 영역은 실제로 필요성과 현실적 고려로 결정되는 노동이 그치는 곳에서만 시작되며, 사태의 본질에 있어서 그것은 실제 물질적 생산 영역 너머에 있다"고 하면서도 이런 자유의 영역이 여전히 필요성의 영역임을 지적한 바 있다. 인간은 어떤 경우라도 물질적 생산을 해야만 생존이 가능하다. 맑스는 이런 물질적 생산을 해야 하는 영역에서 "자유는 오직 사회화된 인간…자연과의 교류를 조절하고 자연을 그들 공동의 통제 아래 두고, 최소의 에너지를 소비하며 자신들의 인간 본성에 가장 유리하고 걸맞은 조건에서 이 일을 해내는 연합한 생산자들에게서만 존재한다"고 하고, 이렇게 가능해진 자유의 영역은 "여전히 필요성의 영역"임을 분명히 했다.[17] 새롭게 구성될 코뮌사회는 맑스에게는 필요성의 영역이 여전히 남아 있는 사회로 이해되고 있었다는 말이다.

17_ Karl Marx, *Capital*, Vol. III (Moscow: Progress Publishers, 1959), p. 820.

만약 '자유의 영역'을 '필요성의 영역'과 분리된 것으로, 자유가 필요성과 분리되어 독자적으로 존재하는 것으로 생각하면 어떻게 되는가? 엥겔스는 『반뒤링』에서 "코뮌주의의 성립을 '필연의 왕국에서 자유의 왕국으로의 도약'이라는 관점에서" 사고한 적이 있다.[18] 엥겔스의 이 정식화는 자유의 왕국으로의 도약은 필연의 왕국을 넘어선 이후에, 그것을 벗어난 뒤에 이루어지는 것임을 시사한다. 하지만 김세균이 지적하듯이 이런 생각은 "코뮌사회를 소외가 전면적으로 극복된 절대적 유토피아로 그리고" 있는 초기 맑스에게서도 나타나지만, "소외론적 문제설정 내지 절대적 휴머니즘의 관점에 입각한 인간주의적 코뮌사회관"으로서 이데올로기적 관점이다.[19] 자유의 영역이 필요성의 영역에 기초하고 있다는 점을 인정하지 않는 것은 인간이 자신의 신체적 재생산을 하지 않고서도 생존할 수 있다고 믿는 것과 다를 바가 없다는 점에서 관념론이며, 노동을 기반으로 하지 않는 문화를 이야기하는 것 역시 그와 다를 바가 없다.

그렇다면 노동에게 문화는 무엇일까? 문화를 결여한 노동을 생각할 수 있을까? 오직 목숨만 부지하는 것이 인간이 사는 목적이 아니듯이 노동만 하고 사는 것 또한 삶의 목적일 수가 없다. 목숨을 부지하는 것은 양보가 불가능한 존재 조건이지만 그에 덧붙여, 아니 반드시 그와 더불어 멋지고 가치 있는 삶, 즐겁고 유의미한 삶을 영위하려는 것은 누구나 가진 꿈이다. 이는 곧 문화가 노동의 반려이자 목표이자 효과가 되어야 함을 말하는 것이 아닐까? 이런 질문과 함께 우리는 "자유의 영역은 실제로 필요성과 현실적 고려로 결정되는 노동이 그치는 곳에서만 시작되며, 사태의 본질에 있어서 그것은 실제 물질적 생산 영역 너머에 있다"는 맑스의 말을 좀 더 잘 이해할 수 있을 듯싶다. 맑스는 자유의 영역이 결코 필요성의 영역을 벗어나지 않는다는 점, 다시 말해 물질적 생산을 해야 하는 필요성의

18_ 『반뒤링』은 엥겔스가 썼지만 맑스의 감수를 받았고 그 제10장('「비판적 역사」로부터')은 맑스가 직접 썼다는 점에서 맑스의 생각을 반영한다고도 할 수 있다. 김수행, 「『자본론』에서 볼 수 있는 자본주의 이후의 경제체제」, 『마르크스주의 연구』, 제3권 제2호, 24쪽 주 5) 참조
19_ 김세균, 「사회주의 정치체제에 대한 소고」, 『진보평론』 30호, 2006년 겨울, 136-37쪽.

영역은 결코 사라질 수 없다는 점을 강조하지만 아울러, 자유의 영역이 "노동이 그치는 곳", "물질적 생산 영역 너머에 있다"는 점도 말하고 있다.

여기서 생각해봐야 할 점이 물질적 생산을 위한 노동과 이를 벗어난 자유의 관계이다. 물질적 생산의 노동이 필요성이라면 자유는 그것을 바탕으로 해야만 실현할 수 있는 꿈이다. 하지만 동시에 노동이 그쳐야 자유가 주어진다는 것은 자유가 노동 이후의 여유임을 말해준다. 맑스는 여기서 인용하고 있는 문단에서 "필요성의 영역을 자신의 기반으로 삼아서만 만개할 수 있는 진정한 자유의 영역이 시작된다"고 하면서 동시에 이 "진정한 자유의 영역"을 "그 자체로 목적인 인간 에너지의 발전"이 가능한 영역으로 묘사한다.[20] 이는 자유의 영역이 생산을 위한 필요노동을 기반으로 삼아야 하지만 "그 자체의 목적"이며 나아가서 필요성의 영역이 구축되어야 하는 이유임을 말해주는 듯하다. 이때 자유는 필요노동으로부터의 자유일 것이다. 물론 필요노동으로부터의 자유라 할지라도 필요노동을 전제하지 않을 수 없다. 하루 생활에서 필요한 일부는 노동에 바쳐져야 하며 그 이후에 그로부터 자유로운 시간이 전개되고, 여기서 "그 자체로 목적인 인간에너지의 발전"인 자유 또는 문화적 활동이 가능한 것이다. 맑스가 지금 인용하고 있는 문단의 말미에 이르러 "노동일의 단축은 그 기본 요건이다"라고 첨언한 것은 그 때문으로 보인다.[21] 노동일의 단축은 필요노동 시간의 단축이며, 이 단축의 목적은 필요노동으로부터의 자유를 확대하기 위함이고, 이 자유를 확보함으로써 필요성의 영역을 넘어선 자유로운 활동이 가능해지는 것이다.

'문화사회'는 이 자유가 최대한 확보되는 사회를 가리킨다. 자유가 노동 '이후'에 오는 것이라면 문화 또한 그런 자유의 확보 속에서만 풍부하게 추구할 수 있는 활동이다. 문화적 활동은 필요노동에서 벗어난 자유시간을 기반으로 해야 가능한 것이다. '노동일의 단축'이 자유시간의 확장을 위함이라면 그것의 목표는

20_ Marx, op. cit.
21_ Ibid.

그 시간에 가능한 활동, 즉 '그 자체로 목적'인 문화적 활동을 확대하는 데 있다. 이런 점에서 문화는 노동의 목적이나 효과에 해당한다고 할 수 있을 것 같다. 노동은 인간적 생존의 필요조건이지만 삶의 목적이 될 수 없는 반면, 자유나 문화는 노동의 목적이 될 수 있다는 말이다. 노동을 바탕으로 삼지 않는 문화는 당연히 성립할 수 없지만 문화가 없는 노동은 그것대로 허망한 삶을 만들 것이다. 문화사회는 이런 허망한 삶으로부터의 인류의 구출을 위해 구상할 수 있는 사회이다.

그러나 자본주의 사회에서 노동은 거의 전적으로 임금노동으로 등장하고, 이를 통해 사회적 부를 창출하지만 그 부가 자본에 의해 독점됨으로써 노동은 프롤레타리아트에게만 강제로 부과되는 활동이 된다. 부르주아 계급에게나 프롤레타리아 계급에게나 문화는 똑같이 삶의 여유이다. 두 계급 모두에게 문화는 어떤 다른 것의 수단이 아닌 목적이며, 그 자체로서 가치를 지닌 것으로 인식되는 것이다. 그러나 문화를 수단이 아닌 목적으로, 그 자체의 가치로서 향유하기 위한 조건은 두 계급에게 상반되게 나타날 수밖에 없다. 부르주아지는 자유 또는 문화를 향유할 삶의 여유가 있으나, 프롤레타리아트에게 둘은 그림의 떡이기 십상이다. 프롤레타리아트는 자신의 생존을 위해 사회적 필요노동을 떠맡아 장시간 노동에 시달려 삶의 여유가 없기 마련이다. 흔히 문화라 하면 특별히 좋은 것으로 인식되어 아무에게나 주어지지 않는 특권으로 치부되고, 반면에 주로 프롤레타리아트가 영위하는 대중문화의 경우 문화적 가치가 폄하되곤 하는 것은 문화에 대한 이런 차별적 접근과 무관하지 않다.

최근에 들어와서 노동조건과 문화지형의 변동에 따라서 노동과 문화의 관계에 변화가 생기고 있는 것도 사실이다. 다양한 매체기술을 이용한 문화산업이 크게 발전하고 문화가 새로운 기술들과 접목함으로써 자본주의적 가치 생산, 즉 노동으로 전환되는, '노동과 문화의 융합' 현상이 좋은 예이다. 근래에 들어와서 고급문화의 위기 현상이 생긴 것 또한 이런 경향과 무관하지 않을 것이다. 문화가 자본축적을 위한 직접적 가치 생산의 장으로 전환되면 부르주아지를 위한 고급문화도 그 특권적 위상을 잃고 경제적 논리에 종속하게 된다. 이른바 '문화경제'의 등장과 함께 한국에서도 이런 현상은 더 이상 드문 일이 아니다. 문화의 경제화는 영화와 대중음악, 애니메이션, 게임 등 문화산업의 논리가 강하게 관철되는 대중문화 장르들에만 국한되지 않고, 책임경영제도가 도입된 국립극장과 같은 공공문화시설들에까지 이미 나타난 경향이다. 최근의 이런 경향 강화는 '한류'의 등장이 보여주듯 문화의 경제적 가치에 대해 특별한 관심이 생긴 결과이며, 이는 문화가 노동처럼 가치 생산을 위한 활동으로 전환했음을 보여준다.

그래도 간과할 수 없는 점이 있다. 일견 노동과 문화의 융합처럼 보이는 위의 과정을 통해 애초에 노동과 구분되었던 문화가 정체성을 잃고 그 결과 문화와 노동은 더욱 더 분리되고 만다는 사실이 그것이다. 산업화를 통해 문화가 가치 생산의 수단으로 전환되는 과정은 노동과 문화의 진정한 융합이라기보다는 문화의 타락, 자기 소외에 가깝고, 즐거움, 여유, 멋, 또는 그 자체로서의 가치의 면모를 잃은 문화에 해당한다. 돈이 되지 않는 것은 아무리 가치 있는 것이라도 시장에서 외면을 받도록 하는 것이 문화산업의 논리이기 때문이다. 물론 새로운 첨단기술에 바탕을 둔 표현양식들의 등장으로 '오타쿠'나 '마니아'는 물론이고 '프로슈머'와 '지적 대중'이 등장하고,[22] '사용자제작콘텐츠'(UCC)가 확산되는 등 과거에는 전문 예술인이 아니면 엄두를 낼 수 없던 표현들을 대중이 쉽게 할 수 있게 된 것이 사실이다. 그러나 '일자리 없는 성장'만 보여주는 신자유주의 국면에서 노동은 갈수록 희귀한 기회나 비정규직의 형태로 다가오고, 문화는 삶의 여유와는 거리가 먼 방식으로 이루어진다는 점도 기억해야 한다.

노동과 문화가 결합되는 방식은 다양할 것이다. 신자유주의적 자본주의 사회에서 소수에게는 문화와 노동이 융합하며 창조적인 문화적 노동이 가능할 수도 있다. 그러나 대부분의 사람들에게 이 융합은 새로운 착취를 위한 노동, 창조적

22_ 강내희, 「한국 지식생산의 현 상태」, 『문화/과학』 34호, 2003년 여름, 19-25쪽과 노명우, 「지식의 대중화화 '지적 대중'」, 『문화/과학』 34호, 42-47쪽 참조

노동의 외피를 쓴 최저임금 노동일뿐이다. 또한 노동이 물질적 생산으로서의 역할을 제대로 수행하지 못한 경우, 즉 '필요성의 영역'이 제대로 구축되지 못한 경우 '자유의 영역'은 소득 없는 궁핍과 기회 박탈의 삶이 될 가능성이 높다. 북한이나 쿠바와 같은 사회주의 국가들에서 우리가 보는 것은 자유시간은 많을는지 모르나 가난하기만 하여 삶이 빈한함으로 바뀐 모습이다. 다른 한편 사회적 부가 엄청나게 축적되었으나 프롤레타리아 다수를 비정규직이나 실업상태로 내몬 자본주의 국가들에서도 노동으로부터의 자유가 바람직한 삶을 가져다주진 않는다. 여기서 '문화사회'를 미래사회의 모습으로 제시하는 것은 그 안에서 노동과 문화의 바람직한 결합 방식을 얻을 수 있다고 보기 때문이다.

4. 풍요로서의 코뮌주의와 문화사회

노동의 필요성을 인정하되 노동이 전적으로 삶을 지배하지 않는 사회의 건설, 그것이 코뮌주의 입장에서 추진하려는 문화사회 건설이다. 여기서 노동권이 다시 중요해진다. 프롤레타리아트가 노동권을 자신에 대한 소유권으로 이해하느냐 여부가 그들이 살아가는 삶의 방식과 태도를 결정하는 결정적 요인으로 작용할 것이기 때문이다. 알다시피 자본주의 사회는 본래적 의미의 노동권 대신 사이비 노동권을 강요해왔고, 프롤레타리아트 대중으로 하여금 노동을 중심으로 한 삶을 살게 만들었다. 이는 자본축적이 사회적 활동의 궁극적 목적이 되면 가치 생산이 최우선적으로 고려될 수밖에 없기 때문이다. 우리는 이 결과가 역사상 유례가 없는 규모로 이루어진 사회적 부의 축적임을 안다. 그러나 자본주의가 만들어내는 이 부는 코뮌주의가 제공하는 풍요와는 구분되어야 한다.

흔히 코뮌주의는 풍요와는 거리가 있는 것으로 생각하는 경향이 있다. 과연 코뮌주의는 풍요와는 거리가 멀고, 오히려 금욕주의를 강제하는 것일까? 이런 질문은 현실사회주의의 전형적인 이미지가 물자가 부족하여 배급소 앞에서 길게 줄을 선 구 공산권 인민들의 모습 그것이었음을 기억할 때 중요한 함의를 지닌다. 생활수단들이 늘 부족했던 것이 현실사회주의의 현실이었다면 코뮌주의가 그런 사회를 지향할 수는 없는 법이다. 자본주의가 인류에게 최대의 생산력을 선물로서 안겨줌과 동시에 최대의 재앙을 안겨주었다는『코뮌주의자 선언』에서의 맑스와 엥겔스의 지적을 기억하자. 주목할 점은 두 사람이 자본주의를 인류 최대의 재앙으로 간주했으면서도 그것이 가져온 생산력까지 거부한 것은 아니라는 것이다. 그들은 자본주의가 성취한 '최대의 생산력'은 수용하되 자본주의와는 다른 방식의 생산을 생각하고 있었기 때문이다. 이 맥락에서 맑스가 포이에르바흐로부터 차용한 '유적 존재'로서의 인간이라는 개념이 중요해진다. 자본주의는 유적 존재로서 인류에게 최대의 생산력을 안겨줌으로써 엄청난 발전의 계기를 안겨주었으나, 삶의 근본 목적을 자본의 축적에 가둠으로써 인간을 도구화하였다. 유적 존재로서의 인간은 이 과정에서 삶의 풍요를 위해서가 아니라 소수를 위한 부의 축적을 위해 노동할 것을 강요받는다. 인간 전체의 행복을 위해서 새로운 부의 개념이 필요한 것은 이 때문이다. 자본주의 현재의 지양으로서의 코뮌주의에게는 따라서 새로운 유형의 사회적 부와 가치를 만들 과제가 주어진다. '부'가 자본주의적 가치의 이름이라면 코뮌주의적 가치의 이름은 '풍요'일 것이다.[23] 코뮌주의는 이에 따라서 가치=부가 지배하는 현실에서 사용가치=풍요가 지배하는 새로운 사회로의 전환 운동이 되어야 한다.

이 전환이 어떤 과제들을 요청하는지 이해하려면 교환가치에 기반을 둔 '부유

23_ "맑스는 공산주의를 가난이 아니라 풍요로 특징짓습니다. 그러나 공산주의적 풍요는 자본주의적 부와는 전혀 다른 것입니다. 맑스는 자본주의적인 부를 가리킬 때는 통상적 용어인 'Reichtum'을 사용하는데, 이것은 가치로서의 부를 뜻합니다. 반면 공산주의적인 풍요는 일부러 잘 쓰지 않는 'Reichlichkeit'라는 용어를 사용하는데, 이것은 사용가치로서의 풍요를 뜻합니다. 가치로서 부에서 사용가치로서 풍요로의 전환은 공산주의로의 이행이 문화혁명을 요구한다는 것을 뜻하지요"(윤소영, 69).

함'(Reichtum)과 사용가치에 기반을 둔 '풍요로움'을 구별하는 것이 중요하다. 자본주의에서 여유는 부유(富裕), 즉 부가 제공하는 것일 수밖에 없다. 그리고 이때 부는 자본이나 임금의 형태일 수밖에 없기 때문에 부의 형성 자체가 자본축적 메커니즘에 종속되어 있고, 따라서 삶의 여유를 제공하는 조건으로서의 부의 축적은 그 자체의 메커니즘에 의해 이루어져야만 한다. 이 메커니즘이 '자체적'인 것은 그것을 벗어난 사람들에게는 부가 절대로 주어지지 않기 때문이다. 비정규직 노동자의 경우 아무리 노동을 많이 하더라도 그와 같은 부 축적의 메커니즘에서 구조적으로 배제됨으로써 부를 축적할 기회를 상실하게 되며, 그에 따라서 노동의 양과는 무관하게 삶의 여유를 가질 수가 없다. 반면에 코뮌주의는 부의 축적 메커니즘으로서의 자본주의의 현재에 대한 지양으로서, '부유함'에 기반을 둔 여유가 아니라 삶의 풍요로움에 기반을 둔 여유를 추구한다.

'풍요로움'은 자본과 그에 기반을 둔 소유의 규모 여하로 결정되는 '부유함'과는 전적으로 다른 방식으로 이루어져야 할 것이다. 코뮌주의 관점에서 풍요는 어떻게 만들어져야 할까? 사적 재산의 많고 적음에 따라서가 아니라 사회가 지닌 자원들의 많고 적음에 따라서 결정되어야 할 것이다. 이 자원들이 풍부해야 하는 것은 코뮌사회에서는 자본과는 다른, 풍요로움의 다양한 요건들이 요청될 것이기 때문이다. 자본주의 사회에서는 자연 자원과 풍경, 역사적 유산, 예술, 시간, 능력, 친절, 사랑 등 인간적 삶의 자원을 이루는 것이 모두 교환가치로서 전환되어 자본축적의 수단이 될 것을 요구받지만, 코뮌사회에서는 그런 자원들이 사람들의 다양한 욕구에 필요한 그대로 남아서 '사회적 생명'의 다양성을 구성할 수 있어야 한다.

코뮌주의의 풍요로움은 그것이 건설할 사회가 코뮌 또는 공동체일 것이기 때문이기도 하다. 공동체는 흔히 동일한 것들의 집합으로 인식되지만 이런 인식은 공동체에 대한 잘못된 이해에서 비롯된 것이다. 공동체는 더 이상 나뉠 수 없는 것들, 다른 것들과는 공통성을 갖지 않기 때문에 서로가 어느 다른 것과 닮지 않은, 즉 하나의 공약수에 의해서 통분되지 않는 특이한 것들로 구성된다. 이는 공동체가 동일한 것들의 단순한 총합이 아니라 서로 다른 것들의 배치로 이루어진다는 말이기도 하다. 이 서로 다른 것들은 각기 특이성을 띠며 특이성으로서의 개별성을 띤다. 이런 개별적이고 특이한 어느 하나가 다른 하나에게 다가가는 방식은 후자에 대한 다름으로서 다가가는 것이며, 이런 점에서 이 다가감은 선물 주기의 형태, 즉 다른 것에게는 없는 것을 주는 것이라는 의미를 지닌다. 공동체를 나타내는 서구어가 '선물 주기'(munus)와 '함께 함'(com)의 결합으로 이루어진 것은 따라서 우연이 아니다. 코뮤니티 즉 공동체는 서로 선물을 나누는 관계에 속한 사람들로 구성되는 것이다.

한자문화권에서도 이런 발상은 공동체를 정의할 때 공자가 제시한 '화이부동'(和而不同) 개념에 의존하곤 하는 데서 나타나고 있다. 공동체의 모습을 '화이부동'으로 이해하는 것은 차이가 있는 것들이 동일한 것으로 환원되는 것보다 그것들이 조화를 이룬 모습이 더 아름답다고 본 때문이다.[24] 이 조화가 지닌 하나의 모습과 동일성으로 환원된 하나의 모습에서 각 '하나'는 같은 의미가 아니다. 후자가 단일성의 '하나'라면 전자는 서로 다른 것들이 모인 '하나'이니 이미 복잡성(complexity)을 전제하는 셈이다. 즉 그 안에 많은 다른 것들이 포함된 하나, 다시 말해서 이미 복수가 되어 있는 단수인 것이다.[25] 이처럼 '화이부동'으로 이해하면 공동체는 동일한 것들이 공동으로 있는 모습보다는 서로 다른 것들이 다른 것들을 견뎌내고 그럼으로써 하나를 이룬 모습을 띤다. 공동체를 구성하는 각 특이성,

---

24_ 논어의 "군자화이부동 소인동이불화(君子和而不同 小人同而不和)"를 신영복은 "군자는 다양성을 인정하고 지배하려고 하지 않으며, 소인은 지배하려고 하며 공존하지 못한다"로 번역하고 있다. 신영복, 『강의: 나의 동양고전 독법』, 돌베개, 2004, 163쪽.

25_ 불교 전통에서도 비슷한 논리를 발견할 수 있다. 예컨대 '일심법'(一心法)에서 일(一) 즉 하나는 넓고 넓어서 끝이 없다는 '광대무변'으로서의 하나인 것이지 "하나, 둘, 셋" 할 때의 하나가 아니다. "'일(一)'이라는 것은 여러 개 중의 하나라는 말이 아니다. 오직 하나라고 하는, 절대—상대가 끊겨서 없다— 의 뜻이고 심(心)은 모든 중생의 근저에 있는 근원으로서의 마음을 말"한다. 김무득, 『大乘起信論과 疏와 別記』, 경서원, 1991, 64쪽.

즉 다른 특이성에 대해 그것에게는 없는 어떤 것, 즉 타자로서 다가감으로써 선물이 될 수 있는 것은 다른 말로 '개인'으로 불린다. 이 개인은 더 이상 다른 공약수에 의해 나눠지지 않는다는 의미에서 독특한 존재이며, 이런 개인들 또는 개별자들이 얼마나 많으냐, 선물을 주고받는 사람들이 얼마나 많이 모여서 하나의 경제, 다시 말해서 생존환경(oikos)의 질서(nomos)를 이루느냐가 그 공동체의 크기를 결정할 것이다.[26]

코뮌적 공동체를 구성하는 기반 가운데 빼놓을 수 없는 것이 공유(commons)이다. 이 공유는 공동체에 속한 서로 다른 사람들이 공동으로 소유하거나 이용할 수 있는 자원이나 제도, 서비스, 기술, 지식 등을 포괄하며, 한 사회의 공동체로서의 활수(滑手)함과 풍요로움은 공유가 얼마나 많고 풍부한가에 따라 정해진다. 이 때의 풍요가 자본주의적 의미의 부, 축적된 자본의 양으로 측량되는 것은 아니라는 사실을 다시 말해야 할까? 공유는 공동체의 구성원들이 서로에게 준 선물이 축적된 것으로 이해되어야 할 것이며, 이것은 (상품) 교환의 결과가 소수에게 독점된 자본주의적 부와는 달리 같은 공동체에 속한 구성원들에게 서로 더 많은 선물을 주려고 하는 나머지 선물들의 집적이 이루어져 그것이 사회 각 구성원에 의해 분유(分有)될 수 있는 부로서, 우리는 이 부를 코뮌주의적 풍요로움을 구성하는 한 요인으로 이해할 수 있다.[27]

26_ '경제'로 번역되는 'economy'는 '집' 또는 '생태환경'을 뜻하는 'oikos'와 '질서'나 '법칙'을 의미하는 'nomos'가 결합되어 있다는 점을 상기하자. '오이코스'가 '집'을 의미하면 '경제'는 가정학을 의미할 수 있을 것이나 생태환경, 나아가 인간의 삶의 환경 전체를 의미할 경우 그것은 '인간적 삶의 법칙'이라는 의미를 가질 수도 있다. 18세기 이후 한때 'economy' 대신 'political economy'(정치경제)가 자주 사용되었던 것은 'economy'가 가정 중심의 사적 경제만을 의미하는 것으로 이해되었기 때문이다.

27_ 이전투구의 경쟁이 삶의 원칙으로 강제되는 자본주의 사회에서 타인에게 더 많은 선물을 하려는 경쟁은 전혀 현실성이 없다고 생각하는 사람은 초대받은 손님이 진력이 나도록 계속 음식을 내오고 덧붙여 카누 등 온갖 선물을 안기는 포틀래치(potlatch) 풍속이 20세기 초까지도 북태평양 연안의 인디언들 사이에 성행했으며, 다른 사람들에게 가능한 한 많은 선물을 주려는 태도는 오늘날에도 우애가 좋은 형제자매, 다정한 연인들 사이에 많이 남아 있다는 사실을 상기할 필요가 있다.

코뮌적 공동체의 풍요로움을 만들어내는 데에는 공동체의 주어진 조건, 예컨대 자연적 조건만이 작용하는 것이 아니라 사회적 조건이 큰 역할을 할 것이며, 이때 공동체를 구성하는 특이성으로서의 개인들이 지닌 역능이 중요하리라고 본다. 그리고 이런 점 때문에 코뮌적 공동체의 구성에는 문화적 접근이 중요하다고 할 수 있을 것이다. 알다시피 맑스와 엥겔스는 부르주아 사회가 극복되고 나면 "각인의 자유로운 발전이 만인의 자유로운 발전의 조건이 되는 하나의 연합체"가 나타날 것으로 기대했다.[28] 코뮌사회는 사회적 생산이 소수를 위한 부의 축적으로 귀착되는 자본주의와는 달리 '선물경제'가 지배하는 사회이고, 거기서는 각자의 행복을 추구하는 일이 서로 연대하고 베풀고 보살피는 일이 될 수 있다는 말이다. 위에서 노동과 문화의 관계를 살피면서 자본주의 사회를 임금노동이 지배하는 노동사회로 규정했다. 코뮌주의가 현재의 상태를 지양하는 입장이라면, 이런 노동사회의 극복된 형태가 되어야 하며, 그에 따라 구성된 새로운 사회는 삶의 목적이 부의 축적에 있는 것이 아니라 삶의 풍요로움을 더하는 데 있어야 할 것이다.

그런데 이 풍요로움은 코뮌사회를 구성하는 주체들의 강화된 역능을 기반으로 할 수밖에 없다. 새로운 사회는 노동 특히 임금노동의 사회적 관리를 중심으로 구성되는 노동사회와는 구분되어야 할 것이므로 문화적 활동이 중심이 되어야 할 것이다. 이와 관련하여 코뮌주의 생산의 목적에 대해 맑스가 『요강』에서 하는 말을 참고해보자.

현실적인 경제 곧 절약은 노동시간의 절약이다…그러나 이 절약은 생산력의 발전과 동일하다. 요컨대 **향유의 억제**가 아니라 힘, **생산능력의 발전, 따라서 향유능력뿐만 아니라 향유수단의 발전**, 향유능력은 향유를 위한 조건, 곧 첫 번째 수단이다.

28_ 칼 맑스·프리드리히 엥겔스 「공산주의당 선언」,『칼 맑스·프리드리히 엥겔스 저작 선집』 1권, 421쪽.

그리고 이 능력은 개인적 소질, 생산력의 발전이다. 노동시간의 절약은 자유시간의 증대, 즉 개인의 완전한 발전을 위한 시간의 증대와 같은데, 이 발전은 그 자체가 다시 가장 큰 생산력으로서 노동의 생산력에 반작용한다.[29]

여기서 우리는 자유의 영역과 필요성의 영역이 선순환하는 그림을 본다. 코뮌사회에서는 생산능력의 발전뿐만이 아니라 향유능력의 발전이 중시된다. 이 능력은 무엇보다 개인적 능력, 개인적 생산력의 발전이다. 다시 말해 유적 존재로서 인간의 인간적 역능의 발전인 것이다. 이것은 코뮌주의가 추구하는 사회가 곧 문화사회임을 말해준다. 그것은 필요성의 영역을 기반으로 하지만 그 자신은 가치생산에서 벗어난, 즉 비-임금노동으로서의 성격이 강한 활동, 다시 말해 '그 자체의 목적'으로서의 활동이 중심이 되어야 한다. 코뮌주의가 자본주의를 지양하여 만들 사회가 문화사회가 되어야 하는 것은 따라서 문화적 활동이 중심이 된 삶을 통해 그 사회의 주체들이 다양한 주체적 역능들을 강화하여 자본주의적 삶으로의 회귀를 거부할 수 있는 힘을 갖추기 위함이기도 하다.[30]

5. 결어

이미 살펴본 대로 맑스와 엥겔스는 한때 코뮌주의를 '상태'나 '이상'으로 규정하지 않고 현재의 상태의 지양, 즉 자본주의적 삶의 지양으로서의 '현실적

29_ 곽노완, 「마르크스 사회(공산)주의론의 모순과 21세기 사회주의」, 『마르크스주의 연구』 제3권 제2호, 2006, 56쪽에서 재인용. 강조는 원문.

30_ 문화적 활동은 기본적으로 자기실현을 위한 활동, 심미적 활동이라고 할 수 있다. 이 활동은 신체적, 윤리적, 감성적, 지적 능력들로 구성된 문화의 네 가지 역능들을 활용하는 방식으로 이루어지며, 문화사회의 구성은 이 역능의 전반적 활성화를 통하여 비자본주의적 삶을 지향하는 주체들을 형성하기 위함이고, 또 그런 형성을 위한 가장 유력한 방식이다. 이와 관련해서는 심광현·이득재, 「코뮌적 생태문화사회구성체 요강」, 『21세기 자본주의와 대안적 세계화』 참고

운동'으로 규정했다. 이때 코뮌주의는 자본주의 현실의 변혁을 지향하는 이념이나 운동인 것이지 미래사회의 이름은 아니다. 그리고 맑스주의에서는 코뮌주의를 이념이나 운동으로 이해하는 것이 지배적 경향이었다. 그렇지 않고 그것을 미래사회의 이름으로 사용했다면 맑스와 엥겔스의 저작에는 새로운 사회로서의 코뮌주의에 대한 논의, 그것의 특징들에 대한 언급이 훨씬 더 많이 나왔을 터인데, 그렇지는 않은 것이다. 하지만 맑스와 엥겔스가 코뮌주의를 미래사회의 상으로 전혀 제시하지 않았던 것은 아니다. 「고타강령 초안 비판」(1875)에서 맑스가 '낮은 단계의 코뮌주의'와 '높은 단계의 코뮌주의'로 나누면서 코뮌주의를 새로운 사회의 상으로 제시한 것이 대표적인 예이다. 그렇기는 하지만 이때에도 맑스는 거의 단상이나 경구에 가까운 방식으로 코뮌주의에 대해서 말할 뿐 그것을 상세하게 설명하지는 않는다. 맑스주의적 코뮌주의에서는 "현존의 사회 정치 상태를 반대하는" 것이 우선인 것이지 다가올 미래의 상태를 미리 말하는 것은 자신이 비판해 마지않은 유토피아적 사회주의를 닮는 꼴임을 경계한 것이리라.

이 글에서 코뮌주의가 자본주의를 지양하면서 만들어낼 새로운 사회에 '문화사회'라는 이름을 붙이는 것은 섣불리 미래를 상정하지 말 것을 경계한 맑스의 가르침을 망각하는 일일까? 코뮌주의는 분명 유토피아주의로 환원되어서는 안 된다. 맑스와 엥겔스가 '유토피아 사회주의' 대신 '과학적 사회주의' 또는 '혁명적 사회주의'의 길을 걸으려고 했던 것은 유토피아의 전망만으로는 결코 현실적 운동을 일으킬 수 없으며 자본주의 사회가 기반을 둔 자본축적의 메커니즘을 변혁할 수 없다고 본 때문이다. 그러나 유토피아주의로의 환원은 경계하되 유토피아적 전망을 잃지 않는 것도 중요하다. 맑스와 엥겔스는 맑스주의적 코뮌주의를 수립했지만 아울러 유토피아 사회주의자들의 후예이기도 하다. 그들이 코뮌주의를 주로 현재의 상태의 지양으로 이해한 것은 사실이지만 이 지양이 필요했던 것은 유적 존재로서의 인간을 위한 대안적 미래를 설계하려는 마음 때문이었음을 누가 부정할 수 있을까? 새로운 사회를 설계하는 기획을 섣부른 일로만 여기지 말고 자본주의 사회를 지양하고자 하는 사람들이 감당해야 할 모험으로 여길 필요가 여기에 있다. 문화사회에 대한 구상은 이런 모험의 일환이다. 코뮌주의로 문화사회를 만들자!

19-20세기 서구 코뮌주의 운동에서 문화적 관점의 동요

1. 서언

'사회변혁운동'을 사회 구조와 그 작동의 근본적 전환을 목적으로 하는 것으로 이해한다면 서구에서 그런 운동이 본격적으로 시작된 시점은 19세기 중반으로 잡아야 할 것이다. 사회 변혁을 야기한 운동으로 치자면 18세기 말의 프랑스혁명을 빼놓을 수 없겠으나 이 사건은 자본주의 사회의 지배적 정치구도를 구성함으로써 여기서 다루고자 하는 변혁운동의 대상이 되었다. 반면에 1848년을 전후하여 등장한 운동은 프랑스 혁명 이후 지배체제로 부상한 자본주의 사회를 변혁하고자 하며, 그런 점에서 사회주의 지향을 드러낸다. 아울러 그것은 자본주의가 여전히 인류의 질곡으로 작용하고 있다는 점에서 아직은 미완성의 운동이다. 한 세기 반 넘게 진행된 운동이 미완의 상태라는 것은 무슨 의미일까? 무엇인가 중대한 문제가 있음을 말해주는 것일시 분명하다. 이 글은 그렇다면 혹시 '문화적 관점의 동요'가 중요한 한 요인은 아닌가 하는 의혹에서 출발한다.

변혁 또는 혁명은 정치경제적 관점에서 고찰되기 마련이다. 다시 말해 변혁은 주로 생산양식과 정치적 지배체제의 전환이라는 견지에서 이해되는 것이다. 그러나 대중의 자발성, 욕망, 감수성의 근본적 변화 없이 사회적 변혁이 가능한 것일까? 이런 문화적 의제들을 반영하려는 노력 없이 사회변혁운동이 과연 제대로 추진될 수 있을 것인가?[1] 역사적 변혁운동의 주류는 생산수단의 사회화 특히 국유화를 지향하며, 이를 위한 사회주의 국가 체제를 강화해왔다. 하지만 그것은 대중의 욕망과 감수성을 외면하고 문화적 자율성을 억압하며, 대중을 동원 대상으로 삼은 과정 그 자체이기도 했다. 현실사회주의는 노동자계급을 위한다고 했지만 노동자 주체성을 철저히 억압하고, 자본주의 생산양식의 변혁에 참여하는 주체들의 문화적 역량을 위축시키는 결과만 낳았다. 오늘 다시 자본주의로 전환한 구현실사회주의 국가의 인민들이 자본주의적 삶의 방식, 특히 소비문화에 매몰된 모습을 드러내는 것은 역사적 사회주의가 자본주의를 거부하는 새로운 주체를 형성시키지 못했음을 보여준다. 그리고 이것은 문화적 관점을 억압해서는 사회변혁운동은 좌초할 수밖에 없다는 증거이기도 하다.

역사적 변혁운동에서 문화적 관점의 빈번한 실종은 맑스주의와 그것이 지향한 코뮌주의의 문화에 대한 인식과 무관하지 않을 것이다.[2] 코뮌주의는 여기서 자본주의의 근본적 지양을 목표로 한 이론적 입장 또는 현실 사회운동의 경향을 가리키며, 사회변혁운동의 주된 이념 또는 원칙으로 이해된다. 그러나 알다시피 이런 코뮌주의는 변혁운동에서 적극적으로나 일관되게는 실천되지 못하였다. 변혁운동이 자본주의의 근본적 폐절을 지향하는 이론과 실천에서 멀어진 탓이다. 그러나 '수정주의'나 '개량주의' 등 자본주의 사회의 근본적 변혁을 포기한 입장들도 이유 없이 등장한 것은 아니다. 그런 경향은 변혁운동 상층부의 변절에서 비롯된 점도 있지만 노동자 대중이 경제적 조건의 개량을 수용하고 '지도자들'이 그것을 추종한 결과이기도 하다. 그런데 이때에도 단기적인 경제적 고려가 사회

1_ '문화적' 관점에 대해서는 이 책에 함께 실려 있는 「'문화적 관점」 참고
2_ 이 글에서 나는 역사적으로 존재한 '공산주의', 즉 맑스와 엥겔스의 사상을 '맑스주의'로 구성한 변혁운동 전통의 주류, 볼셰비키 혁명에 성공한 소련에서의 공산주의와의 구별을 위해 '코뮌주의'라는 표현을 사용한다.

주의적 주체 구성 목표를 압도한다는 것이 문제이다. 주체적 문화 대신 경제적 이득을 취하고자 자본주의 문화에 포섭되면 변혁의 전망은 작용하기 어렵다. 이런 점은 코뮌주의 운동에서 문화적 관점의 채택 여부가 자본주의 극복을 위한 전략에서 생략할 수 없는 사안임을 말해준다.

2. 맑스와 엥겔스의 코뮌주의

사회변혁의 구상에서 문화적 변혁을 고려하지 않는 것은 당연히 문제이겠으나 문화를 절대시하는 것 또한 경계할 일이다. 이와 관련하여 18세기 말과 19세기 초에 등장한 관념론적 '문화적 관점'을 맑스가 통렬하게 비판했다는 점을 기억할 필요가 있다.[3] '문화적 관점'이란 인간은 문화를 통해 "최대로 충만한 존재와 극도의 독립 및 자유를 결합하게" 된다고 보는 것이다.[4] 여기서 문화는 인간적 삶을 완성시키는 최선의 치유책이다. 맑스가 이런 관점을 비판한 것은 거기서 문화란 기본적으로 불평등한 자본주의 사회가 제공하는 예외적 여유이고, 그것을 통해 인간의 자유와 완성을 꿈꾼다는 것은 그 문화 자체가 소외의 징후임을 외면한 결과라고 본 때문이다. 알다시피 맑스는 인간의 해방을 '필연의 영역' 너머에 있는 '자유의 영역'에서 찾았지만 자유의 영역이 필연의 영역을 그 바탕으로 두고 있다는 첨언도 잊지 않았다. 자유는 "오직 사회화된 인간, 자연의 맹목적 힘들에 의한 것처럼 자연에 지배당하는 대신 자연과의 교류를 조절하고 자연을 그들 공동의 통제 아래 두고, 최소의 에너지를 소비하며 자신들의 인간 본성에 가장 유리하고

3_ '문화적 관점의' 등장에 대해서는 Raymond Williams, *Culture and Society: 1780-1950* (New York: Columbia University Press, 1983) 참조.

4_ Friedrich Schiller, *On the Aesthetic Education of Man in a Series of Letters*, trans. Reginald Snell (New York: Frederick Ungar, 1965P), p. 35; John Brenkman, *Culture and Domination* (Ithaca and London: Cornell University Press, 1987), p. 64에서 재인용.

걸맞은 조건에서 이 일을 해내는 연합한 생산자들에게서만 존재한다"는 점을 분명히 한 것이다.[5] 맑스가 추구한 것은 그렇다면 미학적 교육을 받은 개인들에게 예외적으로 주어지는 자유가 아니라, 생산자연합으로 사회화된 인류가 공유해야 할 자유였다.

생산자연합의 사회를 만들기 위해 맑스, 그리고 엥겔스가 선택한 길은 코뮌주의이다. 그들은 관념론적 문화주의자들은 물론이고 초기사회주의자들과도 입장을 달리 했다. "초기사회주의는 당시 막 등장하던 근대 부르주아 질서의 한계를 돌파하고자 했던 새로운 사회운동의 열망과 이상 그리고 가치체계를 반영"하고 있었으며, "개인주의를 이기주의로 단죄하고, 인간이 남과 더불어 살 수 있는 '사회적 능력'을 갖는다고 인식하였다." 즉 그들에게 사회주의는 "새로운 **사회조직의 교리**"였던 것이다."[6] 그렇다면 초기사회주의자는 관념론적 문화주의자들과는 달리 자유와 문화를 사회 구성의 문제로 이해했을 것임을 짐작할 수 있다. 하지만 알다시피 맑스와 엥겔스는 『코뮌주의자 선언』(1848)에서 초기사회주의에 대해서도 비판적인 입장을 제출한다. 자본주의 사회를 극복하려면 현실적인 힘, 현실에서의 운동이 요구되는데 초기사회주의자들은 그 힘 즉 노동자계급을 무시한다고 본 때문이다.

그렇다고 맑스와 엥겔스가 초기사회주의자들의 중요성까지 외면한 것은 아니다. 두 사람은 특히 "생시몽, 푸리에, 오언을 이들의 후계자들과 구분하고, 그 3인이 지녔던 '위대한 공상적 전망'을 공산주의적 목표로서 적극적으로 평가"했다.[7] 유토피아 사회주의자들이 새로운 사회의 조직 방식을 제공한 점을 특히 높이 샀던 것이다. 초기사회주의자들은 사회 조직의 기본 방식을 연합(association)에 두었고, 이에 따라서 노동자연합 또는 생산자협동조합 중심으로 사회를 구성하고자 했다.

5_ Karl Marx, *Capital*, Vol. III (Moscow: Progress Publishers, 1959), p. 820.
6_ 최갑수, 「초기사회주의와 '사회주의적 유토피아'」, 제1회 맑스코뮌날레조직위원회 편, 『지구화 시대 맑스의 현재성 1』, 문화과학사, 2003, 63쪽과 69쪽. 강조는 원문.
7_ 같은 글, 62쪽.

오언이 세운 뉴 라나크의 공장과 뉴 하모니의 협동마을, 푸리에주의자들이 시도한 공동체 팔랑스테르(phalanstère)가 대표적인 예들이다. 알다시피 맑스는『자본』에서 자본주의적 생산양식에 대한 대안으로서 "노동자연합을 주체로 하는 새로운 생산양식으로서 연합적 생산양식"을 제출한다. 그가 코뮌주의적 생산양식으로의 변혁을 위한 주체로 설정한 것은 "다름 아닌 유토피아 사회주의에서 유래"한 사회 조직 방식이었던 것이다.8)

물론 우리는 다른 한편 유토피아 사회주의에 대해 맑스와 엥겔스가 결정적인 비판을 제공한 점도 무시할 수 없다. 초기사회주의에 대해 두 사람이 가한 비판의 핵심은 대안사회로의 이행 전략이 없다는 것이었다. 그들이 보기에 초기사회주의자들은 자신들의 이상을 사회 전체와의 관계 속에서가 아니라 예외적 상황에서 실현하는 데에만 만족할 뿐이었다. 그들에게 사회주의적 공동체는 뉴 라나크나 뉴 하모니, 팔랑스테르 등 예외적 상황에 국한되었고, 따라서 그들의 사회주의는 전면화되는 자본주의 체제 안에서 인가받은 자신들만의 코뮌이었다. 이 결과 그들은 "코뮌 외부와의 관계를 의미화해내지 못했"고, 자본주의 사회와의 "전선을 가지지 못했다." "자본주의나 국가와의 관계를 뒤집어 갈 수 있는 지점"을 확보할 수가 없었기 때문이다.9) 유토피아 사회주의의 한계를 절감한 맑스와 엥겔스는 따라서 코뮌주의를 자신들의 정치적 이념으로 수용하게 된다.

두 사람에게 코뮌주의는 "현재의 상태를 지양하는 **현실의** 운동"이었다.10) 그들은 이 운동이 현실성을 띠기 위해서는 자본주의적 축적 원리의 규명, 자본주의 생산관계의 변혁을 위한 객관적 주관적 조건의 연구, 다시 말해서 자본주의적 정치경제에 대한 비판이 필수적이라고 봤다. 두 사람이 초기 사회주의자들의 한계

8_ 윤소영,『역사적 마르크스주의: 이념과 운동』, 공감, 2004, 38쪽.

9_ 박주원, 「오웬과 푸리에, 19세기 사회주의의 또 다른 길과 꿈」, 제2회 맑스코뮤날레조직위원회 편,『맑스, 왜 희망인가?』, 메이데이, 2005, 206쪽.

10_ Karl Marx and Frederick Engels, *The German Ideology*, Collected Works, vol. 5 (New York: International Publishers, 1976), p. 49. 원문 강조

를 지적한 데서 나아가, 1848년 혁명 이후 활동한 프루동과 바쿠닌 등 아나키스트들과도 선을 그으며 코뮌주의자로서의 정체성을 유지한 것도 그 때문이다. 아나키즘 역시 자본주의 경제에 대한 과학적 인식과 비판이 결여되어 있다고 본 것이다.11) 맑스는 "시장경제를 공동체의 객관적 도덕으로 규제한다는 도덕경제론" 대신에 "시장경제의 경제적 토대, 특히 생산관계를 변혁해야 한다고 주장"했다. 그리고 앞서 언급한 "노동자연합을 주체로 하는 새로운 생산양식으로서 연합적 생산양식"이라는 『자본』에서의 결론을 내리는데, 이런 결론의 도출은 그가 "경제학 비판을 통해" "이행론의 문제"를 제기했음을 의미한다.12)

그럼에도 불구하고 맑스와 엥겔스가 유토피아 사회주의를 총체적으로 기각한 것은 아니라는 점도 확인할 필요가 있다. 이행의 전략을 중시한 만큼 유토피아 사회주의가 외면한 정치경제학 비판이 그들의 변혁이론에서 핵심을 이루는 것은 사실이다. 경제적 토대의 변혁 없이는 사회주의로의 이행이 불가능하다는 것이 맑스주의의 기본 주장이라는 점도 마찬가지다. 아울러 확인할 것은 자본주의 극복을 위해 두 사람은 유토피아 사회주의자들이 새로운 사회 건설을 위해 제시한 생산자협동조합과 같은 공동체 모델을 적극 원용한다는 점이다. 이런 점에서 그들의 코뮌주의는 변혁운동을 자본주의 시장경제 극복을 위한 생산양식의 변동**과 함께** 이 변동을 위한 주체 형성을 주요한 과제로 삼았다고 할 수 있다. 생산자연합 또는 연합적 생산양식은 기본적으로 "사회화된 인간", 다시 말해 "연합한 생산자들"을 전제한다. 이들은 "자연과의 교류를 조절하고 자연을 그들 공동의 통제 아래 두고, 최소의 에너지를 소비하며 자신들의 인간 본성에 가장 유리하고 걸맞

11_ 초기사회주의자들이 예외적 조건의 구축을 통해서, 그리고 바쿠닌의 아나키즘이 도덕적 결단에 의한 혁명적 실천에서 변혁의 실마리를 찾았다면, 맑스와 엥겔스는 객관적 조건의 변화와 자본주의적 생산의 주체로서의 노동자의 조직화를 중시했다. 아나키즘이 거부한 프롤레타리아 독재를 주장한 것도 그래야만 이행의 객관적 조건이 마련된다고 본 때문이다. 윤소영, 앞의 책, 79쪽.
12_ 같은 책, 37-38쪽.

은 조건에서 이 일을 해내는" 능력을 갖춘 존재이다. 이런 점에서 연합적 생산 양식이라는 대안은 새로운 주체들의 형성을 전제하며, 이미 존재하는 문화, 특권적 인간에게만 허용되는 부르주아 문화와는 다른 새로운 문화의 구성을 요구한다. 연합적 생산양식은 새로운 사회의 조직을 전제하며 거기에는 각자가 자유로운 개인으로 변화하는 자기 구성의 문화적 실천이 주요한 과제로 포함되어 있는 것이다.

3. 19세기 후반 맑스주의의 주류운동화와 문화적 관점의 실종

맑스와 엥겔스는 최후까지도 혁명에 대한 기대를 저버리지 않았고, 그 과정에서 특히 노동자들을 혁명적 주체로 전환시키는 일이 중요함을 강조했다. 노동자 대중의 혁명적 주체로의 전화, 그것은 문화혁명 없이는 불가능한 일이다. 두 사람이 선택한 코뮌주의에는 따라서 문화적 관점의 중요성에 대한 인식이 깊이 새겨져 있었다고 할 수 있다.[13]

하지만 맑스와 엥겔스의 코뮌주의는 19세기 후반에 들어와서 심한 굴곡을 겪게 되며 심지어 두 사람의 '면전에서' 거부당하기도 한다. 아이러니는 이런 일이 맑스주의가 세계 사회변혁운동을 지도하게 된 시점에 일어났다는 점이다. "1870년대 이래 맑스주의는 노동자 운동에서 가장 직접적인 경쟁자들, 이른바 유토피아적 사회주의, 프루동주의적 상호부조주의, 바쿠닌주의적 무정부주의에 대해서 승리했다…맑스주의는 헤게모니를 쟁취했고, 10년 안에 프랑스에서 러시아에 이르기까지 가장 우수한 사람들을 자기 테제들 주위에 집결"시켰고,[14] "1884년

13_ 윤소영은 코뮌주의를 "새로운 생산양식을 가리키는 용어는 아니"라고 보고 "정치이념이나 사회운동에 국한시켜 사용"할 것을 주장한다(같은 책, 37쪽). 하지만 코뮌주의를 정치이념과 사회운동에만 국한시켜서는 문화적 관점이 배제될 우려가 있다.
14_ 조르쥬 라비카, 「맑스주의: 정통과 이단」, 『역사적 맑스주의』, 33쪽.

부터 1892년에 이르는 약 10년 동안 유럽의 주요 사회주의 정당이 창립되기에 이르렀다."15) 이 시기 독일 사회민주당의 경우 선거에서 괄목할 성공을 거둠으로써 엥겔스로 하여금 평화적 혁명에 대한 기대를 품게 만드는 상황이 전개되기도 한다.16)

그러나 운동의 성공 속에서 독일의 사민주의자들은 맑스를 멋대로 수용한다. "맑스 사상의 수용과정은 당시 지배적이던 절충주의적인 사회주의 이데올로기 안에서 이루어졌으며, 이 이데올로기는 맑스와 라쌀, 바쿠닌과 프루동, 뒤링과 브노와 말롱을 함께 포괄하고 있었다." 이런 상황에서 "1880년대 초부터 맑시스트파와 '절충적 사회주의'의 구분"을 해야 할 필요가 생겨나서,17) 엥겔스가 뒤링과 논쟁을 벌이게 되지만 부작용도 없지 않았다. "'몽둥이를 들고 뒤링 집으로 갈' 필요"가 있었으나, "몽둥이는 부메랑이 되어 돌아"왔던 것이다.18) 맑스와 엥겔스가 옹호하려던 '과학적 사회주의'로서의 맑스주의가 "구성의 대상"이 되면서 '발명'되는 일이 벌어지고,19) 이 과정에서 코뮌주의는 심각한 훼손을 당한다. "맑스주의자로 자칭한 학파와 맑스주의라 지칭된 학설의 공인"이 "맑스나 엥겔스가 알지 못하는 사이에, 그리고 실로 그들에 반하여 이루어"진다.20) 맑스는 사회주의로의 이행을 위해서는 노동자운동이 현실적으로 필수적인 요건이지만 노동자들에게 "여러분은 [현실의] 관계들을 변화시키기 위해서 뿐 아니라, 여러분 자신을 변화시키고 정치적 주권을 장악하기 위해서…내전과 인민투쟁을 수행해야 한다"고

15_ 조르쥬 옵트, 「맑스와 맑스주의」, 『역사적 맑스주의』, 254쪽.
16_ 평화적 혁명에 대해서는 맑스도 「헤이그 대회에 관한 연설」에서 "아메리카나 영국과 같이, 노동자들이 평화적인 경로로 목표에 도달할 수도 있는 나라들이 있다"고 인정한 바 있다. 하지만 그는 동시에 "대륙의 대부분의 나라들에서는 폭력이 우리 혁명의 지렛대일 수밖에 없다는 사실도 인정해야 합니다"라고 덧붙였다. 콜렌 레이즈·레오 파니치, 「『공산주의당 선언』의 정치적 유산」, 보리스 카갈리츠키 외, 『선언 150년 이후』, 카피레프트 역, 이후, 1998, 37쪽에서 인용.
17_ 옵트, 앞의 글, 260쪽.
18_ 라비카, 앞의 글, 36쪽.
19_ 이를 주도한 것은 "1880년부터 『반뒤링』을 읽은 카우츠키"였다. 라비카, 같은 글, 37쪽.
20_ 옵트, 앞의 글, 261쪽.

했다.[21] 현실의 관계들을 변화시키기 위해서 노동자가 자신을 변화시킬 필요가 있다는 것은 사회변혁운동 과정에서 노동자가 새로운 주체로서 형성되어야 한다는 말일 것이다. 그러나 변혁운동의 주류로 승격되면서 맑스주의에는 균열이 생겼고, 자본주의의 정치적, 경제적, 문화적 현실을 지양하는 이념과 운동으로서의 코뮌주의의 대의가 짓밟히는 일이 빈번해졌다.[22]

추종자들로 하여금 그들의 이론이 경제 중심적이라고 믿게끔 할 소지가 맑스와 엥겔스에게 전혀 없었던 것은 아니다. 예컨대 맑스는 「프랑스에서의 계급투쟁」에서 "새로운 혁명은 새로운 공황의 결과로서만 가능하다, 그러나 새로운 공황이 확실한 것처럼 새로운 혁명도 확실하다"고 하였다.[23] '공황에서 바로 혁명이 나온다'는 이런 관념은 "자본주의적 생산은 자연과정의 필연성을 가지고 자기 자신의 부정을 낳는다"는 『자본』에서의 맑스의 언명에서도 발견할 수 있다.[24] 19세기 말 독일의 사회민주주의자들은 이런 언명을 맑스가 자본주의의 필연적 붕괴, 아니 '자동붕괴'를 주장한 것으로 받아들였다. 랑에가 자본주의의 "경제법칙들을 여기저기서 '자연의 영원한 법칙'으로 전화시키고", 셰플레가 "사회적 문제의 경제이론적 차원에 강조를 두고 정치적 문제, 곧 계급투쟁과 혁명은 전적으로 무시"한 것이 그 예이다.[25] 공황과 혁명 사이에 직접적 연관관계를 설정하게 되면 자본주

21_ 지안 마리오 브라보, 「공산주의자동맹에서 제1인터내셔널까지」, 『역사적 맑스주의』, 220쪽에서 재인용.

22_ 두 가지 사례를 들 수 있다. 베벨, 리프크네히트 등 독일 사민당의 정치인들이 이론가인 "맑스와 엥겔스의 비판에 대해" "못 들은 척하거나 그냥 한 쪽 귀로 듣고 다른 쪽 귀로 흘려버린" 것이 한 예라면(윤소영, 앞의 책, 125쪽), "독일사민당에서 수정주의가 이론적으로 패배한 후 개량주의가 정치적으로 승리한" 좌파 지도부에 대해 노조가 "시도 때도 없이 혁명만을 부르짖는다면 다른 정당을 지지하겠다"며 반기를 든 것이 다른 예이다(같은 책, 135쪽).

23_ 칼 마르크스, 「프랑스에서의 계급투쟁」, 『프랑스 혁명사 3부작』, 임지현·이종훈 역, 소나무, 1991, 141쪽.

24_ 맑스, 『자본론』 I(하), 김수행 역, 비봉출판사, 1992, 959쪽; 디터 그로, 「독일의 '맑스주의적' 노동자운동」, 『역사적 맑스주의』, 332쪽에서 재인용.

25_ 그로, 같은 글, 319-20쪽. '자연의 영원한 법칙'은 엥겔스가 맑스에게 보낸 편지(1865년 3월 11일)에서 지적된 것이다. MEW, 31, p. 97; 그로, 같은 글, 319쪽.

의의 자동붕괴라는 해석이 성립될 여지가 있다.

그러나 맑스가 '자동이행'이나 '자동붕괴' 관념을 제출했다고 보는 것은 왜곡이다. 그가 자본주의 붕괴의 필연성을 강조한 것은 혁명적 낙관주의로서의 발언이었거나 이윤율 하락의 일반적 경향이 자본주의적 축적의 법칙임을 설명하려던 것이지, 자본주의가 저절로 붕괴한다고 말한 것은 아니기 때문이다. 맑스는 자본주의의 붕괴 이론을 제출했지만, 이때 그의 입장은 붕괴는 객관적 조건의 출현에 해당할 뿐이고 그에 대한 반작용이 어떻게 전개되느냐에 따라서 자본주의의 극복 여부가 결정된다는 것이었다.[26] 자본주의적 생산이 필연적으로 "자기 자신의 부정을 산출한다"는 문구도 맑스에게는 의미가 달랐다. "그것은, 적어도 당대에 산업이 가장 발달한 나라에서 혁명의 객관적인 조건들이 그때 이미 두루 갖춰져 있었다는 생각을 표현하는 것이었다. 그것은 따라서 국가와 사회를 혁명화하기 위해 있는 수단을 다해 프롤레타리아트의 조직을 육성해야 한다는 것을 전제했다."[27]

그러나 1870-80년대에 '대기주의'가 독일사회민주주의당을 지배하면서 '임박한 붕괴' 가능성으로부터 혁명의 불필요성이 도출된다. 그리고 자동붕괴론은 선거를 통해서 혁명의 효과를 달성하려 하고 혁명의 상황이 무르익기를 기다리는 태도로 이어진다. 대기주의는 "적이, 다시 말해 소유자계급들과 이 계급들과 연합한 국가가, 자기 자신에 반대하여 사회민주주의의 방향으로 나아가는 역사의 '불변의 자연법칙'을 가지고 있다는 이념"(334), 혁명에 대한 진화론적 전망과 연결되어 있었다. 엥겔스의 경우 "이제 결정적 승리의 순간이 수학적으로 계산될 수 있다"는 정식을 제출함으로써 대기주의에 빌미를 제공한 측면이 없지 않으나, 그

26_ 윤소영에 따르면 '이윤율 하락'이라는 '자본주의의 붕괴 경향'에서 "설명해야 하는 것은 그런 경향을 저지하거나 촉진하는 반작용"이다. "이런 두 가지 반작용을 마르크스는 공산주의로의 이행에서 부정적 통과점과 긍정적인 통과점"이라고 하고, "레닌은 제국주의와 사회주의"라고 부른다(윤소영, 앞의 책, 261쪽).

27_ 그로, 앞의 글, 332쪽. 이하 이 글에서의 인용은 본문에 그 쪽수를 표시한다.

에게 "수동적 대기는 시간적, 공간적으로 제한된 전술적 배치로서만 정당화할 수 있을 뿐이라는 생각"(342)이었던 반면, 베벨 등 사민주의 지도자들은 그런 점을 무시했다. 사민당의 정치적 지도자들인 베벨과 리프크네히트, 이론적 지도자인 카우츠키에 의해 대기주의가 공유되면서, 맑스와 엥겔스의 코뮌주의는 버림받는다.[28] 독일 노동자운동의 지도자들은 맑스주의를 진화론적으로 해석하였으며, 사회변혁에 대한 경제결정론적 경향을 드러냈다.[29] 사정은 영국에서도 마찬가지였다. 영국 자본주의에 대한 맑스의 특별한 관심에도 불구하고, 맑스주의는 영국노동자운동에 의해서 계속 냉대를 받았던 것이다.[30]

경제적 관점, 대기주의가 지배하는 상황에서 문화적 관점이 설 곳은 없었다. 19세기 후반 코뮌주의는 무정부주의와 여타의 경쟁 이데올로기와 경합을 통해 지배적 위치를 차지하게 되지만 그 기본 경향은 기본적으로 경제주의의 승리였다.

물론 1870년의 파리 코뮌처럼 예외적 국면이 없었던 것은 아니다. 맑스의 『프랑스 내전』에 대한 자신의 「서문」 말미에서 엥겔스는 "파리 코뮌을 보라, 이것이 프롤레타리아 독재였다"라고 한다.[31] 맑스는 "코뮌이 파리에 가져왔었던 변화"를 "진정 놀라운 것"이었다고 말한다. "시체 공시소에는 더 이상 시체가 없었으며, 야간 강도 범행"이 없어서 "1848년 2월 혁명 후 처음으로 파리의 거리는 안전"하였는데 이런 일이 종류를 불문하고 아무런 경찰력도 없이 이루어"진 것이다. 또한

28_ '고타강령'에 대한 맑스의 비판도 "베벨과 리프크네히트 같은 제자들에게 완전히 무시당하고" 말았다. 윤소영, 앞의 책, 124쪽.

29_ 예컨대 카우츠키는 "나의 맑스주의적 신념에 따르면 혁명은 그 도래가 가속될 수도 지연될 수도 없는 근본적인 사건이었다"(그로, 앞의 글, 326쪽)고 했고, '독일 노동자들의 막후의 황제' 베벨은 다윈의 학설에 기반하여 맑스주의를 수용하였으며, 리프크네히트는 "사회주의를 향한 진보는 자연법칙의 자연적 필연성에 따라 성취된다"(332쪽)고 믿었다.

30_ 이는 맑스 자신의 잘못이라는 해석도 있다. "엥겔스가 세계경제에서 영국이 차지하는 지위에 강조점을 두어 영국 프롤레타리아트의 개량주의를 설명하려 했다면, 맑스가 그런 현상을 직시하기라도 했다는 증거는 전혀 없다." 가레스 스테드먼 존스, 「맑스와 영국의 노동자운동」, 『역사적 맑스주의』, 297쪽.

31_ 엥겔스, 「서문」, 맑스 『프랑스 내전』, 『프랑스 혁명사 3부작』, 297쪽.

"매춘부들 대신에, 파리의 진정한 여성들", "고대의 여성들처럼 영웅적이고, 고상하고 헌신적"인 여성들이 나타났다. "생각하고 싸우고 피 흘리는 파리는… 역사적인 선도의 열정 속에 빛나고"(356) 있었던 것이다. 우리는 여기서 '달라진' 사람들을 본다. 코뮌에서 등장한 것은 자신의 운명을 스스로 결정하는 주체들이다. 코뮌은 대중의 이해를 대변하는 "의회기구가 아니라 활동하는 행정부인 동시에 입법부"(344)였다. 코뮌에서 공직은 특권을 갖지 못했으며, 노동자들의 임금 수준에서 수행되어야 했고, 국가 고관의 기득권과 판공비는 그들의 높은 위엄 그 자체와 더불어 사라졌다. 평등한 코뮌사회에서 사람들은 모두 자신의 주체가 되었던 것이다.

그러나 19세기 후반의 사회변혁운동에서 파리코뮌의 경험은 예외적이었다. 엥겔스가 파리코뮌을 가리켜 프롤레타리아트 독재임을 강조한 것도 1890년대 초에 이르러 나타난 "사회민주주의 속물들"에게 "또 한 번 프롤레타리아 독재라는 말에 대해 건강상 유익한 공포에 휩싸이게" 하고 싶었기 때문이다.[32] 1895년 엥겔스가 사망하며 베른슈타인에 의한 수정주의 논쟁이 시작되자 변혁운동은 맑스주의를 버리고 사민주의와 개량주의로 나아가게 되고,[33] 코뮌주의는 내팽개쳐졌고, 문화적 관점도 실종된다. 개량주의로의 전환은 노동자운동의 경제주의에의 종속, 나아가 노동자 주체의 자본주의에의 종속을 의미했다. 이 결과 자본주의 체제는 그대로 지속되었고, 자본의 우위 하의 임금노동의 지속, 나아가서 자본주의적 삶의 양식 또한 존속되었다. 사회변혁운동은 자본주의의 한계 속에 갇히고 만 것이다. 이런 흐름으로부터의 예외가 있었다면 1881년 무렵부터 맑스주의 관련 용어들이 "언제나 긍정적 함의"를 지녔던 러시아였다.[34] 러시아에서 코뮌주의는 새로운 실천의 기회를 맞게 된다.

32_ 같은 글, 같은 쪽.
33_ 로자 룩셈부르크의 개입에 의해 수정주의는 이론적으로는 패퇴되지만 실천적으로는 대세로 자리잡게 된다.
34_ 옵트, 앞의 글, 249쪽.

4. 20세기 초 혁명과 평의회운동, 그리고 문화운동

20세기 초 러시아의 혁명 과정은 문화운동이 사회변혁에 불가결함을 가장 극적으로 보여준다. 맑스가 노동자들에게 요청한 '자기 변화'의 노력, 다시 말해 새로운 주체로의 혁명적 전화를 위한 시도가 대중운동으로 부상한 것이 이때이다. 1905년의 러시아혁명을 계기로 맑스주의는 한편으로는 정통으로서의 권력화와 다른 한편으로는 이 경향에 대해 비판적인 평의회 맑스주의가 형성되는 계기를 맞게 된다. 이 후자의 흐름은 맑스가 요청한 생산자연합 결성의 전통을 이은 것이었다. 물론 우리는 역사가 전자에게는 승리를, 후자에게는 패배를 안겨준 사실을 이미 알고 있다. 1917년의 러시아혁명 이후 볼셰비키주의가 주도권을 잡고 정통 맑스주의의 지위를 획득함으로써 평의회 맑스주의, 즉 당시 코뮌주의의 주요 흐름이 억압되고 말았기 때문이다.

두 흐름의 상생적 결합이 아예 없었던 것은 아니다. 20세기 초 사회변혁운동의 가장 큰 특징은 파리코뮌 전통을 이어받은 평의회운동이 중심을 이루었다는 데 있다. 이 운동은 1905년과 1917년의 러시아혁명, 1918년의 독일혁명의 불길을 붙이고, 비슷한 시기 이탈리아에서 좌파운동을 활성화시킨 원동력이었다. 평의회 주의가 당시 유럽의 사회변혁운동에 반영될 수 있었던 것은 1915년 '침머발트 좌파'가 형성된 덕분이다. 이를 계기로 '로자의 길'과 '레닌의 길'이 수렴되고, 아울러 판네쿡 등 평의회주의자들의 견해가 호의적으로 수용되었던 것이다. 이때 가장 큰 변수는 레닌의 태도였다. 레닌은 처음에는 이 운동에 대해 호의적이지 않았으나 1905년의 혁명에서 소비에트의 활동을 보고 입장을 수정하기 시작하며, 침머발트 좌파를 거치고 1917년「4월 테제」와『국가와 혁명』을 쓰면서 평의회 맑스주의를 적극 수용하게 된다.[35] 알다시피 그는「4월 테제」에서 "모든 권력을 소비에트로!"라는 구호를 내걸고, "의회제 공화국을 명시적으로 거부하고 파리코뮌

35_ 윤소영, 앞의 책, 137-38쪽.

을 모범으로 한 코뮌국가의 수립"을 제안한다.[36] 「4월 테제」에서는 "종래 민주혁명 단계 계급동맹의 원칙이었던 노동자 농민의 혁명적 민주주의 독재론도 수정되어, 중농층을 주축으로 하는 모든 농민이 아니라 가장 가난한 농민층이 노동자의 동맹자로 설정되었다."(54)

그러나 레닌은 평의회주의자가 아니었다. 1917년 그는 멘셰비키 영향력 아래 있던 "소비에트 지도자들이 부르주아지 정당과의 유착을 버리지 못하는 상황"이라고 판단하고 "'모든 권력을 소비에트로'라는 구호는 의미를 가지지 못한다"(57)고 생각하게 된다. 대신 그가 선택한 것은 7월의 무장봉기였다. 이 시도가 실패한 뒤 집필한 『국가와 혁명』에서 레닌은 혁명의 단계론 대신 "의지주의적인 성격"을 전면에 부각시키고, "강제력에 의한 국가기구의 분쇄와 생산수단의 국가 소유"를 목전의 과제로 설정한다.(59) 이런 방향설정은 같은 해 10월 볼셰비키 군사혁명위원회가 무장봉기를 통해 임시정부를 무너뜨리고 러시아의 국가기구를 접수하며 현실로 나타났다. 물론 이때 러시아혁명이 소비에트를 완전히 버렸다거나, 볼셰비키 정당 이외의 정치 세력을 죄다 제거하려 한 것은 아니다. 1917년 10월부터 1918년 5월까지는 "프롤레타리아 독재 아래 국가자본주의의 건설이 시도되는 최초의 8개월"이었고, "레닌의 「4월 테제」와 『국가와 혁명』의 정신에 충실한 시기"였다.[37] 그러나 궁극적으로 러시아혁명은 "소비에트를 투쟁적 혁명 기구에서 새로운 국가권력의 지주로 전환"시켰고, 소비에트의 실질적 해체와 볼셰비키의 권력화로 이어졌다. 1918년에 내전이 발발하자 "볼셰비키 이외의 정당들의 점진적 제거, 그리고 중앙집권화와 관료화, 당 지도자들의 독재"가 이루어지고, 1920-21년 시기에는 파국적인 경제상황이 벌어지면서 혁명이 달성하고자 한 "진정한 민주주의"의 기초가 파괴된 것이다.[38]

36_ 한정숙, 「레닌의 사상적 변천—인민주의 비판에서 볼셰비즘의 형성으로」, 『마르크스주의 연구』 3호, 2005, 54쪽. 이하 이 글에서의 인용은 본문에서 쪽수로 표시한다.
37_ 윤소영, 앞의 책, 47쪽.
38_ 남궁원, 「프롤레타리아 조직: 당, 평의회 문제를 중심으로」, 『진보평론』 30호, 2006년 겨울,

1918-19년의 독일 혁명의 가장 큰 특징도 평의회 운동이었지만,[39] 이 운동은 독일에서도 시련을 겪게 된다. 러시아혁명을 이끈 볼셰비키가 유럽의 혁명을 지휘했기 때문이다. 평의회에 대한 억압은 맑스주의가 현실사회주의의 이념으로 수용되는 과정에서 '사회운동적 맑스주의' 대신 '정당적 맑스주의'의 길을 걸었음을 말해준다. 이 선택을 통해 역사적 맑스주의는 당-국가권력으로 전환하게 되며, 자신과 경쟁 관계에 있는 견해들을 폭력적으로 억압한다. 사회운동적 맑스주의의 가능성을 연 "로자적인 길과 레닌의 길, 평의회 맑스주의는 결국 볼셰비키주의에 의해 압살당"한 것이다.[40] 그러나 사회주의 혁명을 통해 건설해야 할 '민주적 공동체'가 "생산수단에 대한 공유제와 전 인민의 생산자대중으로의 전화에 기초하여 성립되는 '생산자대중으로서의 인민의 전면적인 직접적 자기통치체제'"라면,[41] 평의회를 억압한 것은 사회주의 혁명의 대의에 대한 배신이요 민주주의에 대한 억압이 아닐 수 없다.

'정당적 맑스주의'의 교조화와 함께 문화운동 또한 억압당하며 도구로 전락했다. 러시아혁명은 정치운동, 경제운동만이 아니라 문화운동도 수반하였다. 이 운동이 활성화한 것은 1917년 보그다노프에 의해 프롤레트쿨트가 조직된 것이 중요한 계기였다. 프롤레트쿨트에 대해서는 "소련에서의 모든 문화 활동을 거의 독점"한 "극좌적 경향"의 문화운동 조직으로서 "인간 관계의 총체"를 변혁하기 위해

41쪽. 이에 대한 책임이 레닌에게 있는지는 평가가 엇갈린다. 레닌주의에서 평의회 맑스주의로의 발전 가능성을 보는 견해(윤소영, 같은 책, 138쪽)와 '당-국가권력을 통한 위로부터의 사회주의 이행'을 관철하려는 "레닌주의 이행노선은 단일체적 권력을 필연적으로 요구했고", "카데츠를 제외한 전체 사회주의 진영이 권력의 주체로 참여"하는 길을 봉쇄했다는 견해(김기환, 「레닌의 사회주의 이행론에 대한 비판적 평가」, 제1회 맑스코뮤날레조직위원회 편, 『지구화시대 맑스의 현재성 2』, 문화과학사, 2003, 409쪽)가 있다.

39_ 같은 글, 43쪽.

40_ 윤소영, 앞의 책, 26쪽. 레닌의 평의회주의 수용이 과연 그의 일관된 이론적 관점에 따른 것이었는가는 논란의 여지가 없지 않다. 트로츠키가 평의회주의를 일관되게 지지했다면 레닌은 그것을 정세적으로 활용한 측면이 없지 않기 때문이다.

41_ 김세균, 「사회변혁, 국가변혁」, 『지구화시대 맑스의 현재성 2』, 484쪽.

"혁명 러시아의 문화가 오로지 '노동의 문화'여야 한다고 생각"한 나머지 "문화 조직도 문화의 매장자가 될 수 있다는 한 예증"이라는 평가가 지배적이다.[42] 하지만 이런 평가는 이 시기에 프롤레트쿨트에 말레비치, 타틀린, 로드첸코, 리시츠키, 오브모추 그룹, 에이젠슈타인, 마야코프스키 등 여러 장르의 러시아 아방가르드 작가들이 참여했다는 사실을 외면한 것이다.[43] 이들 작가는 러시아 민중의 삶의 방식을 새롭게 주조하는 문화적 실천을 위해 폐쇄된 예술 공간을 과감히 벗어난다. 마야코프스키의 말대로 "예술은 거리, 전차, 공장, 워크숍, 그리고 노동자의 가정 등 어느 곳에나 퍼져야 한다"고 본 때문이다.[44] 프롤레타리아의 삶에 침투하려는 아방가르드의 이런 열의는 외국의 간섭, 내전, 경제위기 등의 위협에 맞서 혁명을 지키고 소비에트 국가를 수호하기 위한 노력으로 이어졌다. 입체 미래파나 절대주의의 그래픽아트 기술을 채택하여 뉴스를 포스트로, 슬로건으로 만들어낸 것이 한 예이다.

러시아 혁명 초기의 문화운동은 다양한 모습이었다. 당연히 문화를 도구화하려는 경향이 있었고, 그에 반발하는 경향이 있었다. 문화가 사회적 생산력 제고에 기여할 것을 요구한 프롤레트쿨트의 이데올로그 오시프 브릭이 전자의 경우라면, 그런 압박에 반발하여 결국 유럽으로 떠난 칸딘스키나 샤갈, 그리고 '내면으로의 이민'을 추구하며 형식주의로 칩거한 말레비치는 후자의 경우이다. 하지만 폐쇄된 이젤 공간에서 빠져 나와 산업 재료를 활용하여 대중적 삶을 주조한 타틀린, 로드첸코, 리시츠키, 오브모추 그룹도 있다. 이들의 활동을 도운 루나차르스키는 아방가르드들에게 일상생활과 산업생산 전반에 예술을 도입하여 대중의 취향 및 예술적 창조성의 발전에 기여할 것을 요구했는데, 이 과정에서 문화적 변혁과 신

42_ 「'국가주도 문화정책' 미화된 전체주의인가」, 한국일보, 2000.05.23, 17:04.
43_ 이 문단 이하와 다음 문단의 내용을 좀 더 자세하게 보려면 Walter Kalaidjian, *American Culture between the Wars: Revisionary Modernism & Postmodern Critique* (New York: Columbia University Press, 1993), pp. 28-35 참조.
44_ Kalaidjian, p. 31에서 재인용.

생 소비에트 국가의 제도적 지원이 어우러져 새로운 삶이 주조되기 시작했다. 1921년의 신경제정책 실시 이후에도 아방가르드의 활약은 끝나지 않았다. 물론 아방가르드들은 이제 러시아 대중의 관심을 끌기 위해 자본과 경쟁을 해야 하는 어려운 처지가 된다. 이때 활판인쇄, 그래픽디자인, 포토몽타주 등을 이용한 대중 광고가 번창한 것은 문화운동이 일상적인 키치 문화상품과 아방가르드 미학의 융합을 통해 상품형태와 경쟁함으로써 한편으로 소비자의 요구와 대중의 만족, 다른 한편으로 프롤레타리아 혁명의 목적과 이념을 융합시키려 한 노력의 일환 이었다.

이런 사실은 러시아혁명 초기에 파리코뮌과는 비교할 수 없을 정도로 활발한 문화적 실천이 펼쳐졌음을 보여준다. 물론 국가 권력의 장악까지 간 러시아혁명 을 두 달밖에 지속되지 않은 파리코뮌과 비교할 수는 없는 일이다. 그러나 러시아 혁명에서의 문화혁명 또한 오래 지속되지는 못했다. 아방가르드 운동은 프롤레트 쿨트에의 참여 과정에서도 생산주의적 요구를 받지만, 이후 '사회주의 리얼리즘' 으로 정리되는 문예이론에 종속되며 혁명의 도구로 동원됨으로써 결국 소멸하고 만다. 문화운동 역시 평의회운동처럼 정치적 통제의 대상이 되었다는 말인데, 현 실사회주의가 이처럼 아래로부터의 혁명적 실천을 거부하고 억압한 결과는 이미 알려진 대로이다. 새로운 코뮌주의적 삶의 방식을 구축하려 한 평의회운동과 아 방가르드운동이 정통 맑스주의로서의 볼셰비즘 또는 스탈린주의의 벽에 부딪쳐 깨지며 코뮌주의의 역사적 실험은 실종되고 말았다.

5. 1968년 혁명과 문화주의로의 경도

20세기 초 러시아와 독일의 혁명에서 문화혁명이 주요한 역할을 하려다가 억 압당하고 정통 맑스주의가 코뮌주의의 흐름을 막아버렸다면, 20세기 후반에는 그와는 정반대 방향에서 코뮌주의가 부정되었다고 할 수 있다. 역전의 계기는 변혁운동의 새로운 기원을 열었다고 평가되는 '68혁명'으로 주어졌다.[45] 이때를 전후하여 정통 맑스주의의 지배 시기를 특징짓던 사회변혁 전통에 대한 회의와 도전이 표출되기 시작한 것이다. '68'은 정통 맑스주의에만 도전한 것이 아니다. 1848년 이후 진보운동의 결과로 성립한 현실사회주의에 저항한 조류, 특히 '평의회 코뮌주의'도 이제는 회의의 대상이 되었다고 할 수 있다. '평의회 코뮌주의'는 직접민주주의를 지향하지만 여전히 노동자를 중심으로, 그리고 '생산'의 문제설정을 통해 그것을 사고했던 편이다. 반면에 새로 터져 나온 조류들은 "사회적 행위자들은 언제나 이미 생산 이외의 활동들과 연루돼" 있다는 이유로, 그런 계급 또는 생산 중심주의마저 비판한다.[46] 이런 경향을 대변하는 것이 포스트모더니즘 담론의 성행이다.

긍정적으로 보면 포스트모더니즘의 대두는 19세기 후반 이후 코뮌주의가 경제주의와 정치주의에 지배받으며 실종한 문화적 관점의 복원을 의미하는 것일 수도 있다. 20세기 중반에 이르러 서구의 맑스주의는 '언어학적 전환'을 일으키며 의미의 정치, 정체성의 정치로 경도된다. 이른바 '기호적 실천'에 대한 관심으로 의미의 형성과 그것을 자기 것으로 수용하는 주체성의 문제에 천착하며 계급적 이해관계로 환원되지 않는 정치의 차원을 부각시킨 것이다. 물론 1968년을 전후하여 강조된 것은 언어학적 전환을 넘어서서 "문화적, 이데올로기적, 그리고 심리학적 전환들"로서 "모든 낡은 확실성들의 붕괴, 모든 도덕적·정치적 기초의 해체, 유동하는 '정체성들', 그리고 '탈중심화된 주체' 등"을 포괄한다.[47] 이런 붕괴,

---

45_ '68혁명'과 러시아혁명을 제대로 평가하려면 세계체계의 관점이 필요하다고 보지만, 이 글에서는 그런 관점을 반영하여 두 혁명을 고찰할 수가 없었다.

46_ 안토니오 칼라리·다비드 루치오, 「포스트모던 맑스주의의 개입: 사회주의, 공동체, 민주주의」, 보리스 카갈리츠키 외, 『선언 150년 이후』, 153쪽.

47_ 엘렌 메익신즈 우드, 「세계화, 포스트모더니티, 또 한 번의 새 시대」, 『선언 150년 이후』, 331쪽.

해체, 유동, 탈중심화는 역사적 맑스주의를 주도해온 구좌파에게는 중대한 문제제기가 아닐 수 없었다. 20세기 중반이라면 구좌파가 동구와 제3세계에서는 이미 지배세력이 된 뒤로서, 피압박자들의 이해관계를 대변한다며 이들이 진보운동을 주도하려던 시점이다. 하지만 현실사회주의에서의 사회적 불평등들이 확연해지자 그들의 정당성과 지도력은 줄어들기 시작했고, 그들이 주도한 '대변의 정치' 또한 크게 설득력을 잃는다. "여성, 인종적 '약소자' '성적' 약소자 장애자 '생태주의자'…등 어느 집단도 어떤 다른 혁명에 '시중'드는 것의 정당성을 다시는 수용하려 들지" 않은 것이다.[48]

이런 흐름은 구좌파 또는 교조화한 정통 맑스주의에 대한 정당한 문제제기였지만 현재 상태의 지양이라는 코뮌주의의 관점에서 봤을 때는 또 다른 문제가 되었다. 월러스틴은 1968년의 혁명에서 '반문화'가 혁명적 열광의 일부로 드러나긴 했지만 "반문화를 정치적 (혁명적) 활동으로부터 분리"시켜야 한다고 본다. "반문화적 조류를 이윤율이 매우 높은 소비-지향적 생활양식으로 바꾸는 것('이피'에서 '여피'로의 이행)이 쉬운 일"(71)이기 때문에 그것을 자본주의에 대한 진정한 저항으로 볼 것은 아니라는 것이다. 대신 그가 중시하는 것은 어떤 운동도 '소수자' 층을 대변한다는 이유로 '다수자'를 대변하는 운동보다 낮은 지위로 밀리지 않는 상황이 형성되었다는 사실이다. 이런 변화에 따라서 그는 1968년 이후에는 구좌파와 신좌파 간의 관계를 제대로 설정하는 것이 변혁운동의 주요 과제로 떠올랐다고 본다. 양자의 관계를 올바로 설정하는 일이 중요함을 인정하지 않을 사람은 없을 것이다. 그러나 그런 과제를 인정하더라도 실제 운동의 전개 과정에서는 반문화적 열광 또는 문화주의적 경향이 지나치게 강조된 점도 부정할 수 없을 것 같다. 사실 1968년 전후에 등장한 운동은 대부분 '사회혁명'을 포기한 입장들

48_ Immanuel Wallerstein, "1968, revolution in the world-system," in *Geopolitics and geoculture: Essays on the changing world-system* (Cambridge & New York: Cambridge University Press, 1991), p. 74. 이 글에서의 인용은 본문에서 쪽수로 표시한다.

이다. 당시의 진보적 지식인, 학생들은 "어떤 형태의 사회적 이행도 포기한 채, '혁명'의 지형을 대학과 학술적인 텍스트의 정치학으로 옮겼고, 사회혁명을 포스트모더니스트들의 해체와 '파계'로 바꿔버렸다."[49] 사회주의 혁명은 그들에게 더 이상 대의가 아니었다. 대신 등장한 것이 하위문화, 성정치, 생태정치 등이다. 이런 정치가 중요함을 부인할 수는 없으리라. 아무리 계급문제가 중요하다고 하더라도 여성주의적 관점이 그것에 의해 환원될 수는 없으며, 생태위기 또한 계급을 중심으로 한 적대적 모순을 해결한다고 하여 바로 해결되지는 않는다. 하지만 마찬가지로 여성해방과 성해방, 그리고 생태적 지속 등의 목표가 자본주의 극복이라고 하는 코뮌주의의 과제를 상쇄하는 것은 아닐 터이다.

넓게 보면 68혁명 이후의 사회운동은 '문화혁명'에 경도되었다고 할 수 있다. 중국에서 같은 이름의 혁명이 일어나고 그것을 이끈 '마오주의'가 유럽에서 널리 수용된 것은 우연이 아니다.[50] 하지만 정통 맑스주의에 대한 정당한 저항 또는 그것을 극복하기 위한 맑스주의 전화의 노력과는 별도로 20세기 후반의 변혁운동이 문화주의적 경향에 의해 너무 깊이 침윤되었다는 것은 1970년대 말까지의 유로공산주의 내부 혁신 노력이 끝난 뒤 포스트모더니즘 조류가 지배적인 위상을 차지한 데에서도 드러난다. 사상 조류로서의 포스트모더니즘은 정통 맑스주의의 비판으로 이해할 수도 있지만, 계급과 이데올로기의 문제설정을 폐기하고 라이프스타일의 정치에 머물러 정치변혁과 사회변혁의 대의를 놓치는 한계를 드러냈다. 1980-1990년대에 이르러 맑스주의 위기, 변혁운동의 위기가 세계적 현상이 된 것은 진보진영에서의 문화주의로의 경도가 자본의 신자유주의적 공세를 오히려 부추긴 결과인지도 모른다. 이 흐름은 문화로의 선회 현상 안에서도 나타났다. 1960년대에 새로운 지적 패러다임으로 등장한 문화연구 전통이 1980년대 이후

49_ 우드, 앞의 글, 338쪽.
50_ 유럽의 마오주의는 마오의 사상을 충실히 따랐다기보다는 당시 유럽의 상황에서 수용한 마오, 발리바르에 따르면 환상 속의 마오였을 가능성이 높으며, 맑스주의의 전화를 위해 수용된 측면이 크다. 윤소영, 앞의 책, 27쪽.

이데올로기 비판 대신 욕망분석의 길로 경도된 것이 단적인 예이다. 이는 기본적으로 비판적 문화연구가 신자유주의 세계화 국면에서 소비자본주의에 굴복한 한 모습이었다. 이렇게 볼 때 1968년 이후 변혁운동은 전통적 진보운동에 대한 정당한 도전에도 불구하고 그 자체의 편향으로 인해 사회변혁의 목표를 상실했다고 할 수 있겠다. "사회적 이행"을 목표로 한 "사회혁명"을 해체와 위반으로 대체한 대가이다.

1968년 이후의 상황을 이런 식으로 정리하는 것은 일면적인 점도 있을 것이다. 물론 68혁명 이후 지금까지 세계를 지배한 것이 신자유주의였다는 점을 생각하면 당시 등장한 신좌파의 문화주의적 편향은 사회변혁운동의 흐름을 코뮌주의로부터 이탈시켰다는 질책을 면하기는 어렵다. 신좌파는 자본주의의 새로운 축적 전략으로서, 자본주의적 재생산을 위한 반작용의 힘으로서 등장한 신자유주의에 대한 진보적 반작용을 추구했지만 신자유주의를 막아내는 데에는 실패했다. 다만 68혁명의 장점까지 외면해서는 곤란하다고 본다. 68혁명은 그전까지 부차적으로만 인식되던 문화적 관점의 중요성을 부각시켰다. 68혁명의 편향은 경계해야 하겠지만 문화에의 관심을 촉구한 그것의 기여까지 부정할 필요는 없다.

6. 결어

1848년 이후 사회변혁운동은 노동운동 중심으로 귀착되었으며 1917년의 러시아혁명은 이 운동의 성공 사례이다. 그러나 이후 현실적으로 성립한 사회주의는 러시아에서의 시도를 포함하여 실패하게 된다. 현실사회주의는 코뮌주의를 실천하기보다는 국가자본주의를 건설함으로써 역사적 자본주의의 일부가 되었다. 하지만 성공한 러시아혁명, 1918-19년의 독일에서의 경험은 "확실한 정치적 강령을 가진 결사체인 전위조직과 대중운동으로서의 노동자평의회의 결합이 성공을 위한 전제조건임"을 보여준다.[51] 러시아 10월 혁명의 성공 또한 "평의회와 볼셰비키의 공동작업 없이는 불가능하였다."[52] 비록 "당의 국가로의 전화와 이를 통한 당-국가융합체제의 수립은 불가피하게 당의 국가관료제화와 변혁정당의 지배정당으로의 전화를 가져오게 된다"는 사실을 확인시켜주긴 했으나,[53] 러시아혁명의 성공은 정당적 코뮌주의와 사회운동적 코뮌주의, 그리고 문화운동적 코뮌주의가 힘을 합쳐 이룬 성과였다.

여기서 우리가 취할 교훈이 나온다. 현재의 상태를 지양하는 현실의 운동으로서 코뮌주의는 정치혁명, 사회혁명, 문화혁명을 모두 동시에 요구한다. 맑스가 제기했던 "사회주의는 아무리 선의의 것일지라도 상명하달 식의 계획으로부터는, 혹은 아무리 정교한 것일지라도 설계자의 청사진으로부터는 나올 수" 없다.[54] 아래로부터의 혁명 없이는 진정한 사회변혁이 일어날 수 없기 때문이다. 평의회운동, 문화운동은 그런 점에서 변혁운동에서 배제될 수 없는 필수적 구성 요인이다. 하지만 '68혁명' 이후에 다양한 사회운동들이 사회변혁의 전망을 상실한 것을 보면 변혁운동이 정당적 맑스주의가 선택하려 했으나 제대로 이루지 못한 위로부터의 국가의 변혁이라는 과제를 외면할 경우 또 다른 심각한 문제가 생긴다는 것을 알 수 있다. 우리가 선택할 길은 분명하다. 복잡하더라도 아래로부터와 동시에 위로부터 자본주의 현실을 지양하는 코뮌주의의 길이 그것이다.

51_ 빛나는전망 사회이론연구소, 「평의회 운동의 역사와 현재적 의미」, 『지구화시대 맑스의 현재성 2』, 542쪽.
52_ 같은 글, 541쪽.
53_ 김세균, 앞의 글, 494쪽.
54_ 샘 긴딘, 「'냉정한 의식'을 지닌 사회주의」, 『선언 150년 이후』, 197쪽.

03

의림과 시적 정의, 또는 사회미학과 코뮌주의

1. 의림 전통

어릴 적 고향마을 어귀에는 아름드리 소나무가 두 줄로 듬성듬성 서 있었다. 이제는 겨우 서너 그루만 남아 초라한 모습으로 바뀌었으나 이전에는 한 서른 그루쯤이 서늘한 그늘을 만들곤 하여 여름이면 그 아래서 놀던 기억이 난다. 이곳의 명칭은 '숲'이었다. 동네 대부분이 산으로 에워싸인 곳에서 나무 서른 그루 남짓한 곳을 가리켜 숲이라 부른 까닭을 안 것은 **의림**(義林) 전통을 알게 된 이후이다.[1]

경남 함양군 안의의 상림, 남해군 삼동면 물건리의 죽방림, 전남 담양군의 관방제림은 널리 알려진 인공림이다. 이 가운데 상림은 신라시대 최치원이 함양태수로 있을 때 조림했다고 전해지며, 인공림으로서는 국내에서 가장 오래된 것으로 알려져 있다. 그동안 아랫부분은 없어지고 폭 200미터 길이 1.5킬로미터의 윗부분만 남았는데 원래는 홍수 피해를 막고자 조성되었다고 한다. 함양의 상림은 공공의 이익을 위해 만든 숲이었던 것이다. 남해 물건리의 죽방림 역시 공공적

---

[1] 필자는 2005년 5월 건축가 정기용 선생을 통해서 처음으로 '의림'의 존재에 대해 알게 되었으나, 아직 의림 전통과 관련한 문헌이나 그에 대한 구체적인 연구를 접하지는 못하였다. 이 글에서 제출하는 의림에 대한 논의는 필자가 '의림'이 지녔음직한 개념에 대해 생각한 것에 기초하고 있다.

목적을 지녔던 것으로 짐작된다. 이곳은 300년쯤 전에 조성된 방풍림으로 바람 피해가 많은 남해 바닷가 마을들을 지켜주는 방조림(防潮林)에 더하여 어부림(魚付林) 역할까지 하며, 죽방멸치로 유명하다. 담양의 관방제림도 인조 26년(1648년) 성이성(成以性)이 담양부사로 있을 때 담양천 범람을 막기 위해 조성되었다고 하니 역시 인근 주민에게 도움을 주는 것이 목적이었다. 이들 인공림은 공공적 이로움을 가진 것 이외에 경치도 빼어난 곳으로 알려져 있다. 상림은 2만여 그루 나무가 원시림을 이룬 가운데 산책하기에 안성맞춤이고, 죽방림은 바닷가 아름다운 풍경을 만들어내며, 담양천변에 2킬로미터에 걸쳐 조성된 관방제림 역시 뛰어난 풍광을 자랑한다.

세 곳은 모두 아름다운 숲이지만 '의림'이기도 하다. 이들 숲을 의림으로 볼 수 있는 것은 모두 **정의의 실천** 공간이기 때문이다. 태풍과 홍수, 파랑 등은 전쟁과 전염병을 빼놓고는 전근대 사회의 공동체적 삶을 가장 크게 위협한 재난이었을 것이다. 의림을 조성한 것은 자연재해를 막는 묘책이었으며, 그 결과는 이로움과 아름다움이었다. 곳에 따라 재해의 원인과 여건이 달랐으니 그에 대처하는 의림의 모습도 다양했다. 고향마을 '숲'이 작고 엉성했던 것은 뒤와 좌우가 낮은 산들로 감싸인 덕분에 풍우 걱정이 없는 산골인지라 간혹 다가오는 태풍에 대비하여 간단하게 마을 어귀만 막으면 되었기 때문일 것이다. 상림, 죽방림, 관방제림은 나름의 이유로 유명해졌지만 내 고향마을에서 보이듯 한국에는 비슷한 숲이 많이 조성되었던 것으로 보인다.[2]

2_ 인터넷으로 검색해보면 전국 곳곳에, 특히 해안가에 방풍림이 많은 것을 확인할 수 있다. 전남 완도의 보길도 예송리 해변의 상록수림, 청산면 여서도의 방풍림, 전남 고흥군 남양면 월정리의 해안 방풍림, 경남 거제시 연초면 한내리의 모감주 나무군은 일부 예에 불과하다. 송림이 조성된 해수욕장이 특히 많다. 경남 남해군 남면 월포리, 상주면 상주리, 전남 고흥군 남열리, 완도군 보길도 중리, 전북 부안군 변산면 운산리, 충남 태안군 서산면 학암포 등에 소재한 셀 수 없을 만큼 많은 해수욕장에 송림이 조성되어 있다. 해수욕장과 송림의 친연관계는 송정해수욕장(松亭海水浴場)이란 명칭이 부산 해운대의 송정해수욕장, 남해 미조면의 송정해수욕장, 강원도 강릉의 송정해수욕장 등 적어도 세 곳의 이름으로 쓰이는 데서도 확인된다.

의림 전통은 재난에 대한 **문화적** 접근에 해당한다. 문화는 이때 인간이 자연에 대해 자신의 자유 공간을 개척하려는 태도나 모습을 드러낸다. 폭우로 들판이 쑥대밭으로 바뀌는 것을 그냥 두지 않고 제방을 쌓고 물길을 내어 농사를 지으려는 것이, 자연의 힘을 제어하며 삶의 터전을 만들어내려는 것이 인간의 모습이다. 문화는 천재지변 자체를 막지는 못해도 그 폐해를 최소화하는 지혜의 발휘인 것이다. 이런 문화는 공동체를 위한 마음, 공공에 대한 존중에서 비롯되니 정의의 실천이 아닐 수 없다. 정의는 여기서 자연의 재난으로부터 뭇사람의 생명을 구하고 공생의 터전을 마련하는 것으로 나타난다.

오늘 근대화된 시대에도 재해와 재난은 일상적이다. 현대사회는 재난을 구조적으로 내장한 **위험사회**의 특징을 가진 때문이다.[3] 위험사회는 근대에 발전한 과학기술이 자본주의 축적 구조와 맞물려 산업적 기술로 전환되는 과정에서 발생한 수많은 부작용이 자아낸, 위기에 처한 오늘 세계의 모습이다. 위험사회에서는 자연재해와는 별도로 인재에 의한 사건사고, 위해, 재난, 질병 등이 대량으로 생산된다. 2003년 태풍 매미가 불어 닥쳤을 때 보존이 잘 된 죽방림과 송림이 있던 남해군 삼동면 물건리와 상주면 상주리와는 달리 상주면 금전 마을과 거제시 연초면 한내리의 경우 주택이 침수되거나 파괴되는 등 큰 피해를 입은 적이 있다. 당시의 재난은 자연재해로만 빚어졌다기보다는 인재의 성격이 짙었다. 금전 마을의 경우 태풍 내습 10년 전에, 한내리는 30년 전에 중소기업 등이 들어서면서 방풍림을 없애 버렸거나 크게 훼손했던 것이다.[4] 게릴라성 폭우, 태풍, 홍수 등 자연재해가 근래에 들어와서 빈발하는 것이 산업화와 개발 등으로 인한 환경파괴의 결과이고 이 파괴가 자본주의 축적 구조와 긴밀하게 연계되어 있음을 부인할 수 없다면, 오늘의 재난 다수는 구조적인 것으로 이해해야 하지 않을까? 그리고 이런

3_ 위험사회에 대해서는 울리히 벡의 『위험사회—새로운 근대(성)를 향하여』, 홍성태 역, 새물결, 1997 참고

4_ 강정훈, 「조상이 물려준 방풍림의 교훈」, 동아일보, 2003.09.19, 18:32

점은 위험사회일수록 재난 관리로서의 **의림 조성**이 사회적으로 더욱 절실하게 요청된다는 말이 아닐까?

위험사회가 만들어내는 재난 문제를 사고하기 위해 '의림'의 관점을 제시하는 것은 오늘의 사회 문제를 문화적 관점에서 살펴보고 대응하는 것이 필요하다는 인식 때문이다. 사회적 재난의 관리나 예방은 인간이 인간으로 살기 위해서는 필수적이라는 점에서 인간의 유적 과제이고, 그런 점에서 사회적이고 공공적인 성격을 띠며, 따라서 정의의 실천이라 할 수 있다. 정의의 실현에는 다수 인간에게 위해를 가하는 자연적이거나 사회적인 재난에 대한 대응이 포함되지 않을 수가 없는데, 문제는 이 재난이 늘 불균등하고 불평등하게 배분된다는 점이다. 이는 재난의 관리가 정의의 실천 문제임을, 정치적인 성격을 띰을 말해준다. 정의는 그래서 통상 정치의 영역에 고유한 문제로 인식되지만, 여기서 '의림' 전통과 연관하여 그 문제를 생각해보는 것은 정의 실현은 삶의 방식을 바꾸는 일이라는 점에서 동시에 **문화적**이기도 함을 강조하기 위함이다. 아름다운 세계를 꿈꿀 수 없다면 누가 의림을 조성하겠는가. 태풍이 몰아치면 춤추는 나뭇가지로 그 파괴적 힘을 순화시켜 사람 사는 마을만큼은 부드럽게 타고 넘어가도록 하는 것이 방풍림이다. 마을 밖 방풍림은 앞에서 다가드는 태풍의 피해를 막아주기도 하지만 뒷산에서 흘러내리는 물, 생명의 원천을 머금는 역할도 한다. 의림은 이처럼 자연의 파괴적 힘을 생명을 키우는 힘으로 전환시킨다. 의림의 조성은 그래서 옳은 일임과 동시에 아름다운 일이다. 자연을 통제하면서도 맹목적 개발이나 산업화와는 달리 자연을 가꾸고 그를 통해 인간적 자유의 공간을 주조해내는 과정이라는 점에서 그것은 문화적이다.

위험사회에서도 여전히 의림이 다양한 형태로 필요하다면 이제 우리는 새로운 사회적 실천을 추구해야 하지 않을까? 위험사회 극복을 위해 사회적 실천을 새롭게 해야 한다고 보는 것은 그 사회를 만들어내는 노동사회와 이 사회를 강요하는 자본주의 사회의 지양을 위해서는 사회변혁의 구상에 문화적 관점을 제대로 반영하는 것이 절실하다고 느끼기 때문이다.5) 이 글에서 나는 이 새로운 사회적 실천은 사회운동의 문화적 재구조화를 요구한다고 보고 이때 **사회미학**의 관점이 특히 중요함을 강조하고자 한다.6)

'사회미학'은 여기서 미학의 **사회화**를 지향하는 미학의 한 유형으로 이해된다. '사회미학'이란 용어가 널리 통용되고 있는 것은 아니다. 미학을 감성적 인식의 문제로 보고, 감성적 인식은 개인적 차원에서만 이루어진다고 보는 관점이 지배적인 탓일 것이다. 이런 경향은 그동안 개인주의 미학이 미학적 상상력과 실천을 지배해온 것과 무관하지 않다. 미학적 실천을 구성하는 감성을 개인의 문제로만 간주하는 개인주의 미학의 사례는 엘리트주의적인 '작가주의' 경향을 드러내며 작품을 작가의 개인 소유로 만든 혐의를 지울 수 없는 **모더니즘 미학**과 자본주의적 상품생산에 복무하면서 소비적 개인주의를 조장하는 **상품미학**에서 대표적으로 볼 수 있다. 물론 상품미학과 모더니즘 미학은 지향이 꼭 같다거나, 오늘날 지배적인 자본주의적 생산에 대해서 비슷한 태도를 취한다는 말은 아니다. 상품미학이 상품의 소비 촉진을 위해 복무한다면 모더니즘은 작품의 상품화에 저항하는 경향이 있다. 그러나 양자의 공통점은 개인주의적 경향에서만 그치는 것이 아니라 자본주의와의 궁극적 관계에서도 엿보인다. 상품미학이 자본주의적 상품관계에 종속되어 있다는 점은 구태여 강조할 필요가 없겠지만, 일견 상품관계에 대해 비판적인 모더니즘에 대해서도 상품관계를 비판하는 것 같기는 하지만 일체의 사회적 관계로부터 거리를 두려는 태도 때문에 상품관계를 결국 외면하고 만다는 점에서 자본주의에 대한 승인을 내포한다는 평가가 가능하다. 반면에 사회미학은 의림 전통이 보여주듯 공공적 성격을 띤 미학적 실천으로서 **자본주의 극복**을 위한

5_ 위험사회와 노동사회의 관계와 양자의 결합을 극복하기 위한 문화적 관점의 필요성에 대해서는 강내희, 「위험사회, 노동사회, 문화사회」, 『한국의 문화변동과 문화정치—문화사회를 위한 비판적 문화연구』, 문화과학사, 2003, 357-84쪽 참조

6_ 사회운동의 문화적 재구조화에 대해서는 『문화/과학』 43호('한국경제, 문화로 넘다'), 44호('한국정치의 문화적 재구조화'), 45호('한국사회 및 운동의 문화적 대안')의 특집 글들을 참조

변혁운동에 기여할 수 있는 가능성을 가지지 않았는가 싶다. 오늘 사회미학이 요청되는 것은 자본주의 사회, 특히 신자유주의적 자본축적 전략의 극복을 위한 사회운동에 새로운 미학적 또는 문화적 관점의 정의 실천이 요구된다고 보기 때문이다.

2. 상품미학의 지배

자본주의 사회의 지배적 미학은 상품미학이다. 자본주의 사회가 상품의 생산과 소비를 통해 재생산되고 있고, 이 과정에서 상품미학이 주되게 작동하기 때문에 생긴 현상일 것이다. 볼프강 하우크에 따르면 '상품미학'은 "생산의 상품형태로부터 유래하면서, 교환가치로부터 기능적으로 결정된 사물적인 현상들과 그에 의해 조건 지어진 감성적인 주관·객관 관계들의 복합"이다.[7] 여기서 상품미학의 기능은 "자본주의 사회에서 개인들을 소비 자본주의의 라이프스타일에 통합하기 위하여 그들의 가치, 인식, 소비 행태를 만들어"내는 데 있는 것으로 이해된다.[8] 상품미학이 이런 역할을 하게 되는 것은 상품에 대한 가상을 주조하기 때문이다. 가상의 주조, 그것은 판매와 소비 대상인 상품에 대해 **사용가치**를 약속하는 것으로 이루어진다. 이 약속은 상품의 (교환)가치를 올리기 위함이지만 실제로는 실현될 수가 없다. 문제의 약속은 상품의 외관을 통해 이루어지는데 "외관은 그것이 실제로 지킬 수 있는 것보다 훨씬 더 많은 것을 약속"하기 때문이다.[9] 오늘 이 상품미학은 광고, 디자인, 포장, 마케팅, 전시 등을 통해서, 다시 말해 소비자본주의 사회의 외관상의 특징을 규정하는 다양한 상품 소비 촉진 메커니즘을 통해 그 모습을 드러내고 있다.

7_ 볼프강 F. 하우크, 『상품미학비판』, 김문환 역, 이론과실천, 1991, 16쪽.
8_ John Harms and Douglas Kellner, "Toward A Critical Theory of Advertising," http://www.uta.edu/huma/illuminations/kell6.htm (연도 미상).
9_ 볼프강 하우크, 앞의 책, 84쪽.

상품미학의 지배는 자본주의 재생산을 위해 필수적으로 요구되는 **유효수요**의 창출과 그에 따라 나타나는 제반 문화적 양상들과 무관하지 않다. 역사적으로 보면 유효수요가 체계적으로 창출된 것은 자본주의적 대량생산 방식인 포드주의 체제를 가동하기 위함이었다. 포드주의가 처음 도입된 것은 헨리 포드가 어셈블리 라인을 통해 자동차를 대량으로 생산하기 시작한 20세기 초였으나, 그것이 지배적 생산방식으로 안착하는 데에는 짧지 않은 시간이 걸렸다. 데이비드 하비는 그이유를 두 가지 장애물에서 찾는다. 우선 포드주의에 적합한 새로운 유형의 노동자들을 쉬 확보할 없었다는 것이 문제였다. "새로운 생산체계는 노동자를 단순한 반복 작업"에 얽어매면서도 "노동자들에게 생산의 계획, 속도, 일정 짜기에 대해서는 거의 아무런 통제권도 주지 않았"기 때문에 노동자들의 안정적 확보가 어려웠던 것이다.10) 다른 한 장애물은 1930년대에 도래한 대공황으로 말미암아 유효수요의 대대적 부족이 발생한 데서 찾을 수 있다.11) 포드주의는 소비 용품의 대량생산을 전제하는 생산방식인데, 공황 상태에서는 생산력이 아무리 높아도 생산물에 대한 충분한 수요가 생겨나지 못한다는 문제가 발생한 것이다. 미국에서 이위기를 극복하기 위해 나온 것이 루즈벨트 대통령이 시행한 뉴딜정책으로, 위축된 유효수요를 다시 늘리고 새로 창출하기 위한 이 조치는 상당한 성공을 거둔다. 하지만 미국과 다른 선진자본주의 국가들에서 포드주의가 지배적 생산체계로 정착하게 된 것은 1945년 이후, 다시 말해 2차 세계대전을 치르는 과정에서 생산력의 증가와 함께 새로운 노동자와 소비자를 확보한 미국이 세계 헤게모니 국가로 부상하고 마셜플랜 등을 통해 서유럽에 자신과 유사한 소비자본주의를 발전시키

10_ 데이비드 하비, 『포스트모더니티의 조건』, 구동회·박영민 역, 한울, 1994, 171쪽. 그람시는 『옥중수고』에서 '아메리카니즘과 포드주의'를 "전례 없는 속도로 역사상 비길 데 없는 목적의식을 가지고 새로운 유형의 노동자, 새로운 유형의 인간을 만들려는 지금까지 최대의 집단적 노력"이라고 보고, 포드주의가 보여준 새로운 노동 방식들은 "특정한 삶과 사유의 양식, 삶을 느끼는 특정한 양식과 불가분하다"고 한다(같은 책, 169쪽에서 재인용).
11_ 같은 책, 172쪽.

기 시작한 이후의 일이다.

포드주의의 정착을 위해 적합한 계급관계 상태와 충분한 유효수요가 만들어져야 한다는 것은 이 단계의 자본주의 사회가 **소비사회**의 성격을 띠어야 한다는 말이기도 하다. 포드주의는 기본적으로 대량생산 체제로서 소비재도 양산한다. 이는 자본축적을 위해 노동과 자본과 국가의 협력, 특히 노자간의 타협―자본의 노동에 대한 양보와 노동의 자본에 대한 양보―이 가능한 조건을 만들기 위함이다. 포드주의는 노동자들을 자본주의적 생산과정에 참여시키기 위해 임금 인상 등 일면 노동자계급의 요구를 수용하지만 그렇게 이월된 자본을 회수하고자 노동자들을 소비자로 전환시킬 목적으로 소비재를 대량 생산하는 것이다. 이 맥락에서 상품미학의 중요성이 부각된다. 상품미학은 "개인들을 소비 자본주의의 라이프스타일에 통합하기 위하여 그들의 가치, 인식, 소비 행태를 만들어"냄으로써 유효수요의 창출과 포드주의에 필요한 노동하면서 소비하는 새로운 인간형을 형성하는 데 효과적이었던 것이다. 20세기 초 포드주의가 도입된 이래, 2차 세계대전 이후 포드주의가 주요 자본주의 국가들의 생산방식으로 정착된 이래, 상품미학은 자본주의적 감수성, 라이프스타일의 재생산에 계속 중요한 역할을 해왔다. 이런 흐름은 1970년대 이후 자본주의 축적 전략이 포드주의적 타협을 가능케 한 수정자유주의에서 대중에 대한 더 노골적인 착취를 지향하는 신자유주의로 전환된 이후에도 사라지지 않았다. 유효수요의 창출과 이를 위해 가동되는 상품미학이 신자유주의적 축적 전략에 의해서 더 정교해졌다는 것은 자본주의 사회가 갈수록 사회적 양극화를 심화시키면서도 여전히 소비자본주의의 경향을 띠고 이 과정에서 대중을 부채경제로 몰아갈 정도로 **착취적 소비**를 진작시키는 각종 광고, 디자인, 포장, 마케팅, 전시 기술이 발전되고 있는 데서 확인되고 있다.[12]

상품미학이 지배하는 것은 이제는 한국도 예외가 아니다. 한국 자본주의는 대략 1990년대 초에 이르러 본격적 소비자본주의의 모습을 드러내기 시작했다. 미

12_ 이 책에 같이 실려 있는 「문화와 시장―신자유주의 시대의 한국문화」 참고

국 등 선진자본주의 국가들과는 시기와 방식을 달리해서 이때 (유사)포드주의적 타협 국면이 형성됨으로써 생긴 현상이고, 1980년대 후반에 사회운동 특히 노동운동의 급상승에 직면한 지배블록 내부에서 권위주의에서 자유주의 세력으로의 권력 이동이 일어나고 후자에 의한 신자유주의 정책 관리가 이루어져 각종 자유화, 시장화 조치가 도입된 결과이기도 하다. 1990년대에 들어와서 한국은 영화, 텔레비전드라마, 대중음악, 비디오게임, 애니메이션 등 대중매체를 기반으로 한 대중문화 중심의 문화산업이 급성장하게 되었는데, 이 과정에서 상품미학이 유효수요 창출의 주된 수단으로 작용한다.

그전까지 한국 문화지형에서 지배적 위상을 차지했던 것은 고급문화, 특히 모더니즘 미학에 근거한 형식주의 예술이었다. 여기서 모더니즘은 "순수 자유와 근본적 자율성의 관념들"에 바탕을 둔 예술을 지지하는 '가치중립적' 미학, "자신을 가치의 주된 원천"으로 보는 미학을 가리킨다.13) 한국에서 예술의 자율성을 내세우는 미학적 태도의 지배적 위치는 사회운동이 고조했던 1980년대까지도 이어져왔던 것으로 보인다. 특히 대학을 기반으로 한 고급문화 분야에서 모더니즘의 경향적 지배는 분명한 사실이었다. 당시 대부분의 고급문화는 "캠퍼스 안으로까지 경찰이 진입하고 강의실이 최루탄 연기로 뒤덮일 때조차도 문화의 '절대적 자율성'이라는 이데올로기를 고수"했던 것이다.14) 그러나 엄밀하게 보면 모더니즘의 헤게모니는 1980년대에 이미 위기에 처했던 것인지 모른다. 1980년대 초 신자유주의 정책의 도입으로 문화적 **자유화** 조치가 취해지며 문화의 **상품화**가 진행됨으로써 모더니즘 미학에 입각한 예술생산의 사회적 기반이 축소되고 **순수예술의 위기**가 시작된 터였기 때문이다. 당시는 오후 다섯 시만 되면 국기하강 의식을 거행하며 행인들에게 국가에 대한 경례를 강요하면서도 다른 한편으로는 대중문

13_ Suzi Gablick, "Connective Aesthetics: Art after Individualism," in Suzanne Lacy, ed., *Mapping the Terrain: New Genre Public Art* (Seattle, Washington: Bay Press, 1995), p. 80.
14_ 이 책에 같이 실려 있는 「신자유주의 시대 문화지형의 변동과 문화운동」, 285쪽을 볼 것.

화의 상품화를 조장하는 스크린, 스포츠, 섹스를 중심으로 한 '3S정책'을 시행하던 때였다.[15] 이런 정책에 의한 문화 자유화로 인해 대중의 일상적 삶이 갈수록 상업문화에 의해 지배된 것은 모더니즘 미학에 큰 도전이었다. 문화지형이 상품논리에 더 큰 지배를 받게 되면 모더니즘이 소중히 여기는 자율적 예술은 영향력이 줄어들 수밖에 없다. 1980년대 모더니즘 미학의 지배가 고급문화에 국한되었던 것은 이런 점을 배경으로 한다. 고급문화는 미술관, 박물관, 그리고 특히 대학과 같은 문화제도에 기반을 두고 있는데 당시 이들 제도는 아직은 상품문화의 영향권에서 상대적으로 자유로웠다.

1990년대에 들어오면서 이런 상황은 바뀌게 된다. 자유주의 세력에 의한 신자유주의 관리체제가 정착함에 따라서 시장 자유화 조치가 확산되고 문화의 **시장화**가 더욱 광범위하게 이루어진 때문이다. 시장화의 여파는 이제 대학과 화랑, 평단 등 고급문화 부문에까지 미치기 시작한다. 이런 경향은 김영삼, 김대중, 노무현 정권으로 이어지는 과정에 IMF 위기를 맞으며 신자유주의가 더욱 강화됨에 따라서 국가의 문화정책이 단순한 지원—물론 미흡하기 이를 데 없었고 그마저 통제를 목적으로 하던—에서 **생산적** 지원으로, 다시 말해 지원 대상자가 지원을 받으면 그에 상응하는 효과를 내도록, 생산성을 높이도록 요구하는 방식으로 바뀐 것과 궤를 함께 했다. 기본적으로 문화와 예술에 대한 경제적 관점이 문화정책을 지배하면서 등장한 이 결과는 문화의 **산업화**를 촉진시키고 서울의 세종문화회관과 같은 주요 공공문화 기반시설에 대해 자립 경영의 시장논리를 도입하는 조치 등으로 나타났다. 대학과 같은 안정된 제도적 기반 위에서 수용되던 고급문화가 지난 10년 남짓한 기간에 상품의 부가가치를 높이기 위한 '콘텐츠화'를 생존 전략으로 강구하게 된 것도 같은 과정이다. 문화의 시장화와 이 과정에서의 문화산업의

15_ 전두환 정권의 문화적 자유화 정책에 대해서는 이 책에 실린 강내희, 「신자유주의 시대 문화지형의 변동과 문화운동」, 276-77쪽과 역시 이 책에 같이 실려 있는 「문화와 시장—신자유주의 시대의 한국문화」 참고.

확대, 그리고 고급문화의 상대적 위상 추락은 국내 문화지형에서 모더니즘의 미학적 영향력이 축소되고 상품미학의 영향력이 강화되었음을 보여준다.

모더니즘 미학의 후퇴는 1980년대 예술운동 진영에서 이론적 헤게모니를 행사하던 **리얼리즘의 퇴조**를 통해서도 확인되는 듯하다. 리얼리즘은 1980년대에는 사회적 영향력이 가장 큰 문예이론이었으나, 1990년대에 접어들어서는 자유화 정책으로 자본주의적 대중문화가 문화지형을 지배함에 따라 급격한 위상 추락을 겪었다. 새로운 문화지형에서 본격 예술의 권위가 크게 위축되자 예술의 진정성을 추구하며 사회적 발언을 시도한 미학이론의 영향력도 축소된 결과일 것이다. 이 시기에 이르러 한국의 리얼리즘은 1980년대까지 자신이 주된 비판 대상으로 삼던 모더니즘과의 '해후'를 시도하는데, 이후 한류와 같은 상업화된 대중문화가 급성장한 가운데 고급문화는 더욱 위력을 잃은 데서 볼 수 있듯이 '적과의 동침'을 감행하며 자신의 영향력을 지키려 한 리얼리즘의 몸짓이 성공한 것 같지는 않다.16)

오늘 상품미학의 지배는 무엇보다 일상적 삶의 **심미화**가 두드러진 데서 찾아볼 수 있다. "예술과 삶 일반의 경계 흐려짐, 그리고 소위 '고상한' 문화와 대중문

16_ 여기서 리얼리즘의 퇴조를 모더니즘의 그것과 궤를 함께 한다고 보는 것은, 국내에서 리얼리즘은 모더니즘의 극복을 위한 미학적 대안으로 등장한 역사적 사실에도 불구하고 모더니즘적 경향 일반과 얼마나 근본적으로 달랐는지 의문이 들기 때문이다. 혹시 리얼리즘은 모더니즘의 대당이었거나 심지어는 그 한 판본이었던 것은 아닐까? 한국에서 리얼리즘은 예술의 사회적 참여를 주장하며 등장했고, 그런 점에서 진보적 문예이론으로서의 자기정체성을 가지고 있었음이 분명하다. 1980년대 전두환 정권에 대해 모더니즘 진영이 명시적 지지를 보내지는 않았더라도 주로 방관으로 일관한 반면, 리얼리즘 진영의 경우 나중에 민예총이나 민족작가회의 등으로 결집된 다양한 문예활동을 통해 전두환 정권과 적대적 관계를 맺었고, 이 과정에서 상당수 작가, 화가, 연행가가 투옥까지 된 사실로 미루어 볼 때 리얼리즘의 진보성을 의심할 수는 없을 것이다. 리얼리즘은 따라서 가치중립적이고 형식주의적인 미학적 입장을 견지한 국내 모더니즘 조류와는 분명히 구분되어야 하겠지만, 예술의 진정성을 강조하고 대상으로서의 작품 중심의 미학을 추구한 점에서는 모더니즘 일반의 전통에서 크게 벗어났던 것 같지 않다. 리얼리즘을 모더니즘의 한 예로 보는 관점에 대해서는 Catherine Belsey, *Critical Practice* (London and New York: Routledge, 1980) 참고

화의 융합"을 가리키는 이 과정을 통해 "예술은 자신의 아우라를 잃고 무엇이든 될 수 있고 어디서나 나타날 수 있"게 되었으며, 그 결과 "대량 생산된 대상들을 예술로 간주하는 것이 가능해졌다." 일상적 삶의 심미화로 인해 일어난 또 다른 변화는 사람들이 "라이프스타일의 주조 또는 '디자인'을 통해 자신을 실현하는 것의 중요성"을 느끼게 되었다는 것, 즉 "삶의 예술로의 전환"이 이루어진 것이다. 이것은 "삶이 예술작품이어야 한다"고 본 "과거 아방가르드가 제출한 급진적 모토가 일상적 삶 자체의 주류이자 일부가 되었음"을 의미한다.17) 물론 '심미화'가 상품미학만의 고유한 현상인 것은 아니다. 인간 능력의 감성적 측면을 다루는 것이 미학이라면 미학적 차원은 인간적 삶에 공통적이며, 따라서 상품미학이 만연하기 전에도 심미적 경험은 가능했다.18) 하지만 미학적 인식이나 경험의 모종의 체계적 확대로, 다시 말해 일상적 삶의 주조에서 심미적 체험을 민감하게 고려하는 국면의 형성으로 이해한다면, 심미화를 상품생산의 일정한 단계에 이르러 나타나는 현상으로 보는 것도 과히 틀린 말은 아닐 것이다.

오늘 심미화는 무엇보다 상품의 심미화로 나타나며 이것은 소비자본주의의 구축 또는 심화 발전에 따른 결과이다. 상품의 심미화는 "때로는 대상들의 부차적 가치라 일컬어지던 것을 위해 대상들의 기능적 가치의 평가절하"가 이루어지는 것을 가리킨다. "원래 대부분의 대상들은 그 실질적 용도, 유용성에 따라서 평가가 이루어졌으나" 이 평가는 상징적이거나 미학적 기능에 의거하여 이루어지는 경향이 있다.19) 갈수록 더 많은 대상들이 상품으로 전환되고 있는 오늘, 이는 대상들이 광고, 디자인, 포장, 마케팅, 전시 등 외면을 규정하는 기술들을 가동하는 상품미학의 지배 속에 들어가 있다는 말로 이해된다.

17_ Markus Degerman, "Research as Aesthetics," http://www.chtodelat.org/index.php?option=com_content&task=view&id=371.

18_ Ben Highmore, "Unmanageable Remainders: Cultural Studies as Social Aesthetics," http://www.sussex.ac.uk/sccs/1-3-1.html, October 2007 참고.

19_ Degerman, op. cit.

3. 모더니즘 미학과 사회미학

상품미학이 상품의 매력을 만들어냄으로써 사람들의 가치, 인식, 행동 방식을 바꾸고 그들을 자본주의적 라이프스타일에 통합시키는 중요한 기제라면, 오늘 이 미학이 지배적 위상을 누리고 있다는 것은 현 단계에서 자본주의가 재생산되는 데 미학이 중요한 기능을 하고 있다는 말일 것이다. 자본주의를 지양해야 한다는 관점에서 본다면 이런 사실은 오늘의 변혁 운동, 다시 말해 대안사회를 지향하는 운동은 자본주의의 미학적 재생산에 주목하고, **대안적 미학**의 실천을 구상할 필요가 있음을 말해주는 것이 아닐까? 자본주의의 미학적 재생산이 중대한 문제라고 보는 것은 자본주의가 그 재생산을 위해 심미적이고 감성적인 투자를 한다는 사실을 중시하는 관점이며, 그에 따라서 심미적이고 감성적인 차원의 대안적 실천을 변혁 운동의 과제로서 제시하려는 관점이기도 하다.

상품미학의 일상 지배는 대중을 소비자본주의에의 포획으로 이끈다. 물론 대중이 수동적으로 소비자본주의에 포획되기만 하느냐는 의문을 제기할 수도 있다. 장 보드리야르에 의하면 대중은 상품미학의 환상에 의해, 상품의 이데올로기적 효과에 의해 기만당해서라기보다는, 상품을 자신을 차별화하며 드러내는 기호로 보기 때문에 상품 소비에 몰입한다. 이 경우 자본주의가 재생산되는 것은 대중이 속고 있기 때문이 아니라 원하기 때문인 것으로 간주된다.[20] 그러나 대중이 속아서 그러든 원해서 그러든 상품 소비의 지속과 증대가 이루어지는 것은 자본주의 재생산에 효율적이며, 재화와 서비스의 상품화가 갈수록 심화되

20_ 보드리야르에 따르면, "개인들은 상품들을 사회적 위신, 지위, 성공의 기호로 보고 찾는다…상품은 체계 속의 개인의 신분을 가리키는 기호로 사용되는 위계적으로 조직된 재화와 서비스 체계를 형성한다…소비자들은 특정한 자동차, 의복, 그리고 다른 재화가 소비의 위계 속에서 상대적 위상을 의미하도록 만드는 소비 코드에 대한 감을 가지고 있다. 이리하여 특정한 대상들은 더 높은 품위를 의미하고 욕망되며 따라서 특정한 사회적 만족을 제공한다"(Harms and Kellner, op. cit.).

면 대중이 대안적 삶을 추구하는 데 방해가 된다고 할 수 있다. 오늘 대중이 **소비자본주의**에 포획되어 있다는 사실 자체, 그에 따라 대중의 상품에의 종속이 갈수록 확대됨으로써 자본주의의 지양이 지연되고 있다는 사실을 부정할 수는 없다고 본다.

자본주의 재생산에 이처럼 미학적 요인이 작용한다는 것은 변혁 운동의 의제 설정에서 문화적 관점, 특히 대안 미학의 관점이 전제되어야 함을 의미하며, 위에서 의림 전통을 언급한 것도 상품미학의 지배로부터 벗어나려면 그와 비슷한 미학적 실천이 오늘 요구된다는 믿음 때문이었다. 의림의 조성은 물론 모더니즘 미학과는 구분되는 사회미학적 실천에 속한다. 모더니즘 미학은 자본주의 사회의 **미학적** 재생산의 주요 기제로서의 상품미학에 대해 비판적이라는 점에서 사회미학과 공통점이 전혀 없는 것은 아니다. 모더니즘 미학이 작품의 자율성을 추구한 것은 작품이 상품으로 유통되는 것을 방지하기 위함인 것으로 이해된다. 모더니즘 작품의 악명 높은 난해함도 작품에 대한 손쉬운 해석과 안이한 소비를 막기 위한 미학적 장치로 해석될 여지가 적지 않고, 시장에서의 작품의 원활한 유통 또는 상품으로의 전락을 예방하려는 **반시장적** 의미도 없지 않다. 모더니즘의 반시장적 태도, 반자본주의적 경향은 예술가를 사회와 절연시키려는 데서도 두드러지게 나타난다.

예술가는 누구에 대해서도 책임지지 않는다. 그의 사회적 역할은 반사회적이다. 그의 유일한 책임은 자신이 하는 작업에 대한 태도 속에 있다. 그 어떤 공중과의 소통도 없다. 예술가는 어떤 질문도 할 수 없고, 아무런 주장도 하지 않는다. 그는 어떤 정보도 제공하지 않으며 그의 작품은 사용될 수가 없다. 중요한 것은 최종 결과물, 내 경우는 그림이다.[21]

21_ 1983년 런던의 화이트채플 아트 갤러리에서 열린 자신의 전시회 카탈로그에 실린 게오르그 바셀리츠의 발언. Suzi Gablik, op. cit., p. 77에서 인용.

바셀리츠가 여기서 보여주고 있는 것은 세계와의 철저한 **소통 거부**이다. 예술가가 자신과 사회와 공중의 철저한 유리를 주장하고, 자기 작업의 최종 결과물로서의 작품에 대해서만 관심을 가진다면 이 작품의 상품으로서의 성격은 분명한 듯하다. 상품이 시장에서의 유통을 전제하고 만들어진다면 세계와의 소통을 거부하는 작품이 상품적 성격을 띠기는 어렵지 않겠는가.

문제는 이런 모더니즘적 태도는 예술의 상품으로의 전락만이 아니라 삶 자체마저 거부한다는 점이다. 거기에는 삶은 소름이 끼칠 따름이며, 예술 속에 살 때에만 그런 혐오스런 삶을 회피할 수 있다고 믿고, 예술가는 세계로부터의 절대적 독립을 유지해야만 완벽해질 수 있다고 보는 예술지상주의의 완고한 태도가 자리 잡고 있다.[22] 의림 전통과는 완전히 다른, 철저하게 개인적, 아니 사적인 미학적 태도라 하겠다. 자본주의적 상품관계 재생산 전략의 일환인 상품미학의 극복이 필요하다고 보면서도, 정작 이 미학에 비판적인 모더니즘을 대안으로 삼을 수 없는 것은 이런 점 때문이다.

그러나 유감스럽게도 현재 상품미학의 지배를 비판하는 미학적 태도를 놓고 볼 때, 모더니즘 미학—여기에는 리얼리즘이 대당으로 포함된다—이외의 다른 전략을 보기 어려운 것도 사실이다. 국내에서 모더니즘 미학은 이제 그 영향력이 크게 줄어들었으나, 상품미학이 지배하는 오늘의 일상적 삶의 모습, 그 심미화 경향의 비판과 극복을 위한 다른 유형의 미학적 실천이 쉬 눈에 띄는 것도 아니다. 이런 점은 1990년대 이후 전통적 문화운동이 크게 위축된 가운데 새로운 문화운동이 등장하긴 했지만, 후자의 전통에서는 미학적 관심이 상대적으로 낮았던 것

22_ 이런 미학적 입장에 대해 수지 개블릭은 '나쁜 모더니즘'이라는 명칭을 붙인다(ibid., p. 78). 모더니즘 전통이 모두 이런 경향을 띤다고 할 수는 없다. 만약 주 16)에서 언급한 것처럼 리얼리즘을 모더니즘 일반의 한 조류로 볼 수 있다면 모더니즘에는 사회적 발언을 하려는 욕구가 강한 전통이 들어 있다고 할 수 있을 것이다. 이런 점은 특히 아방가르드 전통에 강하게 나타난다. 아방가르드는 모더니즘에 대한 내재적 비판을 가한 미학적 실천 사례로서 삶과 예술의 경계를 없애야 한다는 입장을 가지고 있었다.

과도 관련이 있을 듯싶다.[23] 공공미술운동, 스쾃운동 등의 사례가 보여주듯이 새로운 형태의 미학적 실천 사례가 최근에 전혀 없었던 것은 아니다. 그러나 새로운 실천들은 아직은 뚜렷한 모습을 드러내지 못하는 것 같고, 예술가 대중의 관심을 끌만큼 미학이론을 중심으로 한 담론 지형을 형성한 운동으로까지 조직되어 있지 않다. 이 글에서 사회미학을 새로운 미학적 실천의 방향으로 제시하려는 것은 상품미학이 지배하고 있는 가운데 아직 그에 대응할 **미학적 전략**이 부재한 상황을 극복할 필요가 있다고 보기 때문이다.

사회미학은 어떻게 현재의 지배적인 상업적 개인주의 미학에 대한 대안이 될 수 있는가? 개인주의 미학의 대안으로 서려면 사회미학은 미학의 **사회화**가 가능함을 보여줘야 할 것이다. 과연 미학의 사회화는 가능한 것일까? 미학은 감성적 인식의 학문이고, 감성적 인식은 주관적이며, 개인적인 차원에서 이루어지는 일이 아닌가? 사회미학을 개인주의 미학의 극복을 위한 대안으로 삼으려면 미학의 사회화가 가능한 **근거**를 발견해야 한다. 우리는 그 가능성을 칸트에게서 찾을 수 있을 것 같다.

칸트에 따르면 미학은 취미에 대한 판단에 근거하며, 취미는 기본적으로 **주관적**이다. 그에게 "취미판단은…논리적이 아니라 미감적"—지금까지 우리가 쓴 표현에 따르면 심미적—이며, "미감적이라 함은 그 규정 근거가 주관적일 수밖에 없는 판단임을 의미한다."[24] 표상들이 지시하는 것 가운데 쾌 불쾌의 감정을 가리키

23_ 새로운 문화운동을 실천하고 있는 문화연대의 경우 문화적 관점의 사회운동을 지향하며 문화적 공공성을 지키고 문화적 권리를 신장하는 운동을 전개하고 있지만 미학적 실천에 대한 관심은 상대적으로 낮은 편이라고 할 수 있다. 물론 '오아시스프로젝트'라는 새로운 미학적 실천에 공동으로 참여한 적이 없지는 않지만 유사한 운동을 지속적으로 전개하지는 못했다. 다른 한편 민예총이나 작가회의 등 1980년대 문화예술운동의 성과가 모여 만들어진 조직들도 있지만 거기 속한 다수 예술인들은 리얼리스트임을 생각할 때 리얼리즘을 포괄하는 모더니즘 일반의 퇴조와 함께 그 영향력은 크게 줄어들었다고 봐야 한다. 김강, 『스쾃―삶과 예술의 실험실』, 문화과학사, 2008 참고
24_ I. 칸트, 『판단력비판』, 이석윤 역, 박영사, 1974, 57쪽. 앞으로 이 책으로부터의 인용은 본문의 괄호 속에 그 쪽수를 표시한다.

는 것만은 객관적일 수가 없는데 이는 쾌 불쾌에 대한 언급에 의해서는 객체의 어떤 것도 지시되지 않고 표상에 의해 촉발되는 대로 주체 속에 **감정**이 생길 뿐이기 때문이다. 문제는 과연 이처럼 주관적인 취미가 어떻게 소통이 가능하고 사람들이 그것을 공유할 수 있는가 하는 것이다.

취미판단의 특징은 주관적이면서도 보편적으로 소통이 가능하다는 데 있다. 주관적인 취미판단의 보편적 소통은 어떻게 가능한가? 취미판단의 대상인 미가 "일체의 관심을 떠난 만족의 대상"이기 때문이다. 일체의 관심을 떠난 만족이란 여기서 "주관의 어떤 경향성" 즉 관심에 기인하지 않은 만족으로서, 그 대상은 "모든 사람들에게 대하여 만족의 근거를 내포하고 있지 않으면 안" 되는 것으로 상정될 수 있고, 그런 점에서 개인이 "자기의 주관만이 근거하고 있는 개인적 조건들을 만족의 근거라고 생각할 수 없"는 대상이다. 이때 만족은 "다른 모든 사람들에게 있어서도 전제될 수 있는 것에 기초를 둔 것"(67)으로 이해된다. 물론 이 만족은 여전히 주관적일 수밖에 없다. 취미판단은 "객체의 개념에 기초를 두고 있지 않"기 때문이며, 따라서 보편적이라 하더라도 그것의 "보편성이란 전혀 논리적인 것이 아니라 미감적인 것"이고, 이 보편성은 "판단의 객관적 양을 내포하고 있는 것이 아니라 주관적 양만을 내포"(71)하기 때문이다. 여기서 미학적 취미판단은 **주관적으로 보편적인 소통 가능성**을 가진다는 결론이 도출되는데, 이러한 사실은 감성적 인식의 대상인 미가 사적인 차원을 넘어서서 사회적으로 판단될 수 있음을 말해준다. 칸트는 여기서 미학을 사적인 문제로 간주한 모더니즘 전통과는 전적으로 다른 관점을 제공하고 있다.

칸트가 미학을 사회적 문제로 봤다는 점은 취미판단을 "누구에게나 동의를 요구"할 수 있는 판단으로 보는 데서 더욱 분명하게 드러난다. "우리가 다른 모든 사람들의 동의를 구하여 마지않는 것은, 우리가 그러한 동의에 대한, 모든 사람에게 공통적인 근거를 가지고 있기 때문이다."(100) 이 공통적인 근거가 '공통감의 이념'인데, 취미판단에서 작용하는 공통감은 또 다른 공통감인 공통적 오성과는 구분된다는 점을 눈여겨볼 필요가 있다. 그것은 취미판단의 경우 오성과는 달리 개념에 의거하지 않고 감정에 의거하기 때문이다. 누구에게나 동의를 구할 수 있는 취미판단이 성립하려면 취미판단을 구성하는 감정이 보편적 전달가능성을 가져야 하는데 이 가능성 자체가 공통감을 전제한다는 것이 칸트의 설명이다. 어떤 것을 아름답다고 언명하는 취미판단은 우리의 감정에 기초를 두고 있지만, 우리는 "이 감정을 사적 감정으로서가 아니라 하나의 공통적 감정으로서 [판단의] 기초에 두고"(102) 있다는 것이다. 칸트에 따르면 이런 **공통감**이 전제될 경우 취미판단에서 요구되는 보편적 동의의 필연성은 더 이상 주관적 필연성이 아니라 객관적 필연성으로 표상된다. 공통감이라는 "규범을 전제할 때에만 우리는 그 규범에 합치되는 판단과 그 판단에 표현되는, 어떤 객체에 관한, 만족을 모든 사람에게 대한 규칙으로 삼을 수 있는 권리"를 갖게 된다. "왜냐하면 물론 이 원리는 단지 주관적인 것에 지나지 않지만, 그러나 주관적-보편적 원리(모든 사람들에 필연적인 이념)로서 상정된 것인 만큼, 여러 판단자들의 일치에 관해서는, 우리가 [그들의 판단을] 이 원리 아래 올바로 포섭했다고 확신만 한다면, 이 원리는 객관적 원리와 같이 보편적 동의를 요구할 수가 있을 것이기 때문이다."(103) 이렇게 보면 공통감은 사람들이 서로 공유하는 공통의 감정이다. 심미적 판단으로서의 취미가 이런 능력이라는 것은 그것이 "전인간이성에 자기의 판단을 견주어 보고, 또 그렇게 함으로써…다른 모든 사람들의 표상방식을 사고 가운데에서 (선천적으로) 고려하는 하나의 판정능력"(169)임을 의미한다.

　이상 간단하게 살펴본 취미판단에 대한 칸트의 논의에서 미학의 사회화를 지향하는 사회미학의 성립 논거를 찾을 수 있을 것 같다. 오늘 상품미학이 미학의 지배적 유형으로 작동하고 있는 가운데 모더니즘이 그에 저항하는 미학적 실천으로 제시되기도 하지만 위에서 살펴본 대로 모더니즘은 삶 자체를 끔찍한 것으로 보고, 자본주의적 삶에 대한 저항을 그 삶으로부터 유리된 예술에서 찾으려는 경향을 드러낸다. 세계로부터의 절대적 독립을 추구한다는 점에서 모더니즘 미학은 사회적이라기보다는 개인적 또는 사적인 경향을 가지고 있으며, 따라서 거기서는 주관적이라고 하더라도 공통감에 기반을 둔 취미판단을 기대하기는 어렵다. 반면에 칸트가 제시한 취미판단 또는 심미적 판단력은 주관에서 출발하면서도 **보편적 소통가능성**을 가진 인간적 능력으로 제시되고 있다. 그에게 판단력은 "전인간이성에 자기의 판단을 비춰보고…주관적인 사적 조건들로 말미암아 그 판단에 해로운 영향을 줄는지도 모르는 착각을 벗어나기 위해서, 자기의 반성작용에 있어서 다른 모든 사람들의 표방방식을 사고 가운데에서 (선천적으로) 고려하는 판정능력"(169)인 것이다. 기본적으로 이런 취미판단에 근거한 것이라면 미학은 모더니즘이 제시하고 있는 것과는 달리 근본적으로 **사회적인 지향성**을 가지고 있다고 해야 한다. 의림의 예가 보여주는 정의의 구현으로서의 미학적 실천은 예외가 아니라 미학이 지닌 근본 성향인 셈이다.

4. 시적 정의

상품미학의 극복을 위해 지향해야 할 사회미학은 어떻게 구성되는 것일까? 이 질문과 관련하여 사회미학은 **시적 정의**(poetic justice)의 실천을 위한 강령적 성격을 지닌 미학적 접근임을 강조하고 싶다. 미학은 기본적으로 사회적임을 칸트의 논의를 통해 알아봤지만, 미학적 실천이 사회적 공공성의 구현 노력과 무관하지 않다는 것은 예술적 세계의 구성 방식, 예술이 구성하는 허구적 세계에서 시적 정의가 실현되는 방식을 통해서도 확인할 수 있다. '시적 정의'는 권선징악 또는 인과응보의 허구적 실현을 일컫는 용어이다. 정의의 실현은 사회적 당위의 범주에 속하고, 그런 점에서 인간관계에 필수적이라 상정되어 그에 대한 사회적 요구가 제기되곤 하지만 현실에서는 대체로 '아직은 아님'의 모습을 취하곤 한다. '시적 정의'가 성립하는 것은 아리스토텔레스가 『시학』에서 지적한 대로 원리를 제시하는 철학

과 사실을 다루는 역사와는 달리 문학, 예술은 '개연성'의 영역이기 때문이다. 권선
징악의 원리는 철학적으로는 요청될 수 있을는지 몰라도 역사 속에서는 그 실현을
확인하기 어렵다. 시적 정의가 가능한 것은 문학적, 나아가서 예술적 허구의 세계
에서는 인과응보 또는 권선징악이 그럴법하게 제시될 수 있기 때문이다.

'시적 정의'란 허구적으로 구현되는 정의라는 점에 주목할 필요가 있다. 서양
전통에서 '시'는 '만들다', '제작하다'의 의미를 지닌 그리스어 동사 'poiein'에서
유래하는데, 이런 측면에서 보면 시적 정의는 '만들어낸', '꾸며낸', 다시 말해 '허
구적으로 주조된' 정의이다. 정의의 실현은 역사적 현실에서는 쉽게 이루어지지
않는다. 권선징악과 인과응보는 사람들이 바라마지 않을지언정 역사적 현실로 구
현되는 것을 확인하기는 어려운 일인 것이다. 이것은 정의가 원망(願望)의 형태로
존재하며, 이차원(異次元)에 해당하는 시적인 세계, 문학적이고 예술적인 허구의
세계를 그 존재조건으로 삼는다는 말이기도 하다.[25]

이와 같은 시적 정의는 칸트가 말한 '규제적 이념'과 일견 비슷해 보인다. 칸
트에게 영혼, 신, 세계와 같은 이념은 경험적으로 확인되는 대상이라기보다는 비
명시적이며 발견적인 개념이다. 그것은 대상이 어떻게 구성되어 있는지가 아니라,
우리의 경험 대상들이 어떻게 구성되어 있고 서로 연결되어 있는지 우리가 어떻
게 탐구해야 하는지 보여준다. '규제적 이념'은 이런 점에서 현실에서 실현되지는
않더라도 인간의 이상적 필요에 따라서 목적론적으로 요청되는 이념이다. 시적
정의도 현실에서는 구현되기 어려운 윤리적 질서를 허구적으로 구현한다는 점에서
규제적 이념에 가깝다고 볼 수 있다. 그런데 시적 정의는 허구적이기는 하지만 소
설 등 실재하는 예술의 세계에서 구체적으로 실현될 수도 있다는 점에서 목적론적
요청과는 구분되는 측면도 없지 않다. 무수히 많은 민담, 소설, 서사시 등이 보여주

25_ 시적 정의와 의림, 공공영역의 관계에 대한 필자의 논의는 안삼환 외, 『인문학 활용 국가발
전전략 수립 연구』, 경제·인문사회연구회 인문정책연구총서 2005-02, 2005, 110-22에 좀 더
자세하게 실려 있다.

듯 문학적 허구에서는 시적 정의가 빈번하고 구체적으로 나타난다. 게다가 시적 정의는 허구의 세계에서만이 아니라 현실에서도 **구체화될 수 있는** 가능성이 있다.

의림 전통을 시적 정의의 현실적 구현태로 볼 수 있지 않을까? 애초에 시적 정의를 허구적 정의로, 또는 규제적 이념에 가까운 것으로 규정한 것은 그것이 현실에서는 구현하기 힘든 정의를 허구와 상상 속에서 구현한다고 본 때문이다. '시'의 한 의미에 꾸며냄, 주조의 의미가 있다는 것은 시와 문학, 나아가서 예술의 세계는 현실에서 흔히 불가능한 정의의 실현을 가능케 한다는 말이기도 하다. 그런데 의림의 조성을 시작(詩作)과 유사한 실천으로 본다면 의림은 시적 정의를 허구적으로만 구현한 것으로 그치지 않는다. 그것은 실물로 존재하며 그런 점에서 시적 정의가 **현실에서 구현된** 사례에 속하는 것이다.

앞서 언급한 것처럼 위험사회의 극복을 위해 '의림'의 조성이 여전히 필요하다면, 사회미학의 실천이 요구되는 것이 아닐까? 물론 오늘 우리에게 필요한 의림은 현재 삶의 조건에 따라서 새로운 모습이기도 해야 할 것이다. 아무리 한옥 전통이 좋다고 해도 오늘의 모든 가옥을 한옥으로 꾸밀 수는 없는 법이다. 그래도 의림의 전통에서 배울 점이 있다면 그것이 공공적 목적으로 조성되었으며, 그 결과 아름다움을 겸비했다는 데 있지 않을까 한다. 그런데 이런 점은 의림에서 시적 정의가 현실화되었다는 점과 무관하지 않아 보인다. 시적 정의는 정의를 다룬다는 점에서 공공적이며, 시적이라는 점에서 미학적이다. 의림 전통이 오늘 요구되는 사회미학의 전례를 이루는 것도 바로 이런 점 때문일 것이다. 의림은 시적 정의가 현실에서 그것도 공적인 차원에서 구현될 수 있음을 보여준다는 점에서 미학적 실천의 사회화를 보여주는 중요한 사례이다.

중요한 것은 의림 전통, 사회미학에서는 현실 속에서 늘 불가능하다고 여겨지던 정의의 실천이 **실현 가능한 것으로** 간주된다는 사실이다. 이는 오늘 현실에서 시를 쓸 수 있는 영역은 공공의 영역이기 때문인 것으로 보인다. 시장에서는 모두들 사적 이익을 취하기 위하여 혈안이 되어 싸우지만 공공영역에서는 많은 사람들이 공공의 이득을 위해 의를 실천하는 아름다운 사람이 되곤 한다. 그것은 현실 세계에서는 이 영역이 바로 소설과도 같은 공간, **'현실의 시'**를 쓸 수 있는 공간인 때문이 아닐까?

'현실의 시'는 상상력에 의해 즉 허구적으로 구성되었지만 구체적으로 존재하는 장소의 성격을 갖는다. 의림 또한 그와 같은 곳이다. 의림은 칸트가 말한 숭고미를 느낄 수 있는 지점으로 보인다.

> 높이 솟아 방금이라도 내려앉을 듯한 험한 절벽, 번개와 우뢰를 품고 유유히 다가오는 하늘 높이 피어오른 먹구름, 온통 파괴력을 자랑하는 화산, 황폐를 남기고 지나가는 태풍, 파도가 치솟는 끝없는 대양, 힘차게 흘러내리는 높은 폭포와 같은 것들은 우리들의 저항하는 능력을 그러한 것들이 가지는 위력과 비교해서 보잘 것 없이 작은 것으로 만들고 만다. 그러나 우리가 안전한 곳에 있기만 한다면, 그 광경은 두려우면 두려울수록 더욱 우리의 마음을 끄는 것이 될 뿐이다. 그리하여 우리가 이러한 대상들을 거리낌 없이 숭고하다고 부르는 것은, 그 대상들이 정신력을 일상적인 범용 이상으로 높여주며, 또 우리의 내부에 전혀 다른 종류의 저항능력이 있어서, 그러한 저항능력이 우리에게 자연의 외견상의 절대력에 도전할 수 있는 용기를 일으켜 준다는 것을 알려주기 때문이다.[26]

의림으로서의 방풍림, 방조림은 인간의 저항 능력을 왜소하게 만드는 절벽, 번개와 우뢰, 먹구름, 화산, 태풍, 파도와 대양, 폭포 등을 면전에 두고 만든 "안전한 곳"에 해당할 것이다. 절벽과 우뢰, 태풍과 파도 등이 언뜻 끝없는 자연의 위세를 드러낸다면 "안전한 곳"으로서의 의림은 인간의 보잘 것 없음을 보여주는 징표이다. 인간은 거기서 두려움에 떨며 웅크리고 있는 모습으로 드러난다. 그러나 칸트는 인간은 그 "안전한 곳"을 확보할 수 있는 덕분에 자연 대상들을 숭고하다고

26_ I. 칸트, 앞의 책, 128-29쪽. 이 책으로부터의 인용은 다시 본문에서 표시한다.

여길 수 있다고 본다. 그에 따르면 "숭고성은 자연의 사물 가운데 있는 것이 아니라, 오직 우리의 심의 가운데"(132) 있다. 숭고미가 자연 자체가 아니라 우리의 심의 속에 있다고 하면서 왜 자연의 숭고함을 인정하는가? 그것은 자연의 위세가 인간의 마음속에 있는 어떤 **위대함**을 감지하게 하는 계기가 되기 때문이다. 자연 대상들이 "우리의 내부에 전혀 다른 종류의 저항능력이 있어서, 그러한 저항능력이 우리에게 자연의 외견상의 절대력에 도전할 수 있는 용기를 일으켜" 준다는 것이다.

"우리가 마련한 안전한 곳"은 자연의 위력 앞에서 아무리 "보잘 것 없이 작은 것"으로 보인다 할지라도 인간적 위대함을 드러내는 지점이라고 할 수 있다. 상림, 죽방림, 관방제림, 그리고 내 고향마을의 작은 숲을 포함하여 전국의 의림들은 자연의 위력에 맞설 수 있는 터전, 자연의 광경이 "두려우면 두려울수록 더욱 우리의 마음을 끄는 것"(128-29)으로 보게 하는 **인간적 공간**이다. 이때 자연은 물론 숭고하다고 간주된다. 하지만 더 중요한 것은 아마도 "안전한 곳" 즉 "우리가 우리 내부에 있는 자연보다 우월하며, 따라서 우리의 외부의 자연(그것이 우리에게 영향을 미치는 한에 있어서)보다 우월하다는 것을 의식할 수 있는"(132) 지점일 것이다. 자연을 숭고하다고 하는 것은 자연 자체가 숭고하다기보다는 자연의 위력으로 우리의 마음이 촉발되어 우리가 내부의 자연과 외부의 자연에 대해 우월한 인간적인 힘들을 느낄 수 있다는 것을 의미한다. 의림은 바로 이런 힘들이 발휘된 곳, 숭고해 보이는 자연을 앞에 두고 인간이 자신의 위대함을 증명하는 곳인 셈이다.

5. 상품미학을 넘어 사회미학으로

의림을 현실화된 허구로 본다면, 그것은 시적 정의의 현실적 실현의 한 모습으로 이해될 수 있을 것 같다. 그리고 그것은 사회미학의 실천 사례이기도 하다.

전통적으로 한국에서 이 실천은 전국에 수많은 방풍림이 있는 것을 보면 아주 빈번하게 일어났음이 분명하다. 의림은 자연의 위대함이나 파괴력에 맞서서 마련한 인간적 여유를 보여주는 문화의 공간이다. 이 공간이 공동체를 위해 존재했다는 것이 중요하다. 예컨대 정자(亭子)가 주변 자연 풍경을 향유할 독점적 권리를 그 소유자에게 배타적으로 줬다면, 방풍림과 방조림은 함께 조성한 마을의 구성원 전체에게 혜택을 제공했다고 할 수 있다. 의림은 이런 점에서 사회미학의 모델로 간주되며, 상품미학에서처럼 상품화되어 사적 소유가 된 것도, 모더니즘 미학에서처럼 사회로부터 극단적으로 단절된 것도 아닌 방식으로 사람들의 심미적 활동이 이루어질 수 있는 가능성을 보여준다.

그런데 사회미학이 지향하는 바, 그것을 구성하는 원리는 무엇일까? 다시 말해 어떤 미학적 실천들이 사회미학을 구성하는 것일까? 이런 질문과 관련하여 사회미학은 미학의 사회화를 목표로 한다는 것을 다시 유념할 필요가 있을 것 같다. 미학의 사회화는 심미적 경험의 **공유**를, 아름다움에 대한 취미판단의 **소통가능성**을 바탕으로 이루어져야 할 것이다. 우리는 이런 요청이 합당함을, 심미적 판단은 주관적 감정에 근거한다고 할지라도 이 감정을 "사적인 감정이 아니라 공통적 감정으로"(102) 여기며, 따라서 보편적 소통가능성을 전제한다는 칸트의 논의를 통해 이미 살펴본 바 있다. 이처럼 미학적 판단, 심미적 경험의 사회화가 합당한 논거에 의해 성립함을 인정할 수 있다면 이제 그 사회화는 구체적으로 어떤 형태를 띠는지 생각할 필요가 있을텐데, 지금까지 의림 전통을 살펴본 관점에서 보면 그 방향은 공공성의 지향임이 분명하다. **공공성의 원칙**, 그것이 사회미학을 구성하는 원리적 요건의 하나인 셈인데, 여기서는 이 원리가 특히 **오늘의** 사회미학 구성에 중요함을 확인하고 싶다. 지금은 더 이상 역사적 의림의 시대가 아니라 자본주의적 근대, 그것도 **신자유주의적** 축적 전략이 가동되고 있는 국면이다. 이는 사회미학이 오늘의 국면에 걸맞은 모습을 띠어야 함을, 의림도 이제는 새로운 모습을 갖추어야 함을, 그리고 사회미학이 지향할 공공성도 오늘의 정세와 국면에 따라 새롭게 해석되어야 함을 의미한다.

사회미학의 구성과 관련하여 지금 공공성 문제를 특별히 고려해야 하는 것은 신자유주의 시대에는 사회적 공공성이 어느 때보다 더 집중적이고 체계적으로 파괴되고 있기 때문이다. 여기서 파괴 사례들을 상론할 수는 없지만 미학의 영역이라고 해서 그 파괴로부터 예외일 수 없음을 확인하고자 한다. 신자유주의는 모든 것의 상품화를 조장한다는 것은 1970년대 말에 그것이 도입된 이후 한국사회가 갈수록 자유화와 시장화를 강화해온 데서 분명히 드러나고 있다. 상품화 경향이 만연한 것은 문화와 예술에서도 마찬가지이다. 문화에서의 상품화는 삶의 방식에 대한 사적인 관리가 만연하는 것으로 나타난다. 신자유주의는 삶의 다양성이나 여유로움, 행동과 의사결정의 자율성, 생태환경 등 인간적 존엄을 위해 사회적으로 보살피고 가꾸어야 할 유적 가치들을 사적 이해를 위한 독점의 대상으로 만드는 것이다. 지금 공공성을 주요한 한 요인으로 한 사회미학의 구성이 필요한 것은 이와 같은 신자유주의적 상황을 타파해야 할 것이기 때문이다.

사회미학이 상품미학을 극복해야 할 대상으로 삼는 것도 같은 맥락이다. 상품미학은 상품의 사용가치에 대한 실현 불가능한 약속을 통해 개인들로 하여금 상품에 매료되도록 함으로써 자본주의의 재생산에 기여한다. 상품미학의 이런 역할은 신자유주의 국면에서 특히 문제가 되는 것 같다. 문제의 심각성은 오늘은 상품화가 거의 직접적이고 노골적인 착취의 형태를 띤다는 사실에서도 나온다. 신자유주의 하에서 일상적 삶이 상품 소비 중심으로 전개되는 것은 포드주의적 타협을 허용한 수정자유주의에서와는 의미가 다르다.[27] 민영화와 구조조정의 확대, 비정규직의 급증, 그에 따른 사회적 양극화의 심화와 빈곤의 확산이 벌어지는 상황에서 상품 소비가 증가하는 것은 유효수요의 확보일는지 모르나 대중에 대한

27_ 한국에서 포드주의적 타협은 1990년대에 짧게 그것도 유사적 형태로 이루어졌을 뿐이다. 이에 대해서는 이 책에 같이 실려 있는 「신자유주의 시대 문화지형의 변동과 문화운동」, 282-83쪽 참고

착취가 일어난다는 말이기도 하다. 최근에 신용카드를 사용한 수백만 명의 개인들이 부채에 허덕이는 것이 상품 구매를 거의 강제적으로 당한 결과가 아니겠는가. 오늘 자본주의가 디자인, 스타일, 이미지, 광고, 포장, 연예산업, 대중매체 등을 중심으로 한 삶의 외관 생산 즉 상품미학에 거의 편집증적으로 투자하는 이유는 개인 주체들을 상품 소비를 통해서만 자아를 확인하는, 소유개인주의에 포획된 존재로 만들기 위함일 것이다.

공공성 이외에도 사회미학이 지향하거나 고려할 원칙들은 많을 것이다. 사회미학은 집단적인 **공동 작업**을 그 실천 방식에 있어서 하나의 원칙으로 삼아야 할 것 같다. 세계로부터의 절연을 선언하고 사회와의 관계를 거부하는 모더니즘 미학의 한계에 대해서는 이미 언급한 바 있다. 모더니즘의 한계를 극복하려면 사회미학은 심미적 경험의 공유 가능성을 인정한 가운데 미학적 실천에서도 새로운 소통 방식을 고안해내고, 작가/기획자/연행자와 독자/청중/관중이 작품의 창작과 관리 과정에 **민주적 참여** 기회를 가질 수 있는 방안을 마련해야 하지 않을까? 미학적 실천이 민주적으로 이루어지려면 사회미학은 무엇보다 작품이 만들어지는 과정에 참여하는 기획자, 재정 조달자, 위탁자, 작가, 자문인, 수요자, 고객, 청중, 독자 등 다양한 주체들 간의 **상호관계**가 중요한 문제임을 인식할 필요가 있을 것이다. 사회미학적 실천이 공공성을 띠어야 하고, 공공성이 민주주의의 문제임을 생각하면 그 실천에 참여하는 주체들 간의 관계가 중요하다는 것은 당연한 일이다.

'민주적 관계'의 문제는 사회미학적 실천의 결과물이 지닌 성격과도 관련이 있는 것 같다. 사회미학 '작품'의 경우 모더니즘 미학, 나아가서 상품미학의 최종 결과물과는 다른 성격을 지닌다. 모더니즘 미학과 상품미학에서 작품은 그 규모에 관계없이 주로 단일한 대상으로서 존재하며, 기념비적 성격을 갖는다. 이때 작품은 미술관의 실내든 아니면 조각공원과 같은 옥외든 전시품으로서의 성격을 갖고 정태적 존재, 관조적 감상의 대상이 된다. 자신의 작품이 이런 성격을 갖는다면 사회미학은 성립할 수가 없을 것이다. 의림 조성이나 스쾃운동, (새 장르) 공공미술운동의 사례들을 놓고 보면,[28] 사회미학의 '작품'은 **지속적 작업**의 성격이 강하고, 그 최종 결과물은 따로 분리되어 아무 데나 이동할 수 있는 불변의 대상이 아닌 **과정**의 성격을 갖는다. 이런 점 때문에 사회미학의 결과물은 계속되는 관리를 요청하며, 또 이런 점 때문에 그것을 만든 '작가'가 떠난 뒤에도 그 존속을 위해서 관중이나 독자 또는 고객의 관심과 보살핌의 대상이 되어야 한다. 의림이 의림으로 남으려면 죽어가는 나무가 생기면 다시 새 나무를 심는 등 그것을 존속시키는 작업이 애초에 그것을 조성한 작업만큼이나 필수적이다. 이렇게 보면 내 고향마을의 숲이, 그리고 고향마을 자체가 퇴락한 것은 이 존속을 위한 장치 또는 노력이 사라진 결과이다.

사회미학적 결과물은 **맥락적** 존재로 기능하며 **실물**로서의 성격이 강할 수밖에 없다. 상림, 죽방림, 관방제림 등은 특정한 장소에 조성되어 있으며, 그런 점 때문에 구체적인 시공간의 맥락을 갖는다. 이들 숲은 지역성을 지닌 현장들로 존재하며 그런 점에서 다른 종류의 심미적 대상들, 예컨대 바셀리츠가 추구한 '반사회적' 작품과는 구분된다. 모더니스트에게서 작품은 현실과 절연된 독자성을 지향한다는 점에서 스스로 허구적 세계임을 내세우는 경향이 강하다. 이때 그림, 시, 소설, 영화 등이 구성하는 작품 세계는 이차원(異次元) 또는 '가능세계'에 속하며,[29] 그런 점에서 시와 소설의 텍스트, 그림과 영화의 화면을 구성하는 매체, 즉 예술작품의 재료가 속해 있는 것과는 다른 세계에서 구성된다. 반면에 사회미학적 실천을 통해 구성되는 '이차원'의 세계는 그 자체로 현실 세계를 구성한다는 특징을 갖는다. 이는 사회미학의 결과물은 통상적인 예술작품이 오브제 형태로 성립하는 것과는 달리 실천, 제도, 과정, 또는 복합체 등의 말이 어울리는 좀 더 복잡한 형태가 된다는 점과 무관하지 않을 것이다. 의림은 미술관이나 박물관 등

28_ '새 장르 공공미술'에 대해서는 Suzanne Lacy, ed., *Mapping the Terrain*에 실린 글들 참고
29_ 가능세계는 텍스트를 통해 구성되는 이야기의 세계를 일컫는다. 김운찬, 『현대기호학과 문화분석』, 열린책들, 2005, 153-54쪽.

에서 전시되는 예술작품과는 달리 현장 자체와 분리되어 있지 않다. 이런 점은 사회미학적 실천을 지향하는 많은 공공미술 '작품'의 경우도 마찬가지이다. 사회 미학적 작품이 실물로서의 성격을 갖는다는 것은 그것이 구체적인 시공간 속에 배치되어야 한다는 특징, **현장성** 또는 **지역성**을 가져야 한다는 점과 관련되어 있 다. 현장성의 특징을 갖는 한 사회미학은 구체적인 실천으로 나타나야 한다.

이상 언급한 원칙들 또는 지향점들 이외에도 사회미학을 구성하는 원리들은 많을 것이다. 그러나 여기서 우리가 특히 강조하고 싶은 것은 사회미학은 미학의 사회화를 지향한다는 점, 그에 따라서 그 미학적 실천이 구체적인 삶의 현장에서 다양한 참여 주체들 간의 관계를 통해 이루어지며, 현장이 지닌 시공간 맥락에 따라 발생하는 다양한 과정에 개입하는 지속적 작업들을 요구하고, 특정한 개인 의 사적 관심을 넘어선 공동체적 운명과 연결되어 있다는 점이다. 여기서 현장은 칸트가 말한 "안전한 곳"인 바, 이런 지점을 확보하는 것은 아무리 초라해 보여도 여전히 자연의 숭고함을 능가하는 인간적 승리에 해당한다.

6. 결어

상품미학에 반대하는 길이 사회미학만은 아닐 것이다. 앞에서 본 대로 모더니 즘 미학 또한 상품미학에 저항적인 측면이 없지 않다. 그러나 우리가 상품미학을 넘어서는 길을 모더니즘에서 찾으려 하지 않는 것은 후자는 여전히 개인주의에서 벗어나지 못하고 미학적 공공성을 외면한다고 판단하기 때문이다. 모더니즘 미학 은 예술과 사회의 단절을 전제하고 있는 까닭에 설령 신자유주의가 조장하는 상 품미학에 저항한다고 하더라도 그 저항은 기본적으로 한계가 있을 수밖에 없다. 반면에 사회미학은 그 실천이 공공적 성격을 띠는 한 신자유주의에 대한 유력한 미학적 저항력을 지니고 있다. 사회미학이 미학의 사회화를 지향한다는 것은 일상적 삶 속에 깃들은 심미적 경험들, 개인들의 취미판단들을 사적인 세계에 감금하지 않고 소통 가능한 경험과 판단으로, 공통감의 문제로 인식한다는 말이다. 이때 심미적 경험은 사유되거나 독점되기만 하지 않고 공유되는 것으로 상정되는바, 이런 관점에서 구성되는 사회의 미학적 모습은 상품미학이나 모더니즘 미학의 그것과는 달라야 한다.

그런데 우리는 더 나아가 사회미학에서 미학적 관점에서 신자유주의에 저항하는 입장 이상의 어떤 것을 찾아야 하지 않을까? 물론 사회미학은 공공성을 지향한다는 점에서 신자유주의가 자행하는 공공성 파괴에 저항해야 할 것이며, 새로운 의림을 건설하고자 하는 그것의 미학적 실천에는 공공성 수호가 과제로 포함되지 않을 수 없다. 그러나 신자유주의에 대한 저항은 자본주의 자체에 대한 저항으로까지 발전해야 한다. 사회미학이 노동사회가 야기하는 위험사회의 극복을 위해 제기되는 미학적 전략이라면, 신자유주의를 넘어 **자본주의 이후**까지 상상하는 것이 필요하다. 물론 오늘의 자본주의는 신자유주의 전략을 펼치고 있지만, 신자유주의에 대한 반대만으로 자본주의 극복이 담보되지 않는 것은 신자유주의에 대한 대안이 또 다른 자본주의로의 전환으로 이어질 수도 있기 때문이다. 사회미학이 공공성 쟁취 투쟁을 신자유주의에 대한 반대운동의 시야 너머로 확대해야 할 이유가 여기에 있다. 사회미학이 추구하는 공공성은 이런 점에서 자본주의에 여전히 포박된, 자본주의에의 포섭을 목적으로 한 대중에 대한 배려로서의 공공성이 아니라 자본주의 자체를 넘어서는 대안적 사회의 기반으로 작용해야 한다.

물론 사회미학은 공공적 미학이다. 그러나 공공성을 지향한다고 해서 사회미학이 집단주의만을 고집할 수는 없다는 점도 강조해야 한다. 우리는 모더니즘 미학은 사적 세계에 갇혀 있으므로 수용할 수 없다고 말했다. 그런데 사회미학이 이런 한계를 극복한다는 명분을 내세워 모더니즘 미학이 중시하는 '개인'의 취향까지 말살할 수는 없을 것이다. 사회미학은 공통감만 전제하는 것이 아니라 심미적 경험의 주관성까지 전제해야 할 것이기 때문이다. 아니 공통감이 성립하려면 주관성이 먼저 전제되지 않으면 안 된다. 심미적 경험과 미학적 실천은 창조적 성격을 띠며, 그런 점에서 개인의 자유로운 창의성이 발휘되도록 보장되어야 한다. 사회미학은 이런 점에서 미학적 실천의 코뮌주의를 지향할 필요가 있을 것 같다. 코뮌 또는 공동체에서 공통성은 일괴암적으로 구성되는 것이 아니라 특이성들의 모임으로서 그 다양성을 기반으로 하여 이루어지며, 다양성은 개별성들을 전제한다.[30] 코뮌을 구성하기 위해 다양한 상상력을 지닌 자유로운 개인들이 참여할 수 있어야 한다면 미학적 실천에서도 마찬가지이다. 맑스에 따르면 코뮌주의 사회에서 삶은 각자의 필요에 따라 이루어진다. 이 글의 입장에서 보자면 각자의 취향에 따라 사는 것이 서로 조화를 이룬 사회가 사회미학적 실천의 결과여야 할 것이다.

30_ 이 책에 함께 수록된 글 「코뮌주의와 문화사회」, 36쪽.

04

문화사회론으로 본 현대문화

1. 서언

'중앙게르마니아'는 오늘 나에게 '문화사회론'의 관점에서 현대문화를 설명하라는 과제를 부과하였다. 이 과제를 수행하려면 '문화사회론'이란 어떤 관점인지, '현대문화'는 어떤 특성들을 갖는지, 그리고 양자는 어떤 관련을 맺고 있는 것인지 살펴볼 필요가 있겠다.

여기서 '문화사회론'은 내가 참여해온 문화이론전문지 『문화/과학』의 편집동인이 제출해온 사회운동 노선을 가리킨다. 우리 동인이 '문화사회'라는 개념을 처음 접한 것은 1990년대 말 프랑스의 철학자 앙드레 고르즈를 통해서였다. 현실 사회주의가 붕괴되고 한국의 '민민운동' 역시 위력을 잃기 시작한 1992년에 창간된 『문화/과학』을 중심으로 모인 젊은 연구자들은 한국의 사회 성격을 놓고 1980년대 중·후반에 치열하게 진행되던 '사회구성체논쟁'을 지배한 '정치경제학 비판'의 시각만으로는 사회 변혁을 제대로 구상할 수 없다고 보고 문화이론, 문화연구를 '정치경제학 비판'과 대등하게 공부할 필요를 느끼고 있었기 때문에, 사회적 필요노동을 최소화하여 임금노동에서 벗어난 활동을 중심으로 한 사회 구성을 제안한 고르즈의 문화사회론에 상당한 매력을 느끼게 되었다. 하지만 『문화/과학』

의 '문화사회론'이 고르즈의 그것과 동일하다고 할 수는 없다. 우리가 참조한 고르즈의 '문화사회론'은 그의 『경제적 이성 비판』에 담겨있는데,1) 여기에 제출된 문화사회에 관한 논의는 소략한 것에 불과하여 우리가 고르즈를 통해서 얻은 문화사회 이론은 대체로 단상이나 시사의 수준에 머물렀던 편이다. 따라서 『문화/과학』을 통해 구축된 문화사회론은 고르즈의 문화사회 개념을 '영감'으로 삼고, 잡지 창간 이후 우리 동인이 추진해온 문화이론, 문화연구 작업을 통해 발전시킨 이론적 입장들, 개념들, 관점들을 '생산수단'으로 삼아서 새롭게 가공한 이론적 입장이라고 할 수 있다.2) 이에 따라 지난 10년 가까운 기간에 우리는 주로 『문화/과학』을 통해 수십 편의 '문화사회론' 관련 논문들을 생산해낼 수 있었고,3) 최근

1_ André Gorz, *Critique of Economic Reason*, tr. Gillian Handyside and Chris Turner (London and New York: Verso, 1989). 이 책의 마지막 장은 「노동사회에서 '문화사회'로의 이행: 노동시간의 단축—쟁점과 정책」이라는 제목으로 번역되어 이병천/박형준 공편, 『후기자본주의와 사회운동의 전망』, 의암, 1993, 364-404쪽에 실려 있다.

2_ 이 과정에서 우리가 활용한 이론적 입장은 알튀세르, 푸코, 들뢰즈 등이다.

3_ 『문화/과학』은 15호(1998년 가을)에서 심광현이 「'사회적 경제'와 '문화사회'로의 이행에 관하여」, 16호(1998년 겨울)에서 강내희가 「노동거부의 사상」을 발표한 뒤, 17호(1999년 봄)에서는 "'문화사회'로의 전환'이라는 제목의 특집을 꾸미며 강내희, 「문화사회를 위하여」, 심광현, 「'문화사회'를 향한 새로운 문화운동의 과제」, 이동연, 「문화사회로의 전환을 위한 예술운동의 과제들」을 게재했고, 20호(1999년 겨울)에서 '노동과 노동거부'를 특집주제로 삼아 강내희, 「노동거부와 문화사회의 건설」, 고병권, 「노동거부의 정치학: 새로운 '구성'을 향한 투쟁」을 실었고, 35호(2003년 가을)에서 '위험사회'라는 주제로 특집을 꾸려 강내희, 「위험사회, 노동사회, 문화사회」를 실었고, 43호(2005년 가을)에서 '한국경제, 문화로 넘다'라는 제목의 특집을 꾸려 심광현, 「위기의 한국경제 생태문화적 리모델링의 전망」, 홍성태, 「개발주의와 생태주의」를 실었고, 46호(2006년 여름)에서 '한미FTA를 깨고 문화사회로' 제하의 특집으로 문강형준, 「노동사회 비판과 문화사회의 이론적 지도」, 심광현, 「문화사회적 사회구성체론을 위한 시론」, 홍성태, 「생태문화사회와 사회운동」, 고길섶, 「생태문화사회—나의 상상, 나의 실험」, 노명우, 「문화헌장 제정과 문화정책의 과제」, 임동근, 「문화도시를 만들기 위한 정책 제안」을 실었고, 50호(2007년 여름)에서는 '코뮌주의와 문화사회'를 주제로 한 특집을 꾸려 심광현, 「맑스적 코뮌주의의 '문화사회적' 성격과 이행의 쟁점」, 강내희, 「코뮌주의와 문화사회」, 홍성태, 「문화사회의 두 길」, 강수돌, 「문화사회와 노동: 노동과정과 노동운동의 재구성」, 김성일, 「다중에 관한 해부학—문화사회에서 실천적 다중의 구성」, 이득재, 「문화사회론의 자율주의 비판」, 권용선, 「생태적 문화사회와 여성의 새로운 삶?」, 이동연, 「문화사회로의 전환과 생태문화코뮌 만들기」, 고길섶, 「문화사회, 쿠바의 사례가 시사하는 것들」, 최준영, 「지역-현장을 기반으로 한 사회운동

에는 국내 맑스주의자들이 모여서 격년으로 개최하는 맑스코뮤날레 학술대회를 '문화사회론'이 다른 사회변혁이론들과 조우하고 경쟁하는 토론의 장으로 활용해 왔다.[4] '문화사회론'은 사회운동의 새로운 입론으로서는 보기 드물게 한국 사회 운동의 현장에서 그 적실성에 대한 검증을 받는 소중한 기회를 얻기도 하였다. 『문화/과학』 편집위원 다수가 '문화사회 건설'을 취지로 삼은 1999년에 출범한 문화연대의 결성과 운영을 주도하며 '문화사회론'을 현실 사회운동에 적용하는 실천적 실험을 경험해온 것이다. '문화사회론'으로 현대문화를 본다는 것은 이런 점에서 아직은 일천하지만 나름대로 사회운동의 현장에서 실천 경험을 쌓고 있는 운동이론의 관점에서 오늘의 문화를 파악한다는 의미를 갖는다. (여기서 '현대문화'는 '문화사회론'이 기본적으로 한국에서 진행된 진보적 이론 작업과 실천 작업을 가리키는 것처럼 한국의 현대문화를 가리킨다.)

'문화사회론'이 단일한 이론체계인 것은 아니다. 『문화/과학』 동인 가운데서도 문화사회론을 코뮌주의의 관점에서 수용하는 편이 있는가 하면 사민주의의 관점에서 수용하는 쪽이 있다.[5] 하지만 오늘 발표자가 말하는 '문화사회론'은 『문화/과학』

의 거점, <민중의 집>」, 정은희, 「시장사회에서 문화사회로의 이행을 위한 사회공공성 운동」, 나영, 「생태적 문화사회와 문화교육네트워크」, 전규찬, 「문화사회와 미디어(운동)론」 등의 글을 실었다.

4_ 『문화/과학』 동인이 맑스코뮤날레 학술문화대회에 참여하며 발표한 '문화사회론' 관련 글들은 2003년의 1회 대회에서는 강내희, 「계급투쟁의 의미생산과 문화정치」, 심광현, 「칸트와 들뢰즈를 경유한 맑스: 문화사회의 인식적 지도 그리기」, 홍성태, 「생태맑스주의로 가는 길」, 문화과학, 「문화사회론: 좌파의 사회운동 혁신과 그 쟁점들」, 2005년의 2회 대회에서는 강내희, 「맑스와 한국 좌파 문화운동의 방향」, 2007년의 3회 대회에서는 심광현, 「코뮌적 생태문화사회의 필요조건: 생산양식·주체양식의 공시적 변화」, 이동연, 「'역사적 문화운동'에서 배우기: 문화사회로의 이행을 위한 인식적 지도그리기」, 강내희, 「19-20세기 서구 코뮌주의 운동에서 문화적 관점의 동요」, 이득재·심광현, 「코뮌적 생태문화사회구성체 요강」 등이 있다.

5_ 이와 관련해서는 홍성태, 「문화사회의 두 길」, 『문화/과학』 50호, 2007년 여름 참조. 나는 여기서 영어의 'communism'을 통상 사용하는 '공산주의' 대신 '코뮌주의'로 번역한다. '공산주의'는 역사적으로 소련의 스탈린주의의 영향을 받아 맑스주의를 '생산주의적'으로 편향된 해석을 해온 전통에 오염되어 있다고 보기 때문이다. '코뮌주의'라는 표현이 좋다고 보는 것은 맑스와 엥겔스가 지향한 사회는 물론 생산의 사회화를 지향하기는 하지만 삶의 사회화를 더욱 강조

동인의 다수가 지지하는 맑스주의적 코뮌주의를 바탕으로 한 '문화사회론'의 경향을 말한다. 문화사회를 사민주의 또는 수정주의 입장에서 이해하느냐, 아니면 맑스주의 입장에서 이해하느냐는 큰 이론적 차이를 낳는다. 전자가 자본주의를 개혁하여 그 내부에서 문화사회를 구성할 수 있다고 본다면, 후자는 문화사회 구성을 위해서는 자본주의 극복이 필수적이라고 보기 때문이다. 이 두 입장과 관련하여 나는 문화사회는 기본적으로 코뮌사회로서 성립해야 한다고 믿기 때문에 후자의 관점을 지지함을 밝힌다.

여기서 '코뮌사회'는 맑스와 엥겔스가 19세기 중반 이후 자본주의 이후의 새로운 사회형태로 설정한 코뮌주의가 구현된 사회를 가리킨다. 맑스와 엥겔스는 19세기 초·중반에 성행한 사회주의의 전통에 속하지만 당대를 풍미한 오언, 푸리에, 생시몽 등의 사회주의를 유토피아적 사회주의로서 관념론이라고 비판하며 혁명적 사회주의, 코뮌주의의 입장을 지지했다.6) 『독일이데올로기』에서 맑스와 엥겔스는 코뮌주의를 "조성되어야 할 하나의 **상태**, 현실이 이에 의거하여 배열되는 하나의 **이상**"이 아니라, "현재의 상태를 지양해가는 **현실적** 운동"으로 정의했는데,7) 이는 그들이 유토피아적 사회주의자들과는 달리 자본주의 체제가 지배하는 "현재의 상태"를 지양해야만 한다고 믿었음을, 자본주의 체제 자체의 극복을 위해서 작용하는 사회운동만이 코뮌주의의 이름에 걸맞다고 생각했음을 보여준다. 맑스와 엥겔스가 지지한 사회주의는 자본주의 체제의 변혁을 전제한 혁명적 사회주의였던 것이다. 이 혁명적 사회주의에 대해 맑스와 엥겔스가 붙인 이름이 코뮌주의이고, 이 코뮌주의가 지향하는 사회가 코뮌사회이다. 나는 코뮌주의가 이념과 운동노선으로서 채택되지 않을 경우 코뮌사회가 성립할 수 없다고 보고, 코뮌사회가 실현되지 않으면 문화사회 또한 성립될 수 없다고 본다.

한다고 보기 때문이다.

6_ 이 책 1부에 실려 있는 글 「코뮌주의와 문화사회」, 16-17쪽.

7_ 칼 맑스·프리드리히 엥겔스, 「독일이데올로기」, 『칼 맑스·프리드리히 엥겔스 저작 선집』, 1권, 최인호 역, 박종철출판사, 1991, 215쪽. 강조는 원본.

코뮌주의도 단일한 입장이 아니다. 통상적으로 코뮌주의는 맑스주의로 이해되고 있지만 역사적으로 맑스주의 이외에도 코뮌주의를 지지하는 입장은 여럿 있었다. 맑스주의적 코뮌주의 이외에 종교적 코뮌주의가 있고, 시민적 코뮌주의가 있었던 것이다. 이 가운데 종교적 코뮌주의는 "가난한 자는 복이 있나니"라고 했던 산상수훈의 예수를 필두로 한 기독교 코뮌주의가 대표적이며, 이 코뮌주의는 이후 아나키즘적 코뮌주의로 발전한다. 시민적 코뮌주의는 프랑스혁명을 통해서 강력하게 제기된 "인간 위에 인간 없고, 인간 아래 인간 없다"는 사상, 즉 인간=시민, 자유=평등의 명제로 나타난다. 종교적 코뮌주의가 절대적 구원자에 기댔다면 시민적 코뮌주의는 '메시아론'이 없는 "자기해방의 사상"이다. "그리고 물론 시민적 공산주의에는 천년왕국론이나 종말론 같은 신비주의적 요소도 전혀 없"다.[8] 반면에 맑스주의적 코뮌주의는 『자본』의 결론으로 제출된 연합적 생산양식을 가리킨다. 연합적 생산양식은 사적 소유를 허용하는 자본주의적 사회 구성과는 달리 생산자들의 협동조합과 같이 소유를 사회화한 형태이다. 그러나 맑스주의적 코뮌주의는 종교적 코뮌주의의 후예인 아나키즘과는 적대적 관계를 맺었으나 시민적 코뮌주의와는 연대의 관계를 맺게 되는데, 이는 후자가 주장하는 핵심이 개인의 자신에 대한 소유로서의 노동권을 지지하기 때문이다.[9]

문화사회론은 기본적으로 맑스주의적 코뮌주의에 동의하지만 역사적으로 이 전통에서 드러난 문화적 관점의 결여라는 문제를 극복해야만 코뮌주의적 실천이 온전하게 이루어질 수 있다고 본다. 맑스와 엥겔스의 코뮌주의에는 문화적 관점이 완전히 배제되어 있었던 것은 아니지만 맑스주의적 코뮌주의는 역사적으로 발전하면서 생산자를 중심으로 한 사상으로 축소되었다고 할 수 있다. 그러나 이

8_ 윤소영, 『일반화된 마르크스주의 개론』, 공감, 2006, 303쪽.
9_ 코뮌주의의 종류에 대해서는 윤소영, 『역사적 마르크스주의: 이념과 운동』, 공감, 2004 참조. 발리바르에 따르면 코뮌주의에는 이 이외에도 국제주의, 페미니즘 같은 종류가 더 있다.

생산중심주의가 지나치게 강조됨으로써 코뮌주의는 생산 이외의 인간 활동을 종속적인 변수로 치부하여 모든 것을 경제가 지배한다는 경제결정론에 빠지게 되었고, 소련의 스탈린주의가 보여준 것처럼 이로 인해 자본주의 사회체제의 변혁을 위한 코뮌주의 운동이 지배체제로 전환되는 상황을 야기했다.[10] 그러나 물론 문화사회론이 연합적 생산 또는 생산자 연합을 반대하는 것은 아니다. 연합적 생산은 사적 소유를 기본으로 하는 자본주의적 생산양식을 극복할 수 있는 유일한 대안적 생산양식이기 때문이다. 그러나 문화사회론은 생산 이외에 주체의 개념에 주목할 것을 요구하며, 주체화양식, 즉 인간 개인들이 상이한 사회적 주체로서 형성되는 과정은 물적 생산의 과정과는 구분되며, 이 두 과정을 혼동하여 전자를 후자로 환원하는 것은 변혁을 위한 한 핵심적 조건에 대한 무지를 낳는다고 본다.

문화사회론은 인간 주체는 다양한 역능들(力能, faculties)로 구성된다고 본다. 이들 역능은 감성적, 지적, 윤리적, 신체적 차원으로 구분될 수 있으며, 개인들의 서로 다른 특이성은 각 차원의 역능이 어떻게 이루어져 있고, 또한 서로 다른 차원에 속한 역능들이 어떻게 조합되고 편성되느냐에 따라 결정된다고 할 수 있다. 우리는 이에 따라 지적 능력은 떨어지지만 감수성이 풍부하며 신체적 능력도 뛰어나고 윤리적 감각도 예민한 한 개인, 지적 능력이 뛰어나지만 감성적, 윤리적, 신체적 역능은 모자란 한 개인, 그리고 지적 능력과 신체적 능력은 가공할 만하지만 윤리적, 감성적 섬세함은 거의 없는 한 개인을 생각할 수 있다. 문화사회론은 이와 같은 개인 주체들의 구성 또는 형성 방식은 생산양식의 문제로 환원될 수 없는 나름의 자율성을 가지고 있다고 보고, 자본주의 사회를 변혁하려는 이념과 운동으로서의 코뮌주의가 제대로 실천되려면 주체화양식에 대한 연구와 대책이 필요하다고 본다.

10_ 이와 관련한 좀 더 자세한 논의는 이 책에 같이 실려 있는 「19-20세기 서구 코뮌주의 운동에서 문화적 관점의 동요」 참조

2. 노동사회

문화사회론은 맑스주의적 코뮌주의를 지지한다는 점에서 오늘의 지배적인 자본주의 사회에 대해 비판적이다. 문화사회론이 문화사회를 건설할 것을 주장하는 것은 자본주의가 지속되어서는 인류에게 희망이 없다고 보기 때문이다. 왜 자본주의 사회에서는 인류가 희망을 가질 수가 없는가? 자본주의는 인간의 역능들을 자기 방식대로 편성한다. 예컨대 오늘 한국에서 청소년들이 살고 있는 모습을 보면 한국자본주의가 어떻게 인간 역능들을 구조화하고 있는지 알 수 있다. 요즘 청소년들은 "입시지옥"에 빠져 있기 때문에 자신들이 지닌 지적, 신체적, 감성적, 윤리적 역능들을 자유롭게, 자율적으로 펼치지 못하고 지적 능력의 계서화(階序化)를 전제로 한 역능 평가의 대상으로 전락했다. 한 인간으로서 청소년은 입시 준비생으로 지내면서 오지 않을 미래, 또는 와도 별 볼일 없는 미래에 저당을 잡혀 자신의 황금 같은 인생을 교육노동에 바쳐야 하기 때문에 수량적 평가의 대상일 수밖에 없는 지적 능력의 강화를 위해 신체적, 윤리적, 감성적 역능을 균형있게 양성할 기회를 빼앗겨야만 하는 것이다. 특히 최근에 최악의 자본주의적 축적 전략에 해당하는 신자유주의가 지배하는 정세가 형성됨으로써 상황은 더욱 악화되고 있다. 과거에는 고3이나 중3 시절에 잠깐 입시지옥을 겪으면 되었으나 이제는 초·중등 12년으로까지, 유아기로까지, 그리고 빈번한 구조조정이 기다리고 있기 때문에 몇 년이나 버틸지 모르는 회사의 취업시험을 위해 대학시절까지로 교육노동이 확장된 것이다.

문화사회론은 자본주의 사회를 무엇보다 노동사회라고 파악한다. 오늘 한국의 청소년이 예외 없이 교육노동에 모두 종속되어 있는 것은 결코 우연이 아니다. 한국사회가 자본주의적 성격이 강화된 데 따른 필연적 귀결인 것이다. 자본주의 사회는 대부분의 인구를 노동자로 전환시킴으로써 사회적 생산을 조직하며, 프롤레타리아트를 노동에 종속시킴으로써, 즉 노동에 목매달고 살게 함으로써, 즉 노동사회를 구성함으로써 유지된다. 자본주의 체제가 노동사회를 강요하는 것은 노동을 통해, 노동의 관리와 통제를 통해 인구의 다수를 차지하는 프롤레타리아트를 지배할 수 있기 때문이다. 그리고 오늘 노동은 기본적으로 임금노동의 형태로 존재하기 때문에 노동사회는 사실상 임금노동사회이기도 하다. 이것은 대중은 이제 (임금)노동을 위해 자신의 삶을 영위해야 하고, 이에 따라 그들에게는 노동 이외의 인간적인 삶, 즉 산보하고 구경하고 춤추고 노래하고 독서하고 사랑하고 보살피고 운동하는 등의 다양한 활동이 불가능하지는 않더라도 풍부하게는 주어지지 않게 된다는 말이다. 오늘 한국의 고등학생들은 독서클럽을 만들어 활동을 하려 해도 입시성적을 올리려는 학교당국으로부터 제재를 받고 있다.[11] 그러나 노동 이외의 다른 활동이 노동에 의해 지배받게 되면, 이 노동이 오늘처럼 주로 임금노동으로 작용하면 인간은 유적 존재로서 온전한 발전을 이룰 수 없다.

물론 오늘은 노동이 오히려 희귀해지지 않았느냐고 반문할 수도 있다. 인간의 노동을 통해 사회적 생산을 꾀하던 이전과는 달리, 오늘은 비인간적인 노동, 즉 우리가 전통적으로 인간노동으로 여기던 것을 대체한, 전적으로 기계적인 노동에 의해 주요 사회적 생산이 이루어지고 있지 않느냐고 문제를 제기할 수도 있다. 자동기술의 발달로 인해 인간의 육체노동이 개입할 필요가 없는 기계적 생산이 광범위하게 이루어지고 있는 것은 사실이다. 컴퓨터공학, 로봇공학의 발전으로 사람들이 직접 노동을 할 필요 또한 줄어들고 있다. 오늘 세계 전역에서 노동자들이 일자리를 잃고 실업자로, 비정규직으로 내몰리는 것도 바로 이런 이유 때문이다. 인간 노동은 그만큼 불필요해졌다.

하지만 노동의 불필요성 때문에 노동의 중요성은 오히려 더 강조된다. 노동의 상당 부분이 인간으로부터 기계로 이동하게 됨에 따라 노동이 희귀해지고, 노동을 할 수 있는 기회가 줄어들면서 생긴 일이다. 기계적 노동의 증가는 인간 노동력

11_ 스포츠평론가 정윤수는 자신이 고교시절 독서클럽활동을 하다가 실제로 학교 측으로부터 제재를 받았다고 회고하고 있다.

의 퇴출로 이어져 구조조정을 빈번하게 실시하게 만들고 노동의 유연화를 야기하고, 노동자계급 내부에 양분화를 일으켜 노-노 갈등을 발생시키고, 노동(조합)운동을 위기로 빠뜨린다. 노동은 이리하여 희소가치를 갖게 된다. 자동생산체제가 확산되면 노동을 할 수 있는 기회 자체가 줄어들기 때문이다. 이런 상황은 일자리 보전을 노동자들이 추구하는 최고의 목표로 만들며, 노동자의 권리를 노동을 할 권리로 축소시키는 결과를 낳았다. 나중에 보겠지만 이것은 노동권에 대한 자본주의적 해석의 승리이다. 그러나 노동의 권리를 특권으로 만드는 이 과정을 통해 노동은 계속하여 사회를 통합하고 통제하는 지배적 원리로 작용하게 된다. 임금노동의 기회 포착이 노동자 대중의 염원으로, 그들의 유일한 생존 전략으로 전락하면서 노동이 계속하여 사회를 관리하는 주된 수단이 되는 것이다. 자동생산에 의해 노동이 감소하면 할수록 노동은 사회를 지배하게 되는 것이 노동사회의 작동 메커니즘이다.

왜 노동사회에서는 이런 노동이 지배하게 되는가? 그것은 노동사회에서는 본래적 의미의 노동권이 부정당하고 사이비 노동권이 판을 치기 때문이다. 노동권은 노동하는 일반 대중이 자신들에 대해 갖는 소유권, 자신들의 노동행위에 대해서 행사하는 자율적 결정의 권리를 가리킨다. 그런데 이 노동권은 역사적으로 상이한 관점에 의해 해석되어 왔다. 이 권리는 혁명적 관점에서, 또는 지배체제를 혁파하는 봉기의 관점에서 해석되었을 때에는 노동자계급, 또는 생산수단을 소유하지 못하여 자신의 노동력을 판매해야만 살 수 있는 프롤레타리아트가 노동력을 갖춘 자기 자신에 대해 행사하는 권리였으나, 신자유주의가 지배하고 있는 오늘날처럼 노동자계급이 불리한 위치에 처했을 때에는 궁지에 몰린 노동자가 생존을 위해 노동을 할 기회를 갖는 권리로 그 의미가 축소되었던 것이다. 이것은 노동권이 경우에 따라서 혁명적 권리가 될 수도, 또는 방어적 권리가 될 수도 있음을 말하는데, 자본주의 체제가 이러한 노동권을 가능한 한 후자의 상태로 만드는 경향을 드러내는 것은 당연한 일이다. 방어적 권리로서의 노동권은 생존권에 불과하다. 언뜻 보면 생존권은 가장 존엄한 권리로 여겨질 수 있겠지만 노동자가 생존권으로서의 노동권에 집착하면 자신의 생명을 부지하여 계속하여 노동할 기회를 얻고자 하는 데 불과한 것이므로 결국 자본주의의 재생산에 복무하는 결과밖에는 되지 않는 셈이다.[12] 그러나 혁명적 의미의 노동권은 "자본에 대한 지배 요구"이고, "생산수단을 점유하여 그것을 단결한 노동 계급에게 종속시키고, 그렇게 해서 자본과 노동, 그리고 그들 상호관계를 폐지시키자는 요구"로서 '봉기'에 속한다.[13]

문화사회론은 노동사회를 극복하고 문화사회를 구성해야만 인간이 지상에서—천상이 아니다!—행복을 향유할 수 있다고 본다. 문화사회를 구성하는 주된 인간 활동은 문화적 활동이다. 문화는 여기서 넓은 의미로 삶의 꼴 또는 삶의 양식으로서 다양한 역능을 가진 인간이 살아가며 만들어내는 모습을 가리킨다. 앞서 언급한 대로 인간의 역능은 다양한 차원에서 구성되며, 다양한 형태를 띨 수밖에 없다. "우리가 사는 꼴은 정치 경제만이 아니라, 우리의 꿈과 희망, 우리가 하는 이야기, 우리가 만들어내는 이미지, 욕망과 감정, 우정과 사랑, 삶에 대한 태도, 사람들이 쌓은 습속, 사고의 길이와 폭, 명상과 같은 지적 작업, 정체성 형성의 조건, 나아가 생태적 조건 등 다양한 요인들에 의해서 만들어진다."[14] 다른 측면에서 보면 문화는 우리의 오감에 의해 세계와 맺는 관계들의 양상으로도 이해할 수 있다. 우리는 "보고, 듣고, 맡고, 맛보고, 느끼고, 생각하고, 관찰하고, 경험하고, 원하고, 행동하고, 사랑하는" 방식으로 세계와 관계를 맺음으로써 세계에 대한 "인간적 현실의 전유"를 이룬다.[15] 인간의 문화가 다양한 모습을 띠는 것은 이처럼 인간이 세계와

12_ 사민주의자들이 노동권을 노동할 권리로 해석하는 것은 이런 점에서 이해가 가능하다.

13_ 칼 마르크스 「프랑스에서의 계급투쟁」, 『프랑스 혁명사 3부작』, 임지현·이종훈 역, 소나무, 1991, 77-78쪽.

14_ 강내희, 「신자유주의 시대의 한국 문화」, 『한국의 문화변동과 문화정치』, 문화과학사, 2003, 308쪽.

15_ Karl Marx, *Economic and Philosophic Manuscripts of 1844*, in Kar Marx Frederick Engels, *Collected Works*, Vol. 3. *Marx and Engels 1843-1844* (Moscow: Progress Publishers, 1975), pp. 299-300.

맺는 관계가 다양하기 때문이다. 인간의 삶의 모습은 주체로서의 개인들을 구성하는 역능들의 조합되는 방식이 다양하기 때문에 다양할 수밖에 없다. 문화사회는 인간의 다양한 역능들을 최선의 선순환 구조로 편성하는 것을 그 존립 목표로 하는 사회라고 하겠으며, 문화사회론은 이 가능성을 위해 자본주의를 극복해야 한다고 보고, 자본주의의 변혁을 위한 방안을 모색하고 전략을 구상하는 이론적 입장이라고 할 수 있다.

그러나 맑스가 밝힌 것처럼 자본주의 사회에서 인간이 세계와 맺는 관계는 자본주의 사회를 지배하는 사적 소유에 의해 지배된다. "사적 소유는 우리를 너무나 멍청하고 일면적으로 만든 결과 대상은 우리가 그것을 가질 때에만 우리 것이 된다."16) 이 결과 우리는 세계와의 관계를 맺게 해주는 "모든 신체적 정신적 감각들" 대신 "그 모든 감각들의 완벽한 소외일 뿐인 가짐의 감각"만 갖게 된다. 오늘 자본주의 사회가 노동사회라는 것은 우리가 지금 이 가짐의 감각을 위해 세계와 관계를 맺고 있다는 말과 다르지 않다.

왜 노동사회는 가짐의 감각밖에는 허용하지 않는가? 노동사회는 자본주의가 형성한 사회이기 때문이다. 자본주의 사회에서 노동은 기본적으로 임금노동의 형태로 존재한다. 과거 노동이 작업(work) 형태로 존재할 때도 있었다. 장인들의 작업이 한 예이다. 그러나 자본주의가 전면화하면서 장인들이 '작품'을 만들기 위해 해오던 작업은 그 작품을 상품으로서 대량생산하는 공장으로 이전되기 시작했고, 이 과정에서 작업은 임금노동으로 전환되었다. 임금노동이 지배하면서 사람들은 작업을 임금을 얻기 위한 목적으로 해야 했기 때문에 자율적 작업은 고용노동으로 전락할 수밖에 없었다. 노동이 오직 임금을 받기 위한, 임금-가짐의 목적으로 전개된 것은 그 결과이다. 그러나 물론 노동의 이런 가치 절하를 강요한 것은 사적 소유이다. 사적 소유의 지배로 작업이 임금노동으로 전환되었고, 그 결과 사람들은 임금을 통한 소유의 길로 접어들게 된 것이다. 맑스는 우리가 무엇이든

16_ Ibid., p. 300.

"직접 갖고, 먹고, 마시고, 입고, 거주해야만" 우리 것으로 보게 된 것은 사적 소유가 우리를 일면적인 존재로 만든 결과라고 말한다.

3. 신자유주의 시대의 문화

변혁의 관점에서 볼 때 오늘의 문화는 어떤 문제를 안고 있는가? 이런 질문을 할 때 주의해야 할 것은 문화란 단일한 구성이 아니라는 점이다. 레이몬드 윌리엄스에 의하면, 하나의 당대문화는 적어도 세 개의 층위, 즉 잔존문화(residual culture)와 지배문화(dominant culture), 그리고 부상문화(emergent culture)로 구성되어 있다.[17] 지배문화, 잔존문화, 부상문화 각각에도 복수의 상이한 문화들이 포함되어 있다고 봐야 할 것이다. 오늘날 잔존문화라고 한다면 전근대 시대에 형성된 전통문화만이 아니라 한국의 근대화 과정에서 유입되어 한때 지배문화의 위상을 누렸던 서구적 근대문화, 예컨대 통상 순수예술로 치부되던 문화형태도 포함한다고 할 수 있지 않을까? 동성애자나 외국인 등 주류 한국인과 다른 정체성을 드러내는 소수자문화, 주류문화의 주변에 있지만 독자적 모습을 지닌 프린지문화, 인디문화 등 새롭게 등장하는 부상문화의 경우도 결코 단일한 모습은 아니다. 이런 점에서 한국의 현대문화는 하나의 복잡한 전체 즉 복잡성 체계로 파악할 필요가 있다. 어쩌면 이 체계를 지형의 관점에서 이해할 수 있지 않을까?

오늘 한국의 문화지형은 민주화운동이 상승하고 있던 1980년대의 그것과는 사뭇 달라 보인다. 1980년대의 문화지형은 자본주의적 상품문화 형태를 띤 지배적 대중문화가 확대되고 있는 가운데 탈춤과 같은 전통적인 형태의 잔존문화가 운동권 문화와 접목하면서 강력한 대안문화로 등장한 형세였다. 당시 지배문화에는 제도화된 근대예술 중심의 고급문화도 포함된다고 할 수 있지만 이 지배문화

17_ 잔존문화, 지배문화, 부상문화의 구분은 레이먼드 윌리엄스의 것이다.

는 저항문화의 도전에 직면하여 수세적 입장이었고, 그런 점에서 큰 영향력을 행사하지는 못하였다. 이 시기 부상문화는 운동권 문화였고, 이 문화는 전통문화 또는 잔존문화에 젖줄을 대고 성장하고 있었으며, 마당극이나 운동가요, 판화나 걸개그림과 같은 다양한 형태를 보여주고 있었다. 1980년대의 문화지형은 이렇게 볼 때 지배적 대중문화가 영향력을 강화해가는 와중에서도 대중문화의 도전에 직면한 상태였다고 할 수 있을 것이다.

반면에 21세기 초 한국의 문화지형은 잔존문화, 부상문화, 지배문화 각각의 모습은 물론이고 이들의 관계에서도 변화를 보이고 있다. 오늘 잔존문화는 전통문화를 포함하지만 80년대와 달리 이 전통문화는 대안문화로서의 탄력을 갖고 있지는 않은 것으로 보인다. 현존하는 잔존문화 지형의 가장 큰 특징은 과거 지배문화에 속하던 근대적 예술을 편입시키기 시작한 점이 아닐까 한다. 근대적 예술은 1980년대까지는 권위주의 정권에 의해 순수예술로 비호를 받으며 지배문화의 위상을 지녔으나 오늘은 비록 대학을 중심으로 한 지배적 문화제도에서 그 생명을 연장하고 있다고는 하지만, 그 영향력이 크게 위축되었고 1990년대 중반 이후 신자유주의적 대학 개혁으로 학문과 예술의 콘텐츠화가 진행되면서 경제적 생산성이 없다고 판정되는 기초학문, 기초예술은 폐기의 대상이 되고 있다. 물론 근대적 예술이 전적으로 잔존문화로 전환되었다고 하면 과장이겠으나 과거의 지배적 위상을 크게 상실한 것만큼은 분명하다. 과거 지배문화를 구성하던 대중문화 가운데서도 잔존문화로 전락한 경우가 있다. 1980년대 초까지 지배문화의 일부를 구성하던 "통기타문화"가 미사리 등 서울 근교 카페들에서 향수산업 형태로 연명하고 있는 것이 그 예이다.

오늘의 부상문화는 어떠한가? 역설적으로 들릴지 모르나 1980년대의 가장 위력적인 부상문화는 잔존문화의 일부였다. 탈춤이나 마당극 등 전통문화의 일부가 운동권 문화로 새롭게 모습을 바꿈으로써 당시 지배적인 상품문화의 대안으로 등장했던 것이다. 그러나 한국자본주의가 '짧은 90년대의 포드주의 국면'을 맞는 가운데,[18] 소비자본주의가 급성장하고 이를 통해 대중문화가 상품문화로서의 성격을 더욱 강하게 띠기 시작하면서 부상문화가 형성되는 조건 또한 크게 바뀌었다. 1990년대 이후 인디밴드나 독립영화와 같은 인디문화의 형성, 오렌지족이나 폭주족과 같은 새로운 감수성을 지닌 청소년 하위문화의 등장, 그리고 동성애자나 최근에 늘어난 외국인들에 의해 과거에는 잘 보기 어려웠던 정체성들을 중심으로 한 소수자문화의 형성 등은 근래에 들어와서 한국사회에 새로운 문화지형의 조건이 만들어졌음을 보여준다.

다른 한편 지배문화는 확산된 대중매체를 기반으로 삼아 발전한 자본주의적 상품문화를 주축으로 하여 구성되어 있다. 대중매체가 확산된 것은 1987년 체제가 권위주의 체제를 대체한 결과 매체산업에 대한 자유화 조치, 즉 신문과 잡지, 텔레비전 등 여론 지배에 중요한 역할을 하던 매체 시장에 설치해둔 기존의 진입 장벽 제거가 이루어지며 나타난 현상이다. 이런 변화는 처음에는 권위주의의 해체라는 성격을 지녔으나 1990년대 중반에 이르게 되면 대중문화를 새로운 경제성장 동력으로 삼는 문화산업 정책의 일환이 된다. 1990년대 후반부터 영화, 텔레비전 드라마, 대중음악 등을 중심으로 한류가 부상하기 시작한 것도 이런 변화와 무관하지 않을 것이다. 1990년대 이후 한국의 지배문화의 특징은 산업화된 매체를 기반으로 한 자본주의 대중문화가 크게 성장했다는 것, 운동권 문화가 지배문화의 대안으로까지 성장한 모습을 보이던 1980년대와는 달리 이제는 지배문화에 도전할 그 어떤 부상문화도 없어진 것 등이 아닐까 싶다.

지배문화가 이처럼 문화지형을 전면적으로 지배하게 된 데에는 대중문화 시장을 기술이나 자본이 집중된 문화산업이 주도하면서 시장 경쟁력이 없는 잔존문화나 부상문화가 대안문화로 떠오를 기회를 상실한 점이 크게 작용한다. 한 예로 컴퓨터 공학을 기본으로 삼은 최근의 하이테크는 대규모 개발비용을 필요로 하기

18_ '짧은 90년대'는 여기서 1990~97년을 가리킨다. 이에 대한 좀 더 상세한 논의는 이 책에 함께 실려 있는 「신자유주의 시대 문화지형의 변동과 문화운동」, 270-97쪽 참조

때문에 소수를 제외하면 일반 대중은 주요 문화적 생산수단에 접근하기가 극히 어려워졌다. 물론 테크놀로지의 광범위한 확산으로 컴퓨터 사용 등의 기회가 늘어나고 '오타쿠'나 '생소자'(prosumer)의 등장에서 보듯이 대중의 기술 활용은 늘어났다고 할 수도 있겠으나 대중매체를 활용하는 기술과 이 기술을 가동하는 자본의 독점이 강화됨으로써 대부분의 대중은 대중문화의 소비자로 전락했다고 말하는 것이 사실에 더 가까울 것이다. 이런 경향은 1997년의 경제위기를 계기로 더욱 뚜렷해졌다고 하겠는데, 그것은 신자유주의 세계화의 전면화로 문화시장에서의 독점 현상이 더 강화되었기 때문이다.

이 결과 오늘 한국의 문화지형은 소비문화가 중심이 된 대중문화가 지배문화의 위치를 차지하고 있고, 잔존문화와 부상문화는 이에 대해 1980년대와는 달리 거의 아무런 도전도 하지 못하는 상황이 되었다. 이것은 한국의 현대문화가 소비자본주의에 의해 지배되고 있다는 것을, 대중의 삶이 소비문화에 지배되고 있다는 것을 말해준다.

4. 노동사회와 소비문화

문화사회론은 문화의 이런 상황을 중대한 문제적 상황으로 인식한다. 소비문화가 현대문화를 지배하고 있다는 것은 문화사회로 가는 길목에 거대한 걸림돌이 놓여있다는 말이다. 앞에서 오늘 자본주의 사회의 지배적 형태는 노동사회의 그것이며, 이 사회의 한계를 극복해야만 문화사회로 나아갈 수 있을 것이라고 말했다. 소비문화가 주로 지배문화를 구성하고 있는 한국의 현재 문화지형이 문제라고 보는 것은 소비문화야말로 노동사회를 재생산하는 어쩌면 가장 핵심적인 기제라고 보기 때문이다.19)

19_ "소비야말로 노동사회를 재생산하는 어쩌면 가장 핵심적인 기제"라는 지적은 자본주의 사

소비문화가 노동사회를 재생산하는 주요 기제라고 하는 것은 일견 설득력이 없는 것으로 들릴 수도 있겠다. 소비 활동은 사실 노동과는 상당히 거리가 먼 삶의 형태처럼 보이기도 한다. 소비는 주로 노동으로부터 해방된 여가시간에 일어나기 때문이다. 그러나 오늘 대중의 일상생활이 노동과 소비로 크게 양분되어 있고, 하루 일정이 노동하는 시간과 소비하는 시간 이외에는 거의 남지 않게 구축되어 있다는 것은 우연이 아니다. 신자유주의적 자본주의 사회에서 노동자 대중은 24시간을 노동을 중심으로 보낼 수밖에 없으며, 이로 인해 노동 이외의 시간은 극도로 짧아졌음에도 불구하고 그 대부분이 소비생활에 바쳐지고 있다.

물론 갈수록 노동이 희귀해짐에 따라서 실업과 비정규직의 비율이 늘어나고 있는 만큼 과연 대중이 노동에 바치는 시간이 그만큼 길어졌는가, 일자리에서 축출된 대중의 경우 과연 소비생활을 제대로 할 수 있느냐는 의문을 제기할 수도 있을 것이다. 그러나 노동의 희귀함에도 불구하고 노동에 대한 종속은 여전하며, 이는 크게 세 가지 방식으로 일어나는 것으로 보인다. 노동을 희귀한 기회로 만듦으로써 일자리를 보전한 사람들로 하여금 더욱 더 노동을 소중한 것으로 여기게끔 하는 것이 첫 번째 방식이고, 일자리에서 쫓겨났지만 여전히 노동에 얽매여 살아야 하는 비정규직 노동자를 늘임으로써 임금 하락에도 불구하고 계속 더 많은 노동을 하게끔 하는 것이 두 번째 한 방식이라면, 비정규직의 기회마저도 얻지 못하여 노동의 기회를 상실했으나 바로 그 때문에 노동 상태를 부러워하는 인구 집단을 만들어내는 것이 세 번째 방식이다.

다른 한편 일자리를 잃었거나 임금 하락을 겪고 있는 인구가 늘어나면 소비인구도 줄어들지 않겠느냐는 질문에 대해서는 신자유주의는 소비능력이 없는 대중들까지 소비자로 전환함으로써 자본을 축적하려는 전략이라는 답변이 준비되어

회에는 쉽게 적용되지만 (현실)사회주의에는 그렇지 않다고 볼 수 있다. 현실사회주의에서는 소비자본주의가 발달하지는 않았지만 그렇다고 노동사회적 성격을 탈각한 것은 결코 아니었다. 노동사회가 반드시 소비문화에만 의존하지는 않는다는 말이겠다.

있다. 신자유주의가 지배하는 여러 사회의 공통된 특징의 하나는 임금인상이 최대한 억제되어 노동자 대중의 실질 소득이 크게 낮아지고 있는데도 소비자본주의가 강화되고 있다는 점이다. 미국의 경우를 보면 가장 극악한 형태의 신자유주의적 지배가 이루어지고 있어서 인구의 20퍼센트에 해당하는 6천만 명이 하루 7달러밖에 되지 않는 금액으로 의식주를 해결해야 하지만 여전히 소비자 천국의 모습이다. 한국사회 역시 1997년 이후 사회적 부의 상향 이동이 급속도로 진행되어 갈수록 사회 양극화 현상이 심하지만 소비자본주의는 더욱 더 강화되고 있다. 이것은 신자유주의 지배 하의 소비는 노동자 대중이 충분한 소득을 갖추건 말건 관계없이 부의 자본으로의 회수 역할을 하고 있음을 보여준다. 이런 사례를 우리는 1980년대 초 전두환 정권 하에서 신자유주의 경제정책에 의해 정부적자 축소, 긴축재정, 임금인상억제 등의 조치가 취해진 가운데서도 소비문화가 강화된 데서 찾아볼 수 있다. 정부의 소비가 축소되고 긴축 재정이 실시되고, 임금인상이 억제되면 소비 진작은 어려워진다고 예측할 수 있다. 그러나 신자유주의 경제정책은 과거에는 시장 바깥에 있던 삶의 영역들을 시장 속으로 편입시킴으로써 소비생활의 범위를 확대한다. 당시 전두환 정권은 중고등학생들의 교복 및 두발 자율화, 야간통행금지 해제와 같은 자유화 조치들을 취했는데, 이런 조치는 신체의 자유를 신장한 것만이 아니라 학생들로 하여금 패션에 눈뜨게 함으로써 그들을 새로운 소비자로 전환시키는 효과도 만들어냈다. 또한 야간통행금지의 해제는 당시 '3S 정책'의 일환으로 허용된 에로물 제작과 에로영화의 심야 상영과 함께 유흥업소의 야간 영업 허용으로 등으로 유흥업을 급성장시키는 요인이 되기도 했다. 유흥업이 소비문화를 조장한다는 것은 두 말이 필요하지 않을 것이다.

최근에 들어와서 자유화 조치는 훨씬 더 광범위하게 일어나고 있다. 특히 눈여겨볼 것이 1997년 이후 경제위기를 빌미로 국제 금융자본의 "작전사령부" IMF의 요구에 따라 신자유주의 (세계화) 정책 노선이 강화되면서 사회적 양극화가 극심해지고 갈수록 더 많은 사람들이 '소비자로서의 자격'을 상실하게 되자 부채

경제를 유발하면서까지 소비를 조장했다는 점이다. 이 결과 지난 10년 가까이 한국인은 소비자로서의 권리가 자신의 최고 인권이라는 교육을 받으며 신용카드를 반드시 마음대로 쓰라는 부추김에 시달려야 했다. 소비는 이렇게 보면 개인에게는 자신의 욕망을 충족하는 일이라기보다는 자본주의 사회로부터 부여받은 사회적 의무에 해당하는 셈이다. "소비하라, 그렇지 않으면 떠나라"가 사회의 정언명제가 되면, 사람들은 빚을 내서라도 명품들을 사야 한다.

그러나 왜 소비의 부추김인가? 소비는 사람들을 노동의 삶에 계속 종속시키는 가장 강력한 방식이다. 프롤레타리아트, 즉 재산이 없는 대중은 임금노동을 해야만 소득을 형성할 수 있다. 이들 대중을 소비생활로 내모는 것은 따라서 그들의 소득을 최대한 빨리 낭비하도록 만드는 방법이고, 가장 효율적으로 임금노동에 다시 복귀하도록 만드는 방법이다. 대중을 노동에 종속시키는 것, 그것이 소비를 조장하는 가장 큰 이유인 것이다. 그리고 대중을 노동인간으로 만드는 것, 대중으로 하여금 노동을 인간으로서 자신의 가장 중요한 활동으로 인식하게 하고, 노동 중심으로 삶을 꾸리도록 만드는 것, 그것이 자본주의적 지배 방식이다. 노동은 이때 권리가 아니라 의무가 되며, 이 최대의 의무를 수행하기 위해 소비 또한 중요한 사회적 의무로 둔갑한다. 소비는 더 이상 자유가 아니라 족쇄인 것이다.

자본주의 사회에서 지배문화가 소비자본주의의 지배를 받는 대중문화의 형태를 띠는 것은 따라서 우연이 아니다. 사회적 양극화가 심화되고 있고, 인구의 다수가 비정규직으로 내몰리고 있는 신자유주의 시대에도 소비는 왕성하게 일어난다. 부채경제를 가동해서라도 대중들로 하여금 의무적으로 낭비를 하게 만들고 있기 때문이다. 소비가 이처럼 대중의 도덕이요, 의무가 된 사회에서는 소비에 대한 전면적 교육이 필수이다. 신문, 잡지, 라디오, 텔레비전 등 오늘 대대적으로 확산된 대중매체의 가장 중요한 기능은 상품 광고를 최대한 많이 자주 싣고, 이를 통해 소비자로서의 대중을 훈육하는 것이다. 이런 상황에서 지배문화는 비상품 문화의 형태를 띠기가 갈수록 어려워지고, 대안문화의 형태를 띠기도 어려워진다. 모든 문화는 자본주의 시장을 경유하도록 강요받는다. 시장을 경유하지 않는 문화적 교류, 문화적 활동은 갈수록 생존이 어려워지고 있다. 지배문화가 이처럼 시장 중심으로 생산되고 실천된다는 것은 노동사회의 유지 또는 재생산을 위해서만 작동한다는 말이기도 하다.

5. 결어

오늘날의 지배적 문화형태를 소비문화, 상품문화로 보는 것을 새로운 시각이라고 할 수는 없다. 상품문화가 자본주의 사회의 대중문화를 지배하고 있다는 것은 다시 확인할 필요조차 없는 상식인 것이다. 그러나 상식의 주된 작용이 그것에 대한 질문을 봉쇄하는 것이라는 점도 잊어서는 안 된다. 지배적 사회관계의 시멘트로서의 이데올로기도 상식의 가동을 통해, 그리고 사회적으로 구성된 사실들을 명백한 것으로, 자연적인 것으로 만듦으로써 그 지배 효과를 거둔다는 점도 확인해야 한다. 문화사회의 전망을 통해 현대문화를 살펴보고, 거기서 소비문화, 상품문화를 소비문화, 상품문화로 확인하는 것은 상식을 상식으로, 이데올로기를 이데올로기로 확인하자는 취지이다.[20] 오늘의 지배적 문화가 소비문화임을 아는 것은 그것이 다른 형태의 문화가 될 수도 있다는 가능성을 확인하는 일이기도 하다. 문화사회론은 이 가능성을 문화사회에서 찾는다.

문화사회는 필요노동이 최소화된 사회, 임금노동의 지배에서 최대한 해방된 사회, 그 결과 노동의 설계를 인간의 자기 목적 실현을 위해 자율적으로 할 수 있는 사회, 따라서 노동으로부터 해방된 자유로운 활동이 지배하는 사회를 말한

20_ 소비문화, 상품문화가 오늘의 지배적 문화형태라 보는 것은 새로운 시각은 아니라고 하면서 그래도 상식을 상식으로 이해하는 것은 중요하다고 했는데, 너무 싱거운 이야기이고, 그보다는 소비문화가 오늘 지배하고 있다는 것은 상식이라고 하더라도 그것이 어떻게 작동하고 기능하는지 과학적으로 이해하는 것은 중요하다는 점을 강조할 필요가 있겠다고 여겨진다.

다고 할 수 있다. 맑스는 이런 사회를 문화사회라고 부르지는 않았으나 그 자체가 목적인 인간적 활동, 이 글의 취지에 따르면 문화적 활동이 주된 활동이 되는 사회를 구성하려면 노동시간의 단축이 필수적이라고 말했다.[21] 이 단축이 최대한으로 일어나야 함을 다시 말할 필요는 없으리라. 노동시간의 최대한의 단축은 자유시간의 최대한의 확장을 의미한다. 자유시간을 최대로 확장함으로써 새롭게 구성된 인간 활동들에서 소비는 어떤 위상을 가지게 될까? 오늘의 신자유주의적 자본주의 사회에서서럼 노동사회 유지를 위한 수단으로 존재하지는 않아야 할 것이다. 자유시간이 최대한 확장된다는 것은 필요노동의 최소화를 전제하는 것이며, 이는 노동사회의 해체를 전제한다. 노동사회가 해체된 이후의 소비생활이 오늘의 그것과 같은 모습일 수는 없다. 따라서 문화사회에서 우리는 노동과 소비의 쳇바퀴를 가동하는 가짐의 감각에서 자유로운 새로운 감각들로 충만한 삶을 구성할 수 있지 않을까?

현대문화를 노동사회로부터, 소비문화로부터 해방시키는 길을 찾아야 한다. 어디서? 문화사회론은 문화사회의 건설을 통해 그 길을 찾자는 제안이다. 그러나 모든 실천은 바로 지금 우리가 선 곳에서 이루어져야 한다. 상품문화, 소비문화가 우리가 선 곳이다. 여기가 로두스 섬이다. 여기서 뛰자!

21_ Karl Marx, *Capital*, Vol. III (Moscow: Progress Publishers, 1959), p. 820.

2부

신자유주의 시대
한국의 문화지형

모든 것은 변화한다

문화와 시장

최근에 들어와 한국에서 문화는 주로 시장에서, 시장에 의해, 시장을 위해 존재하는 듯하다. 오늘 문화는 판타지 소설이나 블록버스터 영화, 컴퓨터 게임의 형태로 시장에서 유통되는 직접 상품이거나 자동차나 아파트와 같은 고가 상품의 부가가치를 높이기 위한 콘텐츠가 아니면, 상품 구매를 촉진하는 광고이고, 경제 활성화에 도움을 주는 주력 산업이며, 개인의 노동력 가치를 높이기 위한 상징적 자본이다. 문화가 이처럼 거의 배타적으로 시장과의 연관 속에서 존재한다는 것은 근래에 들어와서 시장이 일년 내내 그것도 하루 스물네 시간 통 털어 우리의 일상생활에 깊숙이 침투해 들어와서 지배하고 있다는 말일 것이다.

'문화적 관점'

1. 문제의 설정

문화란 무엇인가? 바야흐로 문화의 시대가 도래했다고 하고, 이제는 문화를 중시할 시점이라는 충고나 요구가 난무하는 지금 우리는 이 용어를 어떻게 이해하고 있는 것이며 또 해야 하는 것일까? '문화'는 우리가 흔히 사용하는 말임에 분명하지만 그것을 사용할 때 우리는 어떤 개념을 적용하고 있는 것일까? 이 글의 논의는 이런 의문에서 출발하지만 사실 문화란 무엇인가라는 질문은 한편에서 보면 불필요한지도 모른다. 특정한 사회현상을 가리켜 사람들이 "저게 요즘 문화래" 하는 데서 보듯 문화는 통상 자명한 것으로 간주된다. 이때 '저것'을 문화라고 말할 수 있는 것은 '문화'가 무엇인지 이미 알고 있다는 말일 텐데, 이런 식으로 문화를 생각하면 문화가 무엇이냐고 구태여 물을 필요가 없다.

그러나 다른 한편 문화의 그런 자명성을 인식할 때 의문이 생겨나는 것도 사실이다. 자명한 것을 가지고 그것이 무엇이냐고 구태여 묻는 의도가 무엇이냐고 되묻고 싶어지는 것이다. 게다가 문화란 무엇인가라는 질문이 그냥 나오는 것도 아니다. 세상의 하고많은 일 가운데 유독 문화에 관심을 기울이려면 그만한 이유가 있어야 할 것이다. 문제의 질문을 제기할 필요성, 아직 불투명하긴 하지만 그래도 그것을 보는 어떤 관점이 전제되는 것이다. 하나의 질문이 질문으로 성립하려면 다른 질문들과 경합을 벌여 정당성을 획득해야 한다. 문화란 무엇인가 하고 묻는 것은 문화를 문제로 의식하기 때문이며, 이것은 "문제는 정치다", "아니, 경제가 문제다"라고 말하는 것과는 다른 문제의식에 속한다. 여기서 제출하는 관점은 이런 점에서 '문화적'이라 하겠다.

이 사실을 미리 말하는 것은 한편으로는 내가 문화적 관점을 중시함을 미리 인정하면서 다른 한편으로는 그것을 절대시하는 것을 경계하기 위함이다. 여기에는 문화적 관점의 중요성을 강조해온 나 자신에 대한 반성도 작용한다.[1] 자신이 중요하게 여기는 대상에 대한 질문을 던지는 시늉으로 그것의 중요성을 부각시키려는 것은 손이 안으로 굽는 자기 발전적 행위에 가깝다. 미리 나의 관점이 문화적임을 고백하는 것은 그것을 객관화하고 그것에 대한 비판적 시각을 유지하여 문화중심주의의 함정에서 조금이라도 벗어나기 위함이다. 이를 위해서는 문화적 관점이 어떤 계보학을 지녔으며 문화를 어떻게 이해하는지 살펴보고, 그와 관련하여 어떤 반성적 사고가 필요한지 따져볼 필요가 있다.

2. 계보

문화적 관점은 어떻게 구성된 것일까? 문화적 관점은 문화를 사회적 기획으로 제출하면서 만들어졌다고 하겠는데, 이 기획이 역사적 중요성을 띠고 처음 등장한 것은 18세기말 영국과 독일이다. 이때부터 독일과 영국에서는 낭만주의가 등장하면서 상상력이 이성보다 더 중요한 인간 능력으로 치부되기 시작하였고, 시인에 대한 예찬이 쏟아졌으며,[2] 미학이 지적 기획으로서 성립했고(칸트의 『판단

1_ 졸고, 「사회운동의 문화적 관점」, 2003년 사회포럼 자료집.
2_ 예컨대 퍼시 셸리는 「시의 옹호」를 통해 시인에 대해 "인간적으로 사람들 가운데 가장 행복

력 비판』), 예술을 통한 전인적 인간을 키운다는 기획(프리드리히 쉴러의 『인간의 미학적 교육에 대한 편지』)이 마련되었으며, "인간의 전반적 완성이란 이상과 예술의 실천 및 학습간의 연상작용이 만들어"졌다.3) 영국과 독일에서 '문화' 기획이 제출된 것은 자본주의 역사와 무관하지 않다. 알다시피 영국은 자본주의가 가장 먼저 발달한 나라이고, 이 결과 레이먼드 윌리엄스의 지적처럼 '문화'가 사회로부터 분리되어 독자적인 전통으로 만들어지는 물적 기반 또는 역사적 이유를 갖추고 있었다. 반면 상대적으로 '후진적'이던 독일에서 비슷한 시기에 '문화'가 기획된 것은 프랑스의 '문명' 중심 전통에 대한 비판적 의식 때문이라고 한다.4)

이렇게 등장한 '문화'는 사회적 문제들을 평결하고 좀 더 나은 방향으로 인도하는 어떤 가치나 이상으로 제시된다. 이것은 문화가 사회적 현상 또는 대상으로서 중요성을 차지할 뿐만 아니라 관점의 구실도 했다는 말이다. 문화는 여기서 자본주의 사회에서 거의 유일하게 바람직한 삶의 형태를 보여주는 것이면서 동시에 바람직한 것과 그렇지 않은 것을 구분하는 지점, 즉 "근대적 사회 과정을 바라보는 위치이고, 그 과정을 평가하는 조건이며, 그것을 저지할 수 있는 조건"5)이다. 문화 또는 예술은 이제 상당한 사회적 지위를 얻게 된다. 예술을 나타내는 'Art'의 경우 솜씨(skill)의 의미로 쓰이다가 상상력, 창조성, 독창성 등의 개념들과 연계되었고6) 문화의 경우는 19세기 후반 매튜 아놀드에게 이르러 "세상에서 말하고 생

하고, 가장 좋고, 가장 지혜롭고, 가장 빛나는 사람이어야 한다"(Raymond Williams, *Culture and Society: 1780-1950* [New York: Columbia University Press, 1983], p. 47에서 재인용)고 했고, 칼라일은 "문학은 종교의 한 지류에 불과하다"고 하면서도 "우리의 시대에 그것은 아직도 신선함을 보여주는 유일한 지류"(David Damrosch, general ed., *The Longman Anthology of British Literature, Second Compact Edition,* Vol. B: *The Romantics and Their Contemporaries, The Victorian Age, and the Twentieth Century* [New York: Pearson Education, 2004], p. 472)라고 했다.

3_ Raymond Williams, ibid., p. 42.

4_ 이와 관련해서는 John B. Thompson, *Ideology and Modern Culture* (Stanford, California: Stanford University Press, 1990), pp. 124-27 참고.

5_ Francis Mulhern, *Culture/Metaculture* (London & New York: Routledge, 2000), p. 20.

6_ Williams, op. cit., pp. 43-44.

각한 가장 좋은 것"을 앎으로써 "우리의 총체적 완벽성을 추구하는 것" 또는 교양
이 되었다.[7]

20세기 초에 이르러 이런 교양을 갖춘 사람, 즉 문화인이 비판적으로 본 대상
은 '문명'이다. 18세기 이래의 미학 전통을 이어받은 문화비평(Kulturkritik) 전통
은 문화와 문명을 구분하였다. 이 담론은 독일의 토마스 만이나 칼 만하임, 또는
아도르노와 호르크하이머, 스페인의 오르테가 이 가세트, 프랑스의 줄리앙 방다,
영국의 에프 알 리비스 등 20세기 초반에 활동한 다양한 지식인들에게서 발견되
는데, 이들에게서 문명은 양과 수단의 영역을, 문화는 질, 도덕적 가치, 목적의 영
역을 의미한다. 이는 곧 이 전통에서 문명은 자본주의의 지배적 사회질서를, 문화
는 그것과 대비되는 가치의 세계를 의미한다는 말이다. 문화비평의 특징 하나는
자본주의의 지배적 삶의 형태를 드러내는 삶, 즉 대중적 삶에 대한 부정적 평가를
내린다는 것이다. 리비스나 방다, 오르테가 이 가세트 등의 우파적 성향의 지식인
과 아도르노나 마르쿠제와 같은 좌파 지식인 모두에게 이 점은 마찬가지였다.

19세기의 예술 및 교양 중시, 20세기 초반의 문화비평 등은 자본주의적 문명
의 대안을 문화와 예술에서 찾는다는 점에서 미학적 전통이다. 아이언 헌터에 따
르면 미학은 '자아의 실천'이다. 쉴러의 경우 이미 18세기 말 자본주의 사회에서
"인간은 전체의 작은 파편에 끝없이 얽매여 자기 본성에다 인간으로서의 특징을
찍지 못하고…하나의 파편으로만 발전하며, 자기의 직업 또는 분화된 지식의 흔
적 이상이 되지 못한다"고 했는데, 헌터는 여기서 "노동과 계급의 분할이 쉴러가
인간의 완전한 존재 또는 '온전함'의 결여를 문제시하며 진단하는 좋은 기회로
이용되는" 것으로 본다.[8] 이것은 파편처럼 분할된 개인 본성을 조화시키고 화합
시키려는 자기-계발의 기술을 활용하여 삶의 불완전함을 극복하고 충실한 인간

7_ Matthew Arnold, *Culture & Anarchy*, ed. J. Dover Wilson (Cambridge: Cambridge University
Press, 1960), p. 6.

8_ Ian Hunter, "Aesthetics and Cultural Studies," in Lawrence Grossberg, Cary Nelson, and Paula
A. Treichler, eds., *Cultural Studies* (New York & London: Routledge, 1992), p. 351.

적 삶을 바라는 바람의 발현으로서 낭만주의적 태도요, 미학적 전통에 해당한다.[9]

알다시피 20세기 후반에 이르러 이 전통은 강력한 도전을 받는다. 1950년대 말, 60년대 초 영국에서 '문화연구'(cultural studies)라고 하는 문화에 대한 새로운 학적(學的) 연구가 등장하여 1980년대에는 호주와 미국으로, 그리고 90년대에는 한국 등으로까지 확산하여 영향력을 행사하기 시작한 것이다.[10] 문화연구의 주된 주장 하나는 전통적으로 문화가 엘리트 관점이나 문명 차별의 시각에 의해 이해되어 왔다는 것이다. 이 전통은 문화를 예술 및 학술을 중심으로 인간이 이룩한 최상의 성취로 이해하거나, 그것을 '야만'과 구분하여 발달한 선진 사회만이 도달할 수 있는 경지로 보는 대신 "문화는 평범하다"[11]는 관점이다. 이것은 문화연구 기획에 참여한 지식인들이 20세기 중반까지 지배적 위상을 차지한 대학의 인문학 분과나 근대적 예술 장르를 장악한 엘리트 집단이 아닌, 윌리엄스 같은 노동자계급 출신, 서구 중심적 지식생산을 극복하려 한 스튜어트 홀과 같은 제3세계 출신, 또는 1970년대까지 대학을 중심으로 한 지식의 남성 중심적 경향을 비판하고 극복하려 한 페미니스트들이었다는 사실과 무관하지 않다.[12]

그러나 문화연구가 문화를 평범한 것으로 봤다 하여 미학이나 문화비평이 지녔던 패러다임을 따르지 않았던 것은 아니다. 사회를 이해하고 비판할 때 여전히 문화에 초점을 맞춘다는 점에서 문화연구도 '문화적 관점'이기는 마찬가지였다.

9_ Tony Bennett, "Towards a Pragmatics for Cultural Studies," in Jim McGuigan, ed., *Cultural Methodologies* (London: SAGE Publications, 1997), p. 46 참조.

10_ 여기서 '확산'했다는 것은 단일한 문화연구가 아니다. 많은 이들이 지적하듯 문화연구는 단수가 아닌 복수로 파악할 흐름이다. 미학과 문화연구의 대립에 대해서는 졸고, 「타자의 문화연구와 숭고의 미학」, 『문화과학』 29호, 2002년 봄 참고.

11_ "문화가 평범하다"는 것은 문화연구의 태두라 할 레이먼드 윌리엄스의 문화에 대한 기본 인식으로서 Raymond Williams, "Culture Is Ordinary," in *Resources of Hope* (London & New York: Verso, 1989), pp. 3-18.

12_ 문화연구가 탈식민주의, 여성주의에 의해 도전과 영향을 받은 것에 대해서는 Stuart Hall, "Cultural Studies and Its Theoretical Legacies," in Lawrence Grossberg, Cary Nelson, and Paula A. Treichler, eds., *Cultural Studies* 참조.

이 점은 문화연구가 기존에 문화 정의를 독점해온 인문학 또는 그것의 철학적 바탕을 이룬 자유주의 휴머니즘 같은 전통만이 아니라 20세기 중반의 '조야한' 맑스주의'를 비판하는 데 큰 노력을 기울인 데서도 확인된다. 문화연구는 문화를 사회적 물적 기반인 경제라는 최종 심급에 의해 결정되는 이데올로기로만 간주하는 맑스주의 전통과도 다른 관점을 견지하였다. 문화를 절대적이지는 않으나 사회적 토대에 의해 일방적으로 결정되지도 않는, 계급투쟁이 거쳐가야 하는 필수적인 물질적 과정으로 이해한 것이다. 삶의 전체적인 양식이라는 것은 문화가 삶의 일부가 아니라 전반을 횡단하는 문제라는 관점이다.13)

3. 상징적 질서

지금까지 문화적 관점에 대해 말했지만, 사실 그것이 중요하게 여기는 '문화'에 대해서는 별로 언급하지 못했다. 문화란 무엇일까? 우리는 무엇을 문화라고 부르는가? '문화'라는 말로써 우리는 어떤 대상을, 대상의 어떤 층위를 지칭하며, 사물이나 사회적 실천의 어떤 측면을 주목하는가?

이와 관련하여 가장 흔히 제출되는 견해는 문화란 상징이나 의미와 관계가 있다는 것일 게다. 한자문화권에서 사용하는 '文化'의 문자학적 구성에서도 이 점이 쉽게 확인된다. '文化'에 포함된 '文'의 상형문자는 가슴에 문신을 한 남자의 형상이라고 한다. 이 맥락에서는 '문'이 사람과 관련한 무늬, 모습, 형태 등을 가리키는 것 같지만 '천문'(天文), '지문'(地文), '인문'(人文) 등에도 사용된 것을 보면 '문'은 더 광범위하게 사물, 인간 또는 사회의 무늬나 꼴을 나타내는 데 사용되었음을 알 수 있다. '문' 대신 '문화'를 더 자주 쓰는 요즘 이 용어를 거의 어디에나

13_ 정통 맑스주의 관점에서 보면 이런 조류 자체는 맑스주의가 '문화적 또는 언어적 전환'을 겪으며 문화적 관점에 경도된 결과일 것이다.

사용할 수 있는 것도 세상천지에 무늬와 꼴이 없는 경우란 거의 없기 때문일 게다. 물론 '문화적 관점'에서 본 '문화'와 '문'이 아무 무늬나 꼴인 것은 아니다. 예컨대 인문학을 "세계 속에서 사람임·사람다움·사람됨의 무늬(文/紋)를 탐구하고 그 것을 사회적으로 실천해 가는 학문"14)으로 규정할 때의 '인문'에는 나름의 가치 평가가 개입해 있는데, 이런 의미의 인문은 우리가 위에서 살펴본 사회적 기획으 로서의 '문화'와 맥을 함께 한다. 다만 다시 강조하고 싶은 것은 한자문화권에서 사용하는 '문화'라는 용어가 성립하는 밑바탕에는 무늬나 꼴의 의미가 들어있다 는 점인데, 이와 관련하여 나는 문화를 구성하는 가장 중요한 한 층위로서 '문형' (文形)을 생각할 필요가 있다는 관점을 제출한 바 있다.15)

엘 에이 화이트에 따르면 '문화'는 "어떤 변별적인 질서 또는 부류에 속하는 현상들의 이름, 즉 우리가 '상징 만들기'라고 부른, 인류에게 특유한 정신적 능력 행사에 의존하는 사물들과 사건들"이고, 클리포드 기어츠에게 그것은 "유의미한 구조들의 위계"이며,16) 이들 및 다른 사람들의 문화 논의들을 검토한 존 비 톰슨 에 따르면 "문화는 개인들이 덕분에 서로 소통하고 그들의 경험, 생각, 신념을 공 유할 수 있는 다양한 종류의 행동, 발언, 유의미한 대상을 포함한, 상징적 형태로 구현된 의미들의 패턴이다."17) 문화를 상징적 질서와 연결하여 이해하는 것은 문 화연구 전통에서도 마찬가지다. 문화연구의 태두라고 할 윌리엄스는 문화는 "삶 의 총체적 양식"(a whole way of life)이라고 한 것으로 유명하지만 이때의 "양식"도 한자문화권의 '문화' 용어에 들어 있는 모습, 형태, 무늬, 꼴의 의미와 무관하지 않아 보인다. 여기서도 형태, 모양, 모습, 꼴, 재현, 수사, 기호, 상징, 비유 등이 문화를 규정하는 중요한 요인인 것이다. 다른 문화연구자들에게서도 문화는 비슷

14_ 최재목, 「나의 강의시간: '잘 놀아라, 그게 바로 공부다'」, 『교수신문』, 2004년 5월 10일자, 4면.
15_ 졸고, 「문학과 아픔의 미학」과 「문학교육의 전화와 '문형'의 문제설정」, 『문학의 힘, 문학 의 가치—문학의 유물론적 이해』, 문화과학사, 2003 참조.
16_ John B. Thompson, op. cit. p. 131에서 재인용.
17_ Ibid., p. 132.

하게 이해된다. 몇 사람의 예를 더 든다면 존 프라우와 미건 모리스에게 문화는 "사회집단들의 형성 및 재형성 과정과 밀접하게 연결된 경쟁적이고 갈등적인 재현의 실천들"이고,[18] 폴 윌리스에게는 "상징적 창조성"이 발휘되는 지점이며,[19] 스튜어트 홀의 경우 문화 문제는 "언어와 텍스트성의 메타포를 통해" 생각해야 하는 것이다.[20]

한자문화권에서 '文'이 문신을 한 사람의 모습을 하고 있듯이 문화는 인간이 자신이 속한 자연 세계에서 종별적 특성을 드러내는 모습이다. 문신은 호랑이나 침팬지는 하지 않는다는 점에서 인간에게 '고유하다'. 많은 연구자들이 '문화'를 상징체계와 연관짓는 것도 상징의 창조나 조작이야말로 인간을 인간답게 하는 만드는 행위라는 생각이 작용한 결과일 것이다. 이런 점에서 '문화'를 '삶의 전체적 양식'으로 본 윌리엄스의 해석에서 '양식'(way)은 단순한 '삶'보다는 '인간적 삶'의 그것임을 분명히 해야 할 필요를 느낀다. 문화를 '자연'과 구분해서 이해해야 하겠기 때문이다. 문화는 통상 '인위'의 의미를 지닌다. 문화는 인간이라는 특정한 동물이 자연에 출현하여 형성된 산물이요 과정이다. 여느 동물과 달리 인간은 자신의 존재를 드러낼 때 제 몸에 상처를 내는 '잔인한' 동물로 등장했다. 자신에게 상처를 낼 줄 안다는 것은 인간이 자아를 가지고, 자신을 유별난 존재로 여길 줄 안다는 말일 것이다. '인위'는 이런 점에서 자연에 개입하는 인간의 능력을 가리키며, 인간에게 별난 역능이 있다는 말이다.[21]

18_ John Frow and Meaghan Morris, "Introduction," in Frow & Morris, eds., *Australian Cultural Studies: A Reader* (Urbana & Chicago: University of Illinois Press, 1993), p. xx.

19_ Paul Willis, *Common Culture* (Milton Keynes: Open University Press, 1990).

20_ Stuart Hall, op. cit., p. 283.

21_ 인간은 유별나지만 그렇다고 해서 동물이 아닌 것은 아니다. 인간을 '유별난 동물'로 여기는 것은 문화는 자연과는 다른 인위적 차원을 가진다는 점을 인식하되 또한 반드시 자연을 그 기반으로 가져야 한다는 것을 인정하기 위함이다. 인간은 자연을 자신의 대상으로 만들 수 있다는 점에서 고유한 자신의 영역을 가지지만 자연을 떠나서, 배제한 채 생명을 유지할 수는 없다. 이런 점에서 인간과 자연의 영역 구분은 분석과 개념적 차원에서만 가능하다.

문화적 관점은 이런 측면들을 중요하게 생각하는 관점이다. 폴 윌리스에게 문화를 구성하고 그 원동력이 되는 "상징적 창조성은 일상적인 인간 활동의 일부일 뿐만 아니라 필요한 부분"이고, "인간 생활의 끊임없는 생산 및 재생산을 보증하는 데…핵심적인…필수적인 작업의 핵심 부분이다."[22] 이 상징적 창조성은 생활 전체에 퍼져 있다는 점에서 "배제하는" 예술과는 달리 "포함하며" 따라서 윌리엄스가 말한 대로 "평범하다." 즉 상징적 창조성이 비범하다면 그것은 "비범한 것, 그리고 문화가 되고 보통 문화가 되는 것은 평범한 것 속의 비범한 것"이라는 사실 때문이다.[23] 이런 관점은 상징의 창조, 기호적 실천(signifying practice), 또는 의미생산은 인간을 인간답게 만드는 실천으로 보는 것인데, 마이클 라이언은 20세기 후반에 이르러 이 실천이 중요하다는 인식이 확산되어 상징, 재현, 기호 등이 이전과는 다른 개념적 지위를 가지게 되었다고 말한다. "포스트모더니즘이 운동으로서 발견한 것은 고전 이론 또는 재현에서는 결과로 간주되었던 것이 원인이 될 수 있다는 것이다. 재현들이 그것들이 반영한다고 하는 실체를 창조할 수 있다는 것이다."[24] 이렇게 되면 문화적 기호들은 어떤 실체를 수동적으로 표현하는 것이라기보다 능동적 동인의 지위를 갖게 된다. 문화적 관점이 지닌 의의는 이처럼 중대한 사회적 결정을 할 때 스타일, 표현 등의 문제에 관심을 기울이게 만드는 것일 게다. "스타일(각인, 수사, 메타포, 재현 등)은 진리가 의미를 갖는 데 필요하지만 스타일 자체는 진리에 흡수될 수 없다"는 사실 때문이다.[25]

이처럼 스타일, 기호, 상징 등에 중요성을 부여하는 것은 사회적 실천 가운데서 문화에 특정한 기능이나 위상을 부여하는 일이기도 하다. 문화는 이리하여 다른 사회적 실천들, 예컨대 교환가치를 생산하는 경제적 실천, 권력관계를 규정

22_ Willis, op. cit., p. 9.

23_ Ibid., p. 2.

24_ Michael Ryan, *Politics and Culture: Working Hypotheses for a Post-Revolutionary Society* (Baltimore: Johns Hopkins University Press, 1989), p. 83.

25_ Ibid.

하는 정치적 실천과 분리되는 독자적 영역의 위상을 지니게 된다. 18세기 말부터 독자적 영역으로서 문화의 성립, 미학전통의 형성, 19세기에 들어와서 교양 개념의 등장, 20세기 초반의 문화비평 전통 등장과 20세기 후반의 문화연구 등 문화적 관점이 등장한 것은 따라서 인간적 실천 가운데 바로 이 영역의 중요성을 강조한 지적 전통이 형성되어 왔다는 말이며, 오늘을 가리켜 문화의 시대라고 하는 데는 이 지점에서 중요한 사회적 쟁점들이 형성되고, 사회적 투자가 이루어진다는 말, 이를테면 상징의 생산과 재생산, 삶의 무늬와 양식의 변화, 의미의 생산이나 관리, 유통을 둘러싸고 사회적 대립이나 갈등, 지배의 문제가 발생한다는 말이다.

4. 문화와 통치

지금은 광범위하게 자주 써서 자연스레 보이지만 '문화'는 서양말 '컬처'를 번역한 말로서 한국, 중국, 일본에서는 비교적 최근에 개념화된 말이다. 19세기 말 한자문화권이 '컬처'를 '문화'로 번역하여 쓴 것은 한편으로는 당시의 격동하는 세계질서 속에서 한자문화권에 속한 사회들이 '문명개화'의 필요성을 느꼈기 때문일 것이다. 19세기에서 20세기로 넘어오는 시기 한국에서 '문화'는 "개명인·부강국을 만드는 학교를 개진(改進) 문화의 일대 문로로 본다"(1899. 7. 5), "문화를 수용하여 제조공업의 강구와 광산·어렵의 학술지도로 생산방법을 개진한다"(1903. 4. 8) 등의 예에서 보듯이 '문명'과 유사한 의미로 사용되었다.26) 이는 한국어 '문화'는 19세기 중반 영국에서 근대문명에서 요청하는 개인의 자질로서 교양을 가리키게 된 'culture'와는 다른 의미 틀 속에서 사용되었다는 말이다. 그뿐 아니다. 한자문화권에서 '문화'는 '컬처'의 번역어로 사용되기 전에 '문치교화'(文

26_ 한국문화정책개발원, 『문화정체성확립을 위한 정책방안 연구』(정책과제 2002-11), 2002, 51쪽.

治敎化)의 의미로 사용된 전력이 있다. '문치교화'란 "위력이나 형벌을 쓰지 않고 백성을 가르쳐 인도한다는 뜻", "무(武)가 아닌 문덕(文德)으로 교화한다는 뜻이다."[27] '문화'가 문명개화, 문치교화로 이해될 수 있다는 것은 한편으로 보면 동양에서는 서양에서 '문화'가 주되게 지녔던 것과는 다른 기능을 한다는 말일 것이다. 예컨대 아놀드의 경우 문화를 '완벽함의 추구'로 생각했으며, 이런 점에서 그에게 문화는 우리가 '교양'이라고 하는 것에 가깝다. 그는 문화를 야만과 속물 근성에 대비되는 것으로 이해했고, '감미로움과 빛' 또는 아름다움과 유용성을 동시에 갖추려는 노력으로,[28] "세상에서 말하고 생각한 가장 좋은 것"으로 간주했다. 이에 비하면 문명개화나 문치교화로서의 문화는 사회의 개명과 부강함을 돕는 일이나 백성을 통치하는 문제라는 점에서 훨씬 더 실용적인 관점에서 이해된 개념이다.

하지만 나는 문화를 이처럼 문치교화, 문명개화로 이해하는 것이 매우 중요하다는 생각이다. 그래야만 위에서 말한 대로 문화적 관점이 사회적 기획이라는 사실과, 문화적 관점이 지닌 실질적 역할을 좀 더 분명히 이해할 수 있겠기 때문이다. 문화적 관점의 이런 측면을 인식하지 않으면 그것이 문화 개념을 나름대로 설정함으로써 문화의 사회적 지위를 높이고, 이를 통해 사회적 과정과 결정에 개입하여 영향을 미치려 한다는, 이 관점의 '세속적' 의도를 자칫 간과하기 쉬울 것이다. 문화연구, 문화비평, 미학 등 나름대로 문화를 정의해온 많은 전통도 이런 시각에서 이해할 구석이 분명히 있다. 레이먼드 윌리엄스가 채택한 '전체적인 삶의 양식'이라는 정의를 예로 들어보자. '전체'를 나타내는 영어의 'whole'은 어떤 것을 통째로 가리키는 말일뿐만 아니라 어떤 완벽한 상태, 즉 완전함이나 온전함을 의미하기도 한다. 이때 전체라 함은 자본주의로 인하여 사회적 삶이 위계에 따라 차별되고 분열됨으로써 상실했다고 간주되는, '좋았던 옛날'의 삶의 모습을 가리키는 온전함이다. 윌리엄스는 "문화는 평범하다"고 하여 문화비평이나 미학

27_ 같은 책.
28_ Arnold, op. cit., p. 54.

적 전통에서는 문화가 지나치게 고급문화 중심으로 이해된다는 비판을 제출했지만 문화를 단일한 전체의 관점에서 파악한 것은 그가 엘리트주의에 빠졌다고 본 리비스와 마찬가지였다. 그가 말한 평범한 문화, 그리고 비슷한 관점에서 윌리스가 말한 보통문화(common culture)는 리비스가 이상적으로 생각한 17세기 이전의 영국문화와는 다르지만 그래도 지금은 상실했으나 한때는 내부 조화를 이룬 20세기 초반까지의 영국문화를 가리킨다는 점에서 단일한 전체를 가정한다.

이 지점에서 문화연구는 문화적 흡수 프로젝트와 연결될 수 있다는 점을 지적할 필요가 있다. 평범하든 보통이든 문화가 동질적 전체가 되어야 한다는 생각은 어떤 하나의 기원을 중심으로 문화가 복원되거나 흡수된다는 전제를 안고 있다. 여기서 문화적 소속이 문제로 떠오른다. 문화를 유기적 전체의 관점에서 파악할 경우 어떤 문화에 속한다는 것은 단일한 공동체에 속한다는 말일 것이다. 이런 방식으로 문화를 보는 데는 문제가 없는 것일까? 베넷에 의하면 삶의 전체적 양식이라는 윌리엄스의 정의는 문화를 동질적 전체로 보게 하는 한계가 있으며, 이 경우 영국과 같은 다인종 사회에서 시민권을 주는 조건으로 지배문화에 동화할 것을 요구하게 만드는 문화정책이 펼쳐질 우려가 있다.[29] 외국인노동자는 한국에 어떻게 소속할 수 있는가? 미국에 이민을 간 한국인은 어떻게 미국인이 될 수 있는가? 유기적 전체로서의 동일한 문화에 속함으로써, 혹은 그것에 동화됨으로써? '용광로(melting pot) 이론'에 따르면 외국에서 온 사람이 미국인이 될 수 있는 것은 미국이라는 사회에 빠져 문화적 동화를 경험하기 때문이다. 문화적 동화는 이때 분명히 통치의 일환으로 작용한다. 그러나 과연 사람들은 문화적 동화를 먼저 겪고서야 사회의 일원으로 받아들여져야 하는가?

문화민주주의를 주창한 레이먼드 윌리엄스가 설정한 문화 개념에 전체주의적 경향이 있다는 지적은 뜻밖이다. 왜 이런 지적이 나오는 것일까? "문화는 평범하다"는 테제 역시 문화적 관점이며, 역시 나름대로 통치의 과제와 관련되어 있기

29_ Tony Bennett, op. cit., p. 50.

때문이 아닐까 한다. 물론 윌리엄스가 문화를 평범하다고 한 것은 위로부터의 통치를 겨냥하여 문화를 비범한 것으로 본 엘리트들과는 달리 아래로부터의 민주주의를 구상한 때문이다. 그가 문화적 일체감을 강조한 것도 문화란 "생각하고 말한 가장 좋은 것"이라는 관점이 대중과 민중을 지배하는 효과를 막기 위함이었다. 하지만 오늘 21세기 초는 획일화된 문화가 더 큰 문제로 부각한 시점이며, 오히려 문화적 다양성을 구상하는 것이 절실한 시점이다. 따라서 평범한 문화로 구성하는 삶의 전체성 또는 공동체성을 단일하고 동질적인 것으로 이해하기보다는 오히려 복잡하게 구성되는 것으로 보는 새로운 관점이 필요하다. 그런데 다시 확인할 점은 이때에도 문화는 여전히 통치의 문제와 분리될 수 없다는 사실이다. 아래로부터의 민주주의나 새롭게 구성해야 할 문화적 다양성 역시 사회를 구성하고, 이를 통치하는 문제와 연결되어 있다.

이런 점에서 문화를 연구하는 "지식인의 작업을 상이한 유권자들의 사회적 정치적 요구를 실천 가능한 행정적 조치들로 번역하는 사회적 통치 및 관리와 연결하는" 일이 중요하다는 토니 베넷의 말을 귀담아들을 필요가 있어 보인다.[30] 베넷은 문화는 통치의 문제와 결코 분리될 수 없고, 문화 제도와 그것을 작동시키는 메커니즘과 긴밀하게 연결되어 있다며, 이 과정에 개입하는 일이 문화연구가 실천적으로 해야 할 일이라고 본다. 그의 이런 판단은 스튜어트 홀과 같은 대표적 문화연구자들의 관점에 대한 비판에서 나온다. 베넷은 문화연구자는 다양한 종류의 사회운동과 직접 결합을 시도하는 '유기적 지식인'이 되려는 꿈을 가지고 있지만 오늘날 문화는 "통치 속에 너무 깊이 들어와 문화를 통치 영역 바깥에 있는, 그 영역에 저항할 자원 제공의 근거지로 생각하는 것은 (과거에 그런 적이 있었다 해도) 이제는 의미가 없다"고 본다. 대신 그가 생각하는 문화연구자는 "자신의 작업이 통치 영역과 관련되어 있고, 관련될 필요가 있다고 생각하는 기술자"다.[31]

30_ Ibid., p. 57.
31_ Ibid., p. 54.

문화가 베넷의 말처럼 통치 영역에 깊이 들어와 있는 것이 사실임을 생각하면 이 영역에 대한 개입은 외면할 수 없는 과제가 아닐 수 없다. 하지만 그것의 한계 또한 분명하다. 여기서 개입은 통치 과정에의 참여라는 점에서 현존하는 지배권력에 대한 승인의 성격을 가질 수밖에 없는데, 그렇다면 지배의 구조적 변혁은 어떻게 되느냐가 문제다. 멀헌에 따르면 베넷의 개입 기획은 "제도에 대한 '기술적' 개입을 선호하여 '비판'과의 단절을 겪는 명백히 개량주의적"이다.[32] 내가 이 비판에 동의하는 것은 개량 자체가 나쁘다고 보기 때문은 아니다. 아무런 개입을 하지 않고 제도권 바깥에서 비판만 하는 것보다는 내부 개입을 통해 개량을 획득해낸다면 적잖은 성과를 거둔 셈일 것이다. 그러나 과연 이것이 "수용소에서 한 발짝도 나가지 않고 거기서 탈출하는 방법"이 될 것인지는 의문이다.[33] 개량만을 목표로 할 경우 '수용소' 안에만 있을 뿐 '탈출'은 아예 꿈꾸지 않을 것이기 때문이다. 통치 제도에 개입하는 것은 중요하지만 아울러 그것을 넘어서려는 목표 설정도 꼭 필요하다. 이 목표가 목적론에 의해서 미리 정해진 것이어선 당연히 곤란하겠지만, 통치를 영속시키지 않고, 더 이상 수용소가 수용소로 남지 않도록 하려는 노력은 포기할 수 없는 꿈이다.

5. 문화와 지배

문화는 통치 문제만이 아니라 지배의 문제이기도 하다. 통치가 제도와 기술의 문제라면 지배는 구조와 전망의 문제일 것이다. 문제를 통치로 한정하면 그것의

32_ Mulhern, op. cit., p. 172.
33_ 루이 알튀세르, 『미래는 오래 지속된다』, 권은미 역, 돌베개, 1993, 126쪽. 수용소를 벗어나지 않고 거기서 탈출한다는 이 전략은 그리고 지배주체와의 동일시를 통해 그것과 달라지는 역동일시(disidentification)로서 지배메커니즘의 기능을 전환하여 더 이상 지배효과를 만들지 않게 하는 '기능전환'(브레히트)과 유사한 효과를 가진다.

기술을 개량하는 것이 과제로 떠오르고 지배의 문제를 생각하면 변혁과 해방이 과제로 떠오른다. 문화적 관점을 통치의 문제로 생각할 것인가, 지배의 문제로 생각할 것인가? 아마 문화를 지배와 통치 중 어느 하나에 국한된 문제로 볼 일은 아닐 것이다. 나는 그래서 문화를 통치의 문제로도 보긴 하되 거기에 머물지 않고 '지배'의 문제로도 볼 필요를 느낀다.

문화 영역에서 주로 등장하는 것들은 이미지, 기호, 텍스트 등 상징적 형태들로서 삶의 꼴과 형태를 이룬다. 꼴과 형태를 만드는 일이 문화적 실천에 해당한다고 하겠다. 이 일은 습속, 즉 지속성과 반복성 등에 형성되는 인간적 관습과 연결된다. 흔히 문화가 습관과 전통으로 구축되는 것으로 이해되는 것은 이 때문일 것이다. 문화적 정체성은 지속성, 그리고 그것을 유지하는 사회적 구조 등을 전제하지 않으면 성립할 수 없다. 에코가 의미생산과 관련하여 오래 전에 한 말에 따른다면 이것은 '네겐트로피' 영역이다. 네겐트로피는 필연적으로 해체의 방향으로 나아가는 엔트로피 곡선에서 의미 생성이라는 예외적 분지(分枝)가 생긴 경우다. 이 분지현상의 특징은 정보전달 및 의미생산의 체계, 구조 등을 갖춘다는 것이다.[34] 구조주의에서 말하는 랑그라고 하는 언어적 체계 등이 그런 경우다.

그런데 언어적 체계와 같은 상징적 형태의 주된 기능은 의미 생산에 있다. 물론 언어, 이미지에서 바로 의미가 추출되는 것은 아니다. 데리다 식으로 말하면 의미는 파종, 즉 씨뿌리기의 결과물인데, 꽃씨가 어느 방향으로 날아갈지는 유동적이기 때문이다.[35] 의미 또한 이런 방식으로 정해진다고 볼 수 있다. 그러나 다

34_ 움베르토 에코, 『열린 예술작품—카오스모시스의 시학』, 조형준 역, 새물결, 107-9쪽 참조
35_ Gregory Ulmer, *Applied Grammatology: Post(e)-Pedagogy from Jacques Derrida to Joseph Beuys* (Baltimore & London: The Johns Hopkins University Press, 1985), p. 24. 이와 관련하여 사물의 운동은 최소한의 빗나감, 즉 클리나멘(clinamen)으로 '결정적'인 방향전환을 한다는 우발성의 유물론을 떠올릴 수 있다. "클리나멘은 무한히 작은, '최대한으로 작은' 편의로서, '언제, 어디서, 어떻게 일어나는지 모르'는데, 허공 중에서 한 원자로 하여금 수직으로 낙하하다가 '빗나가도록', 그리고 한 점에서 평행낙하를 극히 미세하게 교란함으로써 가까운 원자와 마주치도록, 그리고 이 마주침이 또 다른 마주침을 유발하도록 한다. 그리하여 하나의 세계가, 즉 연쇄적으로

시 중요한 것은 의미의 이런 유동성이 끝없이 이어지는 것은 아니라는 점이다. 이와 관련하여 문화가 왜 꼴과 형태를 이루는지, 즉 왜 문형으로 구성되는지 다시 생각해볼 점이 있어 보인다. 문형(文形)은 문형(文型)이라는 틀을 가지고 있고, 문형(文衡)으로서 관리 역할을 할 수도 있다. 재현과 상징, 비유 등이 하는 역할이 바로 그것이다. 자본주의 지배하의 가부장사회에서 여성의 전형적 재현이 상품화된 여성이라는 사실, 문화적 코드에 의해 동일한 상징도 의미가 달라진다는 사실, 그리고 통용되는 비유가 있고 그렇지 않은 비유가 있다는 사실 등은 의미가 일정한 방향으로 움직인다는 것을 알게 해준다.36)

물론 의미가 자동적으로 일정한 방향으로 움직이는 것은 아닐 터이다. 상징의 '물리학'에서는 단어나 이미지가 프로펠러 달린 꽃씨처럼 하늘을 이리저리 활공하는 것을 상상할 수 있을지 모르지만 지금 말하는 것은 상징의 사회학에 해당한다. 이 사회학에서는 사회적 관계들의 규정, 분할을 전제해야 하는 만큼 의미의 유동적 운동이 지속되리라 기대할 수 없다. 이런 점에서 "문화의 분석은 상징적 형태들—즉 다양한 종류의 유의미한 행동, 대상, 표현—이 생산되고 전달되고 수용되는 역사적으로 특정하며 사회적으로 구조화된 맥락과 과정과 관련한 상징적 형태들의 연구"라고 보는 존 비 톰슨의 지적은 정확하다. 톰슨은 "문화적 현상…은 구조화된 맥락을 지닌 상징적 형태들"이며, "문화적 분석은…상징적 형태들의 유의미한 구성 및 사회적 맥락화에 대한 연구"라고 규정한다.37) 문화를 이처럼 구조적 관점에서 이해하는 것은 예컨대 문화를 정치경제학적 관점에서 이해하는 것과 같다.

이런 점을 고려하면 문화를 생산양식의 견지에서 파악하는 일은 필수적이다.

최초의 편의와 최초의 마주침을 유발하는 일군의 원자들의 집합이 탄생한다"(루이 알튀세르, 『철학과 맑스주의—우발성의 유물론을 위하여』, 서관모 · 백승욱 편역, 새길, 1996, 38-39쪽).
36_ 여기서 '의미'는 '방향'이다. 불어에서 의미를 나타내는 말이 방향을 나타내는 말과 동일하다는 것은 우연이 아닌 듯싶다.
37_ Thompson, op. cit., p. 136.

의미생산양식으로 봤을 때, 문화는 의미와 그 방향을 결정하는 영역으로서 의미를 둘러싼 경쟁과 갈등과 투쟁이 발생하는 곳이다. 안티조선 운동, KBS 사장 선임을 둘러싼 사회운동권의 개입 등 의미생산 기제들을 둘러싼 투쟁이 중요해지고, 2004년 탄핵국면과 총선을 둘러싼 상이한 입장 등에서 치열한 해석의 정치가 발생하는 것은 그 때문이다. 해석의 정치가 중요한 것은 특정한 텍스트나 사건이 지닌 의미의 확정을 둘러싸고 수천 년 전통과 권위를 자랑하는 교회 및 다른 이데올로기 장치들, 억압적 장치가 수시로 동원되는 데서도 확인된다. 이렇게 보면 문화를 상징적 질서로만 본다든지 통치의 문제로만 간주하는 것은 문화에 걸린 '판돈'을 과소평가하는 것일 듯싶다. 문화는 당연히 사회적 권력을 재배치하는 과정과 밀접한 관련을 맺는 것으로 이해해야 할 것이고, 의미생산의 수단, 과정, 재생산의 조건 등을 둘러싼 투쟁이 일상화되어 있는 것으로 파악할 필요가 있다. 이 투쟁은 다양한 사회적 의미(와 그것의 방향)를 정하는 문제가 정치경제학적인 사회적 관계들로부터 자유롭지 못하다는 사실을 보여준다.[38]

6. 왜 문화인가?

그런데 이런 사실과 위에서 말한 문화적 관점 사이에는 어떤 관련이 있는 것일까? '문화적 관점'은 문화를 중심으로 한 사회적 기획이라는 점에서 정치경제학적인 기획과는 구분된다. 문화적 관점은 스타일, 이미지, 텍스트, 문형 등 상징적 형태들의 변화가 만들어내는 사회적 파장이 정치적, 경제적 변화가 만들어내는 것보다 더 크거나 그에 못지않다는 것이다. 여기에는 "모든 것이 정치적이다"라는 관점, 혹은 정치적 함의를 지니지 않는 문화의 심급은 없다는 발상이

38_ 강내희, 「계급투쟁의 의미생산과 문화정치」, 『한국의 문화변동과 문화정치―문화사회를 위한 비판적 문화연구』, 문화과학사, 2003, 74-78쪽 참고

작용한다. 멀헌에 따르면 이때 문제가 되는 것은 "문화적인 것의 위상, 그리고 특히 기존의 일반적인 사회적 권위 형태, 즉 정치에 대한 문화적인 것의 관계이다."[39] 그런데 과연 일부 문화연구자들이 말하는 것처럼 모든 것은 문화적이고 또 정치적인가? 즉 '문화정치'는 모든 정치를 포괄할 수 있는가? 멀헌은 "의미의 구성들 외부에서는 어떤 사회적 삶도 없다는 점에서 문화는 모든 것"(174)이라 할 수 있을지 모르지만, 정치란 "사회적 관계들 전체의 질서"(173)를 규정하는 일이라며, "정치는 결코 모든 것이 아니다"(170)고 본다. "어쨌든 정치라는 특정한 실천은 주어진 공간에서 사회적 관계 전체를 규정하는 것이다. 그러나 본질적으로 일반적인 이 노동은 그 양식이 특수하다. 그것은 보통 심의(審議)의 성격을 가지고 있고, 무엇을 해야 할 것인가라는 질문에 의해 지배된다. 정치적 발언은 그렇다면 매체, 시기, 장르에 상관없이 언제나 강제적이다. 그것은 원하고, 강요하고, 명령한다. 그것의 목적은 동의…를 확보하는 것이고, 실패하면 순종―이에 대해서는 강압이 최후의 보증을 제공한다―을 확보하는 것이다."(170-71) 멀헌의 주장은 따라서 문화와 정치는 서로 구분해야 한다는 것이다. 이런 생각은 문화적 관점과는 차이가 있다. 미학이나 문화비평, 또는 문화연구 전통을 통해 이어지는 문화적 관점은 문화가 사회의 문제들을 치유하는 힘을 가진다고 보고, 문화가 모든 것이라는 주장으로까지 발전한 셈인데, 멀헌은 문화와 정치를 구분함으로써 문화연구나 문화정치가 자신의 사명과 과제를 좀 더 겸손하게 바라볼 것을 권한 것이다.

  이런 논의는 지금 어떤 의미가 있는 것일까? 우리는 이윤 창출이 인간 활동의 최고 목표로 설정된, '경제적 이성'이 지배하는 신자유주의 시대를 살고 있다. 이런 시대에 문화는 과연 어떤 상황에 빠져 있는 것일까? 오래 전 버지니아 울프는 여성이 문화적 결핍 상태에 있는 것은 '돈과 그들만의 방'이 없기 때문이라며 물질적 기반이 없으면 문화를 발전시킬 수 없다는 점을 강조하였다. 이것은 문화란

39_ Mulhern, op. cit., p. 156. 이하 이 책의 인용은 본문에서 표시한다.

물질적 조건과 별도로 형성될 수 없기 때문에 아무리 그 자체 절대적 가치를 지니고 있다는 문화라도 결국은 경제적 소유관계를 바탕으로 하고 있으며, 특히 여성의 시각에서 보면 그것은 가부장적 사회 질서를 대변하는 남성 중심적 문화일 수밖에 없다는 비판이다. 신자유주의 상황에서도 문화나 문화적 결핍의 문제를 이처럼 물질적 조건, 특히 경제적 불평등 구조와 관련지어 생각할 필요가 있다고 본다.

이때 말하는 '문화'는 무엇일까? 그냥 삶의 양식이라고만 할 수는 없어 보인다. 삶의 양식으로서의 문화란 좋다, 나쁘다고 말할 수 없는 거의 객관적인 삶의 모습 그 자체일 텐데, 신자유주의 상황에선 문화가 위축된다, 문화적 삶이 어렵다고 할 때 문화는 뭔가 바람직한 삶의 양식일 것이다. 울프는 경제적 뒷받침이 없을 경우 이런 삶은 달성하기 어렵다는 것을 이미 절감한 것인데, 이 맥락에서 맑스가 말한 자유를 생각할 필요가 있을 것 같다. 맑스는 『자본론』 3권에서 자유와 노동을 구분하고 "자유의 영역은 실인즉 필요성과 현세적 고려들에 의하여 결정되는 노동이 끝나는 데서만 시작"하고, "현실적인 물질적 생산 영역을 벗어난 곳에 자리한다"고 말한다. 이렇게 보면 인간의 자유는 노동을 해야만 하는 시간 또는 영역과는 구분된다고 하겠다. 하지만 맑스는 이어서 이 문화적 자유가 노동과 완전히 분리될 수는 없다고 단서를 단다. 왜냐하면 이 자유는 인간이 생산력을 증대시켜 자연이 강제하는 필요성을 넘어설 때, 사회화된 인간들이 연대를 이루며 자연의 요구에 맞설 수 있을 때 비로소 획득되기 때문이다. 아무런 노동을 하지 않는 인간에게 남는 것은 굶주림과 기아뿐이다. 그래서 진정한 "자유의 영역"은 필요성의 영역 너머에 있다고 하더라도 그 토대인 필요의 영역과 더불어서만 개화한다.40) 바람직한 삶의 형태로서 문화는 아마도 이런 자유를 전제하지 않으면 불가

40_ Karl Marx, *Capital*, vol. III (New York: International Publishers, 1977), p. 820; Frederic Jameson, *The Political Unconscious: Narrative as a Socially Symbolic Act* (Ithaca: Cornell University Press, 1981), p. 19에서 재인용.

능할 것이다. 이때 자유는 필요노동을 거친 후의 자유시간이 주는 여유와 같은 것일텐데, 다양한 창조적 활동으로서 문화도 이런 조건이 확보되어야만 가능하리라고 본다.

이런 문화적 활동이나 실천은 경제와 정치의 관계 속에서 규정되어야 할 것이며, 복합적인 사회적—즉 계급적, 성(차)적, 민족-종족적, 세대적, 지역적, 성애적—역학관계 속에서 일어나기는 하겠지만 위에서 살펴본 통치만이 아니라 지배의 관점에서 본 문화에 대한 개입의 형태로, 즉 구체적인 정책적 접근과 함께 구조적 변혁의 전망 속에서 구현되어야 할 것이다. 구체적으로는 현실 경제정책에서 문화를 어떻게 고려해야 할 것인가가 문제로 떠오를 수도 있다. 이때 우리는 문화를 경제나 경제적 배분의 효과로만 볼 수는 없을 것이다. 설령 경제가 최종 심급이라고 할지라도 그것의 시간은 결코 오지 않는다는 알튀세르의 진단이 맞는다면 말이다. 따라서 사회를 구성하는 경제, 정치, 문화 심급들간의 균형은 복잡하게 구성되며, 정치와 문화 역시 경제처럼, 경제 못지않게 그 균형에 영향을 행사한다고 하겠는데, 이런 복잡한 사회적 구조와 관련하여 문화적 관점은 어떤 의의가 있다고 봐야 하는 것일까?

일단 의미가 중요하고, 상징이 중요하며, 스타일이 중요하다고 말할 수 있다. 하지만 문화적 관점이 성립하려면 그보다 더 중요한 것이 문화에 있다는 말이 성립해야 한다. 나는 여기서 문화연구의 겸손함이 필요하다는 멀헌의 말을 거꾸로 돌려 문화와 정치와 경제가 다르다면 뭔가 특별한 것이 문화에 포함되어 있어야 할 것 아니냐고 말하고 싶다. 이와 관련하여 문화 또는 문화적 관점을 구별하는 것은 자유의 기획이 아닐까 하고 생각한다. 구조적 관점에서 문화를 볼 경우, 우리가 관심을 기울일 것은 의미의 향방이다. 이 방향을 자유의 확장 쪽으로 잡아야 할 것 같다. 물론 자유는 저 멀리 허공에서 세워지지 않는다. 자유로서 문화적 삶은 여유를 전제한다. 그것은 정치적 결정에 따른 경제적 배분을 전제하지 않으면, 생산관계의 변혁을 통하지 않으면 확보할 수 없는 여유다. 문화는 이런 여유를,

그리고 가능성을 꿈꾸는 장일 것이다. 문화적 관점을 위해서는 따라서 정치적, 경제적 투쟁을 결코 외면할 수가 없다. 맑스가 말한 대로 자유의 세계는 필요의 의무를 다한 다음에 펼쳐진다. 그러나 꿈꾸지 않는다면 그런 자유의 세계를 만들기 위한 정치경제적 투쟁도 없을 것이다.

06

문화와 시장
—신자유주의 시대의 한국문화

1. 서언

최근에 들어와 한국에서 문화는 주로 시장에서, 시장에 의해, 시장을 위해 존재하는 듯하다. 오늘 문화는 판타지 소설이나 블록버스터 영화, 컴퓨터 게임의 형태로 시장에서 유통되는 직접 상품이거나 자동차나 아파트와 같은 고가 상품의 부가가치를 높이기 위한 콘텐츠가 아니면, 상품 구매를 촉진하는 광고이고, 경제 활성화에 도움을 주는 주력 산업이며, 개인의 노동력 가치를 높이기 위한 상징적 자본이다. 문화가 이처럼 거의 배타적으로 시장과의 연관 속에서 존재한다는 것은 근래에 들어와서 시장이 일 년 내내 그것도 하루 스물네 시간 통 털어 우리의 일상생활에 깊숙이 침투해 들어와서 지배하고 있다는 말일 것이다. 사실 주변을 둘러보면 이제는 시장 아닌 곳이 거의 없다. 시장의 전면화는 슈퍼마켓, 편의점, 할인점, 백화점, 식당, 커피숍, 술집 등 온갖 재화와 서비스 상품을 파는 소비 장소가 생활세계 곳곳에 빽빽이 들어선 것이나, 이들이 밤늦게까지 불야성을 이루며 축제의 스펙터클을 연출하고 있는 것으로도 확인된다. 전통적으로 축제는 예외적으로 드물게 벌어지는 행사였으나 시장의 전면적 침투와 지배가 이루어진 오늘은

일상적 광경이 되어, "삶 전체는 스펙터클의 거대한 축적물로 나타난다".[1]

문화가 그 자체로 가치 있는 인간 활동으로 간주되던 적도 있었다. 얼마 전까지만 하더라도 한국에서 전통문화나 고급문화는 중앙정부나 지방자치단체, 대학과 같은 공적 기관의 보호와 지원을 받으며 존립했다. 대략 1990년대 초 이전까지 본격문학, 미술, 음악, 무용 등의 근대적 순수예술과 고급 전통문화의 기반은 예술교육을 맡은 대학의 학과나 인간문화재 제도와 같은 정부의 공적 문화 지원 체제였다. 민주화 운동이 고조되던 1980년대에 고급예술이나 전통문화가 자율적인 '순수예술', '민족문화'로 자처할 수 있었던 것도 그런 물적 기반이 있었기 때문일 것이다. 물론 권위주의적 군사정권이 고급문화에 대해 충분한 공적 지원을 했다고 할 수는 없다. 권위주의가 고급문화를 배려했다면 그것은 고급문화의 '진흥' 자체보다는 차별적 지원을 통한 문화 통제에 더 큰 관심을 둔 결과였을 뿐이다. 진흥이나 보호의 대상이 된 것은 그래서 같은 고급문화라 하더라도 리얼리즘 미학에 입각한 사회 참여적 문화보다는 형식주의 미학을 지향한 조류에 국한되었다. 그 결과 당시 지배적 고급문화는 '제도문화'로서 자신의 자율성을 유지할 수 있었을는지 몰라도 사회로부터의 절연이라는 대가를 치러야만 했다.[2] 하지만 제도문화로 존립한 덕분에 고급문화가 이미 상품화의 길을 걷고 있던 대중문화에 대해 오연한 태도를 취할 수가 있었던 것도 사실이다.

문화가 시장으로부터 자유로웠던 사례는 또 있다. 고급문화와 구분되는 '저질 상품문화'로 전락하기 이전의 대중문화가 중요한 예이다. 반세기 전만 하더라도 한국에서 시장은 대부분 5일장 형태였고, 그 시절 대중의 일상적 삶은 시장과는

1_ 기 드보르, 『스펙터클의 사회』, 이경숙 역, 현실문화연구, 1996, 10쪽.
2_ '제도문화'는 피터 뷔르거가 말한 '제도예술'을 변용한 표현이다. 뷔르거는 근대예술은 사회에 대한 비판적 태도를 취하지만 이런 태도가 가능한 것은 자신을 사회로부터 분리된 하나의 제도로 존립하는 것을 사회로부터 허락받는 것을 전제한다고 보고 근대예술을 제도예술로 볼 것을 제안했다. Peter Bürger, "The Institution of 'Art' as a Category in the Sociology of Literature," *Cultural Critique* 2 (Winter 1985-86), 1986, pp. 11-13.

크게 유리되어 있었다. 대중의 삶의 양식으로서의 대중문화도 이에 따라서 시장으로부터 상당히 자유로운 상태에서 형성되었다. 민요, 탈춤, 풍물놀이 등 당시 대중의 삶 속에 깊이 들어와 있던 문화 활동은 소비보다는 생산 활동과 더 긴밀한 관련을 맺고 있었던 것이다.

반면에 오늘은 대중문화는 물론이려니와 고급문화까지도 그 설 자리가 시장 밖에 없는 형편이다. 상품의 모습을 하지 않은, 시장으로 진출할 채비를 차리지 않은 문화는 이로 인해 즉각적으로 폐기되지는 않더라도 손쉽게 사회적 외면의 대상이 된다. 근래에 들어와서는 시장의 명령을 거부하면 고급문화의 양대 축인 기초학문과 순수예술도 생존의 위기에서 벗어나기 어렵다. 상황이 나빠지자 고급문화 가운데는 '정신을 차린' 경우도 적지 않다. 2000년대에 들어와서 한국의 공식 문화제도 상층부에 속하는 서울의 세종문화회관이 고급문화에 대해서만 문호를 개방하던 종래의 엘리트주의적 태도를 버리고 대중예술 공연을 허용하는 것이나, 국립 정동극장이 근처를 지나는 노선버스를 통해 호객을 위한 광고 방송을 하고 있는 것이 단적인 예이다. 이들 기관은 전에는 공적 자원으로 운영되는 순수예술 단체들의 공연을 지원했으나 이제는 이들 단체들과 함께 스스로 시장 활동을 벌이고 있다.

문화의 시장에의 종속은 둘의 관계가 역사적으로 규정됨을 보여준다. 한때 시장으로부터 자율적 거리를 지니던 문화는 어떤 연유로 시장화 또는 상품화의 길을 걷게 되었으며, 시장은 또 어떤 연유로 문화를 자신의 영향권 안으로 끌어들였는가? 문화의 존립 모습과 사회적 기능을 바꾸고 시장의 사회 장악 범위를 확장시킨 근본 원인은 무엇인가? 시장의 전면화, 문화의 시장에의 전면적 종속은 1990년대 이후에 나타난 현상이라는 점에서 최근 한국사회의 주된 변동과 관련이 있을 것이다. 한국사회는 근래에 어떤 변화를 겪었는가?

위 질문들과 관련하여 현 단계 문화지형을 규정하는 동력이 신자유주의적 자본주의에서 나온다는 점을 확인할 필요가 있다고 본다. 신자유주의의 등장은 한국자본주의를 포함한 세계자본주의 역사에서 새로운 국면을 전개시킴으로써 문화와 시장의 관계에도 중대한 영향을 미친 것으로 보인다. 신자유주의는 1970년대 중반 이후 축적 위기를 맞은 세계자본주의가 국면 돌파를 위해 채택한 전략이다. 세계자본주의는 1945년 이후 미국헤게모니를 중심으로 발전해 왔으나 1970년대 초부터 오일쇼크 등을 겪으며 축적의 위기를 겪게 되는데 이 위기 극복을 위해 채택된 새로운 전략이 신자유주의인 것이다.[3] 신자유주의는 자본 세력이 1945-70년의 수정 자유주의 시절에 펼치던 타협과 회유의 방법 대신 하향 이동한 부를 다시 자신들에게로 집중시키기 위해 전개한 계급투쟁의 일환으로서,[4] 자본의 세계화와 금융화, 자본 활동에 대한 탈규제, 공공 재산의 사유화(또는 민영화)와 같은 자본에 유리한 정책들을 가동해왔다. 이들 정책은 1980년대 초 신자유주의 세력이 정권을 잡은 미국과 영국에서 집중적으로 펼쳐지기 시작했으며, 현실사회주의가 붕괴된 1990년 초 이후 세계적으로 확산되어 오늘날 세계 전역에서 사회운영의 기조로 정착되었다. 이 과정에서 나타난 변화의 하나가 문화와 정치와 경제의 새로운 관계 규정인바 이 글에서는 신자유주의가 도입된 이후 한국문화가 어떻게 바뀌었는지 문화와 시장의 관계를 중심으로 살펴보고자 한다.

2. 신자유주의적 자유화와 문화

최근 한국에서 나타나고 있는 문화와 시장의 관계를 이해하려면 문화가 다른 사회적 실천들, 즉 정치와 경제와 맺는 관계의 변동을 한국자본주의가 발전해온 과정에 비추어 살펴볼 필요가 있다. 한국에서 자본주의가 본격적으로 형성된 것은 1960년대에 박정희 정권이 국가 주도의 경제개발을 실시하기 시작한 이후이

3_ David Harvey, *A Brief History of Neoliberalism* (New York: Oxford University Press, 2005).
4_ Ibid., p. 16.

다. 한국자본주의는 이 과정에서 초기에는 미국의 후원을 받으며 한동안 '발전주의' 전략을 펼칠 수 있었다. 발전주의는 1945년 이후 세계체계에서 미국의 헤게모니가 관철되고 있을 때 '주변부' 국가들 일부가 펼쳐온 경제정책의 기조로서 국내시장 강화를 위해 보호무역을 추진했다. 이 시기 제3세계 여러 나라에서 발전주의가 채택된 데에는 미국이 명실상부한 '헤게모니 국가'로서 세계자본주의를 주도하고 있었기 때문이다. '헤게모니'란 그람시가 19세기 이태리의 온건파에 대해 말한 것처럼 "동맹집단이 산출한 적극적인 분자와 심지어는 적대집단으로부터 나온 도저히 화해 불가능해 보이는 분자들까지를 점진적이지만 지속적으로 흡수하는"[5] 지도력을 발휘하는 '동의에 의한 지배'를 일컫거니와, 2차 세계대전이 끝난 뒤 미국은 한동안 자국의 경제능력을 기반으로 하여 사회주의 국가들을 제외한 세계 여러 나라들에 대해 그람시적 의미의 헤게모니를 행사했다. 미국이 마셜 플랜을 통해 유럽의 시장경제를 부흥시켜 공산주의로부터 방어한 것이 단적인 예이다. 한국에서 발전주의는 1962년에 '제1차 경제개발 5개년 계획'이 시작되면서 나타나서 1990년대까지 이어졌다. 이 기간에 한국정부가 '경제개발' 정책을 펼칠 수 있었던 데에는 남한이 북한과 대치하고 있다는 특수한 지정학적 조건으로 인해 미국으로부터 교역상의 혜택을 받은 점이 적잖이 작용했다. 그러나 이 발전주의 경제정책은 1970년대 말부터 신자유주의로 대체되기 시작한다.

한국에 신자유주의 정책이 최초로 실시된 것은 '경제안정화종합시책'이 시행된 1979년 4월로서,[6] 이때부터 한국의 발전주의는 약화의 길을 걷게 된다. '시책'은 금융시장을 포함한 국내시장의 개방을 당시 경제위기의 대책으로 내놓았는데,

---

5_ 안토니오 그람시, 『그람시의 옥중수고 II: 철학·역사·문화편』, 이상훈 역, 거름, 1993.
6_ 1979년의 시책을 신자유주의 정책으로 규정하는 것은 '사후적' 명명에 해당한다. 국내에서 '신자유주의'라는 용어는 1994년 학술단체협의회 학술토론회에 참석한 발표자들이 당시 김영삼 정권이 펼친 '신경제정책'을 규정하기 위해 처음 사용한 것으로 보인다. 이후 1996년 말 김정권이 노동관계법을 개악한 데 대해 노동운동을 포함한 사회운동 세력이 총파업의 전면전을 벌였을 때 당시의 지배적 경제정책 노선을 '신자유주의'라고 규정하는 것이 대세가 되었다. 박지훈, 「경제안정화종합시책(1979년 4월 17일)」. http://parkism.egloos.com/2834980 2006.12.06.

이처럼 자본의 초국적 운동에 대한 규제가 풀리기 시작하면 국내시장을 보호하려던 기존의 정책은 당장 폐기되지는 않더라도 제약을 받기 때문이다. 신자유주의 노선이 채택되었다고 하여 발전주의의 모든 경향이 바로 사라진 것은 물론 아니다. 박정희 정권이 시작한 '경제개발 5개년 계획'이 도중에 '경제사회개발 5개년 정책'으로 바뀌며 1990년대 중반까지 이어진 데서도 볼 수 있듯이 발전주의는 상당히 오랫동안 지속되었다. 그러나 '1987년 체제'가 구축된 뒤, 특히 1993년 이후 문민정부, 국민의 정부, 참여정부가 구성되며 자유주의 세력이 계속 정권을 잡게 되면서 한국에서의 자본축적 전략은 발전주의에서 신자유주의로 대거 이전된 것으로 판단된다.

발전주의 단계에서 한국사회는 군사독재 또는 권위주의 국가가 사회적 권력의 핵을 장악했고, 이 결과 문화와 경제와 정치의 관계 또한 정치가 우위를 점하며 구성되었다. 박정희 정권에서 경제와 문화는 정치의 수단이 아니면 시녀였다. 제3공화국 시절 수도 서울의 중심가인 광화문 네거리에 왜 이순신 장군의 동상이 서게 되고, 그를 기리는 현충사나 강감찬 장군의 탄생지인 낙성대 등이 왜 '성역'으로 지정되었겠는가? 당시 곳곳에 유사한 '상징적 조작'이 행해진 것은 군사쿠데타로 정권을 잡은 뒤 유신 독재를 실시한 권력자의 정통성을 강조하기 위함이었겠지만, 그만큼 정치권력이 사회를 압도하고 있었다는 증거이기도 하다. 사회질서를 수립할 때 정치적 효과를 가장 우선적으로 고려하게 됨에 따라서 경제발전은 권력자의 '치적'으로 내세워졌고, 문화는 그가 휘두르는 권력의 정통성을 선전하거나 그가 바라는 '민족중흥'을 위한 충실한 조력자가 되어야 했다. 문화는 이 결과 정치적 감시로부터 자유로울 수가 없었다. 신중현과 같은 대중예술가들이 대마초를 피웠다고 공연 기회를 박탈당하고, 이미자의 <동백아가씨>는 왜색 혐의로, 한대수의 <물 좀 주소>나 <행복의 나라>는 가사 내용이 수상쩍어서, 김민기의 <아침이슬>은 시위대가 너무 자주 부른다는 이유로 금지곡 대열에 오르고, 장발 청년이나 미니스커트 여성이 미풍양속을 해친다는 이유로 단속을 받았다.

민족중흥을 이끌 지도자가 국민 대중을 '생산의 역군'으로 동원하기 위하여 <새마을노래>를 만들어 보급하는 상황에서 문화가 선택할 길은 많지 않았다. 당시 문화가 '건전문화' 아니면 '퇴폐문화'로 양분된 것도 지배 권력과의 관계 속에 규정되어야 했기 때문일 텐데, 이런 이분법적 분류는 국가 발전을 위한 국민 동원을 위해 문화가 어떤 기능을 하느냐가 중요했음을 보여준다. 대부분의 고급문화가 순수예술이나 전통 '민족' 문화의 형태로 정치성을 탈각할 것을 요구받은 것도 문화는 권력의 시녀가 되어야 했기 때문일 것이다.

경제정책 노선이 발전주의에서 신자유주의로 전환되는 과정에서 문화와 정치와 경제의 관계는 새롭게 규정된다. 변화의 조짐은 1980년대 초부터 나타나기 시작했다. 당시 전두환 정권이 일련의 자유화 조치를 취한 것은 박정희 정권이 말기에 수용했으나 제대로 시행하지 못한 신자유주의를 경제정책의 기본 노선으로 수용하며 출범했기 때문이다.[7] 군사 쿠데타로 집권한 전정권은 정통성 결여로 인해 국민의 정치적 자유를 억압함으로써 정권을 유지해야 했기 때문에 한편으로는 파시즘적인 권위주의 체제를 벗어날 수 없었으나, 다른 한편으로는 신자유주의를 도입하며 박정희 정권과는 다른 사회적 환경을 조성했다. 신군부는 정치를 제외한 사회 부문에서의 자유화 정책, 다시 말해 시장화 정책을 추진하게 되고, 문화 부문에서 이 정책은 통행금지 해제, 교복 및 두발 자유화 등의 조치로 드러났다. 미니스커트와 장발을 단속하며 국민의 신체를 구속하던 박정희 정권과는 사뭇 다른 문화정책을 펼친 것이다. 전정권은 1981년 '국풍 81'이라는 관제 축제를 조직하여 '문화에 의한 국민 화합'을 꾀한 적도 있다. 문화를 사회통합의 전략으로 삼

7_ 박정희 정권의 경우 미국으로부터 신자유주의 정책 도입을 강요받고 그 수용을 주저하던 중에 종말을 맞았다면, 전두환 정권은 신자유주의의 도입을 전제로 출범했다. 당시 한국에 신자유주의가 강요된 것은 미국의 헤게모니 전략에 변화가 생긴 때문이다. 미국은 1970년대에 축적 위기를 맞아 이전까지 다른 국가들에게 상당한 폭으로 허용해주던 보호무역 정책을 더 이상 허용하기 어려워졌다. 한국이 신자유주의 정책을 수용할 수밖에 없었던 것은 헤게모니 위기에 빠진 헤게모니 국가인 미국으로부터 국내시장 개방 압박을 강하게 받았기 때문이다.

은 것인데, 1년 전 광주에서 수많은 시민을 학살한 기억이 생생하던 터라 당시 문화운동권의 주도 세력은 그에 대해 분노하며 참여를 거부했지만, 전두환 정권은 문화 분야에서는 유화적 제스처를 지속하며 '자유화' 정책을 지속했다.[8]

그러나 전두환 정권 하에서 추진된 자유화는 여전히 권위주의 정치에 종속되어 있었다. 물론 박정희 정권 시절과 비교하면 전두환 정권의 정책들이 훨씬 더 신자유주의적 성격을 띤 것은 사실이다. 박정권의 경우 '경제안정화종합시책'을 통해 신자유주의 정책을 도입하긴 했으나 정권 내에서의 저항도 없지 않았으려니와 정책을 지휘할 수장이 살해됨으로써 신자유주의 정책을 추진할 기회를 제대로 갖지 못한 반면,[9] 전두환은 자신의 '경제 과외교사'로 알려진 김재익을 집권 초부터 발탁하여 IMF와 IBRD가 권유하는 신자유주의 정책을 펼치기 시작했고, 이 흐름은 그의 집권기간 동안 지속되었다. 그러나 국제그룹에 대한 해체 조치나 '관치금융'의 관행을 지속한 데서 보듯이 전정권은 경제적 자유화를 선별적으로 실시했고, 문화 부문에서도 역시 통제 가능한 선에서만 자유화를 허용했다. 교복 자율화 시행 2년 후인 1986년에 학교장의 재량에 따라 교복을 다시 입도록 만든 조치가 한 예이다. 더구나 전정권은 줄곧 사회운동의 도전에 직면해 있었기 때문에 자유화 정책을 펼치더라도 위기 속에서 그것을 관리해야 하는 처지였다. 당시의 자유화는 민주화운동을 억압해야 하는 군사독재정권의 태생적 억압성과 교차할 수밖에 없었다. 이런 점에서 전두환 정권에서 정치와 경제와 문화의 관계는 경제와 문화의 자유화 경향이 강화된 가운데 경제와 문화가 여전히 권위주의적 정치에 의해 지휘를 받는 모순적 방식이었다고 하겠다. 이와 같은 정치의 우위는 1980년대에 크게 상승한 문화운동에서도 확인된다. 1970년대의 탈춤운동 등으로부터 부상하기 시작한 당시의 80년대 문화운동은 한편으로는 독재체제에 저항했다는 점에서, 다른 한편으로는 사회운동 내부에서 정치적 노선의 지도를 받았다는 점

8_ 이 책에 함께 수록되어 있는 「신자유주의 시대 문화지형의 변동과 문화운동」, 277쪽.
9_ 박지훈, 앞의 글.

에서 정치 중심적이었다.

박정희 및 전두환 정권에 걸쳐 형성된 권위주의 체제를 종식시킨 '1987년 체제'의 출범은 한국자본주의가 신자유주의 관리를 위해 좀 더 효율적인 지배체제를 구축하려는 노력의 결과로 봐야 할 것이다. 1980년대 중반에 이르게 되면 한국자본주의는 독점자본이 급성장하여 '자본의 자율성' 또한 크게 신장된다. 1987년은 '1986-88년의 3저 호황'이 진행되던 시점으로서 발언권이 신장된 자본이 관치금융 등 아직도 남아 있는 발전주의적 잔재들의 제거를 원하던 때였다. 그러나 '87년 체제' 초기에는 이전 권위주의 체제와의 근본적인 변화가 별로 많이 나타나지는 않는다. 이는 새로 들어선 노태우 정권이 군사정권으로서의 성격을 완전히 탈피하지 못했기 때문인바, 이로 인해 국가권력은 성장한 사회운동으로부터 더 큰 도전을 받게 된다. 한국자본주의가 이때 권위주의 세력(민정당, 공화당)과 보수적 자유주의 세력(민주당)의 정치적 연대를 통해 민자당을 창당(1990)하며 위기를 돌파하려고 한 것은 1987년의 7, 8월 노동자 대투쟁 이후 노동운동이 급성장하면서 권위주의 세력에만 의존해서는 한국자본주의의 축적 조건을 더 이상 효율적으로 유지할 수 없었기 때문일 것이다.

1987년 체제의 성립은 한국사회에 더 광범위한 자유화 조치를 도입하는 계기가 되었다. 87년 체제에서 추진된 자유화 조치는 권위주의의 해체로 이해되어 민주화로 인식되는 경향이 높다. 민주주의를 협소한 정치적 견지에서만 보면 이런 인식을 크게 틀렸다고 할 수는 없을 것이다. 권위주의적 잔재를 벗지 못한 노태우 정권도 일단 선거를 통해 출범했다는 점에서 절차적, 형식적 민주주의의 요건을 갖추었던 셈이고, 87년 체제 성립 이후 문민정부 수립, 지방자치제도 복원, 국민의 정부와 참여정부 출범 등으로 정치적 민주주의는 상당한 발전을 이룬 것이 사실이다. 정치적 자유의 신장은 언론 자유화에서도 잘 드러난다. 5공 치하에서는 '『말』지사건'이 보여주듯 언론이 정치권력에 의해 일거수일투족의 수준으로 통제되었을 뿐만 아니라 언론시장에로의 진입에 높은 장벽을 쌓아둠으로써 언론활동 자체가 인위적으로 금지된 측면이 많았으나, 1987년 이후에는 상황이 크게 개선되었다. 신고에 의한 매체 창간이 가능해지면서 수많은 일간지, 주간지, 월간지가 등장하고, 특히 김대중, 노무현 정권의 출범 이후에는 '정권에 대한 언론의 횡포'라는 말이 회자될 정도로 언론의 자유가 크게 신장된 것이다. 문화적 표현의 차원에서도 상당한 자유화가 이루어졌다. 물론 때로는 '음란폭력물', '반국가'의 딱지를 붙여서 표현물에 대한 억압이 없지 않았으나, 박정희, 전두환 정권 시절과 비교하면 표현의 자유가 크게 신장되었음을 부인하기는 어렵다.

그러나 실질적 민주주의의 견지에서 보면 87년 체제가 한 일은 '민주화의 자유화로의 수렴'으로서 신자유주의적 축적 전략을 전사회적으로 적용하기 위한 사회체제의 수립이었다.10) 표현의 자유를 포함한 인권 신장도 87년 체제가 자발적으로 제공한 선물이라기보다는 1980년대 민주화운동의 성과물이라고 해야 더 정확할 것이다. 87년 체제에서 강화된 자유화는 기본적으로 신자유주의적 사회 운영을 위한, 다시 말해 자본축적의 새로운 조건 개선을 위한 조치라는 성격이 강했다. 이 체제에서 일어난 사회적 변동들은 대부분이 80년대의 사회운동에서 드러난 아래로부터의 개혁과 변혁 요구를 신자유주의적으로 관리하면서 생긴 것들이다. 언론 자유화도 한편으로는 언론의 자유에 대한 시민적, 대중적 요구를 수용한 것이지만, 다른 한편으로는 언론시장을 중심으로 한 대중매체시장의 확대가 목적이었다. 이 과정에서 권위주의 시절 억압받던 언론 민주주의가 부분적으로 확장되고, 언론을 장악해온 국가 권위가 약화된 측면이 없었던 것은 아니나, 이때의 자유화를 온전한 민주화로 보기 어려운 것은 약화된 국가 권력의 자리를 시장 권력, 자본이 대신하였기 때문이다. '87년 체제'에서의 자유화는 이렇게 볼 때 정치와 경제와 문화의 관계를 경제 우위의 관점에서 새롭게 규정한 사회운영 노선의

10_ 이 책에 같이 실려 있는 「신자유주의와 한류—동아시아에서의 한국 대중문화의 문화횡단과 민주주의」; 이광일, 「87년 체제, 신자유주의 지구화, 그리고 민주주의의 위기」, 『진보평론』 32호, 2007년 여름 참조

도입이라고 할 수 있다. 다시 말해 1980년대 말 이후 한국사회는 80년대에 급속도로 떠오른 민주주의에 대한 요구가 경제적 자유주의로 축소되는 과정이었던 것이다. 이 자유화 경향은 현실사회주의가 붕괴된 1990년대 초부터 더욱 두드러진다는 점에서 국제정세의 영향을 받았다고 할 수 있으며, 한국에서는 1993년에 김영삼 정권이 출범한 뒤 김대중, 노무현, 이명박 정권이 집권하며 자유주의 세력의 헤게모니가 확립됨으로써 지금까지 더 강화되며 이어져 오고 있다.

지금까지의 논의를 잠깐 요약하면 한국에서 신자유주의는 처음에는 권위주의 정권에 의해 도입되어 운영되었으나 1987년 체제의 성립을 고비로 자유주의 세력의 관리 하에 들어간 것으로 보인다. 권위주의에 의한 신자유주의 관리가 진행될 때 정치와 경제와 문화는 억압적 정치의 우위 속에 경제 및 문화 부문에서 자유화가 이루어지는 양상을 보였다면, 자유주의 체제 하의 신자유주의 관리 국면에서는 경제와 문화에 대한 정치의 장악력이 약화되고 신자유주의적 경제의 우위 하에 정치와 문화의 자유화 경향이 강화되는 모습이다. 이는 정치와 문화가 이제 경제를 위해 봉사하게 되었음을 의미한다. 1987년 '민주화 체제'의 성립은 이런 점에서 한국사회의 민주주의를 심화시켰다기보다는 민주주의를 자유(주의)화한 것으로 이해해야 할 것 같다. 한국의 신자유주의는 계속 그 지배력을 강화해왔지만 이 흐름은 1997년의 IMF 위기를 고비로 한국사회가 초국적 금융자본이 지휘하는 세계화에 노골적으로 노출되면서 더욱 강화되었다. 한국사회에서 문화의 시장 종속은 이 신자유주의화의 흐름과 무관하지 않다.

3. 문화의 자유화와 시장화

지금까지 살펴본 것처럼 신자유주의 시대의 문화는 자유화를 겪는다. 이 자유화의 초기 모습은 전두환 정권 하에서 추진된 일련의 문화정책을 통해 만들어졌다. 당시 문화의 자유화를 꾀한 것은 일면 국민의 기본 인권을 존중하는 외관을 띠기는 했지만,[11] 기본적으로는 문화의 사회적 기능을 새롭게 정의하려는 시도로서, 갓 실시된 경제적 신자유주의 정책과 관련되어 있었다. 통행금지 해제나 교복 및 두발 자율화는 신체의 자유를 보장하는 일이기도 하지만 시장 확대를 위해 취한 조치이기도 했다. 통행금지의 폐지는 노동시간 및 소비시간의 연장을 가능케 하고, 교복 및 두발 자유화는 10대 청소년을 자신의 라이프스타일을 추구하는 소비생활로 이끈다. 컬러텔레비전 방송의 시작, 프로스포츠 제도 도입, 에로물 생산 허용 등 '3S 정책'이 시행된 시점이 전두환 정권이 자신의 문화정책을 펼치기 시작한 1980년대 초임을 기억할 필요가 있다. '3S 정책'은 대중매체, 대중스포츠, 그리고 대중의 욕망을 자유화하되 그것들이 대부분 시장 속에서 소비되고 교환되도록 하려는 조치였다. 이렇게 볼 때 당시의 지배적 문화정책이 노렸던 것은 문화로 하여금 경제적 기능을 갖도록 하는 것이었다. 이에 따라 문화는 이제 발전주의 하에서 요구받던 생산적 역할 대신, 소비 조장의 역할을 수행하게 된다. 광주에서 대규모 인구를 학살한 전력 때문에 폭력적이기만 한 것 같았던 전두환 정권이 '문화의 자유화'를 꾀했다는 것은 이처럼 신자유주의 정책 노선의 견지에서만 이해할 수 있는 일이다. 박정희 시대 문화정책이 보여주듯이 발전주의 노선으로 사회를 운영할 경우에는 인구를 '생산대중'으로 동원해야 하는 만큼 산업의 역군이 될 것을 요구해야 한다면 신자유주의 정책이 펼쳐지면 대중을 소비자로 전환시킬 필요가 더 커진다.

일견 신자유주의 하에서는 소비가 억제될 것으로 보일 수도 있다. 1979년에 도입된 '경제안정화종합시책'에는 임금인상을 억제하는 정책이 포함되어 있었고,

---

11_ 1982년의 두발 자유화, 1983년의 교복 자율화 조치는 "심리적·신체적·사회적 발달단계에 있는 청소년들의 심리적 위축감과 소외감을 해소하고, 개성 신장과 민주의식 함양 등을 통해 책임감을 심어주는 데 목적이 있었다". 두산백과사전, http://www.encyber.com/search_w/ctdetail. php?gs=ws&gd=&cd=&d=&k=&inqr=&indme=&p=1&q=%B1%B3%BA%B9+%C0%DA%C0%B2%C8%AD&masterno=764094&contentno=764094EnCyber& EnCyber.com

전두환의 '경제 과외교사' 김재익이 1980년대 초 IMF나 IBRD 등의 지도를 받아서 펼친 경제정책들 가운데에도 정부적자 축소, 긴축재정, 임금인상 억제가 중요한 과제로 포함되어 있었다.[12] 정부의 소비를 축소하고 재정을 긴축시키고, 임금인상을 억제하면 소비 진작은 어려워진다. 신자유주의 정책이 한국에 도입되어 그 첫 효과가 감지되기 시작한 1980년대 초부터 사북사태, 광주항쟁을 필두로 국민대중의 불만이 표출되고 저항이 조직되기 시작한 것은 신자유주의 정책으로 빚어진 삶의 궁핍화와 무관하지 않을 것이다. 그러나 신자유주의 하에서는 임금인상 억제와 같은, 대중의 소비능력 증대에 도움이 될 것 같지 않은 정책적 조치가 취해지는 가운데서도 대중의 소비자로의 전환이라는 일견 모순적인 경향이 나타날 수가 있다.

대중의 경제적 삶에 대한 국가의 공격에도 불구하고 대중이 경향적으로 소비자로 전환된 것은 신자유주의가 시장화를 강화하기 때문이다. 시장화는 과거에는 시장에 맡기지 않던 삶의 영역들을 시장 속에 포함시킴으로써 이루어진다. 학생들에게 자유복 착용을 허용하고 두발을 자유롭게 기르게 하는 것은 그들의 의복구매나 이발소 또는 미용실 출입에 중요한 영향을 미친다는 점에서 학생인구를 새로운 유형의 소비자로 전환시키는 효과를 갖는다. 1980년대 초에 취해진 자유화 조치는 이런 점에서 대부분 대중적 삶에 대한 시장의 영향력 확장을 목표로 했던 것 같다. 여기서 빼놓을 수 없는 사실이 '3S 정책'이 펼쳐져 야간통행금지가 해제되고 에로물 제작, 에로영화의 심야 상영, 유흥업소의 야간 영업 등이 이루어진 점이다. 유흥업의 성장은 정책적 효과로서 당시 소비문화가 조장되기 시작한 것도 이와 무관하지 않다.

1987년 체제가 성립한 뒤에는 문화의 시장화에 어떤 변화가 있었을까? 컬러텔레비전 방송 개시, 씨름과 야구의 프로화, 그리고 <애마부인>과 같은 에로영화 제작을 허용한 80년대 초의 '3S 정책'에 더하여 80년대 말에는 언론매체 자유화와

12_ Lee, Chung H. 2004. "Institutional Reform in Japan and Korea: Why the Difference?" http://swopec.hhs.se/eijswp/papers/eijswp0204.pdf

함께 대중매체의 확산이 이루어졌고, 1986-88년의 호황을 바탕으로 부동산에 대한 투기가 대대적으로 일어나 서울 등 대도시에는 새로운 소비 공간들이 대거 등장하기 시작했다. '다방'이 '커피숍'으로 바뀌고, 서울의 강남 지역이 한국 소비문화의 중심지로 부상하며 압구정동에 '오렌지족'이 등장하기 시작한 것이 이때이다. 이런 변화는 '3저 호황'이 끝난 뒤 한국자본주의가 과잉생산 문제를 해결하기 위해 소비자본주의를 본격적으로 발전시킨 것과 무관하지 않다. 소비자본주의는 대중매체가 급속도로 늘어나고 이를 바탕으로 소비 지향적 대중문화가 확산되면서 강화되었다.

1980년대 후반에 대중음악이 급변한 것도 같은 맥락에서 이해할 수 있다. 1982년에 컬러텔레비전 방송이 시작된 지 얼마 되지 않아서 대중음악은 시각적 효과를 중시하기 시작하며 차츰 빠른 노래, 댄스음악 쪽으로 경도해갔다. 최초의 댄스가수라 할 김완선(<오늘밤>, 1986)에 이어 나미(<인디언 인형처럼>, 1989), 김흥국(<호랑나비>, 1989), 소방차 등이 댄스음악을 유행시킨 것이 1980년대 말이고, 현진영이 힙합을 소개하고 서태지와 아이들이 댄스음악을 평정한 것이 1990년대 초라면, H.O.T를 비롯한 아이돌스타가 대중음악계를 평정하며 댄스음악 일변도로 만든 것이 1990년대 중반이다. 이후 한류스타들의 등장에서 보듯이 한국의 대중음악은 멜로디와 같은 음악적 요소만이 아니라 현란한 춤동작이나 복장과 같은 시각적 요소가 오히려 더 중요한 역할을 하는 댄스음악이 주류를 이루고 있다. 음악이 청각적으로만이 아니라 시각적으로도 소비된다는 것은 패션 스타일과 밀접한 관련을 맺을 수 있음을 의미한다. 1980년대를 거치며 한국사회의 소비인구가 성인만이 아니라 청소년, 아동까지도 포함하게 된 것은 대중문화의 이런 변화와도 무관하지 않다.

대중문화의 확산은 기본적으로 신문, 잡지, 텔레비전 등 대중매체가 확산된 것을 기반으로 하여 이루어졌다. 1980년대 후반부터 신문시장의 자유화로 인해 한겨레, 국민일보, 세계일보, 문화일보 등의 전국 일간지, 나아가서 수많은 지방신문의 창간이 이루어진 데 더하여 이전까지 16면 정도에 불과하던 일간지 지면이 24면, 32면으로까지 증면되었고, 창간 조건의 완화로 수많은 다양한 잡지들이 등장했다. 대중매체의 확산으로 생긴 문화지형의 변화 가운데 눈여겨볼 점은 대중문화 자체에 대한 관심의 증폭이다. 일간지 지면이 8면이던 1970년대 신문 광고란은 영화광고가 대부분을 차지했는데도 신문지상에서 영화와 관련한 기사는 찾기가 어려웠다. 연 1회의 대종상 시상과 관련한 것을 제외하면 박노식과 같은 혈기왕성한 배우들이 혹여 폭력사건에 연루되었을 때에만 관련 기사가 실렸을 뿐이다. 영화 비평이 자주 나오지 않은 것도 영화가 가치 있는 문화, 진지한 논의의 대상으로 치부되지 않았기 때문일 것이다. 그러나 1990년대 초에 이르면 대중문화에 대한 이런 홀대는 크게 사라지고 신문에서도 영화, 대중음악, 팬덤 현상 등 대중문화와 관련한 토픽들이 집중적으로 다뤄지기 시작한다. 대중매체 시장의 자유화와 함께 각종 지면과 화면이 늘어나면서 그것들을 채울 화제에 대한 수요가 급증한 것이다.[13]

　　대중문화가 확대되었을 뿐만 아니라 중요한 담론 대상으로 등장하면서 일어난 문화지형의 변화는 과거 지배문화로서 보호받던 고급문화의 위상이 바뀌기 시작한 데서도 찾을 수 있다. 1980년대 말에 이르면 '포스트모더니즘'에 대한 관심이 고조되는 가운데 문학과 미술 등 본격 예술의 위상이 크게 실추된다. 한국에서 포스트모더니즘은 지지보다는 비판의 대상으로 부각되는 경우가 더 많았던 것 같으나, 그에 대한 논의가 활기를 띠었다는 것은 1980년대까지 한국 진보적 문예이론의 근간을 이루던 리얼리즘의 영향력이 약세로 돌아섰음을 보여주는 징후였다. 1990년대 초에 잠깐 "다시 문제는 리얼리즘이다"라며 리얼리즘의 회복을 주장하고, 특히 본격문학에서의 진정성을 강조하는 담론이 나오기도 했으나,[14] 1990년대 중반

13_ 1990년대에 들어와서 문학평론, 미술평론 등 문예비평보다는 대중문화의 동향이나 문화현실을 보고하거나 분석하는 문화평론이 득세한 것도 이런 변화를 배경으로 한다. 당시 '10매 비평'이라는 새로운 글쓰기 장르가 등장했는데, 신문이나 잡지의 늘어난 지면을 채울 필요가 생긴 것과 무관하지 않은 현상일 것이다.

14_ 실천문학편집위원회, 『다시 문제는 리얼리즘이다』, 실천문학사, 1992.

에 이르면 본격문학의 권위 회복을 주장하는 논의는 더 이상 큰 위력을 갖지 못하게 된다. 김영삼 정권이 추진한 신자유주의 정책의 영향으로 문화의 자유화가 더욱 심화된 데에다, 시장 경쟁력을 갖춘 문화만이 좋은 문화로 인식되기 시작한 것이다.

이런 변화는 사회운동과는 아예 담을 쌓고 대학제도가 제공하는 보호막 속에서 모더니즘 미학을 바탕으로 순수예술을 고집하던 자유주의 세력에게도 마찬가지로 타격을 준 것으로 보인다. 1990년대 초에 대학을 진학한 학생들은 1980년대의 사회운동을 주도하던 운동권 학생들과는 달리 민주화와 통일 등의 정치적 의제보다는 개인의 욕망을 충족하려는 경향이 많았고, 급속히 확장된 문화시장의 영향을 받아 강한 소비 중심적 감수성을 드러냈다.[15] 1993년에 개봉된 <서편제>의 경우 민족적 정서를 선호하는 당시 운동권 학생들이 대거 관람했다는 평을 들으며 한국영화로서는 처음으로 100만 관객을 돌파했지만, 그때는 이미 운동권 가요 대신 서태지와 아이들이 새롭게 선보인 힙합 풍의 댄스음악을 추종하는 신세대가 등장한 뒤였다. 대중들, 특히 신세대가 댄스음악을 포함한 새로운 대중문화에 경도된 것은 대학제도를 보호막으로 삼아서 예술의 자율성을 내세우며 고급문화를 관장해온 모더니즘 진영에도 큰 위협이 아닐 수 없었다. 당시 '문학의 위기'라는 말이 떠돌았지만 위기를 맞은 것은 문학만이 아니라 본격 예술 전체였고, 본격 예술의 위기는 모더니즘 예술과 그 미학의 위기였다. 모더니즘 미학이 예술 작품의 난해함, 실험성, 반실용주의 등을 지향하면서 시장에서의 손쉬운 소비를 막으려 한 것은 기본적으로 예술과 문화의 상품화를 예방하기 위함이다.[16] 그러나 1990년대 초에 이르게 되면 이런 반시장적 미학은 대중매체에 기반을 둔 대중

15_ 1990년대 초 신세대의 이런 동향을 보여준 대표적인 흐름이 당시 큰 반향을 불러일으킨 미메시스 그룹의 선언서인 『신세대: 네 멋대로 해라』(현실문화연구, 2003)였다.

16_ 모더니즘 미학의 반시장적, 나아가 반자본주의적 경향이 반드시 진보적인 입장인 것은 아니다. 예컨대 20세기 초의 대표적인 모더니스트 이즈라 파운드와 T. S. 엘리엇의 경우 시장이 지배하는 사회에 대해 매우 비판적이었으면서도 그에 대한 대안으로 파시즘이나 보수주의를 택했으며 당시 비등하던 사회주의 혁명 열기에 대해서는 오히려 적대적이었다.

문화의 위력 앞에 복종하는 형세가 되었다. 진정성, 진실, 비판, 실험정신과 같은 본격 예술이 추구하던 가치들이 시장에서의 교환 가치에 의해, 예술적 가치가 상품적 가치 또는 산업적 생산성에 의해 대체되기 시작한 것이다.17) 아울러 문화 영역에서의 주요 결정은 대중매체의 절대적 영향력에 종속되었다.18)

호르크하이머와 아도르노에 따르면 문화산업이 가장 잘 발달할 수 있는 곳은 "더 자유주의적인 산업국가들"이다. "영화, 라디오, 재즈, 잡지와 같은 문화산업의 특징적인 매체들이 거기서 번성"하는 것은 그런 나라들에서 "자본의 일반법칙"이 더욱 잘 관철되기 때문이다.19) 한국에서 문화산업이 본격적으로 특히 국가정책에 의해 추진되기 시작한 것은 앞서 언급한 일련의 자유화 조치가 효력을 드러내기 시작한 1990 년대 중반 이후, 특히 1994년에 대통령산하 과학기술자문위원회의 권고에 따라서 문화산업국이 설립된 이후이다. 물론 서태지와 아이들이 <난 알아요>를 통해 데뷔한 것이 1992년이고, 강경대 정국에서 '언론의 자유'가 절대적 영향력을 행사한 점을 고려하면, 한국에서 문화산업은 적어도 1980년대 후반부터는 본격 가동하고 있었다고 봐야 할 것이다. 하지만 문화가 정책의 관점에서 좀 더 분명히 경제적 수단으로 간주되기 시작한 것은 '문화의 시대' 담론이 성행한 1990년대였고, 이에 따라서 문화

17_ 1990년대 초에 국내 예술계의 '모더니즘 진영'과 '리얼리즘 진영'의 '화해'가 일어난 것도 이런 맥락에서 이해할 수 있을 것이다. 문화 부문에서의 자유화가 본격적으로 진행되기 시작한 1980년대 말 본격 예술이 대중문화의 홍수 속에 생존의 위기('문학의 위기')에 처하면서 1970년대 이후 전개되었던 리얼리즘과 모더니즘의 대립은 큰 의미가 없어졌다. 1990년대 초에 나타난 본격 예술의 위기를 본문에서 모더니즘 미학의 위기로 설명한 것은 리얼리즘 역시 모더니즘의 한 부류에 속한다고 본 때문이다. 리얼리즘을 모더니즘의 일환으로 보는 시각에 대해서는 Catherine Belsey, *Critical Practice* (London and New York: Routledge, 1980) 참조.

18_ 이런 징후는 1991년 일어난 강경대 정국에서 분명히 나타났다. 사회운동 진영이 총집결하여 벌인 노태우 정권 퇴진운동이 패배한 것은 1987년 이후 진행된 매체시장 자유화와 무관하지 않을 것이다. 언론 자유화는 개혁적 성향의 신문 창간을 돕기도 했지만 보수언론이 매체시장을 장악하여 사회적 쟁점에 대한 해석을 주도하도록 만들었다. 당시 국면에서 결정적 영향을 미친 '유서대필사건'이나 '밀가루투척사건'을 운동권에게 불리하게 만든 것은 보수언론이었다.

19_ Max Horkheimer & Theodor Adorno, *Dialectic of Enlightenment*, tr. John Cumming (New York: Continuum, 1982), p. 132.

산업이 국가발전을 위한 전략적 수단으로 부상하면서 문화정책국과 같은 정부부서가 생긴 것이다. 문화산업의 중요성에 대한 인식은 김영삼 정권에 이어 김대중 정권에도 계승되었다. 김대중은 대통령 선거에서 당시 문화의 산업적 가능성을 인식하여 문화대통령이 될 것을 공약하더니 당선 뒤 바로 닥친 IMF 위기로 인해 2년간 긴축재정을 실시한 뒤부터는 정부의 문화예산을 1% 이상으로 인상하였다. 이는 '문화대통령'이 문화를 그 자체로 중시하여 나타난 결과라기보다는 문화가 이제 돈이 된다는 점을 알아차리고 문화산업 관련 예산을 대폭 증액한 결과이다.

이상 살펴본 대로 '문화의 자유화'는 문화를 시장논리에 종속시키는 과정이었고 한국에서 이런 변화는 특히 신자유주의가 자유주의 세력에 의해 관리되기 시작하면서 강화된 것으로 보인다. 서구에서 문화산업이 본격적으로 등장한 것은 1920년대이며 이때 서구사회도 19세기말에 형성된 고전적 자유주의의 영향으로 자본의 자유가 최대한 구가되는 상황에서 문화의 자유화, 문화산업 진흥이 추진되었다고 할 수 있다. 그러나 서구에서는 1910년대 말에 러시아와 독일의 사회주의 혁명, 세계대전 등을 겪으면서 자유주의를 정비하여 1945년부터는 수정자유주의를 전면 가동했다. 1950년대 초 미국에서 매카시즘이 발호하며 찰리 채플린과 같은 진보적 문화 인사들이 탄압을 받은 데서 알 수 있듯이 이 수정자유주의도 문제가 없었던 것은 아니다. 그러나 수정자유주의 하에서 진행된 문화산업의 성장과 문화적 자유화는 한국에서 진행된 신자유주의 하에서의 그것들과는 상당히 다른 양상을 보인다. 예컨대 미국에서는 문화산업 부문에서 노조 결성이 가능했기 때문에 대중문화 노동자의 경우 노동권이 어느 정도 보장되어 있었고, 한편 본격예술이나 기초학문의 경우에도 대학제도나 국립예술진흥원(NEA), 국립인문학진흥회(NEH) 등을 통해 상당한 지원을 받는 등 수정자유주의의 혜택을 일부 받았다고 할 수 있다. 반면에 한국에서는 오히려 권위주의 체제 하에서 정치적 이유로 순수예술을 중심으로 한 문화진흥을 구호로 내세우며 문예진흥원, 영화진흥공사, 공연윤리위원회 등을 설립했다. 1980년대 후반 이후 자유화가 진척되면서 이들 국가기구는 권위주의적 문화정책 포기를 명분으로 각기 영화진흥위원회 (1999), 영상물등급위원회, 문화예술위원회 등으로 전환되었지만 이 과정이 신자유주의 문화정책의 강화와 문화의 시장화를 막지는 못했다.[20]

문화의 시장화는 문화적 활동이 경쟁을 통해 이루어지도록 부추긴다. 과거에는 정치적 고려에 의해서 특혜나 시혜에 의해 문화에 대한 지원이 이루어졌다면 영진위, 문화예술위, 그리고 학술진흥재단 등에서 과거보다 더 큰 규모의 지원을 해주고 있는 지금 이들 기관의 지원을 받으려면 문화예술가들은 더 치열한 경쟁을 거쳐야만 한다. 공적 자금의 지원을 받기 위해 경쟁해야 한다는 것은 일견 합리적일지 모르나 문제는 이 지원이 시장경제 논리와 긴밀하게 결부되어 있다는 점이다. 지원 대상을 고를 때 학문적 예술적 경쟁력을 고려한다고 하지만 학문과 예술의 경쟁력은 이제 경제적 효과를 얼마나 많이 내느냐로 판단되곤 한다. 이런 경향은 1990년대 중반 이후 '문화산업'의 논리가 강조되면서, 대학에서 연구자들에 대한 신자유주의적 업적 평가가 실시되면서 더욱 강화되었다. 설령 시장 중심의 경쟁을 중시하지 않는다고 하더라도 경쟁이 강조되면 예술과 학문을 실천하는 의미, 방식 자체가 바뀔 수밖에 없다. 학술진흥재단이 인문학 등 기초학문을 진흥하는 방식이 대표적인 예인데, 인문학 분야는 과거에 비해서는 훨씬 더 많은 예산을 확보하게 되었지만 그 결과 인문학자들은 학진에서 공모하는 프로젝트를 유치하려는 극심한 상호 경쟁에 놓이게 되었다.

4. 신자유주의 세계화와 한국문화

신자유주의 시대의 문화가 이처럼 상품으로, 콘텐츠로, 산업으로 전환되어 경

20_ 이 책에 함께 수록된 「신자유주의와 한류—동아시아에서의 한국 대중문화의 문화횡단과 민주주의」 참조

제적 논리에 종속되고 경제의 수단으로 전락한 것은 문화에 대한 정의가 새롭게 만들어진 결과이다. 2006년 7월 1일부로 한국에서는 스크린쿼터 일수가 종전의 146일에서 73일로 축소되었다. 정부가 미국과의 자유무역협정(FTA)을 맺기 위한 취한 사전 조치의 일환이다. 스크린쿼터가 축소된 뒤 한국의 영화제작 편수는 급격하게 줄어들었다. "2007년 상반기 투자가 결정된 한국영화의 작품 수는 불과 6편으로…2006년 상반기 대비 25% 수준에 불과한 것으로" 드러났다.21) 1990년대 중반에 한국영화가 되살아나기 시작하여 2000년대 '한류'의 중요한 자원으로 부상한 데에는 그 무엇보다 스크린쿼터의 몫이 컸으나, 한국정부는 자유무역의 추진을 위해 자국문화를 진흥시킨 정책적 수단을 포기해버림으로써 삽시간에 한국영화를 위기로 몰아넣은 것이다.

미국이 스크린쿼터 폐지나 축소를 요구한 것은 어제오늘의 이야기가 아니다. 1998년 김대중 정부는 한미투자협정 체결을 위해 미국이 할리우드 영화의 한국시장 진출에 방해가 된다며 스크린쿼터 제도를 포기할 것을 요구하자 그에 응할 태세를 취한 바 있다. 당시 정부의 이 움직임은 한국의 영화계는 물론이고 사회운동 진영에서 강력한 반발을 불러일으켜 일단 철회되었으나, 미국은 한국과의 무역협정이 추진될 때마다 스크린쿼터의 폐지나 축소를 요구해왔다. 미국의 태도는 문화를 상품으로 취급하는 관점에 따른 것이다. 전통적으로 문화는 그것이 생산되고 실천되는 시공간의 특이성에 의해 규정되는 것으로 인식되었기 때문에 일반상품과는 다른, 예외적 품목으로 간주되었다. 2차 대전 중에 체결된 '브레튼우즈 협정'에 따라 1947년에 새로운 세계교역질서로 만들어진 '관세 및 무역에 관한 일반협정'(GATT)에서도 문화는 비상품의 지위를 인정받았다. GATT에서 다룬 유일한 문화 관련 규정은 영화의 스크린쿼터 문제에 관한 것이었는데, 이때 스크린쿼터는 교역의 원칙으로 채택된 "내국민 대우"나 "최혜국 대우" 원칙에서 예외로 간주되었던 것이다.22) GATT에서 교역의 문제로 다뤄진 문화 부문은 영화가 유일

21_ '한국영화, 나무만 보고 숲을 보지 못했다', <프레시안>, 2007.09.21.

했고 이마저 예외로 간주되었기 때문에 이 시기에는 "문화는 상품이 아니다"라는 "문화적 예외"의 원칙이 정해졌다고 할 수 있다.

그러나 미국은 이후 영화는 물론이고 다른 문화적 산물들도 교역의 대상으로, 상품으로 보는 입장을 지켜왔고, 1986년부터 진행된 우루과이라운드에서도 그런 입장을 강력하게 주장했다. 우루과이라운드를 통해 세계무역기구(WTO)가 만들어지고, WTO에서 '서비스교역에 관한 일반협약'(GATS)이나 '무역관련 지적재산권 협정'(TRIPs), '다자간투자협정'(MAI), '도하개발의제'(DDA) 등이 추진되는 과정에서 미국은 '문화적 예외'를 주장하는 프랑스나 캐나다와는 달리 줄곧 문화가 상품이라는 입장을 펼치며 스크린쿼터를 포함한 문화적 예외 규정의 폐지를 주장했다. 미국의 이런 입장은 2005년 10월 문화적 결정이 경제적 결정으로 치환되는 일이 없어야 한다는 입장을 명시하고 있는 유네스코의 <문화적 표현의 다양성에 관한 국제협약>을 체결하는 표결에 참여하며 이스라엘과 함께 반대표를 던진 것으로도 드러났다. 당시 표결에 참가한 국가는 154개국으로 이 가운데 기권은 4개국, 반대는 단 2개국뿐이었다.

신자유주의 시대의 한국문화를 논하면서 문화에 대한 미국의 입장을 약간 길게 살펴본 것은 스크린쿼터를 비롯하여 그동안 한국정부가 국민국가의 정책으로 펼쳐온 문화정책이 미국의 입장에 의해 크게 영향을 받는다고 보기 때문이다. 2003년 초 한국사회는 세계무역기구(WTO)의 양허안 제출을 놓고 한바탕 홍역을 치렀다. 갓 출범한 노무현 정권이 교육, 문화 등 기존에는 무역, 즉 상품 교환의

22_ 영화가 GATT에서 문화적 예외로 인정을 받은 것은 1940년대에 문화는 중요한 교역, 경제 문제로 인식되지 않았다는 말이기도 하다. '내국민 대우'나 '최혜국 대우'를 적용할 경우에는 한 쪽의 무역 당사국이 자국민이나 다른 나라에 취하는 조치를 다른 쪽 무역당사국에게도 그대로 적용해야 한다. 한국이 자국영화 보호를 위한 스크린쿼터 제도를 포기한 것은 미국의 영화산업에 대해 불리한 조치를 취할 수 없다는, '내국민 대우' 개념에 들어있는 무역 원칙 때문이다. 스크린쿼터에 관한 규정은 GATT 제4조에 다음과 같이 명시되어 있다. "만약 어떤 계약 당사국이라도 영화관의 영화 상영과 관련된 국내 양적 규제를 확립하거나 유지한다면, 그와 같은 규제는 스크린쿼터의 형태를 취해야 한다."

대상으로 간주하지 않았던 사회부문에 대한 개방 입장을 내놓으며, 다른 나라들에 대해 이 부문에서의 시장진출을 확장하려고 하자 전교조, 민교협, 문화연대, 스크린쿼터문화연대 등이 크게 반발을 했던 것이다. 당시 사회운동 진영이 한국 정부에게 요구한 것은 프랑스나 캐나다처럼 문화적 예외를 문화와 관련한 교역에서의 원칙으로 삼으라는 것이었다. 그러나 노무현 정권은 이전의 김대중, 김영삼 정권처럼 신자유주의의 관점에서 문화를 바라보고 여느 상품과 마찬가지로 여기는 태도를 드러냈다. '민주화 체제'로 알려진 '1987년 체제'가 성립한 뒤로 문화의 이런 상품화 경향은 갈수록 강화되고 있다. 특히 2006년 초부터 진행되어 2007년 4월에 협상이 타결되고 6월 말에 양국 대표에 의해 조인된 한미간 FTA를 통해서 한국에서도 문화는 미국의 수준으로 철저하게 상품으로 규정되고 만다. 1979년부터 신자유주의가 도입되기 시작한 뒤 한국에서 문화는 갈수록 자유화 과정을 거치다가 미국과의 FTA 체결을 통해 마침내 더도 덜도 아닌 상품임이 밝혀진 셈이다.

이 결과 오늘 한국에서 문화는 대부분이 이미 시장으로 편입되었거나 편입될 전망이다. 문화가 시장으로 편입된다는 것은 일단 먼저 문학, 회화, 음악, 무용, 건축 등 근대적 예술장르나 인문학 등 학문분야, 대중음악, 영화, 텔레비전드라마, 컴퓨터게임 등의 대중문화 장르 등 통상 문화로 간주되는 사회적 영역이 시장에 편입됨을 의미한다. 이제 "미술과 건축은 사업에, 음악, 연극, 그리고 영화는 연예와/또는 연예 및 투기에 흡수되었다. 역사와 지리, 즉 사실상 모든 차이들은 경제 지도자들에 의해 흔히 박물관, 레스토랑, 테마파크에서 패키지로 만들어져 관광의 일부로서만 진지하게 취급된다."[23] 이런 상황을 마사오 미요시는 '문화의 경제화'라고 부르고 있다. 그런데 미요시가 본 것은 미국에서 고급문화가 겪고 있는 일반적 상황이다. 한국에서는 2001년에 한국문화콘텐츠진흥원이 세워짐으로써 정부에 의해 문화의 경제화가 정책적으로 추진되고 있다. 문화는 문화관광부와 같은

23_ Fredric Jameson & Masao Miyoshi, eds., *The Cultures of Globalization* (Durham and London: Duke University Press, 1998), p. 258.

정부 부처가 관할할 수 있는 사회적 영역이기도 하지만 경제나 정치, 기술 등과 함께 주요 사회적 실천을 구성하는 층위 또는 차원이기도 하다. 이때 문화는 존 톰린슨이 말하는 '의미 구축의 사회적 실천 차원'이다. 의미 구축은 여기서 전자 정보 처리의 경우처럼 기술적인 상징화 과정만을 가리키는 것이 아니라 삶에서 실존적 의의를 찾는 사회적 차원을 가리킨다.24) 인간은 배고픔의 문제를 해결하더라도 음식을 '처먹는' 것이 아니라 식탁의 매너를 지키며 식사하고, 추위를 막기 위해 아무 것이나 몸에 걸치는 것이 아니라 패션을 만들어내고, 선을 하나 긋더라도 멋있게 그으려 하고, 문장 하나를 쓰더라도 '말이 되게' '감동적이게' 쓰고자 한다. 그리고 자기가 태어난 곳을 고향으로 여기고 평생 그 곳을 그리워하며 공자나 석가를 성인으로 공경하는 것이 인간이다. 다른 동물들 세계에서 이런 의미부여 행위가 지속적으로 광범위하게 확인되는 경우는 없는 것을 보면 문화는 분명 인간 특유의 현상임이 분명하다. 그러나 신자유주의 시대에는 이런 실존적 의미를 지닌 것들은 죄다 경제적 이윤을 추구하는 도구와 계기로 전락한다. 부모의 내리사랑은 평수 많은 아파트나 고액 과외로, 자식의 부모사랑은 효도관광으로, 사제 간의 정의는 스승의 날 등장하는 백화점 쇼핑백으로, 연인들의 사랑은 밸런타인데이의 초콜릿으로, 지인들 간의 정표는 상품권으로 오는 것이 오늘이다. 이들 선물은 트로브리안드 제도 군도의 주민들이 10년이 걸릴지 모를 먼 교역의 길을 떠나며 가져간 흰 조개껍질 팔찌와 붉은 조개껍질 목걸이와 같은 '상징적 교환' 대상과는 너무나 다르다.25) 이 결과 오늘 인문학의 가치는 부가가치 증대를 위한 '콘텐츠' 제공 능력에서, 예술의 위대함은 감동시킨 관객의 규모, 아니 유료입장

24_ John Tomlinson, *Globalization and Culture* (Chicago: The University of Chicago Press, 1999), p. 19.
25_ "이 군도의 원주민들은 시계바늘 방향에 있는 멀리 떨어진 섬에 사는 부족에게 어떤 귀중품을 운반하기 위해 정기적으로 원정을 하고, 다른 한편으로 또 다른 귀중품을 운반하기 위해 시계바늘 반대방향에 있는 섬들을 향해 또 다른 원정이 준비된다. 결국에는 두 종류의 물건들 (전통적인 방식으로 만든 흰 조개껍질 팔찌와 붉은 조개껍질 목걸이)은 섬들을 돌아 일주하는 데 10년이 걸릴지 모를 궤도를 완성하게 된다." 칼 폴라니, 『거대한 변환—우리 시대의 정치적・경제적 기원』, 박현수 역, 민음사, 1991, 70쪽.

고객의 수에서, 과학의 힘은 그로 인해 가능한 고부가 기술 개발의 기대에서 찾아질 수밖에 없다. 문화는 드디어 시장을 제 고향으로 찾았는가?

5. 시장과 자본주의, 그리고 문화

페르낭 브로델에 따르면 시장과 자본주의는 구분된다. 브로델이 양자를 구분할 때 중요하게 보는 점은 독점이 작용하는가 여부이다. 그는 시장에서는 자유로운 경쟁이 지배하는 데 반해 자본주의에서는 독점이 지배한다고 본다.[26] 시장과 자본주의에 대한 이런 구분을 수용한다면 신자유주의 시대에 한국문화가 겪은 변동은 단순한 시장화 이상의 현상으로 이해할 필요가 있을 것 같다. 한국문화가 제 '고향'으로 찾은 시장은 엄밀하게 말하면 브로델이 말하는 '자본주의'에 속한다고 봐야 하지 않을까? 물론 신자유주의 시대 이전에도 이 자본주의가 없었던 것은 아니다. 하지만 지난 사반세기 남짓한 기간에 신자유주의의 지배를 받게 되면서 한국에서는 독점의 강화라고 하는 좀 더 엄밀한 의미의 자본주의적 지배가 일어났고, 문화 분야에서 이런 경향은 1990년대 중반 이후 문화의 산업화와 경제화가 추진되면서 더욱 뚜렷해졌다. 알다시피 지금은 한미FTA 협상까지 타결된 마당이다. 조만간 개원될 18대 국회에서 이 협정에 대한 비준이 이루어진다면 한국 문화시장에서의 독점현상은 더욱 강화될 것으로 전망된다.

삶의 의미를 찾는 작업으로서의 문화는 독점보다는 향유나 공유의 형태로 세계를 전유하는 방식이다. 한 예로 시나 소설, 연극, 영화는 읽고 시청하는 사람이 아무리 많다고 닳아 없어지지 않는다. 문화적 산물이 일반 공산품과 다른 것은 그것을 공유(共有)하고 분유(分有)하는 것이 가능하기 때문이다.[27] 문화의 이런

26_ 백승욱, 『'미국의 세기'는 끝났는가? 세계체계 분석으로 본 미국 헤게모니의 역사』, 그린비, 2005, 19쪽.

점을 잘 보여주는 예가 언어이다. 언어는 같은 언어권에 속한 사람들이 모두 함께 가지고 나눠서 사용할 수 있는 문화적 자산이다. 이런 자산은 누구도 사유하거나 독점할 수 있는 것이 아니다. 한국어는 더 많은 사람이 공유하고 각자 더 다양한 형태로 사용할수록 그 가치가 커진다. 그러나 신자유주의 자본주의 시대에는 문화가 공유와 분유의 대상으로 보존되기보다는 대거 사유와 독점의 대상으로 전락된다. 야생화나 약초 등 세계의 다양한 생태계에서 채취한 자연 자원에 특허를 내어 태곳적부터 그 자원을 생태적 유산으로 활용해오던 원주민에게 되팔듯이, 문화적 산물들을 사유화하여 상품으로 전환시키고 있는 것이다. 영화나 음악, 문학 작품 등의 문화적 산물은 박물관이나 미술관, 도서관과 같은 공공문화기반시설을 통해 접하게 하면 손쉬운 공유와 향유의 대상이 될 수 있지만, 사회적 공공성을 붕괴시키고 자연적 사회적 공유를 최대한 제거하는 신자유주의 시대에 그런 산물을 접하려면 자본주의적 시장을 경유해야만 한다.[28] 소유자의 이름이 새겨진 돌들로 둘러싸인 사유지가 갈수록 줄어드는 '공유지'를 대체하고 있기 때문이다. 대도시의 기차역이나 고속버스 정거장과 같이 과거 공공장소였던 곳들은 구분이 불가능할 정도로 사유지와 뒤섞여 있고, 대부분 향유의 대상이던 자연 풍경조차 이제는 소유자의 시선에 독점되어 있지 않으면 관광 상품으로 변해있다.

오늘 문화는 단순히 시장으로 내몰리기만 한 것이 아니라 자본축적의 수단과 대상이 되었고, 그것도 갈수록 대자본에 종속되어 가는 중이다. 극단적인 자본축적 전략이라 할 신자유주의가 사회를 지배함에 따라 생겨난 필연적 결과이다. 신

27_ '공유'와 '분유', '사유', '독점' 등 소유의 다양한 형태와 이들의 문화와의 관계에 대해서는 강내희, 「문화다양성, 세계화, 그리고 교역」, 『한국의 문화변동과 문화정치—문화사회를 위한 비판적 문화연구』, 문화과학사, 2003, 336-38쪽 참조.

28_ 공유는 여기서 "생산될 수 없고 가격 경매 시장에서 활동하는 개인들에게 배분될 수 없는 인간의 풍요와 복지에 불가결하며 유용한 모든 활동과 생태적 자산"으로서 "적어도 부분적으로는 집단적으로 생산되고/거나 소비되어야 하는 모든 생산성과 자산을 포함한다." Arthur Warmouth, 2002. "The Economi Crisis of the Commons." http://www.sonoma.edu/users/w/warmotha/economiccrisiscommons.htm

자유주의 시대에 문화는 자유화되고 있지만 이때 자유는 갈수록 소수의 독점 대상이 된다. 그러나 자유의 독점이 이루어진다는 것은 자유가 만인으로부터 박탈되고, 민주주의가 파괴되고 있다는 말이다. 최근에 들어와서 소비자본주의가 창궐하는 것은 결코 우연이 아니다. 소비자본주의는 상품의 심미화를 통해 상품의 판매를 촉진시키는 판촉 전략을 광범위하게 펼치고, 이 과정에서 디자인과 이미지 등의 형태로 문화를 동원한다. 문화는 자유화되면서 동시에 자본축적의 수단으로 종속되는 것이다.

문화의 해방을 꿈꿀 수 있을까? 삶에서 의미를 찾는 행위가 정치적이거나 경제적인 계산에 의해 지배되지 않는, 그 자체로 목적이 될 수 있는 세상은 가능할까?

07

강남의 계급과 문화

1. '강남', '강남계급', '강남문화'

　오늘 한국과 서울에서 '강남'의 의미는 복잡하다. 그것은 일단 한강 이남의 서울 즉 강남·서초·송파·강동구 등을 가리킨다. 하지만 최근 '강남'이란 말이 인구에 회자되는 방식을 보면 이들 자치구 가운데서도 부동산 시장, 교육환경 등 생활조건이 남다른 일부만을 지칭함을 알 수 있다. 이때 '강남'은 주로 강남구와 서초구, 특히 강남구를 가리키는 것으로 보인다. 학원 밀집 지역으로 사람들이 대거 몰려드는 '대치동 증후군'이 생기고, 도곡동의 삼성 타워팰리스, 청담동의 현대 아이파크와 같은 최고가 주거공간이 들어서는 등 최근 강남구에 사회적 투자가 집중된 때문일 것이다. 하지만 '특별구'라는 별칭의 쓰임새를 보면 '강남'이 꼭 특정한 행정구역만을 지칭하는 것은 아닌 것 같다. '특별구'는 여기서 법적으로 '강남'으로 구획된 행정구역을 지칭하는 용어가 아니라 경우에 따라선 서초구나 송파구까지, 나아가서는 강동구까지도 포함하면서 사회적 특권들을 누린다고 인식되는 한강 이남의 지역을 가리키며 나름의 의미와 가치를 부여받은 용어다. 이렇게 보면 이 기표는 고정된 하나의 대상지역을 지칭하기보다는 유동적인 기의나 지시내용을 지닌다고 하겠는데, 이 글에서 나는 '강남'을 한강 남쪽에 형성되어 우리 사회에서 특권적인 지위를 누리는 공간을 지칭하는 말로 사용한다.

『황해문화』의 이번 특집에서 내가 받은 청탁은 '강남계급과 강남문화'를 주제로 글을 쓰라는 것이었다. '강남'이라는 지명 또는 기호가 가리키는 지역의 실체가 불분명한 터에 강남계급과 강남문화라는 것의 의미구성을 어떻게 이해해야 할까? '강남계급'의 경우 사회과학적으로 엄밀하게 규정된 용어인 것 같지는 않다. 강남을 넓게 서울의 강남권으로 보든 좁게 강남구로 보든 그 안에 속한 계급들의 다양성을 무시하고 이들 계급을 대변하는 용어로 사용하는 것은 아무래도 무리일 것 같은데, 최근 강남주민이 부동산투기로 재산증식을 한다는 비방이 높아지자 스스로 서민임을 밝히는 일부 주민들이 억울하다고 하소연하는 데서 알 수 있듯이 강남에 산다고 하여 동일한 계급에 속하는 것은 아니다. "그 중에는 자녀의 교육 때문에, 집 값 상승의 기대감으로, 혹은 상류층 문화를 쫓기 위해 가진 재산을 모두 털어 간신히 강남에 집 한 채를 마련한 이들도 적지 않다." 하지만 그래도 강남이라는 유동적이지만 실존하는 공간의 공유를 통해 일정한 공통 이익을 취하는 계급적 연합을 상정할 수는 없을까? '계급연합'의 표현을 쓰는 것은 다음 이유 때문이다. "이들은 빠듯한 살림살이지만 원조 강남 주민들과 어깨를 나란히 하려고 안간힘을 쓴다…분명 강남이 주는 특권이 있기에. 황새를 쫓아가고 싶은 뱁새들의 심정이라고나 할까."[1] 큰손들만이 아니라 '뱁새들'까지 강남에 살려고 기를 쓰는 것을 보면 기의의 유동성으로 오히려 그 물신적 성격이 강화되는 기표 '강남'으로 몰려들고자 하는 이유가 있을 것이다. 물론 여기에 몰려드는 군상들은 다양하며 따라서 강남계급의 계급적 연합은 복잡하게 구성될 수밖에 없다. 강남의 위치가 국면에 의해 바뀔 수 있듯이 강남계급 역시 유동적으로 구성되는 것이다. '강남계급'은 따라서 단일한 하나의 계급을 지칭하기보다는 다양한 계급들의 연합을 가리키며, 이 연합의 양상은 정세에 의해 규정된다고 봐야 할 듯싶다.

1_ 「가랑이 찢어져도 강남이 좋은 '강남 뱁새들'」, 『주간한국』, 2003.11.21.

'강남문화'의 경우 일단 이 계급연대가 지닌 문화를 가리킬 것이다. 하지만 이것 역시 의미구성이 단순하지는 않아 보이는데 우선 문화란 것이 계급을 반영하기만 하는 것은 아니기 때문이다. 문화는 정신적, 신체적, 감성적 층위로 발현되는 삶의 양식으로서 계급 이외에도 성차, 인종 또는 민족, 세대, 지역처럼 다양한 사회적 요인들의 영향을 받으며 이들 요인의 상호관계에 일정한 영향력을 행사한다. 문화는 또한 탈구한다. 계급적 이해관계를 반영한다고 해도 문화는 기호, 이미지, 상징, 코드, 재현 체계 등을 가동한 의미작용을 통해 그렇게 하기 때문에 매개과정을 거치기 마련이다. '강남문화'가 있다면 그것은 따라서 강남 또는 강남계급만큼이나 유동적으로 구성될 것이며, 계급문제로 환원되지 않는 그것 나름의 특성을 지니기 마련이다. 대중음악이나 고급문화, 소비문화 등은 성차와 세대 등 비-계급적인 사회적 분할요인에 따른 취향과 특징을 드러낼 수도 있고, 더 나아가 이들 문화는 특정한 형식적, 기호적 논리를 지닌 의미과정과 탈구과정을 거침으로써 패러디, 혼성모방, 키치 등 다양한 형태를 띠어 탈계급화, 탈성차화, 탈세대화의 경향을 드러낼 수도 있다. 하지만 '강남문화'가 이처럼 복잡한 구성을 가진다 하여 계급적 문제와 무관할 수는 없다. 1990년대 초반에 압구정동 로데오거리를 중심으로 하여 등장한 '오렌지족', '야타족' 등이나 최근의 '명품족', 또는 타워팰리스 등 최고가 '귀족타운'에 사는 사람들의 생활양식은 한국의 경제성장과 이 과정에서 생긴 계급불평등을 전제하지 않으면 상상하기 어렵다. 이런 사실은 계급적 연합과 연관된 강남문화란 것을 생각할 수 있는 근거가 된다.

2. 강남 '특별구'

강남문화를 이해하기 위해서는 강남 특유의 계급연합 또는 계급구성을 전제하는 것이 필요하다. 강남의 계급연합은 어떻게 구성되어 있을까? 여기서는 몇

가지 통계를 통해 강남(으로 통상 지칭되는 곳)이 한국사회 정치경제의 중심인 수도권에서도 경제적으로 어떤 위상을 가지고 있는지 살펴보려고 한다.

먼저 강남구는 재정 능력이 다른 자치구에 비해 월등히 높다. 2002년 8월을 기준으로 할 때 강남구의 지난 3년간 평균 재정력지수는 197.4로 서울의 25개 자치구 평균 62.4보다 3배 이상이며, 최저구인 강북구 32.4보다 6배에 이른다. 이곳의 아파트 평당 가격은 2002년 8월 현재 강남구가 평균 1,458만원으로 시 전체 평균 722만원의 배를 넘었고, 최저구인 도봉이나 금천구(474만원)보다는 무려 4배 이상 높았다. 백화점·할인점수도 2001년 기준 9곳으로 서울시 자치구 중 가장 많은데 참고로 같은 시기 성동, 강북, 금천구는 그런 곳이 한군데도 없었다.[2]

서울시정개발연구원의 의뢰를 받아 수행된 한 연구에 따르면 강남 주민의 평균 금융자산도 비강남권에 비해 최대 4배, 부동산 자산은 1.6배 정도 많다고 한다. 서울을 강남·서남·동북·서북·도심의 다섯 지역으로 나눴을 때 강남(강남·서초·송파·강동구)의 가구당 평균 금융자산은 9천9백55만원으로서 서남(강서·양천·영등포·구로·금천·동작·관악구)의 2천4백65만원에 비해 4배가량이 많고, 4천4백59만원인 동북(동대문·성동·중랑·광진·성북·도봉·강북·노원구), 3천1백6만원인 서북(서대문·마포·은평구), 2천8백78만원인 도심(종로·중구·용산구)에 비해서도 월등히 높다는 것이다. 지역별 부동산 자산도 강남은 가구당 3억1천4백12만원으로 서남(1억8천6백72만원)보다 1억2천만원 이상 많았고, 도심(2억3천1백42만원), 서북(2억7백1만원), 동북(1억8천8백83만원)과도 큰 차이를 보였다. 한 가지 주목할 점은 이런 금융 및 부동산 자산의 차이와는 달리 가구당 월 소득은 강남 주민이 평균 2백98만원으로 가장 적은 동북(2백68만원)과 30만원밖에 차이나지 않는다는 것이다.[3]

2_ 「생활여건 전반 역시 '강남특별구'…재정력 강북의 6배」, 『국민일보』, 2002.08.22.

3_ 신광영, 「계급불평등과 도시공간—서울시 사례 연구」; 「강남-非강남 금융자산 최대 4배

이 연구에서는 "금융자산의 차이에 부동산, 학력, 계급, 지역 등의 변수를 넣어 분석한 결과 지역이 가장 큰 관련을 갖고 있는 것으로 나타났다. 한편 계급을 분석한 결과 자본가 계급(생산수단 소유, 3명 이상 타인 고용)과 중간계급(생산수단 비소유, 전문직·관리직)의 비중도 강남이 23.4%로 가장 높고, 도심이 13.9%로 가장 낮은 것으로 나타나는 등 차이가 있었다."[4] 이것은 이 연구를 다룬 한 기사의 지적처럼 "서울이 점차 공간적으로 분리된 불평등 사회로 변하고" 있다는 증거로서 강남지역의 부동산 가격이 급등하면서 다른 지역보다 재산 증식에 유리해서 나타난 결과일 것이다.[5]

강남이 '특별구'라는 말은 따라서 사실무근은 아닌 듯하다. 물론 이 곳의 주민들이 모두 단일한 상층 계급을 이룬다고 보는 것은 잘못일 것이다. 강남의 자본가 계급, 중간계급의 비중이 23.4%라는 것은 강남이 단일한 계급만 거주하는 곳이 아님을 말해준다. 하지만 그래도 강남을 '특별구'니 '별천지'니 하는 말로 지칭하는 이유가 있다.

매일경제가 부동산 전문가들을 대상으로 조사한 결과에 따르면 강남프리미엄에서 학군과 학원시설이 차지하는 비중은 41%. 나머지는 △밀집한 편의시설(16%) △편리한 교통(11%) △주거여건(9%)이었다. 고종완 RE멤버스 사장은 "교통만 하더라도 지하철이 거의 대부분 지역을 운행하고 시설도 좋다"고 말한다. 강남의 지하철역에는 대리석이 깔려 있는 반면 강북 역에는 타일이 붙어 있다는 사실만 봐도 알 수 있다는 게 그의 설명. 여기에 기업 은행 증권사 호텔 백화점 할인점 등 편의시설은 물론 예술의전당 같은 문화시설도 있으며 청계산 우면산 양재천으로 이루어진 쾌적한 환경을 자랑한다.[6]

차이」, 『경향신문』, 2003.10.21 참고.
4_「강남주민 금융자산 다른 곳의 최고 4배」, 『조선일보』, 2003.10.21.
5_「강남－非강남 금융자산 최대 4배 차이」, 『경향신문』.
6_「강남프리미엄은 '교육+신분'」, 『매일경제』, 2003.09.05.

사람들은 이런 '프리미엄'이 있는 강남을 떠나는 것을 당연히 꺼려한다. 한 신문기사는 "번잡한 강남을 벗어나 이제는 한가한 강북으로 이사 가고 싶지만 혼사를 앞둔 자녀들이 극구 만류해 강남을 뜨지 못하고 있다"고 하는 한 가장의 말을 옮기고 있다.[7] "강남에 있을 때는 몰랐습니다. 그러나 밖에서 본 강남은 하루가 다르게 성장하고 있었습니다. 강남의 체계적인 입시학원이 기존의 재수학원을 몰아내면서, 그리고 타워팰리스와 도곡동 삼성 래미안 등이 들어서면서 강남은 권력형 부촌의 이미지가 덧칠됐습니다." 서초동의 40평짜리 아파트를 팔아 일산에서 100평짜리 단독주택을 마련했다가 다시 강남으로 그것도 이번에는 전세로 온 사람의 말이다. 그의 말을 전하는 기사는 "이런 현상은 강남 주민들에게 충분한 학습효과를 줬다"고 쓰고 있다.[8] 개인이나 기업이 이유 없이 강남을 떠나는 계산 착오를 피하려는 것은 이런 상황의식 때문이다.

> 벤처기업 I사는 최근 테헤란밸리에 있는 사무실을 목동이나 분당으로 옮기려고 했으나 계획을 백지화했다. 회사 관계자는 "강남을 떠나면 '한 물 간 업체'로 비춰질 우려가 있다며 직원들이 극력 반대했기 때문"이라고 말했다. 벤처 거품이 걷히면서 한동안 '탈(脫)강남' 바람이 불었지만 아직도 벤처기업들에는 테헤란밸리 사무실이 '성공의 상징'으로 남아있다. 이 때문에 값비싼 임대료에도 불구하고 강남에 사무실을 얻으려는 기업들이 줄을 서 있다.[9]

강남은 엄청난 사회간접자본이 집중된 곳이기도 하다. 강남이 개발되기 시작한 것은 1970년대부터지만 80년대 말 이후 예술의전당·롯데월드·센트럴시티·코엑스몰·엘지아트센터·한전아츠풀센터·현대자동차아트홀과 같은 다

7_ 「강남 사람들 좀 냅둬요」, 『일간스포츠』, 2003.11.11.
8_ 「강남프리미엄은 '교육+신분'」, 『매일경제』.
9_ 「테헤란 밸리는 성공의 상징」, 『중앙일보』, 2002.01.15.

양한 복합기능을 지닌 문화적 공간들, 신세계・현대・갤러리아 백화점과 같은 소비공간, 예술원・학술원・국립중앙도서관 등 주요 문화적 기능들, 그리고 대법원・검찰청・사법연수원과 같은 권력기관이 이곳에 들어섰다. 최근 강남에 현대삼성타워팰리스나 현대아이파크 등 '귀족타운'이 건설된 것은 유동하는 이 '특별구'에 집중되는 사회적 투자를 전유하는 상층계급이 형성되었다는 말일 것이다.

3. 강남 '되기'의 계급연합

공간의 정치경제학은 강남과 같은 도시공간에서 일어나는 계급관계의 형성과 계급투쟁에 주목할 것을 요구한다. 오늘 '특별구'가 된 강남을 강남 '되기'의 관점에서 이해할 필요가 있다. 강남 '되기'는 사회적 갈등, 특히 계급투쟁 속에서 진행되는 과정이다. 강남은 우리 사회가 자원과 자본, 권력과 기회, 인간적 능력과 사회적 경쟁 등을 불균등하게 배분한 결과로서 계급관계 속에 구성된 공간이다. 데이비드 하비의 말대로 이런 "도시지역, 국가, 다국적 기구들간의 권력 배분은 그 자체로 계급투쟁의 결과다. 부르주아지는 언제나 자신이 통제할 수 없는 공간들로부터 자신의 헤게모니가 지배하는 공간들로 권위, 권력, 기능들을 이전시키려 한다."[10] 오늘의 서울은 이렇게 볼 때 한국사회의 특권적 "권위, 권력, 기능들"을 공간적으로 전유한 모습이다. 이것은 "도시화란 언제나 경제적 잉여를 어떻게 가동하고, 생산하고, 전유하고, 흡수하느냐는 문제"(53)임을 보여준다. 서울은 국내 노동력과 자본, 해외 차관들을 동원하여 잉여를 생산하고, 생산된 잉여를 불균등하게 배분, 전유함으로써 사회적 자원을 집중시켜 오늘의 비대한 모습을 갖추게 되었다.

10_ David Harvey, *The Urban Experience* (Oxford: Basil Blackwell, 1989), pp. 57-58. 이하 이 책에서 하는 인용은 본문의 괄호에 표시한다.

도시화는 자본주의 하에서 아주 특별한 방식으로 이용된다. 추구되고, 가동되고, 흡수되는 잉여는 (자본으로 전유되고 통상 집중된 화폐권력으로 표현되는) 노동생산물의 잉여이고 (상품형태의 노동력으로 표현되는) 노동능력의 잉여이다. 자본주의의 계급적 성격은 일정한 방식의 전유를, 그리고 자본과 노동이라는 적대적이며 때로는 상호 화해 불가능한 형태로의 분열을 강제한다.(53)

이런 견지에서 볼 때 강남의 강남-되기는 서울이라는 도시지역의 형성 속에서도 특정한 계급투쟁, 사회적 갈등을 경유할 것임을 알 수 있다. 이 과정을 하비는 다음과 같이 설명한다.

여기서 우리는 도시지역에서 (축적과 노동력 양자의) 사회적 재생산을 지키려고 모든 계급들간에 일정한 연합이 일어날 수 있는 기반을 본다. 이 연합은 전형적으로 지역사회를 선전하는 일에 참여하고 사회진보와 지역이해 옹호라는 목표를 내세우며 지역사회 연대를 구축하려고 한다…도시정치와 지역정치 기술의 많은 부분은 지배연합에 대한 다수의 지지를 유지하기 위해 경쟁과 독점 권력을 통제하면서 집단과 이해들 사이에 비용과 이득을 상쇄하는 방안을 찾는 일이다.(150-51)

물론 강남은 하비가 말하는 도시지역(urban region)은 아니다. 하지만 그것은 서울이라는 도시지역에서 형성된 지배연합에 의해 특권적 위치로 부상한 지역, 70년대 이래 서울의 다른 지역들과의 경쟁에서 승리를 거둠으로써 권위와 권력과 자원과 자본, 도시기능들을 집중시켰다. "도시지역들은 고용, 투자, 신기술 등을 놓고 경쟁을 벌이기 위해 물리적 사회적 하부구조들, 노동력의 질과 양, 생활비용, 생활양식, 조세제도, 환경의 질 등과 관련한 나름대로의 종합계획을 내놓는다. 이 경쟁의 효과는 물론 자본가들의 공통 요구에 맞게 도시에 기반을 둔 계급연합을 규율하는 것이다."(126) 서울은 지금 도쿄, 상하이, 싱가포르, 홍콩 등과 국제경쟁을 벌이고 있으며, 한국의 자본과 국가도 이 경쟁에서 생존과 승리를 위해 경쟁력 강화 조치들을 취하고 있다. 인천공항을 새롭게 건설하고, 경제자유구역을 설치하고, 시장개방과 노동유연화를 포함한 각종 구조조정을 추진하는 것이 그것으로, 강남의 테헤란밸리에 IT 산업 등 벤처산업을 집중시키는 것도 같은 맥락이다.

서울의 특정 지역이 '강남'이 된 것은 사회적 "권위, 권력, 기능들"을 집중시키는 계급연합이 형성되고 거기 속하지 않는 개인들, 집단들, 계급들도 특권적인 공간이 된 이곳으로 몰려들기 때문이다. 지금 강남은 한국의 상층 계급이 가장 선호하는 주거지역이다.

> 우선 대졸 이상 학력을 가진 사람들의 비율이 강남·서초구는 32.3%로 다른 구의 평균 25.4%에 비해 월등히 높다. 직업으로는 의사·변호사·회계사·정치인·고급 공무원·사업가·교수·대기업 임직원 등 전문직이나 선망 직업 종사자들이 많다. 서울 거주 국회의원 1백70명 중 37%인 62명, 장·차관급 고위 공직자 44명 중 39%인 17명이 강남에 사는 것으로 조사됐다.[11]

강남의 이런 계급구성은 계속 나오는 부동산 투기 억제정책에도 불구하고 왜 강남 아파트에 대한 수요가 줄어들지 않는지 설명해준다. 강남의 계급 또는 계급연합은 이리하여 재생산된다. 오늘 이 과정에는 부동산개발업자, 금융자본가, 고위직 관리, 사업가, 전문직 등 한국의 지배적 계급구성만 참여하지는 않는다. 서울의 다른 지역이나 지방에서 강남으로 몰려드는 '뱁새들', 최근 부동산 투기 등 어떤 형태로든 재산을 증식한 개인들이 그 안에 들어가려고 안달인 것이다.

하지만 오늘 강남계급을 재생산하는 가장 중요한 방식은 교육을 활용하는 것일 게다. 공식교육보다 더 양질의 교육정보를 지닌 입시학원이 밀집한 이곳에 거주한다는 것은 한국의 계급재생산에서 핵심적 역할을 하는 입시교육에 특권적 접

11_ 「그들이 사는 방식」, 『중앙일보』, 2002.01.16.

근권을 갖는 것이 된다. 한국개발연구원(KDI) 국제정책대학원이 서울지역 일반계 고교 졸업생의 2000학년도 대학진학률을 구청별로 분석한 결과에 따르면 강남·북 지역간에는 극심한 차이가 드러난다.

졸업생 1백명 중 서울대 진학자가 강남구 2.7명, 서초구 2.5명인 반면 강북의 한 구는 강남구의 10분의 1도 안 되는 0.25명에 불과했다. 서울대·연세대·고려대 등 3개 대학의 진학률도 강남구는 졸업생 1백명 중 8명, 서초구는 7.7명인 데 비해 가장 적은 강북의 한 구는 1.8명에 그쳐 5배 가까이 차이가 났다.[12]

알다시피 이런 결과를 낸 가장 큰 원인은 사교육비 차이다. 한국교육개발원은 2003년 9-10월 전국 초·중·고교생 4,588명과 학부모 1만2,462명, 교사 2,582명을 대상으로 사교육 실태 및 사교육비 규모를 조사한 결과 서울 강남이 전국 최고임을 밝혀낸 바 있다. 이 조사에 따르면 연간 1인당 평균 사교육비는 강남지역이 478만원으로 가장 많았으며, 이것은 비강남지역의 313만원, 수도권지역의 358만원보다 높으며 읍·면지역(203만원)의 두 배를 웃도는 액수다.[13] 강남 아파트에 대한 수요, 사교육 열풍, 한국사회의 학벌체제와 대학의 서열구도, 계급불평등은 이처럼 서로 맞물려 있다. 근래 들어와서 사람들이 강남을 '특별구'로 부르는 것은 이곳이 이제 거의 자체 완결적인 내부 순환체계를 갖춘 계급재생산의 폐쇄회로가 되었다는 인식이 퍼졌다는 말이다.

강남의 이런 강남 되기 과정은 어떻게 가능해졌을까? 신자유주의 정세의 형성 덕분일 것이다. 90년대 초에 출범한 세계무역기구(WTO)에 가입하고, 특히 90년대 말 외환위기로 국제통화기금(IMF)의 구제금융을 받게 되면서 한국은 신자유주의 세계화의 물결에 본격적으로 휩싸여 극단적인 국제경쟁에 노출되었다. 1997년

12_ 「'사교육 천국'의 허실」, 『중앙일보』, 2002.01.14.
13_ 「私교육비 교육예산 절반 넘어」, 『세계일보』, 2003.11.19.

한국사회는 계급투쟁 전선에 일대 격변을 겪는다. 1996년 말 김영삼 정권이 노동관계법을 개악한 데 분노한 노동계급의 궐기로 총파업 투쟁이 일어났으나 곧이어 외환위기가 발생, 국제통화기금의 구제금융을 받게 됨에 따라서 총자본이 총노동을 압박하기 시작한 것이다. 외환위기, 경제위기 속에서 긴축재정이 실시되고, 이 와중에 수많은 기업체가 도산하자 자본은 경제를 살려야 한다며 구조조정을 통해 일자리를 대거 축소하고 비정규직 비율을 높이는 노동유연화를 꾀했다. 사회평등, 사회정의보다는 자본축적의 효율성과 혁신을 앞세움으로써 착취율을 증가시킨 것이다. 강남의 강남 되기가 노동자와 민중에게 불리하게 진행된 이런 정세와 무관하다고 할 수 있을까? 물론 강남은 서울의 다른 지역에 비해 기반시설이 좋아 투자를 유치할 이점이 있기는 하다. 하지만 최근 타워팰리스, 아이파크 등 고급 거주공간만이 아니라 엘지아트센터 등 문화공간이 건설되고 중요한 국가기구들이 이 곳에 배치된 것을 보면 강남의 최근 건축 붐이 새로운 계급관계 조정과 무관하지는 않을 것이다. 자본은 노동력의 양, 질, 그리고 비용을 둘러싼 도시간의 경쟁을 활용하며 투자를 결정한다. 이것은 대규모 투자를 하는 자본의 경우 노동력을 둘러싼 사회적 조건들의 변화를 살피지 않을 수 없다는 뜻이다. 강남이 특별구로 부상한 데에는 한국의 지배적 계급연합이 좀 더 쉽게 계급적 이해를 관철시킬 수 있는 공간의 정치를 할 수 있게 한 최근의 신자유주의 정세를 그 배경으로 하고 있다.

4. 분리와 차별화

강남은 지배적 계급연합이 사회적 투자와 재원을 전유한 곳으로서 특권적인 지위를 지닌 공간이다. 강남으로 불리는 유동하는 이 지역이 '그들만의' 공간이 된 것은 그 때문일 것이다. 이런 공간의 대표적인 사례가 최근에 들어선 타워팰리스다.

집안을 한 바퀴 휘 둘러보고 문을 나섰다. 다른 아파트와 달리 이제 집 보기의 시작이다. 엘리베이터를 타고 중간쯤에서 내렸다. 다른 아파트단지에선 찾을 수 없는 커뮤니티 시설이 있는 곳이다. 가장 먼저 들른 연회장에서는 직원들이 뭔가를 분주하게 준비하고 있었다. 이들로부터 한눈에 서비스교육을 제대로 받았다는 느낌을 받았다. 예약을 하고 여기서 가족 모임을 갖는 모양이다. 2층의 클럽하우스까지 독서실·노래방·영화방·당구장·유아놀이방·코인세탁실 등 다양한 시설이 있었지만 게스트룸이눈길을 끌었다. 말하자면 '아파트단지 내 여관'으로, 방문한 손님을 재우는 장소다. 숙박료는 1일 5만원. 손님을 집이 아닌 다른 곳에서 재운다는 발상이 흥미롭다.또한 헬스장과 사우나·골프연습장·수영장까지, 정작 집보다 부대시설을 보는 데시간이 훨씬 많이 걸렸다. 2층은 공용 정원 같은 곳으로 차가 다니지 않는다. 적당한조경 사이로 아이들이 마음놓고 뛰어 놀 수 있다. 젊은 여성 경비원의 친절한 미소를발견할 수 있는 장소이기도 하다. 여기를 지나 상가로 진입하면 외부인은 다시 타워팰리스로 돌아갈 수 없다. 방문자는 개별 가구의 확인을 받은 다음에야 타워팰리스에 입장할 수 있다.[14]

이곳은 특별구 안에서도 별천지로 보인다. 독서실, 노래방, 영화방은 물론이고헬스장과 사우나, 골프연습장, 수영장 등 부대시설, 나아가서 연회장과 게스트룸등을 갖춘 아주 화려한 곳이다. 하지만 이 공간이 아무리 화려하다 하더라도 외부사람들의 시선을 차단하고 있다는 점을 잊어서는 안 되겠다. 강남에 어떤 국회의원과 고위공직자가 사는지 알아내기가 쉽지 않은 데서 알 수 있듯이 지배계급 연합은 자신들의 차별적 지위를 노출하고 싶어 하지 않으며, 타워팰리스의 경우 허락을 얻지 못하면 외부인은 들어가서 구경할 수가 없다. 이곳은 아파트에 들어갔다가 상가로 나오면 방문한 가구의 확인 절차를 거치지 않고서는 다시 들어갈 수없는 구조라고 한다. 한 기사에 따르면 "현관관리도 철저하고 택배가 와도 1층

14_ 「타워팰리스」, 『경향신문』, 2003.11.17.

관리실에서 배달하는 등 인건비 비중이 높다."15) 이런 공간을 구성하는 원리의 하나는 따라서 철저한 분리다. 이 분리의 필요성은 "요즘 아내는 택시를 타면 해코지당할까 겁나서 차마 타워팰리스까지 가자는 말을 못하고 인근 사거리에서 내려서 집까지 걸어온다"고 하는 중산층 가장의 위기의식에서도 잘 드러난다.16)

분리는 오래 전 엥겔스가 『영국노동자계급의 상태』에서 밝힌 대로 자본주의 공간계획에는 기본이다. 엥겔스는 맨체스터를 두고 다음과 같이 말하고 있다.

이 도시는 독특하게 지어져 있어 어떤 사람이 자신의 일과 즐거운 산보에만 한정하여 움직인다면 그는 노동자나 노동자가 사는 지역을 접촉하지도 않은 채 매일 왔다 갔다하며 여러 해를 살 수도 있다. 이는 주로 공공연한 의식적인 결정에 의해서 뿐만 아니라 무의식적으로 암묵적인 합의에 의해서 노동자 거주 지역은 중간계급을 위해 남겨둔 도시의 다른 부분과 철저하게 분리되어 있다는 사실에 기인한다고 했다.17)

자본주의 도시공간에서 부르주아지와 프롤레타리아의 분리는 맨체스터에서처럼 단순한 물리적 분리로 그치지 않고 폭력적인 형태를 띠기도 한다. 마이클 데이비스가 '요새도시'라고 부르는 로스앤젤레스가 그런 경우다. 데이비스는 로스앤젤레스의 거리는 비열하기까지 하다고 꼬집는다. 빈자들을 거리에서 내쫓기 위해 그 위에서 "자는 것을 불가능하게 하고 앉아 있기도 불편하게 최소한의 면을 지닌 통 모양의 버스벤치"와, "공원을 캠핑장소로 사용하지 못하도록 하기 위해 밤중에 멋모르고 잠자는 사람들에게 수시로 흠뻑 물을 뿌리는 프로그램을 장착한 스프링클러"를 설치하고 공중화장실 수도 가능한 한 줄여놓았기 때문이다. 빈자와 무주택자를 이렇게 축출하는 로스앤젤레스는 부르주아계급의 안전지대를 지키려

15_ 「신기루 같은 서민의 꿈—타워팰리스 24시」, 『매경이코노미』, 2003.09.25.
16_ 「강남 사람들 좀 냅둬요」, 『일간스포츠』.
17_ 프리드리히 엥겔스, 『영국노동자계급의 상태』(1845), 박준식 · 전병유 · 조효래 역, 두리, 1988, 80쪽.

고 헬리콥터로 무장한 '우주경찰'을 만들고 이들의 지상-공중 작전 편의를 위해 건물 옥상에 크게 거리번호를 써놓고 있다고 한다. 가난한 사람들을 잠재적 범법자들로 간주하는 도시는 기본적으로 범죄자 수용소처럼 될 수밖에 없다. 로스앤젤레스에서 유명 건축가들이 구치소, 감옥, 경찰서 등을 설계하는 것은 그 때문이다.[18]

강남의 타워팰리스가 외부의 출입을 막는 것은 빈자와 부자의 격리 전략을 그대로 따른 것이다. 물론 이런 조치가 로스앤젤레스의 노골적인 공간적 분리처럼 '야비한' 수준에 이른 것은 아니다. 한국사회는 적어도 아직까지는 계급적 차별화에 대한 사회적 견제가 강한 때문일 것이다. 하지만 서울이라고 로스앤젤레스처럼 '요새도시'가 되지 말라는 법은 없다. 타워팰리스와 같은 '귀족타운'이 형성된다는 것은 우리 사회에 '20 대 80 사회'의 구체적인 양상이 등장하기 시작했다는 말이고, 계급간 적대가 심화될 수밖에 없다는 말이다. 최근에 강남경찰서가 범죄예방을 한다며 서울에서 가장 먼저 거리마다 폐쇄회로텔레비전(CCTV)을 설치하기 시작한 것이 우연이기만 한 것일까? 타워팰리스가 들어선 뒤로 그 주민들에 대한 사회적 적개심이 거론되기도 했지만 입주 후 1년 동안 타워팰리스에서 112 신고를 한 경우는 한 번도 없었다는데, 이는 "2,000여대의 폐쇄회로 TV, 지문 감식 시스템 등 철통보안 때문이라고 한다."[19]

부자와 빈자의 공간 분리는 물리적으로 구성되어 있을 뿐 홍보되거나 선전되지는 않는다. 계급적 지위에 따른 공간의 분리는 무언의 형태로 이루어지는 것이다. 하지만 분리나 차별화가 노골적으로 가시화되는 사회적 층위가 없는 것은 아니다. 기호, 이미지, 상징, 재현 등이 만들어지고 작용하는 문화적 과정이 그것이다. 패션을 중심으로 한 스타일의 수준에서 강남은 자신을 한껏 차별화한다. 한 예가 청소년 문화에서 강남과 강북의 차별화다.

18_ Mike Davis, "Fortress Los Angeles: The Militarization of Urban Space," in Michael Sorkin, ed., *Variations on a Theme Park* (New York: The Noonday Press, 1992), pp. 154-80.

19_ 「타워팰리스」, 『경향신문』.

두 지역 청소년 문화의 차이가 단적으로 드러나는 부문은 패션. 서울 압구정동 로데오 거리에서는 머리에 수건을 두르는 등 힙합 스타일의 청소년들을 쉽게 볼 수 있다. 반면 강북 지역에서는 통 좁은 바지와 뾰족한 신발 등 '복고' 패션이 유행하고 교복의 웃옷과 바지를 과장되게 줄여 입는 이들도 많다. 청소년들은 지리적으로 강남인 신림동을 강북으로, 여의도는 강남 문화의 영향권에 있다고 본다.[20]

이것은 2003년 11월 교육방송이 <10대 리포트—힙합과 복고>라는 프로그램에서 강북과 강남 지역의 6개 학교 600명을 설문 조사하여 문화와 의식구조를 살핀 결과다. "지리적으로 강남인 신림동을 강북으로 보고, 여의도는 강남문화권에 있다"고 보는 데서 알 수 있듯이 이런 문화적 차이에는 경제적 차이가 작용한다.

경제적 능력과 문화적 차이의 상관관계는 최근에 등장했다고 하는 강북주민과 강남주민의 옷차림에서도 확인된다. 한국일보는 "하이힐에 로맨틱 스타일의 장식성 강한 옷을 입었다면 강북, 반대로 굽 낮은 단화에 장식성이 별로 없는 미니멀 스타일이라면 강남 주민"이라는 패션전문가들의 진단을 전한다.[21] 미니멀리즘은 최소주의를 지향한다. 패션에서 그것은 티셔츠에 진을 입는 캐주얼스타일이나 하의와 상의가 연결된 리어타드 같은 아이템처럼 최소한도의 옷으로 훌륭한 옷차림을 연출하는 방식이다. 강남 주민이 미니멀리즘을 선호하는 것은 명품 선택을 통해 최소한으로 가장 확실하게 부유함을 증명할 수 있기 때문일 것이다. 강남주민의 스타일을 전하는 한국일보 기사는 외국음반, 국내가수, 씨디(CD), 개봉영화, 텔레비전채널 등을 선택하는 데에도 강북과 강남의 차이가 뚜렷하다며, 전문가들은 "문화 소비 전반에서 강남북은 확연한 차이가 있어 아예 마케팅 단계에서 이를 고려한다"고 한다.

20_ 「EBS<10대 리포트>, 강남은 힙합 강북은 복고」, 『동아일보』, 2000.11.05.
21_ 「강남·강북 '문화분단?'」, 『한국일보』, 2003.06.16.

5. '강남족'

최근 들어와서 우리 사회에는 다양한 종류의 새로운 인간 군상들이 등장했는데, 이중 상당 부분은 강남을 중심으로 한 생활풍속도와 밀접한 관련이 있다.

1990년대 이후 '오렌지족' '야타족' '캥거루족' '청담족' '연어족' '황금족' '대치족' 등으로 불리는 사람들이 강남에서 등장했다. 이성에게 오렌지를 건네 만남을 가졌다는 '오렌지족'은 오래 전의 얘기가 됐다. 외제 승용차 등을 타고 연인을 유혹한 '야타족'도 강남이 본적이다. 부모의 도움을 받아 상류생활을 하는 '캥거루족'도 강남에 많이 둥지를 틀고 있다.

청담동의 카페·의상실·뷰티숍을 무대로 고급 문화와 패션을 즐기는 '청담족'이라는 용어도 강남 문화를 대변한다. 외환위기 사태 당시엔 고금리로 호황을 누리던 현금 보유 특권 계층인 '황금족'도 등장했었다. 수백만원 짜리 속옷을 사 입기도 하는 사람들이다. 외국에서 살다 돌아온 '연어족'들은 강남에 서구풍을 유행시켰다. 학원을 보고 이사온 '대치족'도 늘고 있다. 쇼핑·의료·주차·헬스센터 등 편의시설이 잘 갖춰져 노후를 이곳에서 보내겠다는 '노후족'도 생기고 있다.[22]

여기 언급된 것들 이외에도 그 동안 강남에 등장한 족속들은 더 있다. 정신적 뿌리는 히피족을, 생활방식은 여피족을 닮은 자유분방한 신 상류층 '보보족'(부르주아 보헤미안), 강남 명품점의 고급상품 구입을 취미로 삼는 '명품족', 청담동 키네마 극장 뒤 바 밀집지역을 드나드는 '문화귀족'이나 나이트클럽 '물'을 좋게 만든다는 '강남 미시족', 건강한 삶을 최우선으로 추구하는 '웰빙족', 최고가 주거단지인 타워팰리스나 아이파크 등에 사는 '귀족' 등이 그들이다. 이 모든 종족들을 통털어 '강남족'으로 부를 수 있다면, 이들은 특정한 문화적 정체성을 드러내며

22_ 「그들이 사는 방식」, 『중앙일보』, 2002.01.16.

나타난 강남계급으로 이해할 수 있을 것 같다.

'오렌지족'에서 '명품족'에 이르기까지 강남족의 특징은 과시소비를 즐기는 소비적 존재라는 것이다. 강남족이 노는 물은 소비자본주의가 만들어놓은 소비공간이다. 이 공간은 이 곳에 최고급 아파트단지가 들어서고 백화점과 유흥업소만이 아니라 엘지아트센터 등 문화시설이 들어서면서 다양한 형태를 띠고 있다. 이 것은 강남에 일어난 투자가 주로 소비공간 구축에 집중된 결과로서, 1973년의 오일쇼크 이후 세계의 도시지역들이 새로운 국제경쟁에 돌입하면서 지니게 된 모습이다. 지난 수십 년 동안 서울과 같은 대도시가 구축한 것은 제조공장과 같은 생산공간보다는 위락 공간, 스포츠 스타디움, 컨벤션센터, 호텔, 이국적 식당들, 문화시설, 새로운 거주 환경과 생활환경 등 주로 소비 공간들이었다. 이 과정은 맑스가 자본주의 성립 과정에서 "모든 견고한 것은 허공으로 사라진다"고 한 대로 파괴현상을 동반하기 마련이다. 눈여겨볼 점은 이 현상이 단순히 파괴만이 아니라 창조적이기도 하다는 것이다. '견고한 것'을 사라지게만 하지 않고 타워팰리스 같은 고급아파트나 호텔, 아트센터 등 새로운 소비공간을 그 위에 구축하기 때문이다. 오렌지족, 야타족, 캥거루족, 연어족, 보보족 등이 일면 혁신적이고 능동적으로 보이는 것은 이들이 새로운 공간 구축과 함께 가능해진 새로운 라이프스타일과 패션, 문화적 취향을 추구하며 살아가기 때문이다.

강남족의 삶은 현 단계 대중문화를 지배하고 있는 문화산업의 성장과 그 주요 소비자로서 신세대의 등장과 무관하지 않다. 물론 황금족, 웰빙족, 노후족 가운데는 스스로 부를 축적한 경우가 없지 않겠지만 강남족의 특징은 과거 80년대 미국에서 고소득 직업을 가지고 풍족한 소비문화생활을 했던 여피와도 다르게 부모에게 의존한다는 것이다. 오렌지족, 야타족, 캥거루족, 연어족, 명품족, 보보족 등 다수는 스스로는 부를 축적하지 못한 10대 청소년이 아니면 청년세대에 속한다. 하지만 이들은 만만찮은 화폐권력을 휘두르며 패션이나 스타일의 트렌드를 주도하기도 한다.

강남에서는 유행에 민감한, 소위 트렌디(Trendy)한 음악이 인기를 끈다. 특히 압구정 동, 청담동 등에서는 영국을 중심으로 한 유럽풍이 유행을 선도한다. 하우스, 테크노 등의 전자음악과 이를 기반으로 한 레이브 파티가 유행의 키워드다. 재즈의 경우, 강북은 마일즈 데이비즈 류의 인지도 있는 음반이, 강남에서는 퓨전이나 월드비트가 가미된 것 혹은 애시드(Acid) 재즈가 주류를 이룬다.

…최근 20 · 30대를 중심으로 패션과 유행을 선도하는 <섹스 앤 더 시티>, <앨리 의 사랑만들기>, <프렌즈> 같은 위성 · 케이블 TV의 인기 외화 시리즈는 강남에서 먼저 붐이 일기 시작했다. 다음카페 <섹스 앤 더 시티>의 부(副) 운영자인 최성원 (29, 여)씨는 "전체 회원 1만5,000여명의 강남대 강북 비율은 7대 3 정도"라며 "특히 해외유학이나 어학연수를 다녀온 사람들이 많은 강남에서 외화 프로그램의 수요가 훨씬 크다"고 말했다.

이 드라마의 최신 시리즈를 방영 중인 캐치온(유료)의 경우 서울지역 가입자 9만 3,000여 가구(케이블TV 기본형 가입자 기준) 중 강남의 '빅3'지역(강남 · 서초 · 송 파구) 가입자가 46%에 달한다. <섹스 앤 더 시티>의 경우 주인공이 사용하는 '마놀 로 블라니크', '지미 추', '마크 제이콥스' 같은 브랜드의 매장이 방송 후 강남권에 생기는 현상도 눈에 띈다.[23)]

강남족의 문화트렌드 설정 능력은 물론 그들의 화폐소유에서 나온다. 오렌지 족, 야타족, 캥거루족, 청담족, 연어족, 황금족, 대치족, 보보족, 명품족', 웰빙족, 노후족, 문화귀족 중 어느 누구도 화폐 소유와 무관한 족속은 없다.

강남문화는 히피나 펑크의 그것과는 근본적으로 다르다. 후자의 경우 한계가 없지는 않았으나 자본주의와 다른 사회체제를 꿈꾸며 대안문화, 저항문화를 추구 했다. 강남족의 문화는 힙합처럼 하층계급의 기원을 가진 경우라도 탈맥락적이다. 힙합은 미국서 하층민의 문화로서 등장했으며, 나중에 지배적인 대중음악산업에

23_ 「강남 · 강북 '문화분단'?」, 『한국일보』, 2003.06.16

흡수되긴 했으나 지배체제에 대한 저항의 성격이 강하다. 90년대 초 서태지와 아이들이 힙합음악을 들여왔을 때 이런 점이 어느 정도 작용했을 것이다. 하지만 한국에서 힙합은 지배체제에 대한 비판과 저항보다는 이때 형성되기 시작한 신세대의 감수성에 더 예민하게 부응했던 것 같다. 힙합문화는 그때 변혁적이고 대안적인 운동권문화를 외면하면서 이미 비판의 약화를 드러낸 셈인데, 미니멀리즘을 드러내는 최근의 강남 힙합스타일은 더 나아가 강북과의 차별화, 사회적 불평등을 강조하는 과시소비의 수단으로까지 전락한 경우다.

문화적 계급으로서 강남족이 보여주는 또 다른 일관된 경향이 있다면 소유개인주의(possessive individualism)를 꼽아야 할 것이다. 강남족은 화폐소유로 지니게 된 상품구입능력을 통해 자신들의 스타일을 만들어낸다. 오렌지족이나 야타족은 파트너를 유혹하기 위해 고급승용차를 과시하고, 명품족은 정체성을 형성하기 위해 어떤 최고급 물품을 구입할지 고심한다. 이런 강남족이 화폐의 생산과 자본의 축적에, 나아가서 계급적 지배와 착취와 억압에 적대적인 태도를 취할 것을 기대하긴 어렵다. 강남족의 삶은 나눔보다는 누림으로 특징지어진다. 이들이 명품을 소비하고, 안락함(웰빙)과 최고의 서비스와 거주공간을 추구하는 것은 사회적 공유보다는 분할을 강화하고, 사회적 재원을 전유하기 위함이다. 강남문화가 독자적인 스타일로 강북문화와 자신을 차별화하고, 강남이 서울에서는 가장 양질의 공공서비스를 받는 것이 그런 증거다. 이미 인정한 대로 이들에게도 창조성, 생산성이 있다. 하지만 강남족은 부나 물적 기반에 대해서는 독점적이고 다른 종족 또는 계급에 대해서는 배타적이고 지배문화에 대해서는 타협적이다. 명품족은 타인에게 선물을 하기 위해 비싼 물건을 사지 않고, 보보족은 자기의 여피적 생활양식을 타인과 공유하지 않는다. 이것은 기본적으로 이들은 자신이 속한 계급의 결속 이외에는 관심을 두지 않기 때문일 것이다. 이런 점에서 이들은 한국의 청(소)년 세대로서는 처음으로 정치적인 보수 성향을 띠고 나타난 집단인 셈이다.

강남문화는 한국사회 계급투쟁의 의미생산과 밀접한 관련이 있다. "상식들,

가치들, 규범들, 이데올로기, 욕망, 아비투스, 습속 등으로 나타나서 사람들에게 심리 · 정신 · 신체적 충격과 영향을 가하고 반응을 불러일으켜 개인들을 일정한 방향으로 꿈꾸거나 행동하게" 하는 것이 의미다.[24] 이 의미를 생산하는 일은 의미의 생산수단, 생산관계, 생산력간의 통합적 관계, 과정을 거치는 일로서 상당 부분 삶의 꼴값 또는 형태적 가치를 두고 일어난다. 문화는 이런 일이 집중적으로 벌어지는 곳이다.

문화는 다양한 꼴들이 만들어지고 그것들의 '가치'가 산출되고 비교되는 영역이다. 이 가치는 물론 고정되어 있지 않다. 이미지나 꼴은 늘 새롭게 생산되고, 서로 덧씌워지고, 변화하며, 꼴값 역시 변동하지 않을 수 없다. 이것은 의미가 변한다는 말이기도 하다. 그런데 의미가 고정되어 있지 않다면 그것의 흐름을 관리하고 통제하는 일, 혹은 기존의 의미와 방향을 결정하는 일이 중요해진다. 의미를 둘러싸고 다양한 경합과 투쟁이 벌어지는 것은 이 때문이다. 계급투쟁의 의미생산은 이런 점에서 의미의 방향을 놓고 벌어지는 정치적 해석행위로 이해된다.[25]

강남문화가 일견 창조적이고 생산적인 것처럼 보이는 것은 한국사회의 꼴과 그것의 꼴값 형성에 노력을 집중하기 때문이다. 꼴을 만드는 일은 주로 이미지, 기호, 상징 체계들의 생산과 관련되며, 오늘날 도시를 축제의 공간처럼 보이게 하는 주된 이유가 되는데, 이 전 과정을 사회적 의미생산의 일부라고 할 수 있다. 강남문화의 의미생산은 삶의 꼴값 또는 의미를 지배적 계급연합에게 유리한 방향으로 조정하는 일이다. 오렌지족에서 명품족에 이르기까지 강남족은 세대나 성차를 가로지르는 다양한 생활양식과 관련한 트렌드를 주도하는데, 이때 이들이 기

24_ 강내희, 「계급투쟁의 의미생산과 문화정치」, 『한국의 문화변동과 문화정치—문화사회를 위한 비판적 문화연구』, 문화과학사, 2003, 74쪽.
25_ 같은 글, 79쪽.

본적으로 하는 일은 일면 창조적이고 생산적으로 보이는 이미지생산과 더불어 삶의 의미, 가치, 규범들을 부르주아지 지배에 유리한 방향으로 조정하는 일이다. 계급투쟁의 의미생산은 이때 이 방향을 어떻게 잡느냐는 문제가 된다. 강남문화는 소유개인주의를 추구하고 나눔보다는 누림을 당연시하는 삶의 양식을 모델로 제시함으로써 새로운 삶의 가능성을 추구하는 혁명적인 의미생산을 막고 있다.

6. 맺으며

강남의 계급과 문화가 형성되었다는 것은 한국사회가 본격적으로 사회적 불평등을 심화시키는 계급사회라는 증거다. 이런 점에서 강남을 강남으로 남겨둔다는 것은 우리 사회의 불평등구조를 그대로 존치하는 일이 된다. 어떻게 해야 강남을 장악한 지배적 계급연합을 깰 수 있을까? 하비의 말은 다음과 같다. "계급연합 형성의 혼란과 불안정성은 상대적으로 자율적인 도시정치가 일어날 수 있는 정치적 공간을 만들어낸다. 개인들, 집단들, 분파들, 계급들의 역할, 인식, 이해의 혼란은 자본축적의 분열(성장, 기술변화, 계급갈등, 과잉축적의 위기 등)과 함께 사회관계들을 영속적인 유동의 상태에 놓고 사회변혁의 모호한 긴장 속으로 밀어 넣는다."(152) 여기서 도시정치의 공간은 궁극적으로 계급관계의 근본적 변화를 전제하는 공간이다. 이 변화를 어떻게 구체화할 것인가? 이 질문의 답을 찾는 자세한 논의를 여기서 더 이상 할 수는 없겠지만 한국의 지배적 계급연합과 그들의 문화가 집중된 강남의 바람직한 미래의 모습이 어떠해야 할지 한 번 상상하는 것은 필요할 듯싶다.

당연한 말이겠으나 강남문화를 극복하려면 강남을 분리와 차별화, 배제와 독점의 공간이 아닌 공유와 향유의 공간으로 만들어야 할 것이다. 이와 관련하여 한 시대의 특권적 공간은 다음 시대 인민의 공유물이 될 수도 있다는 점을 상기하

자. 전근대 왕궁들이 근대의 박물관이나 미술관으로 기능을 전환하여 공공성을 강화한 것이 그런 예다. 타워팰리스, 아이파크 같은 오늘 강남의 최고급 거주공간은 이전 같으면 궁성에 해당한다. 이런 곳을 소수의 독점 공간이 아닌 공중이 공유하여 공적으로 활용하는 공간으로 바꾸려면 어떤 접근이 필요할까? 이때 생각해 볼 수 있는 것이 일부 사유공간을 공적인 기능을 하는 도서관, 박물관, 미술관, 미디어센터, 교육센터, 스포츠센터 같은 문화기반시설로 전환하는 것이다. 물론이 전환은 우리 사회 성격의 근본적 변혁이 없으면 불가능하기 때문에 아직은 꿈에 불과하고 그 실현 여부도 불투명하다. 하지만 이 꿈을 단순히 꿈으로만 생각하면 오늘 한국의 삶의 꼴을 근본적으로 바꿀 희망은 그만큼 줄어든다. 지금 한국은 어마어마한 경제성장을 이뤘는데도 사회적 공공성이 경제협력개발기구(OECD) 소속 국가들 가운데 최하위에 머물 만큼 열악하여 사회발전의 발목을 잡고 있는 상태다. 한편으로 임금이 높아 노동생산성이 떨어진다는 자본의 주장이 제기되지만 다른 한편으로 노동은 노동대로 교육, 주거, 보건 등에 투여되는 비용 때문에 임금상승의 효과를 전혀 누리지 못하고, 또 다른 한편 비정규직 비율의 급상승 속에 극도의 사회적 불평등이 나타나고 있다. 사회적 공공성과 문화적 공공성을 높일 필요가 있는 것은 공공영역을 구축해야 사회적 낭비를 줄이면서 대중에게 양질의 삶을 기획할 수 있는 기회를 주고 나아가서 사회 전반의 창조적, 생산적 역량을 강화할 수 있을 것이기 때문이다.

강남문화의 지금과 같은 모습을 방치한 채 공공영역 구축을 기대할 수는 없을 것이다. 강남문화는 부에 대한 소유욕을 정당화하는 문화적 코드를 지니고, 나눔 보다는 누림을, 공유보다는 독점을, 대중의 보편적 참여보다는 선택적 참여나 다수의 배제를 지향한다. 강남문화는 그 의미생산을 통해 이런 경향을 유지하거나 강화하며, 그런 점에서 계급문화다. 이것의 대안을 만들려면 새로운 사회적 의미를 생산하는 문화, 1980년대 운동권문화처럼 당대 자본주의 소비문화의 모습까지도 바꿀 만큼 영향력을 지닌 문화가 필요하다. 이 문화는 새로운 의미생산양식으로서 사회적 의미를 둘러싼 일정한 생산수단, 생산관계, 생산과정, 생산력의 복잡성체계를 전제한다. 물론 우리는 이 문화의 본격적인 모습을 아직 보지 못한 상태다. 강남문화의 중심을 이루는 청소년문화는 자본주의 문화산업에 거의 완전히 지배되고 있고, 과거 운동권문화의 거점이었던 대학사회도 그 점은 마찬가지다. 대안문화의 구체적인 상을 그려내는 작업은 따라서 여전히 미래의 과제인 셈인데, 그래도 새롭게 추구할 문화의 지향점은 분명해 보인다. 자본주의의 불평등을 비판하고 극복하는 데 기여하고, 사회적 공공성 구축에 필요한 의미생산 양식이 되어야 하지 않겠는가. 오늘 '강남'이라는 유동하는 공간을 중심으로 형성되는 계급적 연합의 재생산 과정에 등장하는 다양하면서도 일관된 계급적 지향성을 지닌 삶의 꼴과 그것의 가치, 즉 꼴값을 바꾸는 일이 그런 작업에 속한다. 이것은 기호, 이미지, 상징, 재현 등의 생산과 유통, 소비 등을 포함한 사회적 과정, 의미생산의 변혁을 추구하는 일이다. 강남의 계급문화에 대한 개입은 이런 점에서 복잡한 문화적 실천 또는 문화정치를 요구한다. 우리 사회의 지배적 가치, 의미, 의제 등을 결정하는 강남문화의 의미생산 과정을 단절시킬 새로운 문화정치를 모색할 시점이다.

08

신자유주의와 한류
―동아시아에서의 한국 대중문화의 문화횡단과 민주주의

1. 한류의 등장

2000년대 한국에서 일어난 문화변동 가운데 가장 많은 관심을 끌며 인구에 회자된 것은 아무래도 '한류'일 것이다. '한류'란 한국 대중문화의 초국적 수용, 특히 동아시아에서의 초국적 문화횡단 현상을 가리킨다. 2007년 현재 이 현상이 확인되는 곳은 중국, 일본, 대만, 필리핀, 베트남, 인도네시아, 싱가포르, 태국, 몽골 등으로 동아시아 전역을 포괄한다고 해도 과언이 아니다. 한국방송 드라마 <겨울연가>의 주연배우 배용준의 상상을 초월하는 일본에서의 인기를 보여준 '욘사마 현상', 홍콩이나 중국에서의 문화방송 드라마 <대장금>의 드높은 시청률, 태국과 홍콩에서의 한국 대중음악 가수 비에 대한 팬덤 형성, 여배우 김남주가 보여준 베트남에서의 한국상품 광고 능력 등은 한류의 실재를 입증하는 몇몇 사례에 불과하다. 한국 역사에서 자국 문화가 이처럼 광대하고 다양하게 외국에 수용된 적이 있었던가? "언제 우리가, 우리 문화가, 국경을 넘어 이처럼 무단횡단, 회통(會通)해본 적이 있던가."[1] 한국문화가 그동안 미국이나 일본의 외국 문화 침투로 생존에 급급해온 점을 기억하면, "한류[가] 이제 아시아 대중문화 시장에서 새로운 문화 우세종으로 번역되고 있다"2)는 것은 놀라운 일이라 하겠다.

한류의 등장은 오늘 한국에서 문화를 연구하는 사람들에게 많은 질문과 과제를 제기한다. 한국 대중문화의 동아시아에서의 초국적 횡단을 가능하게 만든 조건들은 무엇인가? 그 현상은 최근 한국에서 진행된 사회적 변동들과 어떤 관련을 맺고 있는가? 다시 말해 한류를 구성하는 한국 대중문화는 어떤 경로로, 어떤 사회적 조건 속에서 형성되었는가? 나아가서 최근 동아시아에서 어떤 변화가 일어났기에 한류가 널리 수용될 수 있게 되었는가? 한국문화의 어떤 점들이 그것의 초국적 수용을 가능케 한 것일까? 그리고 우리는 한류 현상을 과연 어떻게 이해해야 할 것인가?

한류의 부상은 일단 한국사회가 그동안 상당한 문화적 역량을 쌓은 증거로 여겨진다. 한류가 처음 모습을 드러낸 것은 1990년대 말 중국이다. "1997년이라는 우연한 시간에 한국의 드라마 및 대중음악이 중국에 상륙하면서"3) 한류가 형성된 것이다. 이 시점 한국은 외환위기를 맞으며 문화적으로도 만만치 않은 도전에 직면한 상황이었음을 기억할 필요가 있다. 그 무렵 한국의 문화산업은 전에 없던 위기에 봉착하고 있었다. 1998년 김대중 정부가 출범하면서 일본과의 관계 정상화를 위해 일본 대중문화에 대한 국내시장 개방 계획을 발표하고, 미국과의 양자간무역협정(BIT) 체결을 위해 한국 영화의 보루인 스크린쿼터를 폐지하겠다고 나섰기 때문이다.4) 한국의 문화산업은 1990년대 초 이후 꾸준히 성장하고 있었으나, 1997년의 외환위기를 계기로 국제통화기금(IMF)이 삼성, 대우 등 국내 대자본의 영화산업 참여 제한 조치를 취함에 따라 자본이탈에 따른 심각한 상황을 맞고 있

1_ 백원담, 『한류—동아시아의 문화선택』, 펜타그램, 2005, 39쪽.
2_ 이동연, 『아시아 문화연구를 상상하기—문화민족주의와 문화자본의 논리를 넘어서』, 그린비, 2006, 180쪽.
3_ 이종민, 「개방 이후 한국을 보는 중국의 눈」, 『중국의 창』 1호, 2003, 98쪽.
4_ 강내희, 『신자유주의와 문화—노동사회에서 문화사회로』, 문화과학사, 2000; 원용진·유지나·심광현 편, 『스크린쿼터와 문화주권』, 문화과학사, 1999.

던 터였다.5) 그러나 1990년대 말의 한류 부상은 당시 형성된 한국 대중문화의 미래에 대한 위기의식을 기우로 보이게 만든다. 외국 문화의 침투에 취약한 줄만 알았던 한국의 대중문화가 오히려 성장을 누리고 있었고, 그 나름의 생명력을 가지고 있음이 입증된 때문이다. 2000년대에 들어와서 한국 대중문화를 '문화적 우세종'으로 보는 시각이 생긴 것도 한류가 동아시아에서 '무단횡단' 또는 '회통'의 모습을 드러낸 것과 무관하지 않을 것이다.

물론 이 과정에서 한류가 "미디어를 통해 사실보다 과장되게 부풀려"6)진 측면도 없지는 않았다. 드디어 한국문화의 위대함이 입증되었다며 여기저기서 달뜬 감동에 젖는 경우도 있었다. 하지만 그렇다고 한류를 "존재하지도 않은"7) '좀비 현상'이라 규정하는 일각의 주장을 수용할 수는 없다. 한류의 실재 자체를 부인하는 것은 지난 수년간 한국 대중문화가 일본, 중국, 대만, 홍콩, 베트남, 태국에서 일으킨 파장을 애써 무시하는 것에 불과하다. 한류 현상을 부정적으로만 볼 것도 아닌 듯싶다. 동아시아인들이 광범위하게 한국 대중문화를 수용했다는 것은 그 안에 어떤 긍정성이 깃들어 있다는 징후인지도 모르지 않은가.

한류에 대해서는 다양한 관심과 논의가 존재하며, 그것을 이해하는 입장 또한 다양하다. 한류의 성립을 한민족의 문화적 역량 발현으로 이해하는 문화민족주의 태도가 한편에 있다면, 한류를 자본축적의 수단으로 삼으려는 '문화산업론' 또는 경제적 관점이 한편에 있고, 또 다른 한편에는 그것을 오늘 자본주의의 재생산 메커니즘으로 작용하는 소비자본주의 현상으로 치부하는 비판적 관점도 있다.8)

5_ Shim, D. "South Korean Media Industry in the 1990s and the Economic Crisis," *Prometheus* 20(4), 2002, pp. 337-50; Shim, Doobo. "Hybridity and the rise of the Korean popular culture in Asia," *Media, Culture & Society*, Vol. 28(1), 2006, p. 33.

6_ 이동연, 앞의 책, 186쪽.

7_ 마크 러셀, 「좀비 웨이브—"이미 죽은 걸 죽일 수 없다"」, 『한류에서 신한류로』(경희대학교·펜실베니아대학교 주최 '한류의 날 심포지엄' 자료집), 2007, 35-45쪽.

8_ 한류를 바라보는 다양한 관점에 대해서는 특히 조한혜정(Cho, Hae-Joang, "Reading the 'Korean Wave' as a Sign of Global Shift," *Korea Journal*, Winter 2005, pp. 149-82)과 백원담, 앞의

이 글의 기본 취지는 한류를 오늘 한국과 동아시아, 나아가 세계 전반을 지배하고 있는 '신자유주의'와 관련된 문화적 양상으로, 즉 '신자유주의 시대' 문화변동의 일환으로 이해하면서,[9] 아울러 그것을 신자유주의에 저항하며 등장한 한국의 민주화운동과 결부하여 살펴보려는 것이다. 한류를 구성하는 한국 대중문화가 형성되기 시작한 시점은 1990년대 초이다. 한국사회는 이때부터 신자유주의 강화를 겪고, 소비자본주의 중심의 문화지형을 본격적으로 구축하며, 한류를 구성하는 현단계 대중문화의 모습을 갖추기 시작했다. 그러나 이 과정을 신자유주의가 일방적으로 지배했다고 보는 것은 아무래도 당시 문화변동에 대한 일면적 해석이 아닐까 싶다. 1990년대 한국의 대중문화는 그 전 시대 민주화운동의 영향으로 신자유주의 이론과는 배치되는 문화정책과 사회적 경향들로부터 자양분을 얻기도 했기 때문이다. 이런 점은 동아시아에서 전개된 한류의 초국적 문화횡단 과정에서도 확인할 수 있다. 1990년대 이후 동아시아는 탈냉전 구도에 들어가게 되며 이 과정에서 이 지역에서의 한류 형성을 가능하게 만든 대중매체산업의 자유화와 대중문화 시장개방 등이 이루어졌다. 그러나 한류가 동아시아에서 수용된 것을 이

책 참조

9_ 신자유주의는 자유주의의 한 형태로서 20세기 초 소련에서의 사회주의 혁명으로 위기에 처한 자본주의가 과거의 '고전적 자유주의'를 수정하여 1945년부터 1970년대 중반까지 운영해온 노동과 자본과 국가의 타협적 자본축적 방식, 즉 '수정 자유주의'를 다시 수정한 오늘의 지배적 축적 전략이다. 1970년대 이후 본격적인 축적의 위기를 맞은 세계 자본주의는 위기 돌파를 위해 사회적 부의 아래로의 이전을 허용하던 수정 자유주의 시기의 타협 노선을 중단하고 사회적 부의 노골적 상향 이동, 계급적 권력의 탈환을 위한 신자유주의를 채택한다(David Harvey, *A Brief History of Neoliberalism* [Oxford University Press, 2005], pp. 16-17). 교육이나 보건의료, 교통, 에너지, 문화 등 과거에는 시장과 일정한 거리를 두고 운영해온 사회 부문들에 노골적인 시장 논리를 적용하기 시작한 것이다. 지난 30년 가까이 신자유주의를 수용한 미국, 영국과 같은 주요 서구 국가들, 아르헨티나나 칠레와 같은 남미 국가들, 그리고 한국을 포함한 동아시아 국가들에서는 대대적인 구조조정이 일어나고 노동이 유연화되고, 비정규직이 증가하고, 사회적 공공성이 축소되었다. 오늘 세계 대부분의 사회들이 상위 20퍼센트와 하위 80퍼센트 인구로의 양극화 현상을 드러내고 있는 것은 그 결과이다(미셸 초스도프스키, 『빈곤의 세계화』, 이대훈 역, 1998, 당대; 한스 피터 마르틴·하랄트 슈만, 『세계화의 덫—민주주의와 삶의 질에 대한 공격』, 강수돌 역, 영림카디널, 1997).

지역에서 신자유주의가 강화된 결과로만 보는 것은 한국사회가 보유한 '민주주의의 가능성'이 한류의 부상 과정에 작용한 점을 무시하는 일일 것이다. 이 글은 이런 관점에서 1990년대 이후 한류를 구성하는 대중문화가 국내에서 형성되어 동아시아에 확산되는 과정과 의미를 신자유주의와 민주주의의 관계라는 측면에서 살펴보고자 한다.

2. 신자유주의와 1990년 초반 한국의 문화변동

한국에서 대중문화가 신자유주의의 영향을 본격적으로 받은 것은 1990년대 이후로 판단된다. 신자유주의가 그 전에 한국 대중문화에 전혀 영향을 미치지 않았던 것은 아니다. 전두환 정권이 '스크린', '스포츠', '섹스'를 중심으로 하여 펼친 '3S 정책'을 떠올릴 수 있다. 통행금지 철회, 교복 자율화 등과 궤를 함께 하며 나온 '3S 정책'은 전정권이 장발 및 퇴폐연예인 단속, 왜색가요 금지를 강요한 박정희 정권과는 달리 문화정책에서 '자유화' 노선을 펼쳤음을 보여준다.[10] 그러나, 이 '자유화'는 당시 실시되기 시작한 신자유주의 정책을 의식한 조치였다. 전두환 정권은 1980년대 초에 세계은행과 국제통화기금의 지도를 받아 나중에 '워싱턴컨센서스'로 알려진, 자본축적 조건 개선을 위해 일반 대중의 경제적 이익을 침해하는 정책들을 수용하며,[11] 이 과정에서 팽만한 대중의 불만을 통제하고자 억압적 정책과 자유화 정책을 함께 펼치는 양면작전을 벌였다.[12] 그러나 여기서 1990년대의 문화변동에 주목하려는 것은 이 시기에 한국의 대중문화가 좀 더 본격적으

10_ 이 책에 함께 실려 있는 글 「신자유주의 시대 문화지형의 변동과 문화운동—역사와 과제」, 277쪽.

11_ Lee, Chung H., "Institutional Reform in Japan and Korea: Why the Difference?" http://swopec.hhs.se/eijswp/papers/eijswp0204.pdf 2003.

12_ 강내희, 앞의 글, 276-77쪽.

로 신자유주의의 영향을 받았다고 보기 때문이다.

1990년대 초 대중문화에서의 신자유주의의 영향은 소비자본주의가 대중문화를 강하게 지배하기 시작한 데서 드러난다. 문화정책에서 신자유주의의 특징은 문화를 '공공재'로 인정하여 지원하거나 보호하던 이전의 케인스주의적 '수정 자유주의'와는 달리 문화를 직접적인 경제적 수단으로 삼는다는 데 있다. '수정 자유주의' 시대가 문화를 "법과 질서의 대리인"으로 내세워 시장의 질서와 분리시킨다면, 신자유주의 시대는 미술과 건축, 음악, 연극, 영화 등의 전통적 문화 영역들은 투기적 사업으로 전환시키는 것이다.13) 신자유주의가 지배하는 국면에서 대중문화가 소비자본주의의 영향을 받는 것도 이 때문이다.

1990년대 한국에서 소비자본주의의 대중문화 지배는 다양한 경로를 통해 이루어졌다. 우선 1990년대 초에 운동가요보다는 힙합과 같은 새로운 대중문화를 선호하는 신세대가 등장한 것이 한 예이다. 이 세대는 '민주화', '민족통일' 등의 정치적 의제보다는 개인의 욕망 구현을 먼저 생각하는 성향과 함께, 생산자보다는 소비자로서의 정체성에 더 집착하는 모습을 드러냈다. 놀라운 것은 젊은 세대가 소비자 정체성을 내세운 데 대해 당시 여론이 그리 부정적이지는 않았다는 사실이다. 신세대가 서태지와 아이들에 대해 열광하는 것을 보고 새로운 감수성의 표현이라며 긍정적으로 바라보고, 그들의 소비에의 탐닉을 특유의 라이프스타일 추구로 추켜세우는 문화담론도 널리 유포되었다. '신세대'에 대한 우호적인 시선은 당시 노동운동이 사회운동의 주요 동력으로 떠올랐던 점을 생각하면 계산된 것으로 보이기도 한다. 신세대 담론은 사회적 관심을 정치적 의제에서 세대나 욕망의 의제로 이동시키는 데 중요한 역할을 했다.14)

13_ 물론 한국에서는 케인스주의적 수정 자유주의가 제대로 수용된 적이 없었기 때문에 문화에 대한 지원은 미미했다고 할 수 있다. 그러나 박정희, 전두환, 노태우 정권의 권위주의 체제에서 문화를 '법과 질서의 대리인'으로 삼은 것은 사실이다. Masao Miyoshi, "'Globalization', Culture and the University," in Fredric Jameson and Masao Miyoshi, eds., *The Cultures of Globalization* (Durham and London: Duke University Press, 1998), p. 259.

소비활동에 대한 사회적 관심의 집중은 문화산업 정책을 통해서도 이루어진다. 문화산업은 한국자본주의가 1990년대에 새로 발견한 강력한 축적 방안으로 인식되었다. 1994년 대통령산하 과학기술자문위원회가 현대자동차 150만대를 판 것보다 <쥐라기공원> 영화 한 편의 이득이 더 크다며 문화를 경제발전의 수단으로 삼으라고 권유하자 문화체육부가 문화산업국을 신설한 것이 단적인 예이다.15) 문화가 국가정책에 의해 산업으로 육성된다는 것은 문화가 경제의 수단으로 인식된다는 말이다. 이제 문화는 시장과는 거리가 먼 것으로 인식되던 '순수예술'보다는 상품의 부가가치를 높이는 '콘텐츠' 또는 이윤을 내는 '산업'이 되었으며, 한류의 주요 기반이 되는 대중음악, 영화, 텔레비전 드라마도 이 과정에서 급속도로 성장하기 시작한다.

문화산업 육성의 가장 큰 기반은 대중매체였다. 한국의 대중매체는 1987년 민주화가 시작되면서 이루어진 매체산업의 자유화를 통해 다양해지고, 특히 규모가 커졌다. 신문과 잡지의 창간, 기존 매체의 지면 확장과 함께 서울방송(SBS)과 같은 공중파 방송국 증설, 케이블 텔레비전 방송 시작으로 이어진 매체산업의 자유화는 대중문화 지형 변동의 주된 요인이었다. 대중매체의 확장이 대중문화에 미치는 영향은 재론이 필요하지 않겠지만, 그것은 대중문화에 소비자본주의의 영향력을 강화하는 핵심적 요인이었다. 매체산업의 자유화는 텔레비전 드라마, 영화, 대중음악, 게임 등 주요 대중문화 장르들을 문화산업으로 전환시킴으로써 더욱 강력하게 대중문화를 소비자본주의 영향권 안으로 포획한 것이다.

1990년대 초에 소비자본주의가 강화되었다는 것은 신자유주의가 강화되었다는 말이기도 하다. 신자유주의 경제정책은 박정희 정권 말기인 1979년 4월 '경제안정화종합시책'을 통해 처음 한국에 도입되었고 전두환, 노태우 정권을 통해 꾸준히 강화되었으나, 김영삼 정권의 출범으로 자유주의 정치세력이 지배세력으로

14_ 미메시스, 『신세대: 네 멋대로 해라』, 현실문화연구, 1993.
15_ Shim, "Hybridity and the rise of the Korean popular culture in Asia," p. 32.

부상하면서 본격화했다. 신자유주의는 이제 '세계화 정책', 특히 '신경제 정책'으로 구체화되어 범정부 차원에서 진행되면서 1995년 교육개혁안의 발의로 교육계에까지 확산되는 등 권위주의 정권에서 추진하던 것에 비하면 사회적 적용 범위가 크게 확대된다. 이 과정에서 김영삼 정권은 케이블 텔레비전 방송을 도입하고, 문화산업국을 신설하여 대중문화의 상업화에도 박차를 가하는데, 이런 정책 방향은 한국 대중문화의 성격을 새롭게 규정하며 한류를 형성하는 조건으로 작용했다. 알다시피 한류를 구성하는 텔레비전 드라마, 영화, 대중음악, 게임 등은 1990년대 초 이후 새로이 등장했거나 그 모습과 성격이 본격적으로 자본주의적이 된 대중문화 장르들이다. 1980년대라고 하여 대중문화의 자본주의적 성격이 없었던 것은 아니다. 그러나 당시는 민주화운동의 상승세와 더불어 적어도 대학가 주변에서는 '운동권 문화'가 대안문화로까지 부상하는 등 '지배문화'로서의 자본주의적 대중문화가 '부상문화'로서의 비자본주의적 대안문화의 도전을 받고 있던 때였다.[16] 대중문화 지형이 그만큼 불안정했던 것이다. 그러나 1990년대 초 이후 소비자본주의가 강화되면서 대중문화 영역에서의 '운동권 문화'의 영향력은 급격하게 줄어들었다. 다시 말해 한국의 대중문화는 사회운동 상승 국면에서는 대안문화의 영향을 적잖게 받았으나 1990년대에 이르러 체제 옹호적인 성격으로 크게 바뀐 것이다.

그러나 1990년대 초반 한국의 문화지형을 지금까지 말한 것처럼 일방적으로 신자유주의의 지배만 받았다고 규정할 수는 없다. 다음과 같은 질문이 필요하다. 한국문화는 왜 그 시점에 신자유주의의 본격화와 소비자본주의 강화를 경험하게 된 것일까? 이 질문의 답변을 구하려면 1980년대 말에 변혁적 사회운동, 특히 노동운동이 급부상한 사실을 상기할 필요가 있다. 1990년을 기점으로 한국에서는

16_ '지배문화', '부상문화'의 차이는 레이먼드 윌리엄스의 정의에 따른다. 그는 문화에는 '잔존문화', '부상문화', '지배문화'의 세 종류가 있으며, 이것들이 서로 복잡한 관계를 통해 문화지형을 구성한다고 본다. Raymond Williams, *Problems in Materialism and Culture: Selected Essays* (London: Verso, 1980), pp. 40-42.

사회적 불평등을 나타내는 지니계수가 0.30대에서 0.29, 0.28대로 크게 낮아지기 시작한다. 이 흐름은 외환위기를 맞는 1997년까지 지속되는데, 바로 이 시기가 한국사회에 본격적으로 소비자본주의가 강화되고, 신자유주의 또한 강화되는 '짧은 1990년대'이다. 1980년대 말의 사회운동의 상승, 그와 함께 일어난 노동운동의 급부상으로 사회적 부의 하향 이동이 일어난 이때 한국사회는 '포드주의적 타협'을 맞게 되고, 한국 자본주의는 임금 인상을 허용하는 등 노동자계급과 타협하는 자세를 보이면서도 다른 한편으로 이월된 사회적 부를 회수하려는 이중적 전략을 펼쳤다.[17]

1980년대 말 사회운동의 상승, 노동운동의 급부상, 그리고 뒤이어 전개된 사회적 부의 하향 이동이 없었더라도 소비자본주의 강화 등의 조치가 필요했을까? 자본축적 조건의 개선과 이를 위한 소비자본주의의 가동은 자본주의의 일반적 경향에 속하겠지만, 1990년대 초의 문화변동은 당시의 고유한 사회적 상황 속에서 이해되어야 할 것 같다. 이 시점에 한국사회가 겪은 사회변동의 기본적 성격은 '민주화의 자유화로의 전환'으로 규정할 수 있다. 1990년대 초라면 '1987년 체제'가 본격적으로 뿌리내리던 시점이다. 이 체제는 노태우 정권에 의해 관리되고 있던 초기까지는 극히 불안정한 상태를 벗어날 수 없었다. 사회변혁에 대한 요구가 최고조에 달했던 것이 그때였기 때문이다. 그러나 김영삼 정권이 성립되며 한국사회는 자유주의 세력의 지배 하에 들어간다.

'87년 체제'의 성립으로 한국사회가 '민주화'를 이루었다는 통념이 있지만, 이 '민주화'는 기본적으로 '신자유주의화'였다는 점을 강조할 필요가 있다. 1990년대 초 이후 한국사회는 자유주의자들의 권력 장악으로 문민정부, 국민의 정부, 참여정부를 거치며 신자유주의 체제로 바뀌었기 때문이다.[18] 민주화의 사실을 전면

17_ 이 책에 함께 실려 있는 「신자유주의 시대 문화지형의 변동과 문화운동—역사와 과제」, 282-83쪽.

18_ 이광일, 「87년 체제, 신자유주의 지구화, 그리고 민주주의의 위기」, 『진보평론』 32호, 2007년 여름.

부정하고자 이런 말을 하는 것은 아니다. 1987년 체제 이후 한국에서는 체육관에서의 대통령 선거, 현임 대통령에 의한 여당의 차기 대권 주자 임명과 같은 비민주적 관행이 크게 사라졌고, 이 결과 각종 선거가 정상적으로 치러지며 절차적 민주주의가 발전했다. 하지만 자유주의 세력이 정권을 잡은 뒤 한국사회의 신자유주의화가 더 본격적으로, 더 전면적으로 이루어진 것 또한 엄연한 사실이다. 세계무역기구(WTO) 가입, 국제통화기금(IMF) 구제금융의 수용과 긴축재정 실시, 미국과의 양자간무역협정(BIT) 추진, WTO 양허안 제출과 미국과의 자유무역협정(FTA) 체결 등으로 신자유주의 세계화가 계속 추진되면서 초국적 자본에 대한 국내시장 개방, 전면적인 사회 구조조정, 공기업의 민영화, 노동유연화 정책이 추진된 것도 이때였다. 전두환 정권, 노태우 정권이 이들 정책을 추진했더라면 어떻게 되었을까? 필시 거대한 사회적 저항을 초래했을 것이다. 그러나 신자유주의 정책을 본격적으로 추진한 것은 1980년대 사회운동의 한 주역이자 민주화와 개혁을 명분으로 내건 자유주의 세력이었다. '1987년 체제'에서 민주화가 '자유화', '신자유주의화'로 이어질 수 있었던 것은 그 때문이었을 것이다.

이렇게 보면 1990년대 초에 나타나기 시작한 문화변동은 사회운동의 상승과 그에 대한 자본주의적 대응의 등장, 이 과정에서의 소비자본주의 강화, 나아가서 민주화 과정에 대한 자유주의적 관리와 한국사회의 신자유주의화라는 다양한 사회적 동경(動徑)들에 의해 이루어진 것으로 보인다. 이런 과정에 유념할 필요가 있는 것은 한류의 등장 조건도 그 속에서 이루어졌다고 보기 때문이다. 1990년대 말에 한류가 초국적 문화횡단 현상으로 등장하려면 적어도 1990년대 초에는 한국의 대중문화가 이미 한류로 부상할 만한 잠재력을 가져야만 했을 것이다. 한국의 대중문화는 어떻게 그런 잠재력을 갖게 된 것일까? 한국에서의 신자유주의 강화와 무관하게 이 가능성을 생각할 수 없겠지만 1990년대 초의 문화변동이 다양한 사회적 동경들에 의해 일어난 점을 생각하면 한류를 가능케 한 문화변동은 모순의 견지에서 파악되어야 할 것 같다. 사실 민주화와 자유화, 사회운동의 상승과 그것에 대한 자본이나 국가의 대응, 민주화 과정에서 성장한 대중의 욕망 성장과 그에 대한 대응으로서의 소비자본주의의 강화 등은 상호간에 충돌과 모순을 일으키는 사회적 힘들이다. 민주화는 (신)자유(주의)화를 넘어서고자 하며, (신)자유(주의)화는 민주화를 통제하고자 하고, 진보적 노동운동은 자본과 국가의 통제를 벗어나고자 하며, 후자는 전자를 통제하고자 한다. 서로 부딪치는 이런 사회적 힘들은 상대방에게 반응을 불러일으키고, 이로 인해 사회변동이 생겨나는 법이다. 한국의 대중문화가 한류로 성장하는 데에도 이런 역학이 작용한 것으로 보인다.

3. 한국 대중문화의 성장—영화, 드라마, 대중음악을 중심으로

이제 2000년대 들어와서 동아시아를 횡단한 한국 대중문화의 3대 장르인 영화, 텔레비전 드라마, 대중음악에 초점을 맞추어 신자유주의와 한류의 관계를 살펴봐야 할 것 같다. 이들 대중문화 장르는 앞에서 말한 '짧은 1990년대'에 성장했다. 이 시기는 한국의 민주화가 '더 많은 자유주의'에 의해 관리되는 시기이기도 하다. 그렇다면 한류의 등장은 한국에서의 신자유주의 강화 덕분인 것일까? 1990년대 한국에서 영화산업이 발전한 원인을 설명하면서 "대기업이 영화 제작에서 마케팅이나 관중 조사와 같은 새로운 영업감각을 지닌 테크닉을 영화산업에 도입"한 점이나 영화사에 "해외 명문 영화학교 출신의 젊은 창의적 감독들을 포함한 신진 인재들"이 충원된 점을 꼽는 경우가 있다.[19] 이런 설명은 자본의 투자가 이루어지지 않고, 전문가의 참여로 인한 영화제작의 기술적 발전이 없었다면 한국 영화의 한류로의 부상이 어려웠을 것이라 전제한다는 점에서 한류에 대한 신

19_ Woongjae Ryoo, "The Role of the State in the National Mediascape in Age of Globalization: The Case of South Korea," *Global Media Journal*, Vol. 4(6), 2005. http://lass.calumet.purdue.edu/cca/gmj/sp05/graduatesp05/gmj-sp05gradref-ryoo.htm

자유주의적 관점으로 이어질 소지가 있다. 어떤 사회 부문이든 발전하려면 시장 논리에 맡겨져야 한다는 것이 신자유주의 입장이다. 과연 한국의 대중문화는 시장 메커니즘 때문에 발전한 것일까?

한국 영화산업의 발전을 논하면서 자본이나 기술력이 기여한 부분을 외면해서는 안 되겠지만 다른 사회 부문, 특히 '국가'가 기여한 측면을 외면하면 곤란하다. 앞서 1990년대 한국 대중문화가 드러낸 소비자본주의화에는 매체산업 자유화와 함께 문화산업국 창설이 상당히 기여했음을 지적한 바 있다. 문화를 소비대상으로 삼아 자본축적을 꾀하는 것은 신자유주의 전략의 일환임이 분명하지만 이 과정은 시장논리만이 아니라 국가의 정책으로부터도 큰 영향을 받는다. 한국의 영화산업에서 국가의 최대 역할은 무엇보다 스크린쿼터 제도를 운영한 데서 찾아야 할 것이다. 1999년에 김대중 정부가 미국과의 양자간투자협정(BIT)을 위해, 2006년에 노무현 정부가 자유무역협정(FTA)을 위해 스크린쿼터를 포기하자고 했을 때 한국 영화계가 거세게 반발한 것은 그 제도가 한국영화 발전을 위한 최적의 물적 기반임을 알았기 때문이다. 스크린쿼터의 중요성은 그것이 유지된 동안은 한국영화의 시장 점유율이 개선되다가 2006년 미국과의 자유무역협정(FTA) 협상 개시를 위한 선결조건으로 한국정부가 쿼터 일수를 절반인 73일로 축소한 뒤 상황이 급속도로 나빠진 것으로도 입증된다. 영화산업 발전에 이처럼 공적 제도가 기여했다는 것은 사회 발전을 위해서는 국가의 개입을 가능한 한 줄이고 시장의 자율적 조정에 맡겨야 한다고 보는 신자유주의의 주장이 실제 현실과는 부합하지 않음을 보여준다.

그러나 아울러 제기하고 싶은 질문은 신자유주의가 강화되는 국면에서 한국의 국가는 어떻게 영화산업 분야에서 그 공적 기능을 유지했을까 하는 것이다. 자본주의 체제에서 국가는 기본적으로 자본 세력의 동맹이고, 특히 신자유주의 정세에서는 자신의 공적 기능을 최대한 약화시키는 경향이 있다. 그렇다면 신자유주의가 강화되고 있던 1990년대 내내 어떻게 스크린쿼터 제도와 같은 공적인 사회제도가 가동되고 유지될 수 있었을까? 신자유주의와 소비자본주의의 강화에도 불구하고 국가로 하여금 적어도 당분간은 사회적 공공성을 보존하도록 만든 사회적 동력이 작동한 때문인 것으로 보인다. 한국영화의 중흥을 말할 때 1980년대 민주화운동이 기여한 점을 특별히 강조해야 할 이유가 여기에 있다. 이 전통이 없었다면 최근까지 스크린쿼터 제도를 유지시키도록 국가에 압박을 가하기는 쉽지 않았을 것이다. 1988년에 미국영화의 직접 배급이 시작되자 그때까지 사장되어 있던 스크린쿼터 제도를 실질적으로 복원시키고, 1998년 이후 미국이 한국과의 무역협정 체결 과정에서 이 제도의 철폐나 축소를 요구할 때마다 반대운동을 벌이는 데 큰 힘을 보탠 것은 민주화운동 세력이었다.

사실 민주화운동은 한국영화 발전에 다양하게 기여한 것으로 보인다. 한국의 주요 문화생산 영역에서 '충무로'만큼 세대 교체가 철저하게 된 곳도 없을 것이다. 1990년대 초까지 권위주의 정권의 눈치를 보며 체제 옹호적이거나 선정적인 영화를 만들어 이윤 높은 할리우드 영화의 수입권을 따내는 데 급급하던 기성세대 대신 <파업전야>와 같은 영화를 만들던 '운동권'이 생산의 주역으로 떠오른 곳이 충무로이다.20) 민주화 운동은 영화예술에서 표현의 자유를 확장하는 데에도 크게 기여했다. 이창동의 <박하사탕>, 박찬욱의 <공동경비구역> 등 많은 영화들이 주목을 받은 것은 민주화 운동을 전제하지 않으면 불가능한 주제와 표현 방식을 선택한 때문이기도 하다. 1990년대 말 검열 논란을 일으킨 장선우의 <거짓말>처럼 '음란성'이 높은 작품의 제작이 가능했던 것도 같은 맥락에서 이해된다. 민주화 운동은 표현의 자유를 확장함과 아울러 1999년에 종전의 영화진흥공사를 전문가 중심으로 운영되는 행정위원회인 영화진흥위원회로 전환시키는 데에도 기여했다.

20_ <파업전야>를 제작했던 이은 감독은 명필름을 거쳐 현재 MK픽처스 대표가 되었고, 장윤현 감독은 <접속>과 <텔미섬씽>을 연출했다. 충무로 기획체제를 연 것으로 평가되는 유인택도 과거 문화운동의 주축이었다.

한류의 또 다른 기반인 텔레비전 드라마가 발전한 과정에서도 비슷한 점이 확인된다. 사회 여러 부문의 운영은 국가의 간섭이 적을수록 더 좋은 효과를 낸다는 것이 신자유주의가 주장하는 바이지만, 이런 이론적 입장은 현실에서는 반증되기 일쑤이다.[21] 텔레비전 드라마가 경쟁력을 획득한 과정을 보더라도 시장논리에만 의존한 때문은 아님을 알 수 있다. 그 과정이 시장논리와 전혀 관계가 없다는 말은 아니다. 이미 언급한 대로 한국의 국가는 1980년대 초부터 '3S 정책'을 펼치며 스크린을 대중통제의 중요한 장으로 삼았으며, 1980년대 후반 이후에는 자유화를 통해 대중매체의 사회적 영향력을 더욱 확장하기 시작했다. 최근 15년이 넘는 기간에 텔레비전 방송, 특히 그 중에서도 드라마가 대중의 일상생활을 주조하는 데 중요한 역할을 하게 된 것은 1991년 상업방송인 서울방송의 개국을 허용하는 등 매체 자유화 정책이 꾸준히 진행되며 방송에 시장논리가 도입된 것과 무관하지 않을 것이다. 그러나 한류의 중요한 자원인 텔레비전 드라마가 발전한 데에는 무엇보다 한국에서 텔레비전 방송이 오랫동안 공영방송 체제를 유지할 수 있었던 점이 크게 작용했다. 서울방송의 개국, 1993년 케이블 텔레비전 방송 시작으로 한국 방송계에 상업화 경향이 높아지기는 했지만 방송시장을 지배하고 있는 것은 아직도 한국방송과 문화방송이다. '일식 한류'의 최대 상품으로 평가되는 <겨울연가> 연출자를 보더라도 공영방송의 중요성을 알 수 있다. 그는 2001년 한국방송에서 퇴사한 뒤 프리랜서로서 <가을동화>, <겨울연가> 등의 히트작품을 냈지만, 1985년에 그 회사에 입사하여 퇴사할 때까지는 내세울 작품이 없었다고 한다. 근래에 들어와서 사회 곳곳에서 구조조정이 빈발함을 고려하면 한국방송이라는 공적 기반 없이도 과연 그가 계속 연출자로서 활동할 수 있었을는지 궁

21_ 신자유주의자들은 노조, 환경주의자, 기업체 등 관련 이익집단의 정치적 힘에 따라서 영향을 받을 수밖에 없다는 이유로 사회정책에 대한 국가 개입을 반대한다. 그러나 신자유주의의 이런 이론적 관점은 궁극적인 사회적 행위자를 자유로운 개인으로 설정함으로써 이들 개인이 시장에서 이익을 독점하도록 허용하는 효과를 낳는다. 신자유주의의 이론과 실제 사이에는 따라서 불일치가 존재할 수밖에 없다(Harvey, op. cit., p. 21).

금하다. 물론 한류 작품을 제작하는 동안 그는 프리랜서였다고 하지만 그 작품이 한국방송에서 방영되었다는 것은 그가 여전히 공영방송과 연계되어 있었음을 보여준다.

방송산업이 공영방송 체제 중심으로 운영된 것은 일단 국가가 공적 성격을 중시하는 방송정책을 펼쳤기 때문일 것이다. 하지만 영화산업에서와 마찬가지로 방송에서 공적 기반 유지가 가능했던 것도 민주화운동의 전통과 무관하지 않아 보인다. 2007년에 협상을 종료한 미국과의 자유무역협정에서 한국정부가 사회운동, 언론운동의 강력한 반대에도 불구하고 미국이 요구하는 대로 공중파 방송시장을 개방하기로 한 데서 볼 수 있듯이 국가가 반드시 방송의 공적 기능을 지키려 하는 것은 아니다. 최근까지 한국의 방송이 공적 성격을 그나마 어느 정도 유지해온 것은 이렇게 보면 국가 이외의 부문으로부터 영향력이 행사된 결과임이 분명하다. 여기서 1980년대 말에 출범한 한국방송프로듀서연합회, 각 방송국의 노조 등의 역할, 특히 한국방송과 문화방송의 노조가 방송의 공적 성격 수호를 위해 파업을 벌이기도 했던 사실을 떠올리게 된다. 한국에서 공영방송 체제와 방송의 공공성이 유지된 것은 방송종사자들의 자치활동이나 노동조합 결성을 할 수 있게 만든 민주화운동과 무관하지 않은 것이다.

텔레비전 드라마는 내용상으로도 민주화운동의 혜택을 입었던 것 같다. 한류의 확산에 도움을 준 텔레비전 드라마 가운데에는 동아시아 청소년이 선호하는 '트렌디 드라마'가 많다.[22] 트렌디 드라마는 "사회·경제적 변화 속도에 맞는 스피디한 전개와 감각적 트렌드"[23]를 보여준다는 점에서 오늘의 대중문화가 지닌 소비자본주의적 특징들을 가장 잘 드러내고, 그런 점에서 1990년대 초부터 진행된 한국사회의 '자유화' 경향을 반영하는 장르라고 하겠다. 그러나 아울러 고려할 점이 그 안에 깃들은 "한국적 삶의 자락들" 즉 오늘 동아시아 사람들이 "자신의

22_ 국가정보원, 『한류의 경제적 활용실태 및 보완방안』, 2004, 13쪽.
23_ 같은 글, 5쪽.

오늘을 비출" 수 있는 "오늘의 삶이 갖는 문제의 보편성"[24]이다. 더 나아가서 거기에는 "작품의 매력을 만들어내는" "민주화를 스스로의 힘으로 해낸 사회의 저력", "역사를 바꾼 자신감과 건전함에서 오는 힘"도 있다. "<겨울연가>와 같은 러브스토리에도 민주화가 낳은 생명력이 살아있다. 언론의 자유가 없을 때에 위험수위까지 언어의 가능성을 넓히려고 애를 쓴 경험과 수확이 드라마 대사의 깊이와 묘미로 나타났다. 유진과 같은 자립적인 여성이 등장한 것도 여성운동의 성과가 드라마에 반영된 결과이다."[25] 우리는 여기서도 한류가 형성되는 데에는 시장의 힘과는 다른 '사회적' 힘이 작용했음을 확인한다.[26]

영화와 텔레비전 드라마와 함께 한류의 주요 요소이지만 대중음악의 경우는 그 성장과 발전의 양상이 많이 달랐던 것 같다. 대중음악이 성장한 것도 1990년대이다. 하지만 대중음악은 영화나 텔레비전 드라마와는 달리 국가의 문화정책, 민주화의 사회적 영향력과 분리되어 있었거나 혜택을 거의 받지 못한 것으로 보인다. 영화나 드라마의 경우 1980년대 사회운동에 참여했던 세력과의 관련이 상대적으로 깊다면 대중음악은 오히려 그 반대였다. 이런 경향은 1990년대 초에 등장한 서태지와 아이들에서부터 나타났지만 1995년 H.O.T가 등장한 것을 계기로 더욱 두드러졌다. 서태지가 <난 알아요>와 같은 노래를 통해 '운동권 노래'와는 전적으로 다른 감수성을 통해 80년대의 집단주의를 벗어나서 개인의 욕망을 추구하는 모습을 보이면서도 <교실이데올로기>와 같은 노래로 기존의 질서에 도전하는 면모를 보였다면, H.O.T의 모습은 문화산업의 상품 논리에 종속한 그것이었다. 그러나 사회운동과의 이런 무관함이 국가에 대해 공적 기능을 강화할 것을 요구하는 대중음악의 힘을 약화시켰는지도 모른다. 당시 국가는 대중음악에 대해

24_ 백원담, 앞의 책, 44쪽.
25_ 송연옥, 「일본의 한류 바람을 어떻게 볼 것인가」, 『문화과학』 40호, 2004년 겨울, 178쪽.
26_ 칼 폴라니에 따르면 '사회'는 '경제'와 구분된다. 그는 "경제가 사회관계 속에 파묻혀 있는 것이 아니고, 사회적 제 관계가 경제체제 속에 파묻혀"(폴라니, 『거대한 변환—우리 시대의 정치적 · 경제적 기원』, 박현수 역, 민음사, 1991, 78쪽) 버리면 사회는 위험에 처한다고 봤다.

음반 사전심의라는 검열제도를 시행하고 있었는데, 이는 대중음악 영역이 공영방송, 스크린쿼터와 같은 공적 지원을 요구할 만큼 사회적 영향력을 갖지 못한 증거일 것이다. 음반 검열은 1996년 이후 중단되었으나,[27] 1980년대 노래운동과의 단절 이후 대중음악이 생존을 위해 의존한 것은 SM엔터테인먼트처럼 시장논리에 철저한 기획사들이었다. 연예프로그램을 많이 내보내는 텔레비전 방송국이 대중음악의 주된 제도적 기반이 아니냐고 할 수도 있지만 방송의 연예프로그램은 한국 대중가요의 발전에 오히려 역기능을 했다는 지적이 나온 지 오래이다.[28] 한류의 초기 형성에 중요한 역할을 했다고 평가받는 한국 대중음악이 시간이 갈수록 위기에 직면했다는 진단이 나오고 있는 것은 이런 점에서 우연이 아니다. 공영방송 체제의 보호를 받고 있는 텔레비전 드라마의 경우 아직 위기설이 나온 적이 없고, 영화의 경우 2006년 초 스크린쿼터 축소 결정이 이루어진 뒤 상황이 나빠진다는 진단이 나오고 있지만, 대중음악의 경우는 이미 2000년 초부터 위기설을 맞고 있다.[29]

이상 언급한 사실들은 한국의 대중문화가 한류로의 부상에 필요한 발전의 기틀을 이룬 것이 신자유주의 덕분은 아님을 말해준다. 사회발전을 위해서는 국가의 시장 개입과 같은 '합리적' 조치는 최소화되어야 하고, 대신 시장의 자율성이 최대로 보장되어야 한다는 것이 신자유주의 관점이다.[30] 이 논지를 따른다면 영

27_ 검열 폐지는 가수 정태춘이 사전음반심의 철폐운동을 주도해온 데 이어, 공윤에 의해 서태지가 자신의 <시대유감>이 가사 수정 판정을 받자 가사를 빼버린 반주곡으로 음반을 출시한 것을 계기로 그의 팬들이 공윤의 사전심의 철폐운동을 벌여 이루어졌다.

28_ 이 맥락에서 2001년에 문화운동 사회단체인 문화연대가 주축이 되어 '대중음악개혁을위한 연대모임'을 만든 것을 기억할 필요가 있다. 이 모임은 텔레비전 방송의 연예프로그램을 대폭 축소하고 대신 대중음악 공연장 건설에 나설 것을 촉구하는 캠페인을 벌였다. 문화개혁시민연대, 『공중파방송 연예프로그램, 무엇이 문제인가』(연예프로그램 개혁을 위한 토론회 자료집), 2002.

29_ 이동연, 「대중음악산업 인프라 구축을 위한 기본방향」, 『새 정부 대중음악진흥정책, 어떻게 할 것인가』(새 정부 대중음악진흥정책 제안 토론회 자료집), 2003, 5쪽.

30_ 신자유주의 이론의 창시자 프리드리히 하이에크는 인간의 행동은 합리성을 지닌다고 인정했지만 이 합리성 자체를 신뢰하지 않았다. 기본적으로 인간의 능력, 특히 이성에는 한계가 있다고 본 때문이다. 그는 인간의 행동에는 수많은 변수들이 있으며, 이 변수들을 인간의 합리적

화, 텔레비전 드라마, 대중음악의 발전을 위한 국가적 지원, 영화진흥위원회나 공영방송 등의 제도적 기반은 불필요해진다. 그러나 한국 대중문화는 오히려 신자유주의 이론에 반대되는 조치들, 특히 1990년대까지 남아있던 1980년대 민주화운동의 힘에 의해 국가가 공적 기능 유지를 위해 취할 수밖에 없었던 조치들 때문에 발전을 이룬 측면이 적지 않다. 이런 점은 한류의 부상은 신자유주의에의 저항을 전제한다는 결론까지 가능케 한다. 한류의 등장과 관련하여 '민주화의 자유화로의 전환' 속에 자유화로 모두 수렴되지 않는 민주화의 힘을 생각해야 하는 것은 이 때문이다. 한국 대중문화에 표현의 자유가 더 많이 확보된 것도 자유화로 인한 효과라기보다는 권위주의 체제를 약화시키고 민주적 개혁을 지속시킨 1980년대 사회운동의 효과로 봐야 할 듯싶다.

그럼에도 불구하고 한류를 신자유주의와 분리하여 생각할 수 없는 것은 1987년 체제의 성립으로 시작된 민주화와 개혁은 결국 신자유주의화로 귀결되었고, 이 과정에서 대중문화 또한 소비자본주의 강화에 기여하는 경향을 띠어 자본축적을 위한 기능을 강화하게 되었기 때문이다. 한류가 문화산업의 논리를 따른다는 것은 엄연한 사실이다. 한류는 지금 중요한 수출 상품으로 간주되며 주로 경제적 관점에서 고려되는 문화 현상이다. 한류와 신자유주의의 관계는 이런 점에서 모순적이다. 그 관계는 대중문화를 장으로 하여 구성되었으며, 거기에는 민주화와 자유화의 상충되는 사회적 기대들, 변혁을 요구하는 사회운동과 그것을 통제하려는 국가와 자본의 투쟁, 대중의 드높은 욕망과 그 힘을 제어하려는 소비자본주의의 타협과 갈등이 집중된다. 물론 이 모순의 작동은 신자유주의 강화로 이어졌고, 이것이 '1987년 체제'의 최종 효과이기도 하다. 이 체제는 한국사회의 근본적이고 실질적인 민주화를 지향한 세력을 포함했던 1980년대 운동과 그 여망을 자유주의

계산으로 통제할 수 있는 가능성은 거의 없다고 믿었다. 그가 1930년대의 공황 극복을 위해 제출된 케인스의 계획경제안에 대해 강력하게 반대한 것도 그 때문이다(Nesta Devine, "F. A. Hayek: The Road to Marketisation of Education, or the Education of the Liberal Subject?" http://www.vusst.hr/ENCYCLOPAEDIA/main.htm, 1999).

의 전망을 통해 관리해왔다. 이는 1990년대에 이르러 민주화의 자유화로의 전환 또는 실질적 민주주의의 자유민주주의로의 축소가 진행되었음을 보여준다. 하지만 한국사회가 아직도 세계에서 유례를 찾기 힘들 정도로 사회운동이 활성화되어 있다는 것은 자유화나 신자유주의화 경향의 우세 속에 민주화에 대한 사회적 관심이나 민주화를 추구하는 동력이 작동한다는 증거이다. 1990년대 대중문화의 발전도 이런 모순 속에서 전개되었던 것으로 보인다.

4. 한류의 동아시아에서의 초국적 횡단

한류와 신자유주의의 모순적 관계는 1990년대 한국에서 일어난 신자유주의화와 그로 인한 대중문화 지형의 변동을 통해서만 드러나는 것은 아니다. 한류는 한국 대중문화를 그 기반으로 하지만 후자의 동아시아에서의 초국적 횡단 현상이기도 하다. 한류와 신자유주의의 관계를 이해하려면 따라서 이 지역에서 한류 현상이 어떻게 가능해졌는지도 살펴봐야 한다. 아울러 한류의 동아시아 횡단은 어떤 의미를 지녔으며, 그것이 제기하는 문제는 무엇인지 살펴보는 것도 중요하다.

동아시아에서 한국 대중문화가 광범위한 소비 대상이 된 데에는 미디어기술이 발전한 때문이라는 지적이 있다. 뉴스코퍼레이션, 소니, 디즈니와 같은 초국적 미디어기업의 출현으로 커뮤니케이션 기술이 발전한 것이 세계적 차원에서 미디어 이미지와 텍스트의 동시적 유통을 촉진시켰다는 것이다.[31] 인터넷이나 위성방송, 콤팩트디스크(CD), 디지털비디오디스크(DVD) 같은 기술이 한류 형성에 유익했을 것임을 부정할 수는 없겠다. 하지만 미디어기술 발전에만 초점을 맞추어 한류 확산을 설명한다면 필요조건과 충분조건을 구분하지 않고 그 현상을 설명하는 셈일 수도 있다. 미디어기술은 문화현상을 구성하는 한 측면이지 전체는 아니다.

31_ Cho, op. cit., p. 174.

다른 한편 동아시아의 경제성장에 따라서 지역 청소년의 새로운 문화적 욕구가 만들어지고 한국의 트렌디 드라마나 댄스음악이 이에 부응한 것이 한류 열풍이 생긴 이유라는 설명도 있다. 중국의 경우 10대들이 서구문화를 융합한 한국문화에 열광하면서 단기간에 '한류' 문화가 젊은 세대의 주류 문화로 안착했다고 보는 것이 한 예이다.[32] 부분적으로는 설득력이 없지 않으나, 이 또한 동아시아 전역에서 확인되는 문화적 현상을 청소년 문화라는 한정된 틀을 통해 보려하는 설명이라는 점에서 한계가 없지 않다.

한류의 형성을 이해하려면 방금 언급한 기술, 세대의 문제 이외에도 훨씬 더 많은 요인들을 고려해야 한다. 한국 대중문화에 대한 수요가 생기는 이유를 동아시아 청소년의 그것에 대한 선호보다는 수출 가격과 같은 시장조건에서 찾을 수도 있다. 1990년대 말 경제위기를 겪은 동아시아 국가 방송사들이 예산 절감을 위해 저렴한 프로그램을 선호한 것이 한국 텔레비전 프로그램이 이 지역에서 대거 방영된 이유였다는 설명이 한 예이다. 이 경우 2000년 현재 한국 텔레비전 드라마의 가격이 일본 것에 비해 4분의 1, 홍콩 것에 비해 10분의 1에 불과했던 점에 주목한다.[33] 한국 대중문화 수출에 유리한 시장조건으로는 이밖에도 홍콩의 처지 변화도 꼽을 수 있을 것이다. 홍콩은 1980년대까지는 아시아 지역에서 주요 영화 수출국의 역할을 하는 등 "문화적 전진기지 역할"을 해왔으나 1997년에 중국으로 반환되면서 "콘텐츠 개발 소홀"로 동아시아에서 "한국문화가 대체문화로서 별 무리 없이 정착"[34]했다는 분석이 그래서 나온다.[35] 더 나아가 1990년대에 이르러 동아시아 국가들에서 매체산업 자유화가 이루어진 점도 고려할 수 있겠다. "80년

32_ 국가정보원, 앞의 글, 5쪽.
33_ Shim, "Hybridity and the rise of the Korean popular culture in Asia," p. 28.
34_ 국가정보원, 앞의 글, 5쪽.
35_ 중화권의 문화산업은 콘텐츠 공급은 홍콩, 배급과 자본 지원은 대만, 시장제공은 중국이 맡는 식으로 구성되어 있었다. 그러나 홍콩이 반환되며 콘텐츠 공급원이 무너지자 배급시장인 대만도 무너지고, 소비자들의 수요도 끊어지는 현상이 나타난 것이 한류가 대안으로 부상한 요인이 된다.

대 말부터 TV 방송국의 경제운영 체제에 다양화 추세가 나타나기 시작했으며 TV 드라마의 생산과 유통도 갈수록 시장 법칙의 지배"36)를 받은 중국이 좋은 예이다. 1990년대 말에 한류가 중국에 등장할 수 있었던 것은 "90년대 이후 중국 TV 드라마 시장의 확대"(64)가 이루어지고, "드라마가 중국 관중의 TV 소비 가운데 아주 중요한 지위를 차지"(65)한 결과라고 할 수 있다.

이상 잠깐 살펴본 대로 한류가 확산하는 데에는 실로 다양한 요인들이 작용한 것으로 보인다. 문제는 그것들을 어떻게 이해하느냐는 것이다. 이 글의 논지는 그 요인들을 개별적으로보다는 통합적으로 고찰하는 것이 필요하고, 특히 1990년대 초 동아시아에 신자유주의 세계화 정세가 본격 형성되었다는 사실과 연관지어 생각하되 다시 이 사실을 한국의 민주주의 문제와 결부하여 생각해야 한다는 것이다. 알다시피 1990년대 초 이 지역에서는 새로운 국제질서가 성립되었다. 소련을 위시한 현실사회주의가 붕괴하고, 반세기간 동아시아를 짓눌러오던 냉전체제가 종식되며 탈냉전이 형성된 것이다. 하지만 이는 또한 미국이 주도하는 '신세계질서'가 확립되고, 자본주의가 1970년대 중반 이후 새롭게 채택한 축적전략으로서의 신자유주의가 사회주의의 걸림돌이 사라진 속에 세계화되는 과정이기도 하다. 오늘 한류를 수용한 나라들에는 과거 현실사회주의 국가에 속했거나 사회주의를 유지하더라도 사실상 세계자본주의 체계에 편입된 국가들이 있다. 탈냉전과 그에 따른 신자유주의 세계화라는 조건이 없었다면 중국, 러시아, 베트남, 몽골 등의 국가들과 한국의 외교관계가 복원되기는 쉽지 않았을 것이고, 냉전 기간에는 불가능했거나 극히 제한되었던 무역활동도 확대되지 않았을 것이며, 한국 대중문화가 그들 나라로 쉽게 수출될 수도 없었을 것이다. 기술에 의한 한류의 초국적 횡단, 동아시아 청소년의 한국 대중문화와의 접촉, 한국 대중문화의 시장경쟁력의 일시적 우위 확보, 동아시아 매체산업의 자유화 등 한류를 형성하는 요인들의 등

36_ 인홍, 「중국 대중문화의 생산과 소비」, 『중국의 창』 1호, 2003, 50쪽. 이하 이 글에서의 인용은 본문에 그 쪽수를 표시한다.

장 역시 신자유주의 세계화를 전제한다. 이런 점에서 한류의 초국적 횡단은 동아시아 지역에서의 신자유주의 수용과 무관하지 않다.

그럼에도 불구하고 이제 다시 한 나라의 문화가 주변 여러 나라에 수용되려면 신자유주의적 자본축적 전략이 동일 지역에서 가동된다고 하는 조건 이외에 다른 사회적 조건도 필수임을 확인할 필요가 있다. 지난 10년 가까이 동아시아에서 대만, 중국, 일본, 미국보다는 한국의 대중문화가 신드롬에 가까운 문화열풍을 일으킨 까닭을 이 지역 문화시장의 자유화에서만 찾아야 할까? 한류 형성에 작용한 신자유주의 세계화라는 경제적 조건을 외면하려고 이런 질문을 제기하는 것은 아니다. 사실 한류는 문화영역에서의 이윤 추구 모습을 띠고 있다는 점에서 문화산업 영역을 벗어나지 않는다. 한국에서 "한류를 계기로 문화산업이 21세기 국가중점사업으로 등극"[37] 한 것도 한류에 만만찮은 경제적 측면이 깃들었기 때문 아니겠는가. 그러나 다시 한류는 한국 대중문화의 초국적 횡단 현상이며 문화의 수용 현상에 속하고, 문화의 수용 과정은 나름의 메커니즘을 지닌다는 점도 강조하고 싶다. 한류의 놀라운 점은 2000년대 동아시아에서 가장 주목할 문화현상으로 등장했다는 사실인데, 이는 한국 대중문화가 최근 이 지역에서 광범위하게 수용되고 있음을 보여준다.

한류가 동아시아에서 초국적으로 수용된 이유로서 아마 가장 자주 제시되는 것이 '문화적 근접성'일 것이다. 동아시아에서 한류가 지닌 '문화적 근접성'의 요인은 흔히 '아시아적 가치'로 요약된다. 이 지역에서의 한국 드라마의 성공은 "유교 문화를 벗어나지 않아 문화 수용자에게 거부감을 덜"[38] 주기 때문인 것으로 설명하곤 하는 데서 보듯이 이 '가치'는 '유교 문화'로 번역되는 것이 관례이다. 중국에서의 한류 형성을 촉발했다는 <사랑이 뭐길래>나 최근 공전의 시청률을 기록한 <대장금> 등이 일면 유교 문화를 전제함을 부정하기는 어려울 것이다.

37_ 백원담, 앞의 책, 190쪽.
38_ 국가정보원, 앞의 글, 5쪽.

그러나 검약과 절제, 교육열, 가족주의 등 유교 문화를 중심으로 한 '아시아적 가치'가 한류의 초국적 횡단을 도왔다고 보는 것은 그 가치를 무비판적으로 보게 할 위험도 없지 않다. 사실 '같은 아시아'에 속해서 나온다는 문화적 근접성을 자국 문화의 수용 조건으로 만들고자 한 것은 1990년대에 동아시아 대중문화 시장에 진출하기 시작한 일본이 먼저이다. 이때 태국, 대만, 인도네시아, 필리핀, 남한, 중국 등에서 멜로드라마 <오싱>이나 만화영화 <도라에몽>이 인기를 끄는 것을 "같은 아시아인들의 핏속에 흐르는 보이지는 않으나 명백한 공통성"39)이 작용한 현상으로 보는 견해가 일본에서 나온 것을 기억할 필요가 있다. '일류'에 대한 동아시아의 수용 원인을 '문화적 근접성'에서 찾는 극우주의자 이시하라 신타로의 이런 관점을 지지할 수 없는 것은 19세기 말, 20세기 초 일본제국주의가 보여준 '탈아입구'(脫亞入歐)의 태도를 숨기고 있기 때문이다. 이시하라 같은 사람에게 '문화적 근접성'은 일본 대중문화가 아시아에 수용되는 근거이면서 동시에 일본이 아시아를 이끌어야 하는 근거가 된다. 일본은 다른 나라들과 함께 '같은 아시아'에 속하지만 아시아라는 기러기 떼의 선두로 전제된다.40) 일본은 '아시아적 가치'를 공유한다고 하더라도 그것을 가장 먼저 구현한 나라인 것이다.

'문화 근접성'은 이처럼 문제가 없지 않으나 그렇다고 폐기할 개념은 아닌 듯 싶다. 이와부치 코이치에 따르면 1990년대에 이르러 한국, 대만, 홍콩 등이 일류를 소비하기 시작한 데에는 이들 나라가 당시 경제발전을 이룬 것이 중요한 요인으로 작용했다. 당시 동아시아 사람들이 미국 대중문화를 젖혀두고 일류에 빠진 것은 후자가 묘사하는 세계가 다가올 자신들의 미래 모습에 더 가깝다고 여긴 때문이라는 것이다.41) 문화적 근접성에 대한 이와부치의 해석은 일본 문화에 대한 동

39_ Leo Ching, "Globalizing the Regional, Regionalizing the Global: Mass Culture and Asianism in the Age of Late Capital," in Arjun Appadurai, ed., *Globalization* (Durham: Duke University Press, 2001), p. 279.

40_ Ibid, p. 299.

41_ Koichi Iwabuchi, "Japanese popular culture and East Asian modernities." http://www.wacc.org.

아시아 수용자의 주체적 욕망을 고려한다는 점에서 제국주의적 문화 공급자의 욕망을 담고 있는 이시하라의 그것과는 다르다. 문화적 근접성을 수용자 관점에서 생각하면 한류의 동아시아 횡단은 어디까지나 '동아시아의 선택'[42]이 된다. 이때 한류의 부상은 문화제국주의나 문화민족주의가 상상하듯 한국의 대중문화가 '뛰어난' 때문보다는 동아시아가 그 속에 어떤 가치가 있음을 인정하여 수용한 결과인 것이다. 2000년대에 들어와서 한류 현상이 생겨난 것은 그렇다면 한국의 대중문화 안에 유교적 가치와 같은 동아시아에 공통되는 문화가 깃들어 있기 때문만이 아니라 동아시아인들이 그 속에서 그런 문화 이외에도 다양한 동일시 대상들, 예컨대 동아시아가 공동으로 겪은 일본 제국주의의 침략 경험, 한국의 경제성장을 반영하지만 동시에 동아시아의 '다가올 미래'이기도 한 삶의 모습, 나아가서 송연옥이 주목한 트렌디 드라마의 대사에도 깃들은 한국의 민주화 투쟁의 '역사' 등 자기 것으로 삼고 싶은 것들을 본 때문이다. 한류는 이런 점에서 한국의 대중문화이자 동시에 동아시아의 그것인 셈이다.

한류가 '동아시아의 문화적 선택'이 될 수 있는 근거는 일류가 유통된 방식과의 비교를 통해 짐작할 수 있다. 1990년대에 한국, 대만, 홍콩 등 상대적으로 발전한 동아시아 나라들에 수용된 일본 대중문화에는 '일본'의 표시가 최대한 삭제되어 있었다.[43] 과거 동아시아 침략의 전력이 있는지라 일본은 "아시아 국지 시장들의 다양성과 취향에 더 민감한 문화 산물들을 생산하여 배포"[44]하는 현지화 모델에 따라 대중문화를 수출한 것이다. 이에 반해 한류는 '한국산'임을 전면에 내세우는 경향을 띤다. 일본 중산층 여성들의 열광적 호응을 얻은 <겨울연가>, 중국과 홍콩, 대만에서 엄청난 시청률을 기록한 <대장금> 등은 어느 모로 보더라도

uk/wacc/publications/media_development/archive/2001_3/japanese_popular_culture_and_east_asian_modernities

42_ 백원담, 앞의 책.
43_ 같은 책, 72-73쪽.
44_ Iwabuchi, op. cit.

한국산임이 분명한 작품들이다. 오늘날 '글로벌한' 삶의 모습을 보여주는 트렌디 드라마라고 예외는 아니다. "한류의 동아시아적 회통"을 가능케 한 것은 "상업적 트렌디 드라마지만 그 속에서 한국적 삶의 자락들"[45]을 볼 수 있게 한 때문이라는 주장이 그래서 가능하다.[46] 여기서 피할 수 없는 질문이 떠오른다. 과연 한류는 동아시아의 선택이 될 만한 가치를 지니고 있는가? 이제 이 질문을 생각해 보는 것으로 글을 마치고자 한다.

5. 한류와 민주주의

한류가 동아시아의 문화적 선택이라고 하는 것은 위험한 말일 수도 있다. 특히 함부로 문화민족주의의 꿈을 꾸는 것을 조심해야 한다. 한국문화가 동아시아 지역에 유포된 것은 '단군이래 처음'이라는 달뜬 만족감에 빠져들 경우 한류를 한국 대중문화의 동아시아로의 '진군'으로 파악하고, 문화의 초국적 횡단 현상을 문화적 정복으로 치부할 공산도 크다. 이런 접근은 한류가 아직은 "세계 문화시장 이라는 쇼핑몰에 어렵사리 연 작은 점포"[47]에 불과함을 망각하는 일이기도 하지만, 그것을 국가주의의 도구로 전락시킬 수도 있다. 한류를 통한 동아시아에서의 문화적 회통을 바란다면 그와는 다른 방식으로 그것을 이해해야 한다.

한류가 '한국산'임을 내세우고 나선다는 것의 의미를 이제 신자유주의에 대한

45_ 백원담, 앞의 책, 44쪽.

46_ 한류가 한국산임을 늘 내세우는 것은 아니다. SM엔터테인먼트가 가수 보아를 현지화하여 일본에 진출시킨 것이나, 한국의 아이돌 댄스그룹 H.O.T를 닮았으나 모두 중국의 10대들로 이루어진 '신우치'(新舞器)를 통해 중국에서의 한국대중음악의 '토착화'를 시도한 경우를 생각할 수 있다(이동연, 『아시아 문화연구를 상상하기─문화민족주의와 문화자본의 논리를 넘어서』, 177쪽. 물론 그렇다고 한류가 한국산임을 공개하는 경향이 일류에 비해 상대적으로 높다는 사실이 바뀌지는 않는다.

47_ 백원담, 앞의 책, 42쪽.

저항의 관점에서 생각하고 싶다. 보기에 따라서 한류는 그동안 "오직 서구를 통해서만 자신의 존재를 확립해온 비서구인들이 대중문화의 공유를 통해 대안적 의식을 형성하는 새로운 기회"[48]라고 할 수 있다. <엽기적 그녀>를 관람한 중국과 홍콩의 젊은이들이 새로운 여성상을 갖게 되었다면 그것은 과거 할리우드 영화에서 자신들의 삶의 모방 대상을 찾던 데서 동아시아인이 큰 변화를 일으킨 것이라고 하겠다. 하지만 한류를 동아시아의 '문화적 선택'으로 본다는 것은 그 이상의 의미가 아닐까? 사실 한류의 소비자는 동아시아에서 주로 중산층 이상에 해당하며 그런 점에서 소비능력을 갖춘 계층으로 한정된다. 중국, 대만, 홍콩, 일본에서 <대장금>이나 <겨울연가>와 같은 한국 텔레비전 드라마를 시청한 경험을 가진 사람들이 한국으로 관광을 오는 것은 사실이지만 이들도 높은 소비능력을 가진 사람들에 한정되어 있다. 문화적 회통이 이런 부류의 한류 소비를 배제하는 것은 아니겠지만 좀 더 긍정적 의미를 지니려면 한류를 계기로 가능해진 회통이 새로운 차원을 가져야만 할 것 같다. 한류의 동아시아 문화횡단을 신자유주의 세계화를 넘어서는 의미를 지닌 것으로 이해하자는 것도 이런 문제의식과 닿아 있다.

이 글에서 우리는 한류가 신자유주의와의 모순적 관계 속에서 등장했으며, 그것은 신자유주의에 의해 지배될 가능성과 함께 그것을 극복할 수 있는 가능성을 동시에 지녔음을 살펴봤다. 한류는 자본주의적 대중문화라는 점에서, 특히 신자유주의 시대 문화산업의 논리를 따른다는 점에서 무조건 찬양할 현상만은 아님이 분명하다. 그러나 한류를 구성하는 한국 대중문화 가운데 특히 텔레비전 드라마와 영화의 경우 신자유주의적 교리에 반하여, 특히 민주화운동의 성과에 기대어 발전하였다는 점을 생각할 때, 그리고 동아시아에서의 그것의 수용 이유가 신자유주의 세계화라는 정치경제학적 조건 형성, 같은 동아시아에서 만들어졌다는 문화적 근접성의 구비 등에 그치지 않고, 더 나아가 동아시아가 자신의 미래로서 행한 '선택'일 수도 있음을 고려할 때 우리는 한류에 나름의 가치가 있을 수 있음

48_ Cho, op. cit., p. 177.

을 인정할 수도 있을 것 같다. 한류의 그 가치를 신자유주의와 관련지어 생각하면 이 후자를 극복할 수 있는 동력 또는 가능성으로 간주할 수는 없을까? 그리고 그 것을 '민주주의'라고 할 수는 없을까?

알다시피 한국사회는 1980년대의 사회변혁 운동을 통하여 세계에서 유례를 찾기 힘든 민주화 경험을 겪었다. 그러나 우리가 살펴본 대로 이 민주화는 다시 자유화와 신자유주의화로 이어지면서 한류라고 하는 모순 가득한 문화적 현상을 배태했다. 한류가 신자유주의 세계화라는 오늘의 세계질서를 벗어난 동아시아의 구상, 나아가서 평화공존의 동아시아 구상에 도움을 줄 수 있을 것인가? 앞서 인 용한 송연옥의 말이 다시 생각난다. 그에 따르면 일본에서 <겨울연가> 등이 관 심을 끄는 것은 그런 드라마에서도 역사가 계속 숨쉬기 때문이다. 트렌디 드라마 까지 그런 특색을 보이는 것은 최근 동아시아에서 한국사회가 '역사'를 가장 왕성 하게 겪은 결과이다. 그 역사가 민주화 운동의 그것이었음을 다시 말할 필요는 없을 것이다. 앞에서 우리는 이 민주화가 자유화와 신자유주의화로 귀결되고 있 음을 확인한 바 있다. 그러나 한류를 살펴보면서 다시 확인한 것은 한류를 가능케 한 원동력은 한국사회에 계속 남아 있는 민주화 운동의 힘이고 아직도 사라지지 않은 민주주의를 향한 열망이라는 것이다. 이 민주주의는 물론 여전히 충분치 못 하다. 하지만 동아시아의 선택으로서의 한류를 지속하기 위해서라도 우리는 자유 화와 신자유주의화에 안주하지 말고 민주화를 더욱 진척시켜야 할 것으로 보인다.

09

가없는 미디어매트릭스?

'미디어매트릭스'

맑스는 "자본주의적 생산양식이 지배하는 사회의 부는 '상품의 방대한 집적'으로 나타나며, 개개의 상품은 이러한 부의 기본형태로 나타난다"고 하였다.[1] 20세기 중반 발전한 사회의 특징을 나타내기 위해 기 드보르는 맑스의 이 명제를 다시 쓴다. 그에 의하면 "현대적 생산조건들이 지배하는 모든 사회들에서 삶 전체는 스펙터클의 거대한 축적물로 나타난다. 직접적으로 삶에 속했던 모든 것은 표상으로 물러난다."[2] 미디어가 실로 중대한 사회적 기능을 맡고 있는 오늘 맑스와 드보르의 명제를 "현대 사회는 미디어매트릭스로 구성되어 있다"라고 다시 쓸 수 있을 듯싶다. 여기서 '매트릭스'는 영화 <매트릭스>에서 등장인물 모피어스가 "꿈의 세계"라고 부른 매트릭스를 염두에 둔 표현이다. 미디어매트릭스가 오늘의 사회를 지배하고 있다는 것은 미디어로 구성된 "환상"의 세계가 구축되어 있다는 것이며, 영화에서처럼 그로부터의 탈출이 무척이나 어렵다는 것이다. 매트릭스가 매트릭스인 것은 그것이 전일적 지배를 통해 그 안에 속한 인간들을 좀체 놓아주

1_ 칼 맑스, 『자본론 I(상)』, 김수행 역, 비봉출판사, 1991, 43쪽.
2_ 기 드보르, 『스펙터클의 사회』, 이경숙 역, 현실문화연구, 1996, 10쪽.

려 하지 않기 때문인데, 오늘의 미디어매트릭스 역시 그 영향을 받는 사람들을 옭아매기는 마찬가지이다.

미디어매트릭스는 미디어 즉 매체들로 구성된 매트릭스를 말한다. 인류사회는 역사를 통하여 매체들의 급속한 증가를 경험해왔지만 '매트릭스'라는 개념을 요청할 만큼 미디어의 사회 지배가 공고해진 것은 20세기 후반 또는 말 이후가 아닌가 한다. 물론 19세기 중반 이후 다니엘 부어스틴이 말한 그래픽혁명이 발생하면서부터 매체가 엄청난 영향력을 발휘해 온 것은 사실이다. "그래픽혁명"이란 "정밀 이미지를 제작・보존・전송・배포하는 인간의 능력"의 증가로 인해 대중들에게 입수되는 시각 자료의 양이 급증한 것을 일컫는다. 그래픽 혁명은 부어스틴의 말대로 "유사 사건들"을 양산함으로써 삶의 진실성을 탈각시킨다. 사건이 나지 않으면 기사가 제작될 수 없다는 이전의 뉴스에 대한 관념을 뒤엎고 기상이변이나 교통사고 또는 전쟁이나 정변과 같은 사건 자체들보다는 인터뷰나 기자회견과 같은 유사사건이 뉴스로 통용되는 상황이 벌어지는 것이다.[3] 아도르노와 호르크하이머가 1940년대 말 '문화산업'이라는 개념을 통해, 그리고 위에서 언급한 기 드보르가 1960년대에 '스펙터클 사회'라는 문제의식을 통해 비판한 것은 그래픽혁명의 결과 이런 가짜 사건들의 양산이 만들어내는 삶의 허위성이었다. 그런데 오늘 이런 능력으로 말할 것 같으면 그래픽혁명과는 비교할 수 없을 정도로 확장되고 증폭되었다고 해야 한다. "그래픽혁명"이 대체로 기계복제 기술에 의존했다면 지금은 디지털복제 단계로까지 기술이 발달하였고, 이로 인해 이전과는 비교할 수 없을 만큼 많은 양의 이미지가 범람하고 있는 것이다. 오늘의 상황 설명에는 그래서 "문화산업"이나 "스펙터클 사회"보다는 보드리야르가 말한 "시뮬라시옹"이 더 적합할는지 모른다. 아도르노와 호르크하이머나 드보르가 유사 사건의 대립물로서 어떤 "진정한 것" 또는 원본을 상정하고 있다면, 이미지 제작은 이제 많은 경우 원본을 전제하기보다는 오히려 그것을 모사물의 사후 효과로서

3_ Daniel Boorstin, *The Image: A Guide to Pseudo-Events in America* (New York: Atheneum, 1978).

만들어내는 방식이기 때문이다. 미디어 또는 매체의 확산에 의해, 그리고 매체기술의 가공할 발전으로 인해 인류사회는 현실 인식에 있어서 이런 효과를 만들어 내는 매체 지형, 또는 미디어매트릭스에 의해 크게 규정받는 단계에 이르렀다.

미디어매트릭스는 어떻게 구성되어 있는가? 사실 오늘 미디어매트릭스라고 부를 수 있는 현상이 문제상황으로 등장하였지만 미디어매트릭스가 오늘에만 존재하는 것은 아닐 터이다. 닐스 올 핀네만은 새로운 중요한 매체가 등장하면 미디어매트릭스는 새로운 단계로 발전하며, 이 과정에서 이전의 매체들은 꼭 소멸하지는 않더라도 기능을 바꾸기도 한다는 견해를 제출하고 있다.[4] 그에 따르면 인류문화는 여러 단계의 미디어매트릭스를 거쳐 왔으며, 그 첫째 단계는 주로 말로 이루어지는 구두 문화이고, 둘째는 말과 글(주로 알파벳과 숫자체계)로 된 문자 문화이고, 셋째는 말, 글, 인쇄 중심의 인쇄 문화이고, 넷째는 말, 글, 인쇄, 아날로그 전기매체 중심의 대중매체 문화이며, 다섯째는 말, 글, 인쇄, 아날로그 전기매체, 디지털매체 중심의 2차 알파벳 문화이다. 핀네만은 각 사회는 발전 정도에 따라서 이미 다섯 번째 단계에 접어든 경우도 있지만 아직 두 번째 단계에도 미치지 못한 경우가 있다고 본다. 후자의 예로는 지금도 문자생활을 하지 않는 "원시" 부족들을 들 수 있고, 전자의 예로는 지구상의 다수 "발전한" 나라들을 생각할 수 있다. 핀네만은 네 번째 미디어매트릭스는 전보가 발명된 1843년에 시작하였으며, 상징적 목적으로 전기 에너지를 사용하는 매체들—축음기, 레이더, 녹음기, 라디오, 텔레비전, 비디오, 타자기, 계산기, 팩스기계 등—로 구성된다고 보는 반면, 다섯 번째 단계는 1936년 앨런 튜링의 컴퓨터 원리 발명에 의해 디지털 매체가 나타나는 것으로 시작하여 1960년대에 만들어진 인터넷이 1990년대에 들어와 대중적으로 접근 가능해지면서 본격화된다고 본다. 알다시피 한국사회는 핀네만

4_ Niels Ole Finnemann, "The Internet: A New Communicational Infrastructure," Manuscript for the 15th Nordic Conference on Media and Communication Research, "New media, New opportunities, New societies," University of Iceland in Reykjavík, Iceland, August 11th-13th, 2001. 아래의 내용은 핀네만의 이 글에 기초하여 정리한다.

이 말한 네 번째 미디어매트릭스는 물론이고, 다섯 번째 단계의 미디어매트릭스까지 구현하고 있다. 한국은 근대화의 실패로 인해 제4 단계로의 진입은 비교적 늦었으나 압축적 근대화가 이루어져 지금은 "인터넷천국", "정보강국"으로 불리는 데서도 보듯 제5 단계로의 그것은 매우 빨랐던 편이다. 이 결과 이 글의 모두에서 말한 "현대 사회는 미디어매트릭스로 구성되어 있다"라는 명제는 한국사회에도 그대로 적용된다고 하겠다.

한국에서의 미디어매트릭스 구축

1980년대 말로 기억된다. 서울 연세대의 장기원기념관에서 열렸으나 제목은 기억나지 않는 한 토론회에서 김종철 한겨레신문 논설위원이 "언론이 민주화운동에서 중요하다, 언론의 민주화야말로 민주화운동의 핵심적 과제다"라는 요지로 토론하는 것을 들은 적이 있다. 1980년대라면 한국의 사회운동이 최고조에 달했던 시점이다. 하지만 당시 김위원은 여전히 언론통제가 발동되고, 조선일보나 동아일보와 같은 보수신문이 사회의 언로를 죄다 장악하고 있어서는 사회운동이 아무리 활발해도 그 효과가 제대로 날 수 없다고 판단했던 듯하다. 그로부터 20년 가까운 세월이 흐른 지금의 언론 상황은 어떠한가? 한국대학신문이 실시한 최근의 한 여론조사에 의하면 한겨레신문이 중앙일보와 조선일보를 젖히고 요즘 대학생들이 가장 많이 선호하고 신뢰하는 신문인 것으로 나타났다고 한다.[5] 이런 점과 더불어 대중매체 지형을 주도하는 매체가 오프라인에서 온라인으로 옮겨가고 있고, 온라인 매체에서 오마이뉴스, 프레시안과 같은 개혁적, 진보적 매체들이 적잖은 영향력을 발휘하는 점을 감안하면 상황은 많이 개선된 셈이다. 물론 "조중동"의 언론 지형 장악은 여전하다 할 수 있지만, 김위원이 강조한 '언론의 민주화'

5_ 「대학생들 보수화되고 있는가」, 『대학원신문』(중앙대), 2006.10.25.

가 적잖은 진척을 이룬 것은 사실이다. 지금은 정부에 의한 언론 탄압은커녕 오히려 언론에 의한 정부탄압이라는 말이 성립할 정도로 상황이 다르다. 조선일보, 중앙일보, 동아일보, 문화일보 등이 대놓고 노무현 정권을 적대시하는 발언을 할 수 있지 않은가.

그러나 여기서 '미디어매트릭스'를 문제상황이라 인식하는 것은 언론민주화가 어느 정도 이루어진 듯한 지금이야말로 언론을 위시한 미디어 문제가 심상치 않다고 보기 때문이다. 1980년대에 텔레비전 뉴스를 한 동안 '땡전뉴스'라고 부른 적이 있다. 저녁 아홉시를 알리며 텔레비전 시계가 "땡!" 하는 순간 하루도 빠지지 않고 앵커맨이 "전두환 대통령은 오늘…" 하고 뉴스를 시작한 때문이다. 한국의 모든 언론이 제3공화국의 실록을 기록하는 양 독재자의 일거수일투족을 보도하던 것이 당시 상황이다. 하지만 언로가 꽉 막혀 있던 그 때가 오히려 대중의 현실 개입, 변혁의 열망이 더 강력하게 분출했던 시기가 아니었을까? 한겨레, 오마이뉴스, 프레시안 등 오프라인, 온라인의 '민주개혁' 신문들의 위상이 제법 높아졌으나 그렇다고 한국 사회의 미디어 지형에 만족할 만한 진보적 성과가 축적되었다고 할 수 있을까?

언론의 민주화는 언론매체의 내용 변화를 주된 목표로 하며, 이런 변화를 추동할 수 있는 사회세력의 합법화, 언론운동의 제도화, 시민사회로의 편입을 수반한다. 1980년대 언론운동이 『말』지 사건(1986)에서 보듯이 억압적 국가장치와 직접 대면하고 그 직접적 탄압을 받기도 했다면, 형식적 절차적 민주주의가 왜곡된 형태로 구축된 87년 체제와 함께 언노련(전국언론노동조합연맹), 민언련(민주언론운동시민연합), 언개련(언론개혁시민연대) 등 한국의 언론운동 세력은 시민사회의 일원이 되었다.[6] 문제는 언론운동의 시민사회화가 1980년대 사회운동 전반이

6_ 손호철에 따르면 한국의 민주주의는 형식적 민주주의도 제대로 구축하지 못한 상태이다. 그는 한국의 민주주의 형태를 김영삼 정권까지는 "제한적 정치적 민주주의, 대통령 1인에게 권력이 집중되는 '위임민주주의', 전근대적인 정당체계(지역 정당체계)와 정당구조(사당체제), 정경유착, 대외적 종속성" 등에 의해 지배되고 있다고 보고, 김대중 정권에 이르러서는 '종속적 신자유주의적, 제한적 정치적 민주주의 모습을 보인다고 한다. 이런 점을 반영하여 나는 '형식적

변혁운동, 즉 부르주아 국가의 전복이라는 좀 더 근본적인 목표를 수정하며 체제에 순응해 가는 상황에서 이루어졌고, 결국 국가 체제에 종속되고 말았다는 것이다. 시민사회는 법적 장치에 의해 합법성을 보장받고, 사적 영역으로서의 지위를 부여받으며, 공적인 영역인 국가장치들과 구분됨으로써, 이 구분을 유지함으로써 존속한다. 루이 알튀세르의 지적대로 공과 사의 구분은 그 자체가 부르주아 국가의 지휘 아래서 이루어지는 것이고, 시민사회에서의 민주화에 대한 요구는 이런 부르주아적 전망에 갇힐 수밖에 없는 한계를 갖는다.[7] 시민사회로의 후퇴는 언론운동으로 하여금 이데올로기 국가장치로서 기능하도록 함으로써 국가의 외부를 상상할 수 없게끔 만들고, 언론이 지배의 메커니즘으로 작용하는 것을 근본적으로 비판하지 못하게 만드는 결과를 낳았다. 이는 언론 민주화를 위한 운동도 국가장치의 일원이 되고 말았다는 말이며, 이런 점은 언개련이나 민언련의 최근 활동이 잘 봐서 보수언론에 대한 비판에 머물거나, 아니면 국민의 정부, 노무현 정부의 개혁을 지지하며, 이들 정부가 수행하는 신자유주의적 지배 정책에 대해서는 아무런 실질적 대응도 하지 않는 것으로도 드러난다.

물론 언론매체만이 미디어매트릭스를 구성하는 것은 아니다. 미디어매트릭스는 핀네만이 보여준 것처럼 다양한 매체들의 지형으로 구성되기 때문이다. 한국에서 미디어매트릭스가 문제 상황으로 떠오른 시점은 대략 1990년대 중반 전후가 아니었는가 싶다. 이 미디어매트릭스 구축의 시발은 1980년대 말에 시작된 미디어산업 자유화에서 찾을 수 있을 것이다. 1987년 체제가 구축되면서 부분적으로 언론자유화가 이루어진 결과 한겨레신문, 세계일보, 국민일보, 문화일보 등의 중

절차적 민주주의의 왜곡된 형태의 구축'이라는 표현을 사용하였다. 손호철, 『신자유주의시대의 한국정치』, 푸른숲, 1999, 178쪽.

7_ "공적인 것과 사적인 것의 구별은 부르주아적 법 내부에서의 구별이며, 부르주아적 법이 그 '권력들'을 행사하는 (종속된) 영역들 속에서만 유효하다. 국가의 영역은 그로부터 벗어나는데, 왜냐하면 국가란 '법 위에' 존재하기 때문이다. 지배계급의 국가인 국가는 공적이지도 않고 사적이지도 않으며, 그것은 반대로 공적인 것과 사적인 것간의 모든 구별의 조건이다." 루이 알튀세르, 「이데올로기와 이데올로기 국가장치」, 『아미엥에서의 주장』, 김동수 역, 솔, 1991, 90쪽.

앙일간지, 그리고 광주항쟁으로 1980년대 민주화의 보루가 되었던 광주를 비롯한 지역도시에서 지방일간지가 대거 창간된 것이 그 계기였다. 신문 산업 자유화가 추진된 것이 1980년대 말이라면 방송 산업의 자유화 또는 확장이 일어난 것은 1990년대 초 이후의 일이다. 1991년 SBS가 민영 공중파 방송국으로 출범한 뒤, 1995년에는 케이블 방송서비스가 공급되기 시작했고, 같은 해 1차로 부산, 대구, 광주, 대전에서, 그리고 1997년 2차로 인천과 울산, 전주, 청주 등에서 지역 민방이 출범했다. 신문 및 방송의 자유화 이외에 대중음악, 영화, 애니메이션, 게임 등을 중심으로 한 문화산업도 급속도로 성장하고, 1990년대 중반 이후에는 정보기술이 발달하며 인터넷 사용이 확산되고, 아울러 휴대전화와 MP3, 디지털카메라와 같은 디지털 기술을 이용한 첨단 매체들이 등장한다. 1994년 김영삼 정권이 정부 조직법을 개정하여 과학기술처와 공보처, 상공자원부의 정보통신 관련 기능을 흡수 통합하여 종래의 체신부를 정보통신부로 개편하고, 문화부 안에 문화산업국을 신설한 것은 이런 일련의 변동을 관리하기 위함이었을 것이다. 이렇게 보면 대략 문민정부가 수립된 1993년 이후, 그리고 특히 선거를 통한 정권 교체가 이루어진 1998년 이후부터 한국사회에서는 미디어 천국이 이루어지고 이 과정에서 새로운 '미디어매트릭스', 핀네만의 분류에 따르면 제4 및 제5 단계의 미디어매트릭스의 융합이 일어났다고 할 수 있겠다.

소비자본주의와 미디어매트릭스

위에서 언론운동의 시민사회화의 문제점을 지적했지만 이제 이것을 알튀세르가 제출한 이데올로기 국가장치들(Ideological State Apparatuses, 이하 ISA)의 지형 변화라는 관점에서 생각해보자. ISA는 기본적으로 생산관계의 재생산에 기여하는 국가장치이다. 알튀세르는 자본주의적 근대에 이르러서는 중세 때와 달리 ISA 지형을 주도하는 것이 교회가 아니라 학교라고 봤다. 중세 사회에서 교회가 이데올로기 주조의 가장 중요한 구실을 한 것은 거기서 상식과 도덕, 예술 등이 생산되고 관리되었기 때문인데, 자본주의 사회에 이르면 노동력 재생산을 교육적 국가장치가 '도맡아' 대중을 지배이데올로기에 종속시키게 된다는 것이다.[8] 하지만 여기서 미디어매트릭스라는 문제의식을 제출하는 것은 알튀세르가 말하던 때와도 다른 ISA 지형이 형성되었다고 보기 때문이다. 사실 오늘의 지배이데올로기 형성은 자본주의적 대중문화의 역할을 외면하고서는 상상하기 어렵다. 이는 무엇보다 알튀세르가 자본주의의 지배적 ISA라고 본 학교 교육이 위기에 빠졌고, 이 교육 ISA와 연계하여 전체 ISA 지형을 유지하는 가족 ISA 또한 위기에 처해있기 때문이다. 이 결과 대중문화는 오늘 교육 ISA와 가족 ISA를 대체하지는 않는다고 하더라도 양자의 위기를 봉합하는 효과를 생산함으로써 현 단계 ISA 지형의 안정화에 영향을 미치는 새로운 중요한 ISA로 등장한 듯하다.[9]

대중문화가 현 단계 자본주의에서 구축된 새로운 ISA 지형의 주된 ISA의 하나로 떠오른 데에는 1987년 체제의 형성 이후 한국사회가 발전주의 국가에서 신자유주의 국가로 변하기 시작하고, 이 과정에서 대중문화가 중대한 역할을 맡게 된 점이 크게 작용한다. 1980년대 말 이후 한국사회는 새로운 자본축적 시기에 들어가며, 특히 소비자본주의를 강화하기 시작한다. 이는 한국 자본주의가 한편으로는 1986-88년의 "3저 호황"을 거친 뒤 맞은 과잉생산 문제를 해결해야 했고, 다른 한편 노동자계급에 대한 새로운 관리가 필요했기 때문이다. 1985년의 구로동맹파업 이후 한국의 노동자계급은 자신의 권리 투쟁을 위한 운동을 강화하며, 1987년 7-8월 대투쟁을 치른 뒤 이 흐름을 계속 강화하여 1990년에는 드디어 전국노동운동단체협의회(노운협)를 조직하게 된다. 주목할 점은 바로 이 시점에 지니계수가

8_ 같은 글, 98쪽.
9_ 대중문화가 새로운 이데올로기 국가장치 지형에서 학교와 가정과 함께 주된 구성 요인으로 떠오른 점에 대해서는 강내희, 「대중문화, 주체형성, 대중정치」, 『문화론의 문제설정』, 문화과학사, 1996 참고

괄목할 만큼 낮아졌다는 사실이다. 1990년의 지니계수는 0.295로서 전년도의 0.304와 상당히 대비되는데, 이런 흐름은 IMF 구제금융을 받기 시작한 1998년에 같은 계수가 0.316으로 악화될 때까지 지속된다. 이는 한국의 사회적 부가 이 시기에 하향 이동을 했음을 보여주며, 노동운동의 활성화로 한국사회에 처음으로 포드주의적 타협이 부분적으로나마 이루어져 그 효과가 드러난 때문인 것으로 판단된다. 이렇게 보면, 한국에서 새로운 미디어매트릭스가 핀네만이 말한 제4 단계와 제5 단계의 동시적 성장과 확산의 형태로 구축된 데에는 역사적 이유가 있었던 셈이다. 1980년대 말의 미디어산업 자유화, 1990년대 이후의 다양한 새로운 매체들의 등장을 바탕으로 4단계와 5단계의 미디어매트릭스가 융합되면서 한국은 미디어 천국으로 떠오르는데, 최근에 이르러서는 디지털화한 첨단 매체들의 사용만 놓고 보면 세계 어느 나라에도 뒤떨어지지 않는 모습을 보여주고 있다. 대중매체, 대중문화 지형의 이런 형성은 하향 이동하는 사회적 부의 회수를 위해 한국 자본주의가 소비자본주의를 강화하는 정치경제학적 전략을 구사한 결과로 이해된다.

소비자본주의를 통한, 사회적 부의 자본으로의 회수 전략에서 중요하게 떠오르는 과제 하나가 일상적 삶과 그 시간의 재조정이다. 사회적 부의 증가를 측정하는 기준의 하나는 가처분시간 즉 "개인의 전면적 능력과 나아가서 사회 생산력 발전 여지"의 증대이다.[10] 이 증대는 사회적 필요노동시간이 감소해야만 이루어지는데 이는 생산력의 증가, 나아가서 사회적 부의 증가를 전제한다. 그러나 맑스가 『정치경제학 비판 요강』에서 말한 것처럼 가처분시간이 아무리 늘어나더라도 자본의 단계에서 이 가처분시간은 만인을 위한 사회적 부로 전환되지는 않는다. 자본은 사회적 필요노동과 분리된 대량의 가처분시간을 만들어내지만 언제나 그 시간을 잉여노동시간으로 전환하려 들기 때문이다. 자본의 단계에서

10_ Karl Marx, *The Grundrisse*, Notebook VII(End of February, March, End of May—Beginning of June 1858 continued). http://www.marxists.org/archive/marx/works/1857/grundrisse/ch14.htm에서 재인용.

가치의 척도로서의 노동시간은 부 자체를 빈곤에 기반을 둔 것으로, 그리고 가처분시간을 **잉여노동시간에 대한 대립 속에서 그리고 그 대립 때문에** 존재하는 것으로 상정한다. 혹은 한 개인의 전체 시간을 노동시간으로 상정하는 것이고, 따라서 그를 단순한 일꾼으로, 노동에 포섭된 것으로 전락시키는 일이다. **가장 발전된 기계류는 이리하여 일꾼을 야만인보다 혹은 노동자가 가장 단순하고 조야한 도구를 가지고 했던 것보다 더 오래 일하도록 강요한다.**[11]

이렇게 보면 자본주의 생산력의 증가로 가능해진 가처분시간의 증가는 자유시간의 확대로 이어질 수도 있지만 자본주의적 생산조건의 재생산이 지속되는 한 잉여노동시간의 증가로 이어지는 셈이다. 이것은 자본주의적 재생산이 자본의 지배를 영속시키는 메커니즘의 일부로 작용함을 말해준다.

　여기서도 대중문화의 작용이 중요하고, 미디어매트릭스의 문제가 중요하다. 1990년대에 한국에서 새로운 대중문화 지형이 형성되고, 새로운 미디어매트릭스가 구축된 것은 이런 '재생산'의 가동이 필요해졌다는 말이다. 이와 관련하여 오늘날 "잉여노동시간"은 꼭 공장에서의 노동으로만 이루어지지 않는다는 데 주목할 필요가 있다. 물론 현재에도 임금노동시간이 여전히 장시간이고, 잉여노동시간이 공장에서의 노동시간으로 채워지는 비율이 여전히 높은 것은 사실이다. 하지만 근래에 들어와서 잉여노동시간은 갈수록 더 많이 공장 바깥의 노동 형태로 진행된다. "사회적 공장"이 형성되었기 때문이다.

우리는 우리의 깨어있는 시간 대부분이 직장에서 자본을 위해 직접 일하는 것으로 채워짐을 볼뿐 아니라 우리의 이른바 '자유' 시간 또는 '여가' 시간도 대부분이 일을 위해 준비하고, 일하러 가고, 일터에서 집으로 오고, 피곤을 풀고, 다음날 일하러 갈 수 있기 위해 필요한 것을 하는 등으로 채워지는 것을 봅니다. 임금노동을 하지

11_ Ibid., 원문 강조

않는, 즉 집에 있는 실업자들 (통상 주부들, 하지만 종종 아이들과 때로는 남자어른들)에게 '여가' 시간은 대체로 집안 '일'에 바쳐지고 이 일은 그것대로 가정생활의 주조나 재생산만이 아니라 어린이를 노동자로, 노동자를 노동자로 만드는 일을 포함합니다.[12)

여기서 노동은 임금노동을 하는 공장이나 다른 유형의 직장에서의 노동만을 가리키지 않고, 임금노동을 위해 바쳐지는 출퇴근 시간, 노동자가 활력을 되찾기 위해 쓰는 휴식시간에 하는 일들, 주부가 아이들을 양육하는 일, 다양한 집안 일 등을 포함한다. 오늘 사회적 공장의 확산은 사회적 노동이 확산되었다는 말이기도 하다.

이제 강조할 점은 이 노동이 갈수록 대중의 일상적 삶 중에서도 소비와 관련한 삶과 밀접하게 관련을 맺게 된다는 사실이다. 소비생활이 중요해진 것은 문화산업이 발달하고, 자본주의 대중문화가 대중의 삶의 전반을 지배하게 된 점에서도 드러나고 있다. 이것은 오늘 사회적 공장이 집에서의 일만이 아니라 다양한 재생산 행위가 일어나는 장소들, 특히 노동자들이 가처분시간을 사용하기 위해 소비자로 변신하는 지점들을 포획했음을 보여준다. 다음은 슬라보예 지젝의 말이다.

프랑크푸르트 학파로 분류되는 사람들은 <매트릭스>에서 그들이 말하는 문화산업
이 현실 속에서 구현된 모습을 본다. 즉 이들은 <매트릭스>에서 소외되고 물화된
(자본의) 사회적 실체가 우리의 내적인 삶을 점령하고 식민화하여, 우리를 에너지원
으로 사용하는 모습을 보는 것이다.[13)

12_ Harry Cleaver, "An Interview with Harry Cleaver," http://www.eco.utexas.edu/Homepages/
Faculty/Cleaver/InterviewwithHarryCleaver.html.
13_ 슬라보예 지젝, 「<매트릭스>, 가해자의 히스테리 또는 새도매저키즘의 징후」, 지젝 외,
『매트릭스로 철학하기』, 이운경 역, 한문화, 2003, 283쪽.

지젝의 말은 일부 수정해야 할 듯싶다. 프랑크푸르트 학파가 오늘 <매트릭스>를 본다면 아마 단순히 "문화산업이 현실 속에서 구현된 모습"만을 보지는 않을 것이다. 문화산업은 오늘 호르크하이머와 아도르노가 1940년대에 그것을 문제상황으로 파악했을 때와는 비교할 수 없을 만큼 우리의 현실을 전면적으로 지배하고 있다. 두 사람은 문화산업을 철강, 석유, 전기, 화학 산업과 비교하면서 "문화 독점들은 취약하고 종속적"이라고 보고, 문화적 독점 기업들은 "대중사회에서 자신들의 활동영역이…계속 숙청 당하지 않으려면 진정한 권력 보유자들에 대한 환심 사기를 소홀히 할 수 없다"고 했다.14) 하지만 "현대 사회는 미디어매트릭스로 구성되어 있다"라는 명제가 성립한다면 그것은 대중문화를 지배하는 문화산업이 다른 어떤 산업 못지 않게 강력하기 때문이다. 지금 문화산업 부문은 자본 비중이 훨씬 더 커졌고, 그 영향력 또한 엄청나게 비대해졌다. 현재 세계의 문화산업 시장은 2002년을 기준으로 1조4천억 달러로 추산되고 있고, 연평균 5.2%씩 성장하고 있는데, 이는 다른 산업 연간 성장률 3.2%에 비하면 아주 높은 수치이다.15)

문화산업이 지배하는 대중문화 영역에서 매체, 특히 대중매체의 역할이 핵심적인 지위를 차지하고 있다는 점도 강조해야 한다. 대중문화를 지배하는 문화산업은 기본적으로 매체산업이다. 신문, 잡지, 영화, 애니메이션, 텔레비전, 음악, 게임 산업들은 모두 매체들로 구성되며, 이들 산업은 대중의 일상을 거의 지배한다. 대중문화 ISA 이외에도 학교, 가족, 정당, 사회운동단체, 사법 등 다양한 ISA가 작동하고 있지만, 오늘 대중적 커뮤니케이션을 지배하고 대중의 삶의 결에 가장 많은 영향을 미치는 것은 대중매체들이 중심이 된 미디어 ISA이다. 이 결과 오늘 미디어로부터 자유로운 사람은 거의 없어졌다. 지금은 "텔레비전이라는 식단으로

14_ Max Horkheimer and Theodor W. Adorno, *Dialectic of Englightenment*, tr. Johhn Cumming (New York: Continuum, 1982), pp. 122-23.

15_ 이동연, 「한류문화산업과 문화정책」, 『국가주의의 경계를 넘어 공생의 한류를 꿈꾼다』 (2006년 제주민예총 역사문화 아카데미 자료집), 도서출판 각, 2006, 35쪽.

꾸준하게 '양육된' 최초의 어린이 세대"가 성년이 된 시점이다. 어디 텔레비전뿐인가. 그 "뒤를 이어 케이블, 비디오, 팩시밀리, 향정신성의약품, 컴퓨터, 휴대전화 그리고 인터넷이 확산되었다."16) 이것들 이외에도 신문, 잡지, 라디오, 사진, 영화, 애니메이션, 게임, 케이블텔레비전, CD롬, MP3, 휴대전화, 디지털사진, 스트리밍 비디오/오디오, 가상현실 등 오늘 우리의 감각과 지각을 지배하는 매체들은 수없이 많다. 사람들이 모두 미디어에 포획된 상태가 된 셈이다. '미디어매트릭스'는 이처럼 미디어가 '매트릭스'로 작용한다는 명제이다.

가없는 미디어매트릭스?

대중문화, 대중매체가 사회의 재생산 영역을 지배하고, 이와 맞물려 미디어매트릭스가 가동되고 있다는 것은 무엇을 말하는가? 오늘 미디어매트릭스가 디지털기술의 영향으로 새로운 단계에 접어들었다는 점이 중요하다. 디지털기술이 미디어매트릭스에 개입하면 "언어의 포장"이 중요해진다. 이는 마크 포스터가 지적하듯이 정보를 포장하는 물질적 기반의 차이에 따라서 주체형성에 새로운 변화가 일어날 수 있기 때문이다. "전자적으로 매개된 커뮤니케이션을 통해 주체는 부유하게 된다…주체는 객관성의 지점들 사이에 일시 정지된 상태로 있으며, 담론적 장치와 일시적인 관계를 맺으면서 여러 다른 형태로 구성/재구성된다." 이는 "언어의 구조적 형태나 포장형태에 따라 주체가 기호로써 의미를 작성하는 방식"이 바뀌기 때문이다.17) 오늘 미디어매트릭스의 작동 효과를 이해하려면 따라서 매체의 물질성을 살피는 것이 필수적이다. 포스터에 따르면,

---

16_ 데이비드 웨버먼, 「<매트릭스>, 현실과 시뮬레이션의 사라지는 경계」, 『매트릭스로 철학하기』, 261쪽.
17_ 마크 포스터, 『뉴미디어의 철학』, 김성기 역, 민음사, 1994, 32쪽.

말이 사물과의 연계를 잃고 사물의 자리를 대신 차지하게 될 때, 요컨대 언어가 스스로를 재현할 때 재현의 기능은 작동하지 않게 된다. 미디어의 복잡한 언어 세계, 컴퓨터의 데이터베이스, 국가 및 기업의 감시장치, 그리고 과학의 담론, 이들 분야는 언어의 재현적 기능을 의문시하는 커뮤니케이션 패턴이다. 이들은 언어의 자기 지시적 측면을 전면에 부각시킨다.[18]

전자언어가 "자기 지시적 측면"을 부각시키는 자신의 언어적 '포장'을 갖게 됨으로써 나타나는 효과의 하나는 "언어의 전달을 복잡하게 하며, 언어를 단순히 표현 도구로만 보던 주체를 뒤흔든다"는 점이다. 한 예로 오늘 음악적 정보를 전자식 매개를 통해 접하는 음악 애호가는 원래 공연의 원음을 재생하기 위해 애쓰는 듯하지만 실상 그가 듣는 음악은 "원래 공연에서 청취자에게 들리는 것보다 더 많은 '정보'를" 담고 있다. 이는 원음을 재생하려는 강박관념이 "새로운 정보 모사물"을 만든 결과로서 전자적 언어를 통한 "원음의 재생이란 곧 모사물의 산출을 의미"함을 보여준다.[19]

보드리야르의 '시뮬라시옹'도 이런 점을 부각시키는 개념이다. 그는 오늘날은 "원음", "원본" 등이야말로 모사물의 전형임을 인식해야 한다고 주장했다. 시뮬라시옹 또는 모사(模寫)는 기본적으로 '재현의 논리'를 부정하는 개념이다. 재현의 논리가 가동되면 이미지는 원본과의 관계에 의해 그 질이나 목적, 유효성 등이 평가된다. 하지만 모사의 계열로 이해되는 이미지는 더 이상 원음, 원본, 현실, 실재 등과는 관계를 맺지 않으며, 오히려 후자들을 가능하게 하는 원리로서 작용한다. 모사는 가장(假裝)이나 속이기와는 다르다. 후자에서는 "현실 원칙"이 그대로 남지만 "모사는 '진짜'와 '가짜' 간의, '현실'과 '상상' 간의 차이를 위협한다."[20]

18_ 같은 책, 35쪽.
19_ 같은 책, 30쪽.
20_ Jean Baudrillard, *Simulations*, tr. Paul Foss, Paul Patton, and Philip Beitchman (New York: Semiotext(e), 1983), p. 5.

그런 차이 자체가 모사에 의해 사라져버리거나 프로그램으로 미리 짜일 수 있기 때문이다. 미디어매트릭스가 중요한 문제가 된다는 것은 이 모사가 현실을 지배하는 모델로서 작용하고, 포스터가 말하는 언어의 포장이 디지털기술의 확산에 의해 우리의 경험, 정체성을 지배한다는 말이다.

영화 <매트릭스>에서는 매트릭스로 구성된 세계에서 진실은 어떻게 이해되고, 현실은 과연 현실인가라는 질문이 제기된다. 매트릭스는 '데카르트의 악령'과도 같다. 알다시피 르네 데카르트는 의식의 확실성을 위해 어떤 악령이 우리를 철저히 속이고 있는지도 모르며, 우리가 확실하다고 믿는 것은 모두 거짓일지도 모른다는 가능성을 검토한 바 있다. 이른바 포괄적인 회의론을 제시한 셈인데, 이런 가정은 웨버먼의 말대로 당시나 최근까지는 "엉뚱한 발상"이었으나, "컴퓨터 시뮬레이션이 등장하고, 사람들의 뇌가 전자극에 반응한다는 것을 알게 된 요즘에는 이 모든 것이 가능해 보인다."21) '미디어매트릭스' 명제는 이처럼 미디어의 구성이나 작동 방식이 하나의 매트릭스를 형성하고 있기 때문에 포괄적 회의론이 가능하다는 말이다.

매트릭스는 가상을 현실로 구축하는 원리이다. 매트릭스에 있는 동안 이 가상은 무엇보다 현실적으로 느껴진다. 신문이나 라디오, 텔레비전, 온라인 언론 등 대중매체를 통해 우리가 접촉하는 현실은 명확하게 다가온다. 물론 그 안에는 입장의 차이나 편견의 대립이 돌출하고, 예컨대 한나라당과 열린우리당 의원들간의 격론과 드잡이가 나타나 우리의 눈살을 찌푸리게도 하는 일도 벌어진다. 하지만 대부분의 대중매체는 그런 종류의 입장 차이와 대립, 언쟁과 갈등을 오히려 더 자주 보여줌으로써 한국사회의 현실이 그런 것 이상이 아님을 입증한다. 스튜어트 홀이 말한 "현실효과"를 만들어내는 것이다. 이 효과는 현실은 이렇구나 하고 믿게 만드는 효과로서, 현실을 반영하기보다는 구성한다.22) 오늘 한국의 미디어

21_ 웨버먼, 앞의 글, 266쪽.
22_ Stuart Hall, "The Rediscovery of 'Ideology': The Return of the 'Repressed' in Media Studies,"

매트릭스가 만들어내는 현실에서는 소수자의 사회적 배제나 한미 자유무역협정에 의한 민중적 삶의 파탄 가능성과 같은 다른 종류의 사회적 의제나 오늘의 자본주의 삶과는 다른 대안적 삶, 미국의 일방주의적 세계화와는 다른 대안적 세계화를 위한 입장과 전망은 현실로서 등장할 수 없는 것이다. 이 미디어매트릭스에서 현실은 자명하다. 그것은 그 속에 속한 인간 주체로 하여금 자신을 그 현실의 일부로 파악하게 만들고, 그 바깥의 어느 것도 현실로서 인식하지 않게 만듦으로써 이미 현실로 받아들여진 것만 현실로 인식하게 만든다. 그런 점에서 그것은 역시 '매트릭스'이다.

'매트릭스' 개념에는 매트릭스 너머에 '진정한 현실'이 존재한다는 전제가 깔려 있다. 이는 영화 <매트릭스>의 메시지이기도 하다. 미디어매트릭스가 오늘 우리의 현실을 구성하는 원리라고 한다면, 그것은 영화 <매트릭스>에서 주인공 네오가 모피어스를 만나기 전까지 살던 세계, "꿈의 세계" 또는 "오늘날 존재하는 그대로의 세계"를 구성하는 원리와 같다. 이런 유비를 계속하면 우리의 현실은 <매트릭스>에 등장하는 "오늘날 존재하는 그대로의 세계"로서 조작된 세계이다. 문제는 이 환상의 세계로부터 벗어날 수 있느냐는 것이다. 과연 그 환상은 깨뜨려 버릴 수 있는가? <매트릭스>에서 모피어스가 건네주는 빨간 알약을 먹은 네오는 그 전복 작업에 몰두한다. 하지만 사람들이 흔히 환상이요 꿈이라고 여기는 이데올로기가 알튀세르가 분석하는 것처럼 역사가 없고 영원하다면 어떻게 되는가? 다시 말해 이데올로기에 '너머'가 있다고 보는 것 자체가 이데올로기라면?

환상과 실재의 관계를 논할 때 자주 언급되는 텍스트의 하나인 플라톤의『국가론』에 나오는 '동굴의 비유'에서 죄수들은 그림자를 실재라고 믿게 된 까닭에 그 그림자의 본체를 보더라도 오히려 그것을 거짓으로 보게 된다. 이런 비유를 통해 플라톤은 인간의 일상적 경험이 비슷한 처지에 있으며 사실은 그림자의 환

in Michael Gurevitch, Tony Bennett, James Curran, and Janet Woollacott, eds., *Culture, Society, and the Media* (London: Methuen, 1982), pp. 74-75.

영을 벗어나 본체를 알아야 하듯이 우리의 일상 물리적 경험 한계에서 벗어나서 그런 경험을 가능하게 해주는 실상으로서의 이데아의 실재를 인정해야 한다고 했는데, 이런 이데아의 전제야말로 이데올로기의 극치라는 것이 지젝의 지적이다. 지젝은 예컨대 <트루먼 쇼>에서 "주인공이 세트장을 빠져나와 곧 그의 진실한 사랑을 만나게 되는…이 '행복한' 대단원이야말로…가장 순수한 형태의 이데올로기"라고 꼬집는다.[23] <트루먼 쇼>에서 주인공은 기만의 어둠에서 진실의 빛으로 빠져나가는 모습을 보이지만 빛의 세계로 들어가는 순간 그는 그 빛의 어둠 속으로 들어가게 된다. 그것은 모든 것을 환하게 비쳐주는 태양을 대면하는 순간 눈이 머는 이치와 같다. 이때 만들어지는 어둠은 빛의 어둠으로서 모든 어둠의 근원이라는 점에서 "가장 순수한 형태의 이데올로기"에 해당한다. 이데올로기가 사회적으로 주요한 지배의 실천으로 등장하는 것이 자본주의 사회, 다시 말해 근대적 과학의 개념이 발명된 시점이라는 것은 따라서 우연이 아니다.

매트릭스가 있다면 아마도 이런 빛의 어둠 상태를 유지하는 메커니즘이 아닐까? 영화 <매트릭스>에서 '실재'는 "진실의 사막"으로 존재한다는 점에서 매트릭스가 위조한 가상현실과 근본적으로 대비되며 황량하고 충격적인 모습으로 다가온다. 따라서 그것은 모피어스나 네오에게는 매트릭스의 아름다운 가상보다 더 실제적으로 보이지만, 지젝이 지적하듯 그것 "역시 매트릭스가 만들어낸 세계"라는 점이 중요하다. 지젝은 다음과 같이 말한다.

실재는 가상 시뮬레이션의 배후에 있는 '진정한 현실'이 아니다. 그것은 현실을 불완전하게 하거나 모순되게 만드는 텅 빈 공간이다. 그리고 모든 상징적인 매트릭스의 기능은 바로 이러한 모순을 은폐하는 것이다. 이러한 은폐를 달성하는 방법의 하나로서 제시하는 것이, 바로 우리가 알고 있는 불완전하고 모순된 현실의 배후에 또 다른 현실이 존재하며 그것을 구성하는 데는 전혀 문제가 없다고 주장하는 것이다.[24]

23_ 지젝, 앞의 글, 285-86쪽.

이렇게 볼 때 실재는 우리가 문제로 보는 현실 또는 미디어매트릭스 너머에 있다기보다는 그 현실 자체를 구성하는 셈이다. 실재가 허구적이고 문제투성이인 현실과 뒤섞여 있다면 우리는 어떤 경우에도 이 현실을 벗어날 수 없는 것일까? 우리의 가상적 현실, 매트릭스는 어떤 수를 써도 피할 수 없는 필연성의 세계인 것일까?

    <매트릭스>에서 실재의 세계는 "진실의 사막"이고, 그것은 기계들과의 전쟁을 통해 처참하고 비참한 잔해들로 변해버린, 어둡고 암울한 도시의 모습을 하고 있다. 바로 이런 점 때문일까, <매트릭스>에는 매트릭스와 싸우기로 마음을 먹는, 계속 매트릭스 안에서 편안하게 살게 해줄 파란 알약 대신 어떤 운명을 맞게 할지 모를 빨간 알약을 먹고 매트릭스와의 투쟁을 감행하게 되는 네오가 있는 반면, 그와는 완전히 다른 선택을 하는 인물도 등장한다. 저항투사로서의 삶에 지쳐 스미스 요원과 거래를 하는 사이퍼가 그런 인물이다. 사이퍼는 자기가 먹는 스테이크가 실제로는 존재하지 않는다는 것을 안다. "내가 이걸 입 속에 넣으면 매트릭스가 나의 뇌에다 이제 아주 부드럽고 맛있다고 말해준다는 걸 알고 있다고."[25] 그는 매트릭스에서 인간은 "듀러셀"이며, 매트릭스의 가동을 위해 에너지를 공급하는 존재일 뿐이라는 것도 안다. 매트릭스에서 인간은 두 가지 방식으로 지배된다. 한편으로는 "꿈의 세계"인 매트릭스를 현실로 인식하는 것, 다른 한편으로는 매트릭스를 작동시키는 에너지원이 되는 것. 인간은 이리하여 인식론과 존재론의 두 차원에서 통제를 받게 된다. 인식론적으로─왜냐하면 그는 매트릭스를 오인함으로써만, 즉 매트릭스에 대한 이데올로기적 지식을 통해서만 그것을 현실로 받아들이기 때문이다. 존재론적으로─왜냐하면 그는 매트릭스를 위해 헌신, 즉 존재의 바침을 지속해야 하기 때문이다. 하지만 사이퍼의 놀라운 점은 기꺼이 이데올로기적 지식을 유일한 지식으로 받아들이고 건전지가 되는 것을 마다하지 않는다

24_ 같은 글, 292쪽.
25_ 같은 글, 254쪽에서 재인용.

는 사실이다. 이데올로기에서 그는 주체가 되고, 그 주체의 삶은 결코 나쁘지 않다! 사이퍼의 이런 판단을 지지하는 듯 웨버먼은 다음과 같이 말한다.

> 매트릭스는 그저 감각적인 쾌락만을 제공하는 것이 아니다. 그보다 훨씬 더 많은 것을 포괄한다. 사실 매트릭스는 가장 피상적인 만족감부터 가장 깊은 만족감에 이르기까지 우리가 바랄 수 있는 모든 것을 우리에게 준다…가상 세계는 우리에게 박물관과 콘서트 장을 방문하고, 셰익스피어와 스티븐 킹을 읽고, 사랑에 빠지고, 성교하고, 아이들을 기르고, 깊은 우정을 맺는 등의 기회를 준다. 전세계는 우리 발 밑에 복종한다. 그것은 아마도 우리의 실재보다 나을 것이다.26)

출구를 찾아서

하지만 문제는 미디어매트릭스가 지배하는 한국사회에 사이퍼들만 존재하지 않는다는 점이다. 사이퍼와 웨버먼이 외면하는 엄연한 사실이 있다. 매트릭스는 전일적으로 안락한 공간만은 아니다! 영화의 끝 부분에서 매트릭스 요원 스미스도 이 점을 말한다. "하지만 나는 종으로서의 인류는 고통과 불행을 통해 그들의 현실을 인식한다고 믿어. 완벽한 세계는 너희들의 원시적인 뇌가 계속해서 꿈에서 깨어나려고 애쓰게 만들었지. 매트릭스가 너희들의 문명의 절정으로 다시 설계된 것은 그 때문이야."27) 여기서 매트릭스는 좀 더 완전해지기 위하여 불완전성을 지닌 세계로 설계된 것으로 드러난다. 이런 점이 말해주는 교훈은 "넘을 수 없는 장애물의 경험이야말로 우리 인간들이 무언가를 현실로 지각하게 하는 긍정적인 조건이라는 것이다. 궁극적으로 현실은 인류가 저항하게 마련인 어떤 것이다."28)

26_ 웨버먼, 앞의 글, 275쪽.
27_ 지젝, 앞의 글, 311쪽에서 재인용.

미디어매트릭스를 현 단계 자본주의의 일부로 인식한다면, 그것으로부터의 탈출은 자본주의로부터의 탈출을 구상하는 것과 유사할 것이다. 미디어매트릭스가 간단히 넘어서기 어려운 함정이라는 점은 분명하다. 그것을 넘어선다고 생각하는 순간이야말로 가장 이데올로기적인 함정에 빠지는 순간이 되기 십상이니까. 지젝이 실재를 문제가 있는 현실 그 자체, 즉 대타자라고 파악하는 것은 그런 점에서 정확한 진단이다.29) 현실은 매트릭스이지만 이 매트릭스는 우리로 하여금 저항을 하게끔 만드는 그 무엇이다. 현실에 대한 저항의 가능성과 필요성을 인식하면 실재를 매트릭스 너머에서만 찾으려 하고, 매트릭스에 대해서는 오직 도피만을 꿈꾼다면 매트릭스 자체에 대해 아무런 실질적 저항을 하지 않는 꼴이 된다. 그것은 매트릭스에 대해 불만을 품고 있더라도 마찬가지이다. 마치 ISA에 불만을 가지고 있지만 그 장치로부터의 도피만을 추구하는, 학교 ISA에 대한 태도를 가지고 말하면 "문제학생"과 같다. 문제학생은 학교에 대해 불만을 가지고 있지만 학교제도, 교육내용을 바꾸려고 하기보다는 교육현장을 회피하는 태도에 그친다.

미디어매트릭스가 전일적 지배를 하고 있다고 보는 것 또한 문제인지 모른다. 이 글의 모두에서 인용한 대로 맑스는 자본주의 사회는 상품관계가 지배한다고 하였다. 그런 점에서 그는 자본주의 사회의 매트릭스가 상품매트릭스라고 한 셈이다. 하지만 맑스에게서 배울 점이 있다면 그것은 자본주의 사회에서 상품매트릭스가 가동되고 있다는 점을 인식하고 그 메커니즘을 분석하면서 그것에 대한 저항, 자본주의 사회의 변혁이 가능하다고 보기 때문이다. 미디어매트릭스 또한 오늘 미디어 지형을 지배하고 있고, 우리 사회의 인식구조에 중대한 영향을 미치고 있는 것이 분명하지만, 그 매트릭스가 전일적 지배 체제라고 보는 것은 그 내부에 전혀 외부를 사유할 지점이 없다고 보는 셈이며, 따라서 매트릭스를 벗어나는 길은 <트루먼 쇼>의 주인공처럼 자신을 옭아매는 무대 장치를 벗어나야만 하는

28_ 같은 글, 312쪽.
29_ 같은 글, 292쪽.

것으로 믿는 일이다. 그러나 자신을 가짜 자기로 만드는 그 장치에서 탈출해야만 진정한 자기를 찾게 된다는 이런 생각이야말로 가장 순수한 형태의 이데올로기라면 우리는 매트릭스가 작동하는 바로 그 곳에서 출구를 찾아야 하지 않을까? 이것은 미디어매트릭스가 가동하지 않는다는 말도, 그것의 지배 효과가 가공스럽지 않다는 말도 아니다. 다른 발달한 자본주의 사회와 마찬가지로 한국에서도 미디어매트릭스는 가공할 정도로 작동하며, 이 매트릭스에는 조선·중앙·동아일보 등 보수 언론만이 포함되지 않는다. 한겨레·경향·오마이뉴스 등 이른바 개혁적 언론, 그 밖의 수많은 영화들, 텔레비전 드라마들, 방송 뉴스들, 애니메이션, 컴퓨터게임 등도 오늘 자본주의 체제가 만들어내는 현실을 현실로 구성하는 한, 그것을 환상적으로 보게 하는 한, 그리고 실재는 결코 건너갈 수 없는 저 너머에 있다고 믿게 하는 한 매트릭스가 아니라고 할 수 없다. 이 매트릭스가 자본주의를 환상적이지만 영원한 것으로 믿게 하고, 그 안에서는 어떤 저항도 불가능한 것처럼 만들려고 한다면, "궁극적으로 현실은 인류가 저항하게 마련인 어떤 것이다."

더군다나 자본주의 체제는 발전하면 할수록 자신의 묘혈을 판다는 점을 인식할 필요가 있다. 문화산업, 대중문화, 사회적 공장, 소비자본주의, 그리고 미디어매트릭스는 오늘 삶의 매트릭스를 구성하고 있지만 그것들의 포화야말로 자본주의의 내파 징후인지도 모른다. 사회적 공장이 구축되고 노동의 사회화가 진행된다는 것은 발전한 자본주의 사회에서 사람들은 갈수록 자본주의적 재생산에 포섭된다는 말이지만, 동시에 자본주의가 임금으로써 보장하는 삶으로부터 배제된다는 말이기도 하다. 자본주의는 생산력의 발전을 통해 가처분시간을 늘이면서도 생산관계는 고수하기 때문에 대부분의 사람들에게는 가처분시간이 자유시간으로 전환되지 못하고 임금 없는 노동에 종사해야 하는 새로운 노동시간이 되고 만다. <매트릭스>에서 실재가 사막으로 나타나는 것은 그런 점에서 오늘 자본주의의 모습을 그대로 보여준다. 매트릭스로서의 자본주의가 그 지배를 강화하면 할수록 가처분 인구는 늘어나고, 이들은 중세의 황량한 사막으로 내쫓기고 있는 것이다.

중요한 점은 이 매트릭스는 발전하면 할수록 그 '내부'가 쪼그라들며 폭파될 가능성이 커진다는 것이다. 오늘 자본주의는 미디어매트릭스를 통해 인간의 현실을 자신의 현실로 바꾸고 있지만, 바로 이 순간 자본주의 자체는 아마 다시는 회복할 수 없는 위기에 처해 있다는 사실을 인식할 필요가 있다. 미국의 일방주의가 세계를 지배하고 있다는 것은 미국 자본주의의 헤게모니가 끝났음을 말해준다. 마찬가지로 자본주의적 현실의 현실화가 '전일적'으로 보이는 것은 그만큼 자본주의의 지배가 종말에 가까워졌다는 것일 게다. 오늘 자본주의는 내부에서 자신의 재생산 기반을 상실해가고 있는 것이다.

이 종말이 인류 절멸로 이어지는 것을 막아야 한다. 과거 영국 자본주의의 헤게모니가 끝날 무렵 세계대전이 일어난 점을 돌이켜보면 자본주의의 내파는 자본으로 하여금 절망적인 자기증식의 길로 접어들게 할 공산이 높다. 오늘 신자유주의 국면은 사회적 배제와 양극화를 자행하며 모든 수단을 가리지 않고 자기 증식을 도모하는 자본의 모습을 보여준다. 미디어매트릭스는 이런 현실을 어쩔 수 없는 현실로 만드는 메커니즘이다. 하지만 이 결과 초래될 것 같은 인류 절멸의 가공할 미래를 막기 위해서는 비자본주의로 나아가는 운동이 필수적이다. 운동은 자본주의 내부와 외부에서 진행되어야 한다. 사막에서의 도시 건설, 즉 새로운 문명의 창출과 매트릭스의 기능전환이 맞물려야 한다. 자본의 증식을 보장하는 각종 국가장치들 안에서 그것들을 타고 넘으며 해체하여 새로운 삶의 기반으로 만드는 것이 후자의 일이라면, 전자는 갈수록 실제로 커져가는 자본주의의 바깥, 자꾸만 중세화하는 외부를 새로운 삶의 가능성으로 만드는 일일 것이다. 매트릭스의 출구는 따라서 그 내부와 외부에 있지만 그것들을 찾는 일, 그리고 양자를 소통시키는 일이 과제로 남는다.

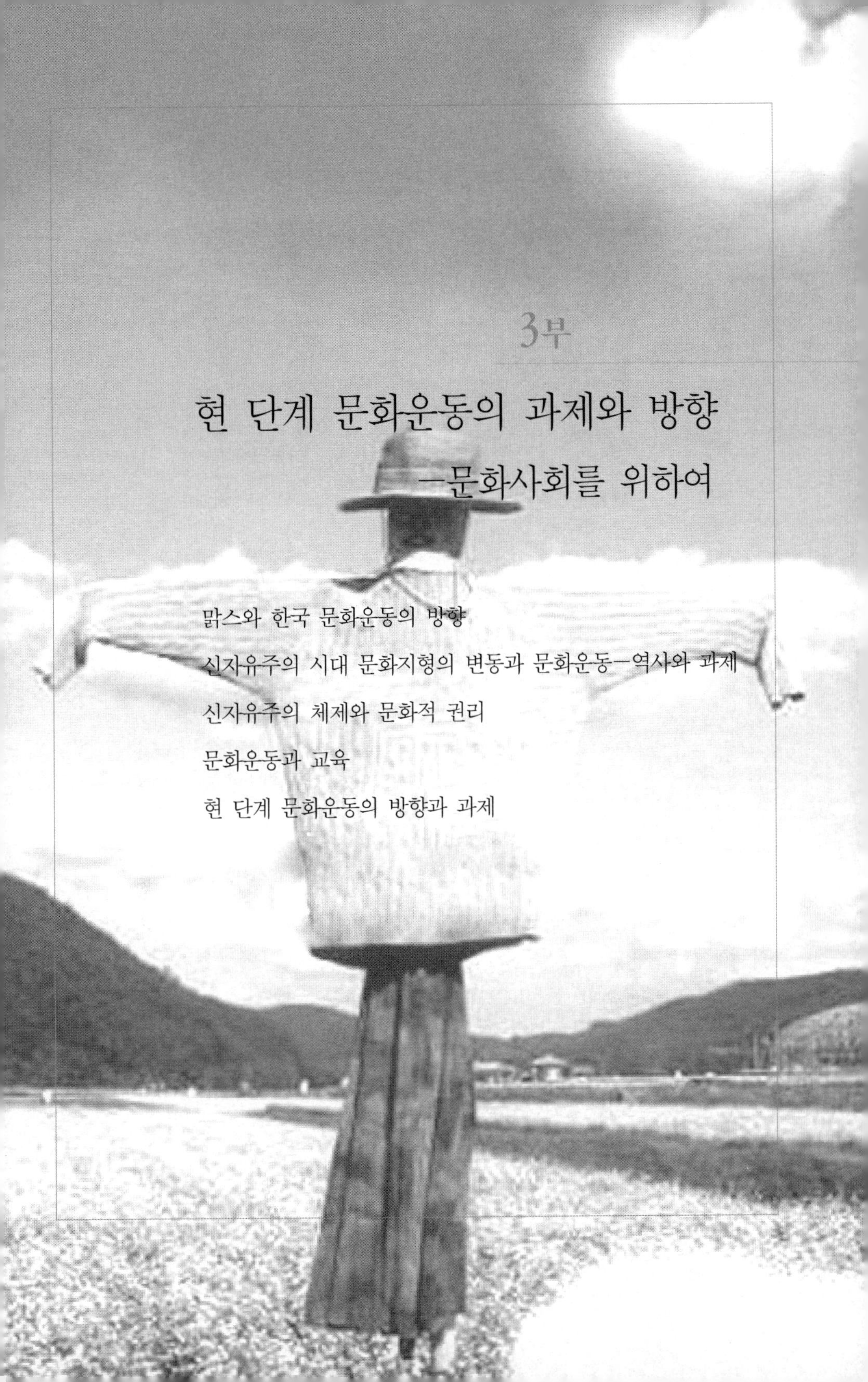

3부

현 단계 문화운동의 과제와 방향 —문화사회를 위하여

현 단계 문화운동의 방향과 과제

신자유주의가 강화됨에 따라 한국사회는 사회적 공공성이 더욱 붕괴하고 대중에 대한 착취가 더욱 심화될 전망이다. 이런 국면에서 진보운동은 사회적(문화적) 공공성 사수 등 신자유주의 반대운동을 지속할 수밖에 없지만 '지적, 도덕적 지도력'을 확보해야만 성장의 전망을 가질 수 있다. 문화운동에서 이런 지도력은 전문 및 일반 대중에 대해서 이루어져야 하며, 이 과정에서 사회미학의 실천과 교육운동에의 개입이 필요할 것으로 보인다. 아울러 이 모든 운동은 대안문화 운동으로 전환될 필요가 있다. 대안문화는 자본주의적 삶의 극복을 전제할 때 그 모습을 찾을 수 있으며, 따라서 문화사회를 지향하는 것이어야 한다. 오늘 문화운동의 최대 과제는 대안문화와 문화사회를 건설하는 데 있다.

10

맑스와 한국 문화운동의 방향

1. 문제제기

제2회 맑스코뮤날레 학술문화제의 전체 주제로 제출된 "맑스, 왜 희망인가"라
는 질문은 한국의 진보적 사회운동의 일환으로 문화운동의 방향을 생각해 보려는
이 글의 견지에서 보면 "맑스, 왜 오늘 한국 문화운동의 희망인가"로 바뀔 것이다.
그리고 이때 "맑스"가 (그 자신이 모든 내용을 책임질 수는 없겠지만) 맑스주의까
지 포괄해야 할 것임을 생각하면 이 두 번째 질문은 다시 "맑스(주의), 왜 한국 문화
운동의 희망인가"로 바뀌어야 할 것 같다. 하지만 이 질문은 의문들을 불러일으키
기도 한다. 어떤 근거로, 어떤 방식으로 맑스(주의)가 오늘 한국의 문화운동에 희망
이 될 수 있는가? 90년대 초 이래 맑스(주의)는 사회운동을 "지도"할 진보 이론의
능력을 상실한 듯한데, 어떻게 어려운 처지의 이론 전통이 현 단계 운동의 희망이
될 수 있단 말인가? 현실사회주의의 붕괴가 입증하듯 맑스주의의 위기는 이제 역
행할 수 없는 길로 접어든 것은 아닌가? 그리고 오늘 한국에 좌파운동이라 부를
만한 문화적 실천이 존재하며, 그것의 전략을 맑스가 제출한 사회변혁 이론 또는
전망과 연관지어 생각하는 것이 과연 타당한 것일까? 의문은 다시 의문을 낳는다.
도대체 맑스(주의)란 무엇이란 말인가? 맑스(주의)의 현재적 의의를 무시해서 이런

질문을 하는 것은 물론 아니다. 이틀의 행사를 통해 한국의 진보적 지식인과 활동가가 맑스(주의)를 주제로 한 학술 토론을 벌이는 것 자체가 그의 현재성을 말해주고 있다. 그래도 위 질문들에 의미가 있다면 자동으로 맑스는 곧 오늘 진보운동의 희망이라고 여기는 우리 일부의 습관을 되돌아보게 만드는 점이 있기 때문일 것이다.

다시 묻는 질문은 과연 맑스(주의)는 희망인가이다. 이제 와서 이 질문은 전혀 새롭지는 않으나 오늘 좌파들이 다양한 양상임을 생각할 때 생략할 수는 없다. 최근의 한 글에서 김세균이 인정한 대로 오늘 "사회적 관계의 총체는 계급적 관계로 모두 환원되는 것은 아니며, 계급적 관계로 모두 환원되지 않는 비계급적 관계—성별 차이, 지적 차이, 인종적 차이, 인간과 생태계의 관계 등—들과 중첩되어 있다."[1] 이런 상황에서는 "맑스, 왜 희망인가"라는 질문은 더 이상 수사학적 의문으로만 그치지 않는다. 지금 진보와 맑스주의의 관계는 무엇일까? 김세균에게 진보는 "주어져 있는 사회적 관계의 근간의 유지-재생산"이 아니라 "그 관계의 발본적인 변혁"이다. 그는 이 기준을 수용할 경우 "오직 '변혁적 좌파세력'만이 '진보세력'에 속한다"(49)며, 이 세력에게 맑스주의라는 명칭을 부여한다. 그리고 그가 보는 진보이론의 기본 과제는 "계급적 관계와 비계급적 관계에서 '계급적 관계의 중심성을 인정하는 비환원주의적-비본질주의적 총체성'관에 입각하여 사회적 관계의 총체를 사고"(55)하는 것이다. 계급적 관점에서 진보적 실천을 파악해야 한다는 것은 계급투쟁을 최우선 사회 문제로 여기는 맑스주의야말로 진보의 모델이라는 관점이다. 이 관점에서는 성, 환경, 인종 등 비계급적 사회 문제들은 그 유효성을 인정받더라도 반드시 계급 문제를 중심으로 다시 사고되어야 한다. 그런데 오늘의 사회적 관계들에서 계급적 관계가 이처럼 중심적이라고 인정해야 하는 것일까? 사회적 불평등을 심화시키고, 자본에 의한 인간과 자연의 지배를 더욱 강화시키는 신자유주의 지배 국면을 떠올리면 계급 적대가 중대한 문제임을 누구도

1_ 김세균, 「진보이론과 실천운동」, 제4회 참교육실천보고대회(2005.1.10-13) 정책마당 별책, 49-50쪽. 이하 이 글의 인용은 본문에서 쪽수로 표시한다.

부정할 수 없으리라. 하지만 그렇다고 사회적 관계들에 중심이 있다고 해야 할지는 의문이다. "비환원주의적-비본질주의적"이라는 단서를 달더라도 중심을 상정한다는 것은 관계들의 위계를 전제하는 일이다. 그렇다면 약한 형태일망정 여전히 본질주의와 환원주의가 작동하는 것이 아닐까?

한국의 좌파 문화운동의 방향을 구상하면서 맑스 과연 희망인가라는 질문을 던지고 싶은 것은 이런 경향들을 조심할 필요가 있다고 생각되기 때문이다. 좌파 문화운동이 착취를 중심으로 전개되는 자본주의 체제의 사회적 관계를 변혁시키며 비자본주의적 삶을 위한 문화의 구성에 기여하는 운동이 되어야 한다는 점은 인정하지 않을 수 없다. 계급투쟁을 유일한 사회적 적대로 여기지는 않는다 하더라도 그것의 존재와 작동을 인정하는 맑스주의자로서는 자본주의를 넘어서는 사회변혁을 생각하지 않을 수 없으며 이때 계급투쟁은 당연히 중대한 문제로 떠오른다. 그럼에도 불구하고 사회적 관계들과 운동들의 중심을 상정하는 과거의 관습에서는 벗어날 필요가 있을 것 같다. 중심을 인정하려 하지 않는다고 해서 관계들과 운동들이 형성하는 배치와 정세와 국면마저 인정하지 않는 것은 아니나 중심의 생각은 사회적 관계들의 '총체성'이 지닌 복잡성, 어느 하나의 관계로 환원불가능한 관계들의 차이들이 지닌 저항력을 자칫 과소평가할 우려가 있다. 물론 우리는 여기서 맑스주의의 틀 속에서, 즉 계급투쟁의 관점에서 논의를 전개할 수밖에는 없다. 이는 곧 한국 문화운동의 방향을 설정할 때 계속 맑스(주의)와의 관계 속에서 그렇게 하리라는 것이다. 그러나 근본적 비본질주의의 관점에서 맑스(주의)를 수용한다는 것은 문화운동의 이론으로서 맑스(주의)를 수용하더라도 그것의 한계를 염두에 둘 수밖에 없다는 말이기도 하다.

다시 오늘 좌파 문화운동의 희망을 맑스(주의)에게서 찾는다는 것은 어떤 의미인지 물어보자. 맑스(주의)는 한국 문화운동이 당면한 현재의 난관을 극복하고 새로운 미래를 열 전망을 제시할 수 있는가? 그 전망은 무엇인가? 문화운동을 위한 새로운 올바른 문화 인식과 문화운동 전략을 제공하는 것? 위에서 제기한 질문들을 생각하면 이 전략을 얻는다고 해도 그것의 적용은 한계를 지니게 될 것이다. 사회적 관계들의 총체가 복잡성의 형태로 존재한다면 문화운동 전략으로서의 맑스주의는 여러 차원에서 제한된 함의밖에 지니지 못할 것이기 때문이다. 그런 점에서 맑스와 그의 이름으로 전개되는 이론은 오늘의 운동에 대한 간단명료한 해답이나 지침을 제공하는 것은 아닌 듯하다. 그렇다면 우리가 지금 맑스에게서 희망을 찾는다는 것은 헛된 일인 것일까? 이제 그는 더 이상 만병통치약이 아니니 버려야 하는 것일까? 하지만 맑스의 한계를 말하는 것과 그를 배척하는 것, 최근의 유행처럼 그를 청산하는 것은 서로 다른 일일 것이다. 그의 한계를 지적하는 것은 그를 교조화하지 않겠다는 것일 뿐 그에게서 아무런 희망도 찾지 못한다는 말은 결코 아니다. 사회적 관계들의 복잡성 속에서 맑스의 이론이 선험적인 지도적 지위를 보장받지 못한다고 하여 그것을 폐기할 수 없는 것은 그가 제기한 문제들이 우리에게는 아직도 풀지 못한 중대한 사회적 문제로 남아 있기 때문이다. 오늘의 문화와 관련해서도 맑스의 이론을 이렇게 이해할 수 있으리라고 본다. 그리고 아마 이것이 맑스(주의)는 곧 올바른 이론적 관점이라고 자동으로 믿는 것과는 다른 방식으로, 또 그와는 반대로 그의 전통을 낡은 것이라며 폐기하고 청산하려는 것과도 다르게 맑스의 전통을 이어가는 것이 아닐까 한다. 우리가 관심을 갖고 생각해야 할 것은 따라서 그가 제시한 이론의 함의, 특히 이론과 실천의 결합 방식일 것이며, 문화운동과 문화 개념의 관계 속에서 이런 결합이 어떻게 구체화되느냐는 문제일 것이다. 그러나 이런 문제들을 따지려면 맑스에게 문화는 무엇이었는지 먼저 살펴볼 필요가 있다.

2. 맑스와 문화

맑스는 크게 세 가지 방향에서 문화를 생각한 것으로 보인다. 첫째 그는 문화를 좀 더 근본적인 어떤 것의 파생 효과로, 어떤 실질적인 것 또는 진실의 왜곡된 재현으로, 따라서 이데올로기로 봤다. 이런 생각을 가장 잘 나타내는 것이 그가 엥겔스와 함께 쓴 『독일이데올로기』가 제출하는 명제다.

> 도덕, 종교, 형이상학, 그리고 모든 나머지 이데올로기와 이것들과 상응하는 의식 형태들은 따라서 더 이상 독립의 모습을 지니지 않는다. 그것들은 역사도 없고 발전도 없다. 그러나 인간은 자신의 물질적 생산과 물질적 교통을 발전시키며 이와 더불어 자신의 실제 존재, 자신의 사유와 사유의 생산물들을 변형시킨다. 삶이 의식에 의해 결정되는 것이 아니라 의식이 삶에 의해 결정된다.[2]

여기서 사유나 관념의 영역은 그 자체로 존재하는 것이 아니라 그것보다 더 결정적인 것에 의해 규정되는 부차적인 것으로 이해된다. 인간의 실제 존재가 바뀌는 것은 인간의 물질적 생산과 교통에 의한 것이지 도덕이나 종교, 형이상학과 같은 이데올로기에 의한 것은 아니다. 이렇게 보면 문화의 영역 또는 층위는 물질적 과정의 연쇄에서 근본적인 계기가 되지 못하며, 물질적 과정 자체에 의해서 규정되는 효과로서만 이해될 뿐이다. 한마디로 문화가 삶을 결정하는 것이 아니라 삶이 문화를 결정하는 것이다.

따라서 맑스에게 문화의 층위 또는 의식은 주된 역사적 관계들의 계기 또는 측면을 고려한 뒤에나 살펴볼 사안이다. 그는 첫째 먹고 마시는 일, 주거, 의복 등 일차적 욕구 충족을 위한 물질적 삶의 생산, 둘째 이런 일차적 욕구의 충족에서 파생되는 새로운 욕구들의 생산, 셋째 가족에서 출발하여 공동체 등 더 복잡한 형태로 발전하는 인간과 인간의 관계, 넷째 생산양식을 먼저 고려한 다음에야 "인간이 '의식'도 지니고 있다는 사실을 알게 된다"고 하고, 이런 의식마저도 결코

2_ Karl Marx & Frederick Engels, *The German Ideology*, ed. C. J. Arthur (New York: International Publishers, 1970), p. 47. 이하 이 책의 인용은 본문에서 쪽수로 표시한다.

"순수"하지는 않다고 한다.(48-51) 이렇게 말하는 것은 의식이 결코 그 자체로 존재하는 것이 아니라는 사실을 강조하기 위함이다.

> 애초부터 '정신'은 물질의 '짐을 진다'는 저주를 받고 있다. 물질은 여기서 공기, 소리의 동요의 형태로, 요컨대 언어의 형태로 나타난다. 언어는 의식만큼 오래되었고 다른 사람들을 위해서도 존재하는 실질적 의식이다. …언어는 의식과 같이 다른 사람들과의 교통의 필요, 필요성에서만 생긴다. …따라서 의식은 처음부터 사회적 산물이다.(50-51)

이런 생각에서 의식과 정신을 포함하는 문화가 부차적인 것으로 이해되는 것은 당연하다고 할 수 있다. 더 나아가서 맑스는 이런 문화를 소외나 왜곡의 현상으로 이해하기도 한다. 그가 헤겔 좌파의 철학 전통을 '이데올로기'라고 부른 것은 그 전통에서는 "사람들이 물에 빠져 죽는 것은 그들이 중력의 관념에 사로잡혔기 때문"(37)이라는 생각이 통용된다고 본 때문이다. 이런 관점에서 그는 자본주의 사회의 문화는 현실의 왜곡을 포함한다고 봤다. 현실에서 문화는 강제된 노동, 소외 노동을 면한 사람들만 가능한, 사유재산을 바탕으로 하여 보장받는 활동으로 본 것이다. 이때 문화는 한편으로 잉여노동을 감내해야 하는 인구와 다른 한편으로 비노동과 잉여적 부를 축적한 인구로 양분되는 불평등한 사회구조를 전제한다.
그러나 맑스에게는 문화를 부차적인 소외나 왜곡 또는 이데올로기로 보는 것과는 크게 다른, "자유의 영역"으로 상정하는 경향도 있다. 『자본』 3권에 나오는 다음의 말이 맑스가 문화를 다른 관점으로 본 대표적인 사례일 것이다.

> 사실 자유의 영역은 실제로 필요성과 현실적 고려로 결정되는 노동이 그치는 곳에서만 시작되며, 사태의 본질에 있어서 그것은 실제 물질적 생산 영역 너머에 있다. 야만인이 자신의 욕구를 채우기 위해, 삶을 유지하고 재생산하기 위해 자연과 싸워야

하듯이 문명화한 인간도 그렇게 해야 하고 그는 모든 사회적 구성체에서, 모든 가능한 생산양식 아래서 그렇게 해야 한다. 인간의 발전과 더불어 이 육체적 필요성의 영역은 인간의 욕구의 결과로 확장되지만 동시에 이들 욕구를 채우는 생산력도 증가한다. 이 영역에서 자유는 오직 사회화된 인간, 자연의 맹목적 힘들에 의한 것처럼 자연에 지배당하는 대신 자연과의 교류를 조절하고 자연을 그들 공동의 통제 아래 두고, 최소의 에너지를 소비하며 자신들의 인간 본성에 가장 유리하고 걸맞은 조건에서 이 일을 해내는 연합한 생산자들에게서만 존재한다. 그러나 그럼에도 불구하고 그것은 여전히 필요성의 영역이다. 그 너머 그 자체로 목적인 인간 에너지의 발전이, 그러나 이 필요성의 영역을 자신의 기반으로 삼아서만 만개할 수 있는 진정한 자유의 영역이 시작된다. 노동일의 단축은 그 기본 요건이다.[3)

여기서 자유는 "그 자체로 목적인 인간적 에너지의 발전"으로 이해된다. 그 자체가 목적인 자유는 필요성의 세계, 즉 인간이 생명을 유지하며 존재하기 위해서 하지 않으면 안 되는 필요노동에서 해방된 삶의 조건을 전제한다. 이런 점에서 이 자유는 독일의 관념론, 영국의 낭만주의 전통 등에서 "문화"(Kultur)나 "예술"(Art)로 지칭되는 인간 활동, 예컨대 실러가 "미적 교육"이라고 부른 것과 맞닿아 있다. 실러의 미적 교육은 감수성의 함양으로 시작된다.

감수성의 함양이 더욱 다양할수록…인간[남자]은 자신 속에 더 많은 잠재력을 발전시키고…, 이성이 더 많은 자유를 획득할수록 인간은 자신의 외부에 더 많은 것을 창조한다. …이 두 자질[수용하는 능력과 결정하는 능력]이 통합되면 인간은 최대로 충만한 존재와 극도의 독립 및 자유를 결합하게 될 것이고, 자신을 세계에 내맡기는 대신 세계의 무한한 현상 전체를 자기 속으로 끌어들이고 그것을 자신의 이성으로 통합할 것이다.[4)

3_ Karl Marx, *Capital*, Vol. III (Moscow: Progress Publishers, 1959), p. 820.

이성적 능력과 감성적 능력의 통합에 의한 인간적 자아의 실현, 그것이 쉴러가 문화 또는 미학적 교육에서 기대하는 것이라면 여기서도 문화는 그 자체로 목적이 될 수 있으며, 이런 점에서 쉴러의 문화와 맑스의 문화는 일맥상통한다고 하겠다.

그러나 잊지 말아야 할 것은 쉴러가 현존 자본주의 사회에서 제공되는 문화를 그 자체로 완벽한 자유로 보고 그것을 통해 인간의 완성을 꿈꾼다면, 맑스는 이런 문화 자체를 소외의 징후로 보며, 진정한 자유는 그 문제를 극복한 이후라야 가능하다고 본다는 사실이다. 맑스는 자유를 "그 자체로 목적인 인간 에너지의 발전"으로서 필요성의 영역 너머에 펼쳐진다고만 보지 않고 이 "진정한 자유의 영역"은 반드시 "필요성의 영역을 자신의 기반으로 삼"는다는 점을 강조한다. 실러가 불평등한 사회에서도 문화가 인간 해방의 영역을 제공한다고 주장한다면, 맑스는 지구에서 생존하기 위해서 인간은 반드시 노동과 생산 활동을 지속해야 하고 따라서 필요성의 영역은 결코 사라질 수 없음을 전제한 다음, 진정한 자유는 이 영역에서 평등과 정의가 구현될 때 가능하다고 보는 것이다. "노동일의 단축"이 이런 자유를 위한 "기본 요건"이라 말하는 것도 그 때문이다. 노동일 단축은 생존을 위해 자신을 상품으로 판매하는 프롤레타리아가, 불평등한 사회에서는 타인의 잉여노동을 독점하는 부르주아만 영위할 수 있는 문화적 활동을 할 자유시간을 확보하는 데 필수적인 조건이다. 맑스와 관념론자의 차이는 이처럼 문화의 자유를 독자적으로 존립할 수 있는 영역으로 이해하기보다는 필요성을 충족해야만 성립 가능한 영역으로 이해한다는 점에 있다. 이런 점에서 『독일이데올로기』에서 문화를 이데올로기의 일환으로 보고 물질성을 결여한 허상으로 여긴 맑스와 자유를 추구한 맑스가 생각만큼 서로 상반되는 것은 아니다. 문화가 자유라고 보는 순간

4_ Friedrich Schiller, *On the Aesthetic Education of Man in a Series of Letters*, trans. Reginald Snell (New York: Frederick Ungar, 1965P), p. 35; John Brenkman, *Culture and Domination* (Ithaca and London: Cornell University Press, 1987), p. 64에서 재인용.

에도 맑스는 그것의 물질적 조건을 생각했던 것이다.

　일부 논자들이 맑스의 문화관이 문제라고 여기는 것이 바로 이런 점 때문이다. 맑스는 한편으로는 문화를 사유재산이나 현실의 왜곡으로 보고, 다른 한편으로는 인간 에너지의 발전으로 보지만 어떤 경우든 문화를 생산과 연관지어 이해한다. 전자의 경우 문화는 불평등한 자본주의적 사회관계를 외면한다는 점에서 인간적 삶의 왜곡으로 이해되고, 후자의 경우 불평등한 사회적 관계를 극복하여 필요성의 영역이 평등하게 된 다음의 삶의 모습으로 이해되는 것이다. 하지만 이처럼 생산의 우위 속에서 또는 생산을 기반으로 하여 문화를 이해하는 관점은 비판의 대상이 되기도 하였다. 『문화와 지배』라는 책에서 맑스의 문화이론은 문화를 의식으로, 사회적 관계를 생산관계로, 그리고 결국에는 생산력의 문제로 치환한다며 비판하는 존 브렌크먼도 그런 예다. 이 비판에 따르면 맑스는 문화를 생산의 하위 범주로 만들어버림으로써 문화 자체의 물질적, 사회적 성격을 무시하고, 문화가 해방의 프로젝트에 기여할 수 있는 길을 봉쇄해버린다.

> 맑스는 평등한 상호관계 또는 "진정한 공동체" 또는 보편적 연대는 계속하여 자신을 새롭게 하고 변형시켜야 하는 **정치적 공동체**이기도 해야 함을 결코 상상하지 못한다. 맑스는 진정한 공동체는 가치, 목표, 이해 등을 둘러싼 토론과 논쟁이라는 본질적으로 정치적인 과정들을 제거하리라고 믿기 때문에 정치적인 것, 즉 유토피아의 이쪽도 마찬가지로 궁극적으로 계급 이해에서 나오고 그것을 수행하거나 반대로 계급 이해에서 벗어나서 그것을 왜곡시키는 실천 및 제도로만 규정한다.[5]

계급 이해 또는 생산관계의 견지에서 정치를 이해하게 되면 "가치, 목표, 이해 등을 둘러싼 토론과 논쟁"이라는 다분히 정치적 과정들은 중요하지 않다고 치부되

5_ Brenkman, *Culture and Domination*, p. 101. 강조는 원문. 이하 이 책의 인용은 본문에 쪽수로 표시한다.

는데 이것은 사회변혁을 추구할 때 문화적 과정 역시 중요성을 잃게 된다는 말이다. 가치나 목표의 문제들 대신 등장하는 것이 진실, 과학의 문제다. 즉 삶의 의미나 목표, 정체성의 형성 문제 등을 둘러싼 문화적 실천과 논쟁은 생산이라는 삶의 실제조건에 비하면 부차적으로 이해된다는 것이다. 하지만 브렝크먼은 문화를 이처럼 여겨서는 대중이 혁명적이 되는 방식을 이해할 수 없다고 본다.

> 근대의 산업노동자들은 **본질적으로** 혁명적으로 되거나 개량적으로 되는 것이 아니다. "계급"이 한 집단의 이해, 욕구, 여망을 **규정하지** 않고, 그 집단의 정치적 조직 및 행동 양태를 **결정하는** 것은 아니기 때문이다. 이들 양태는 경제적, 사회적, 문화적, 정치적 관계들의 상황에 따른 편성에 의해서 규정되고 결정된다. 이런 편성이 이해와 욕구, 조직과 행동을 만들어낼 뿐 아니라 동시에 문제가 되는 집단의 정체성도 결정한다.(95, 원문 강조)

브렝크먼의 생각은 라클라우와 무프가 제출한 헤게모니 전략을 상기시킨다. 생산관계에 의해 미리 주어진 계급 정체성이 없고, 계급이 "이해, 욕구, 여망을 규정하지 않고", 대중의 "정치적 조직 및 행동 양태를 결정하는 것"이 아니라면 생산의 진실이 아니라 특정한 역사적 상황이 정체성과 지향, 정치적 조직, 행동 방식을 규정하는 셈이 된다. 이런 생각은 역사적 상황은 "투쟁하는 세력들의 정체성 자체가 끊임없는 변동을 겪고, 중단 없는 재정의 과정을 요구하는 정치적 공간들의 근본적 불안정성으로 특징지어진다"고 본 라클라우와 무프의 생각과 비슷하다.6)

　브렝크먼이 맑스에게서 생산의 우위만 본 것은 아니다. 그는 맑스에게는 문화

6_ Ernesto Laclau and Chantal Mouffe, *Hegemony and Socialist Strategy: Towards a Radical Democratic Politics*, trans. Winston Moore and Paul Cammack (London: Verso, 1985), p. 151; Brenkman, p. 98에서 재인용.

를 사회집단, 노동자와 다른 사람들이 자신들의 정체성을 만들어내고 사회 속에서 교류하는 다른 사회적 집단들과 관계를 맺는 물질적-사회적 실천으로 이해하게 해주는 측면이 있음을 인정한다. 여기서 중요하게 부각되는 것이『경철수고』의 맑스이다. 브렝크먼은『경철수고』에서 맑스는 예술적 능력과 예술교육을 "사회적이고 물질적인 실천 사례들"로 보고 개인들이 "예술적 생산과 예술적 수용의 실천들 속에 참여하는"(65-66) 것은 사회적으로 형성된 존재로서 참여한다는 대안적 관점을 제출한다고 본다. 맑스는 아무리 아름다운 음악도 비음악적인 귀를 지닌 사람에게는 아무런 감흥을 불러일으키지 않듯이 사회적으로 형성되지 않은 예술적, 문화적 감수성은 감수성으로 작용할 수 없다며, "오감의 형성은 현재까지의 세계 전체 역사의 노동"임을 밝힌 바 있다.7) 이때 음악 등 예술의 생산이나 수용은 인간이 자연적 존재로서 그리고 동시에 사회적 존재로서 영위하는 실천의 층위에 속한다.

그러나 맑스의 이런 관점은 그의 이론 작업 과정에서 제대로 전개되지 못하였으며, 맑스와 그의 이름으로 형성된 이론 전통에서는 생산의 진실을 중시하는 인식론적 패러다임이 지배적 위치를 차지했다는 것이 브렝크먼의 판단이다. 그는 "맑스주의 문화이론 패러다임은 맑스가 자신의 비판적-유토피아적 담론을, 그 안에서는 문화적 평가와 정치적 논쟁이 부차적 몫만 하는 사회적 관계 및 사회적 실천이라는 발상에 기본을 둔 이론으로 전환시키면서 고착되고 만다"(100)고 주장하며 맑스의 비판적-유토피아적 담론을 더 발전시킬 필요가 있다고 본다. 브렝크먼의 비판은 문화를 자유 자체로 이해하든, 아니면 이런 관점을 관념론으로 규정하며 문화를 이데올로기로 보든, 문화는 그 자체의 물질성보다는 그것보다 더 물질적이라고 간주되는 (경제적) 생산의 종속 범주로 인식될 뿐이며, 이에 따라 맑스의 전통에서는 문화가 제대로 이론화될 수 없는 결과가 초래된다는 것이다.

7_ Karl Marx, *Economic and Philosophic Manuscripts* in Karl Marx and Frederick Engels, *Collected Works*, Vol. 3 (Moscow: Progress Publishers, 1975), p. 302. 이하 이 책의 인용은 본문에 쪽수로 표시한다.

3. 이데올로기 개념의 필요성

브렝크먼의 비판은 상당히 유효한 것으로 보이지만 맑스가 제출한 중요한 논지를 놓치고 있다는 인상을 지울 수 없다. 맑스가 생산 우위의 견지에서 문화를 살핀다는 것은 문화를 이데올로기로 간주한다는 말이기도 하다. 문제는 생산 우위 테제의 문제점을 들어서 이데올로기 개념을 과연 폐기할 수 있느냐는 것이다. 이데올로기 개념에서 배제할 수 없는 것 가운데 하나가 지배의 현실과 그것에 대한 은폐의 문제이다. 이데올로기가 흔히 과학과 대비되면서 지배 효과로서 인식되는 것도 그것이 자본주의 체제의 재생산에 기여한다고 간주되기 때문이다. 오늘 이 체제를 생산을 중심으로 한 계급 적대의 관점에서만 볼 수 있는 것이 아님은 이미 앞에서 인정한 바다. 따라서 이데올로기가 생산의 진실을 가리는 것으로 이해된다면 이는 사회적 관계가 계급적 차이 이외에 다른 차이들과 모순들로 구성된다는 점을 외면하는 일이 된다. 이 결과 맑스가 제출한 이데올로기 개념은 현 단계 사회의 모순을 이해하는 유일한 접근법은 아닌 셈이지만 그렇다고 하여 그것을 폐기할 수 있을까? 그렇게 하면 맑스가 애초에 제출한 문제설정, 즉 사회적 관계의 근본적 변혁이라고 하는 혁명적 관점이 사라지며, 프롤레타리아트와 부르주아지의 적대적 관계로 인해 빚어지는 사회적 과정인 계급투쟁이 인식의 시야에서 사라질 것이다. 문화를 사회적 지배와 해방의 문제와 독립시켜 생각하는 관념론에서 벗어나려면 이데올로기로 이해하면서도 그것의 물질성을 생각할 수 있는 길을 모색하는 것이 필요하다. 이것은 맑스(주의)에서 문화를 보는 세 가지 관점들이 때로는 서로 양립 가능하고, 때로는 양립 불가능한 것으로, 때로는 서로 모순된 것으로 이해되는 양상을 살펴봄으로써 맑스주의가 펼치는 문화의 역사적 이해를 새롭게 살피는 일이 될 것이다.

이와 관련하여 에티엔 발리바르가 맑스주의에 내재한다고 본 "이데올로기의 동요”라는 문제를 생각할 필요가 있다. 발리바르에 따르면 맑스가 애초에 이데올로기 개념을 산출한 것은 목적론과 사변을 비판하고, 관념화의 유물론적 기원을 주장하고, 나아가서 관념화가 지닌 지배효과를 분석하기 위함이었다. 이렇게 본 이데올로기는 “역사적 과정을 결정하는 현실적 관계들의 정의”와 관련이 있으며, 이데올로기의 유물론적 비판은 “실천적 관계들의 구조로서, 관계로서 현실을 분석하는 것에 조응한다.”8) 하지만 발리바르가 밝히고 있듯이 『독일이데올로기』에서 모습을 드러낸 “이데올로기”라는 용어는 이후 맑스주의 전통에서 오랫동안 사라졌다 다시 나타나는 등 사용상의 동요를 겪거나 더 심각하게는 이론상의 동요를 겪는다. 예컨대 맑스는 『독일이데올로기』에서는 “철학에 그 어떤 지식의 가치도 그 어떤 역사적 긍정성도 부정”하는데, 『반 뒤링』에서 엥겔스는 정반대로 “철학을 정당한 영역(‘사상의 법칙들과 작동들’)이라고 보며, 무엇보다도 철학에 대한 본질적 관계라는 견지에서 역사이론의 탄생을 기술한다.”(128) 이런 차이가 맑스와 엥겔스 사이에서만 나오는 것은 아니다. 맑스 자신에게도 “이데올로기적 세계에 절대적 비현실성을 부과하는 일체의 테제들”(119)과 대척을 이루는 지점이 있다. 여기서 이데올로기적 지배는 “진정한 ‘이데올로기적 투쟁’(항상 이미 현존하는, 곧 자동적으로 획득된 것이라고도 영구적으로 획득된 것이라고도 할 수 없는)의 결과로, 곧 하나의 이데올로기적 ‘의식’의 다른 것에 대한 지배”로 표상되며, “이 관점에서 볼 때, 지배 이데올로기의 구성에 항상 조응하는 것은, 적어도 경향적으로는, 억압 과정에 복종하지만 또한 그것을 전복할 수도 있는 피지배 이데올로기의 구성이다.”(118) 이렇게 되면 “우리는 이데올로기적 세계 안에서는 현실적인 차이들뿐만 아니라 모순들이 존재한다는, 그리고 이 모순들은 실천의 모순들과 충돌하며 그 자체로 ‘현실적 생활’의 일부라는 생각에 이르게 될 것이다.”(119) 이처럼 이데올로기가 어떤 때는 비현실적인 것으로 어떤 때는 현실적인 것으로

8_ 에티엔 발리바르, 「맑스주의에서 이데올로기의 동요」, 서관모 편, 『맑스주의의 전화』, 민맥, 1993, 109쪽. 이하 이 글의 인용은 본문에 쪽수로 표시한다.

이해되면서 맑스주의에서 이론과 실천은 결코 쉽게 해결될 수 없는 관계, 즉 맑스주의 이론과 혁명적 사회주의를 위한 투쟁간의 모순적 융합의 관계가 형성된다는 것이 발리바르의 생각이다. 하지만 "이데올로기의 동요"가 제기하는 이런 문제를 발리바르는 해소해야 할 문제로만 보지는 않는다. 오히려 그는 "맑스가 그 개념이 그 기원에서부터 함축하고 있는 모순적 경향들을 화해시키는 데 성공하지 못하면 못할수록, 그리고 단순히 그렇게만 하고 싶어하지는 않으면 않을수록 이후의 다른 철학적, 사회학적 작업들과 비교하여 맑스주의의 이데올로기 개념은…'비판적이고 혁명적인' 기능을 더욱 뚜렷이 수행하며…인식론적 단절의 효과를 더욱 뚜렷하게 생산한다"(125)고 보는 것이다.

이런 관점은 맑스와 엥겔스, 그리고 그들 이후에 형성된 맑스주의에서 발견되는 이데올로기 개념의 동요를 단순한 이론적 결함으로만 여길 수 없게 만든다. 그 동요는 이론과 실천의 관계가 지닌 복잡성, 역사적 상황을 벗어날 수 없는 계급투쟁과 대중운동의 관계가 지닌 근본적으로 모호한 관계로 인해서 생겨나는 문제이기 때문이다. 따라서 맑스의 이데올로기 개념을 무조건 수용하여 이데올로기를 비판하기 위한 수단—과학적이라고 하지만 너무 쉽게 실증주의의 확신으로 빠져 목적론의 노예가 되게 하는—으로 활용하기만 해서도 안되지만 그렇다고 하여 그 개념을 폐기하는 것은 맑스가 제기한 문제들, 즉 자본주의에서의 계급모순을 외면하는 것이 된다. 우리는 동요하는 이데올로기 개념을 절대화할 수는 없지만 '동요'를 보이면서도 사라지지 않는 이데올로기 문제를 중대한 문제로서 받아들일 필요가 있다. 그래야만 맑스주의가 제출한 '계급투쟁'의 문제설정을 유지할 수 있을 것이기 때문이다. 물론 앞서 인정한 대로 오늘의 사회적 관계가 지닌 복잡성을 생각할 때 이 계급투쟁이 대중운동들을 그 안으로 환원시킬 수는 없겠지만 그래도 이들 운동에 어떤 방향이 생기게 하는 힘으로는 작용한다고 봐야 하지 않을까? 그리고 이데올로기 개념 또한 오늘도 자본주의가 작동하는 한 지배계급으로서 부르주아지의 지배 효과로서 이해할 수 있지 않을까?

이처럼 맑스주의로부터 오늘 좌파(문화)운동의 방향을 설정하고자 하면서도 맑스주의 내부의 복잡한 문제들에 주목하는 것은 오늘의 국면이 바로 맑스주의 위기의 국면이라는 점 때문이다. 여기서는 맑스의 이론이 우리의 문화 이해를 어떤 방향으로 이끌 것인지 묻기보다는 오늘의 문화운동에 맑스주의와 그것의 위기가 제기하는 압박이 무엇인지 생각하고 싶다. '맑스주의와 그 위기'의 견지에서 문화운동을 생각하려는 것은 오늘 문화운동의 방향을 생각함에 있어서 맑스주의 자체가 바로 해답이라기보다는 맑스주의가 역사적으로 직면한 난관이, 맑스주의 이론 내부의 모순이 던지는 문제들이 더 중요하다고 보기 때문이다. '맑스주의 위기'는 발리바르가 설명한 대로 맑스주의 외부로부터 온 문제나, 내부의 변절 등에서 온 것이라기보다는 맑스주의 자체가 지닌 문제들에서 온 것이다. 이것이 문화운동과 같은 과제를 생각할 때 한편으로는 이데올로기 개념을 설정하여 이데올로기를 비판하는 것이 필요하다고 느끼면서도 동시에 그것으로 충분하지 못하다고, 아니 이 '과학적' 작업이 새로운 문제를 일으킬 수도 있다고 느끼게 되는 이유이다. 하지만 이데올로기 개념의 문제점을 느끼면서도 그것을 쉽게 폐기할 수 없는 것은 계급투쟁을 부정할 수 없기 때문이다. 발리바르의 말대로 "이데올로기 이론이라는 관념은 항상 **역사유물론을 완성하기 위한**, 그리고 따라서 **유물론을 총체적으로 구성하기 위한**, 곧 그것을(최소한 그 법칙들의 측면에서) 총칭적으로 일관된 설명의 체계로서 구성하기 위한 **관념적 수단**으로서 기능해왔다…항상 되살아나는 이 프로젝트는 다시금 일종의 징후 곧 사회적 전체를 완성할 필요성의 징후로서 읽혀야 한다."(177, 원문 강조) 브렝크먼의 비판이 놓치고 있는 것은 이데올로기라는 개념을 제출했을 때 맑스나 엥겔스가 중대한 어려움에 직면한 것은 사실이지만 그 어려움은 단순히 이데올로기 개념을 포기하는 것으로 해결될 수 없다는 점이다. 그가 말하는 물질적-사회적 실천으로서의 문화라는 개념에서도 이데올로기 개념을 포기할 수 없다. 이데올로기에는 자본주의 사회 변혁이라는 과제에 대한 인식이 들어 있기 때문이다.

4. 이론적 반-인간주의

이데올로기 개념을 수용하고, 이에 따라 이데올로기 비판 기획을 문화운동에서 추진한다면 어떤 과제가 떠오를까? 문화운동에서 주된 비판 대상으로 떠오르는 이데올로기는 인간주의일 것이다. 알튀세르가 지적한 대로 이데올로기는 "개인을 주체로 호명"하는 메커니즘인데,[9] 이런 이데올로기가 앞서 말한 대로 문화 차원에서 작동한다는 것은 다시 말해 인간이 인간으로, 좀 더 정확하게는 주체-형태로 등장하는 과정이 문화라는 말이다. 최근에 부상한 문화연구 전통에서 문화 영역을 정체성이 형성되는 장으로 보는 것이나, 전통적 고급문화 분야인 인문학 영역에서 인간을 어떻게 이해하느냐의 문제를 최우선으로 여기는 것도 문화에서 인간 주체의 형성이 가장 중요한 문제로 인식되고 있다는 점을 보여준다 하겠다.

그러나 인간 주체의 형성을 중시하는 것과 이 주체를 인간주의 관점에서 본다는 것은 전적으로 다른 일로서, 이데올로기 비판으로서 문화운동이 인간주의를 이데올로기로서 인식할 필요가 있는 것은 인간주의는 문화적 과정에서 이루어지는 인간 주체 형성을 역사적 과정이 아니라 이미 주어진 것으로, 자연화하기 때문이다. 인간주의는 인간 본연의 모습을 상정하고, 인간을 사회적 과정으로부터 분리시켜 역사와 사회의 기원이자 목적으로 만든다. 이는 곧 그것이 인간을 언제나 이미 완성된 존재로 간주하고, 인간을 물질적, 사회적 과정의 산물로, 역사적 구성물로 보지 못함으로써 결국 인간 형성의 역사를 사유 대상에서 배제시켜버린다는 말이다. 인간주의가 이데올로기라고 보는 것은 인간이 이미 완성된 존재라는 것, 인간이 역사의 기원이자 목적이라는 것은 관념이며, 어떤 시점이건 구체적인 인간의 모습은 이 관념의 산물이 아니라 이 산물이 오히려 사회적 과정의 결과임을 주장하는 입장이다. 이처럼 이데올로기 개념을 설정한 맑스주의에서 인간은 사회

9_ 알튀세르, 「이데올로기와 이데올로기적 국가장치—연구를 위한 노트」, 『아미엥에서의 주장』, 김동수 역, 솔, 1991, 120쪽.

이전에 존재하지 않는다. 맑스가 사회적 적대를 중시하면서도 이 적대를 개인들 또는 사회적 기능의 담지자나 주체의 견지에서 이해하기보다는 오히려 주체들을 적대라는 사회적 관계에 의해 구성된 존재로 이해한 것도 그 때문이다.10) 앞에서 본 대로 그는 『독일이데올로기』에서 "삶이 의식에 의해 결정되는 것이 아니라 의식이 삶에 의해 결정된다"는 관점에서 "역사, 정치, 그리고 사회관계들 외부에 존재하는 자연적 인간본성에 대한 인간주의적 믿음"을 공격하고 "근본적으로 상이한 존재의 물질적 조건들이 양립할 수 없는 주체성들을 만들어낸다"고 봤다.11)

하지만 이데올로기로서의 인간주의 비판이라는 유물론적 기획이 오늘 진보적 문화운동에 충분히 반영된 것 같지는 않다. 오히려 인간주의가 그동안 한국의 문화운동을 이끌어온 이론적 입장이었던 것이 아닐는지? 문학을 위시하여 미술, 음악 등 예술운동 분야를 주도한 것이 인간주의였다고 하면 지나친 왜곡일까? 한국의 문화운동이 대체로 인간주의에 크게 포박되어 있었다는 것은 그동안 문화운동의 주체가 예술인, 작가라고 하는 개인들로 표상되곤 했다는 점에서도 드러난다. 1970년대 이후 90년대 초까지 예술운동을 이론적으로 지휘해온 리얼리즘도 이점에서는 예외가 아니다. 리얼리즘 미학에서 현실이라고 하는 재현의 대상을 충실히 형상화할 수 있는 능력을 가진 작가가 일차적인 문화적 주체로 간주된다. 이 주체에게 주어진 과제는 자신의 예술적 역량으로 자본주의 사회의 총체성을 그려내는 것이며, 이때 문화운동의 성공 여부는 작가가 제출한 심미적 전유 또는 현실의 재현이 얼마나 그 총체성을 충실하게 반영하고 있느냐는 것이다. 그러나 이 결과 문화운동은 문화를 전문으로 삼는 사람들, 소설가나 시인, 화가와 같은

10_ 물론 맑스에게 불변의 주체를 상정하는 경향이 없었던 것은 아니다. 서관모는 맑스가 "인간의 '본질'로서 노동을 지시하며, 노동을 유일한 토대로 해서 사회적인 것(the social)을 생각"했다고 본다. 하지만 동시에 그는 노동을 인간 "'주체'의 작용이 아니라 물질적으로 분석한" 맑스가 있으며 이 맑스가 중요함을 강조한다. 서관모, 「맑스주의 계급이론의 현재성」, 『이론』 창간호, 1992년 여름, 103쪽.

11_ Neil Badmington, "Introduction: Approaching Posthumanism," in Neil Badmington, ed., *Posthumanism* (New York: Palgrave, 2000), p. 5.

예술인에 국한되기 십상이었다. 문화운동에서 인간주의는 걸출한 예술가, 뛰어난 개인으로 표상되었던 것이다.

인간주의를 이데올로기로 파악하자는 것은 이론적 반-인간주의의 표명이다. 이론적 반-인간주의는 인간 주체의 본질을 상정하지 않고, 인간의 정체성이나 주체성은 사회적 관계 속에서 형성되는 것으로 본다. 알튀세르에 따르면 "맑스의 과학적 발견"은 "철학적 인간학 또는 인간주의와의 단절"에서 비롯된다.12) 여기서 맑스의 과학을 구성하는 것은 사회구성체, 생산력, 생산관계, 상부구조, 이데올로기, 최종심에서 경제에 의한 결정, 경제와 다른 차원들의 종별적 결정 등과 함께 인간주의를 이데올로기로 규정하는 일이다. 인간주의는 '인간본성'이라는 문제설정을 제출하는데, 맑스는 자신의 이론적 발견 이후 이런 경향 일체를 배격한다는 것이 알튀세르의 진단이다. "맑스는 자신의 이론적 기반으로 인간의 본질을 거부함으로써 이 유기적 가정들 체계 전체를 거부했다. 그는 **주체, 경험주의, 이상적 본질** 등의 철학적 범주들을 그것들이 지배하던 모든 영역들에서 몰아냈다…맑스의 유물론은 주체의 경험주의(와 그 반대인 초월적 주체)와 개념의 관념론(과 그것의 반대인 개념의 경험주의)을 배제하기 때문이다."(228-29, 원문 강조) 주체 개념을 거부한다는 것은 주체라는 것이 원래 주어지는 것은 아니라는 말, 이를테면 플라톤이 상정한 이데아처럼 역사를 초월하여 존재하는 것은 아니라는 말이다. 알튀세르에 따르면 맑스는 이런 본질로서 주어진, 그리고 경험의 직접 대상으로서 주어진 주체 개념을 거부함으로써 주체가 사회적으로 구성되는 존재임을 확인했다.13)

반-인간주의를 수용하는 문화운동의 구체적인 양상은 무엇인가? 인간주의를 어떤 보편성의 질서에 속한 인간에 관한 이해라는 견지에서 이해하면 문제가 되

12_ Louis Althusser, "Marxism and Humanism"(1965), in *For Marx*, tr. B. R. Brewster (London: Verso, 1982) p. 227. 이하 이 글에서의 인용은 본문에 쪽수로 표시한다.

13_ 이 문단은 강내희, 「문화연구와 '새 인문학'의 구성」, 『서강인문논총』 18집, 2004, 11-12쪽에서 가져왔다.

는 것은 이 '보편성의 질서'일 것이다. 보편성의 질서는, 무규정성까지는 드러낸다고 말할 수 없어도 아주 다양한 정체성들의 복합체라고 할 수 있는 프롤레타리아트 대중을 당대의 지배적 사회관계 속으로 포획하는 힘을 발휘한다. 이를테면 동북아의 전통에서 '인간'이나 서구의 역사에서 대문자로 사용하는 '인간'이 남성 중심의 사대부 또는 부르주아를 지칭하면서, 이런 지배계층이나 계급이 선호하는 가치들을 구현하는 존재로 이해되는 것이 그런 경우이다.14) 그렇다면 이론적 반-인간주의를 채택하는 문화운동에서 등장하는 과제에는 이처럼 프롤레타리아트를 당대의 지배적 사회 관계로 포섭하는 과정에 대한 개입이 포함된다. 이것은 또한 이데올로기의 지배적 효과를 무너뜨리는 사회적 노력이 곧 좌파적 문화운동과 결부되어야 한다는 말이겠다. 좌파적 문화운동은 이런 점에서 오늘의 문화가 지배적 효과를 내는 방식이 무엇인지 분석할 필요가 있다.

여기서 하나의 문제가 제기된다. 인간주의를 포함한 이데올로기 비판은 맑스 이론의 '과학성'을 인정하는 일인 셈일 것이다. 이때 과학은 어떤 의의를 갖는 것일까? 1980년대 이후 '과학'은 근대적 패러다임의 대표격으로 간주되어 줄곧 비판을 받아왔으며, 브렝크먼이 비판하는 맑스 이론의 인식론적 패러다임 또한 최근 들어와서 비판을 받고 있는 이런 과학 관념의 포로라고 할 수 있다. 이런 점을 고려할 때, 이데올로기 비판 기획을 추진하며 과학을 정당화하고 특권화하는 것이 과연 바람직한가? 앞에서 이데올로기의 동요를 언급하며 시사한 대로 여기서 과학을 절대화하려는 생각은 없지만, 과학의 절대성을 회의한다고 하여 그것을 무시할 수는 없을 것이다. 알튀세르가 말한 것처럼 과학은 이론에서의 계급투쟁에서 진보적 입장을 대변한다고 볼 수 있다. 맑스 이론을 과학으로 수용한다는 것은 그것의 무오류성을 믿는다는 말이라기보다는 과학의 계급적 입장을 지지한다는 말이며, 과학을 지배 효과를 불식하기 위한 해방 운동과 연관지으려는 것이다.

14_ 물론 이런 관념들 자체로 지배효과가 만들어지는 것은 아닐 터이다. 그렇게 믿는다면 우리는 다시 사유가 존재를 지배한다는 관념론으로 되돌아가게 된다.

5. 실천적 인간주의와 문화운동

이데올로기 비판이라는 '과학적' 기획을 절대화하지는 아니하되 이론적 입장
으로는 수용하면서 그것에 기반을 둔 구체적인 실천 전략을 구상할 수는 없을까?
이와 관련하여 이데올로기로서의 인간주의 비판과 구체적인 인간 주체의 역사적
형성을 목표로 하는 실천적 인간주의 기획을 동시에 수용하는 언뜻 봐서는 모순
에 찬 듯한 전략이 진보운동의 전진에 필요함을 강조하고 싶다.[15] 이 전략은 한편
으로 이론적 반-인간주의와 이론적 인간주의의 구분, 다른 한편으로 이론적 인간
주의와 실천적 인간주의의 구분이라고 하는 이중적 구분을 전제한다. 이론적 반-
인간주의와 이론적 인간주의의 구분이 필요한 것은 이미 말한 대로 진보운동에서
이데올로기를 비판하고 '과학'을 지지할 필요가 있기 때문이고, 이론적 인간주의
와 실천적 인간주의의 구분이 필요한 것은 실천적 차원에서 완전히 배제할 수 없
는 인간주의를 수용해야 한다는 판단 때문이다. 실천적 인간주의는 이때 현실에
서 존재하는 인간을 대상으로 하며, 그(녀)와 관련하여 펼치는 현실적이고 구체적
인 기획과 전략에 해당한다.

실천적 인간주의를 인정할 경우 문화운동에 만연한 이론적 인간주의를 어떻
게 극복할 수 있을 것인가 하는 문제가 제기될 수 있다. 실천적 인간주의를 진보적
기획으로 만들려면 그것을 반드시 이론적 반-인간주의의 기반 위에 세워야 한다.
자유주의 인간주의와 같은 전통적인 이론적 인간주의에서 인간은 그 자체로 역사

15_ 김세균의 다음 말을 참조하자. "유의해야 할 점은 맑스주의는 단순한 이론이 아니라 이론과
실천의 통일이며 그 통일은 '실천 우위 하에서 이론과 실천의 모순적 통일'이라는 점이다. 이때
실천으로서의 맑스주의는 기본적으로 현실 속에서 노동자대중이 당하는 소외, 비참, 고통 등을
고발하는 동시에 새로운 기쁨, 행복을 추구하는 운동의 주체로 그들을 끌어올리는 '실천적 휴머
니즘'의 성격을 지닌다고 생각된다. 때문에 나는 이론과 실천의 통일로서의 맑스주의는 크게
보면 '실천적 휴머니즘 우위 하에서 이론적 반휴머니즘과 실천적 휴머니즘의 모순적 통일'이라
고 부르고 싶다"(「계급과 민중: 계급-민중론의 관점에서 본 시민론과 다중론」, 『계급 그리고
시민, 민중, 다중』[맑스코뮤날레 제2차 쟁점토론회 자료집], 2004.09.10, 22쪽).

의 기원이자 목적인데, 이렇게 인간을 규정할 경우 현실에서 사고되는 인간은 천재나 교양인과 같은, 불평등한 사회적 조건을 바탕으로 한 자유시간의 독점이라는 물질적 기반을 바탕으로 하면서도 초역사적이고 특권적인 지위를 부여받은 존재로 이해된다. 이런 존재를 대표적 인간, 보편적 인간으로 수용할 경우 그 존재가 역사의 구성물이라는 사실은 엄폐될 것이다. 진보적이고 좌파적인 실천적 인간주의를 구성하려 할 때 이론적 반-인간주의의 유물론이 필요한 것은 이 때문이다. 여기서 인간은 물질적 과정의 생산물이라는 점에서 주체라기보다는 주체-형태이다. 알튀세르는 이런 유물론적 관점을 세워야 이데올로기를 이데올로기로서 인지할 수 있고, 그에 관한 대책을 세울 수 있다고 봤다.16) 이렇게 볼 때 우리가 채택해야 할 실천적 인간주의는 부르주아 전통의 실천적 인간주의와 투쟁하는 이론적 반-인간주의의 실천적 형태이며, 무엇보다 진보적 인간주체 형성 전략에 속한다.

맑스주의 관점에서 인간 주체의 형성은 어떻게 이루어질 수 있을까? 문화운동이 인간 주체의 정체성, 주체-형태 형성과 연관되어 있음을 생각할 때 이 질문은 다시 맑스주의 문화운동은 어떤 형태를 띠어야 하는가 묻는 것과도 같다. 여기서 제출하는 문화운동의 형태는 기본적으로 이데올로기 비판 태도(입장)를 바탕으로 한 인간주체 형성이다. 이것을 다시 과학적 사유와 역능 강화의 결합이라는 측면에서 생각해볼 수 있지 않을까 한다. 먼저 과학적 사유는 이데올로기 비판과 관련이 있으며, 이것은 기본적으로 '미신'에서 벗어나려는 노력이다. 이런 노력은 이데올로기를 관념으로 보도록, 즉 현실적 근거가 없거나 있다고 하더라도 지배의 영속에 기여할 뿐인 것으로 보도록 요구한다. 과학은 진실의 편을 드는 것이다. 하지만 이때 우리는 진실을 인정하는 것은 실증주의를 지지하기 때문이라기보다는 지배에 대한 저항과 해방을 위한 논리와 지식의 생산이 필요함을 느끼기 때문이다. 이렇게 볼 때 문화운동은 이데올로기 비판을 중요한 자신의 과제로 삼아야 한다.

16_ Louis Althusser, "Marxism and Humanism," p. 241.

다른 한편 문화운동에는 역능 강화의 과제가 있다. 실천적 인간주의를 기획으로 수용했을 때 문화운동이 할 일은 인간의 자율성, 창조성 등을 최대한 발휘하는 것이며, 이것은 기본적으로 인간의 다양한 능력들을 강화하는 일, 이들 능력의 문화생태적 조화를 구하는 것일 게다. 물론 이때 역능 강화는 이데올로기 비판을 바탕으로 이루어지는 기획이다.

이와 관련하여 맑스의 『경철수고』를 다시 읽을 필요가 있다. 앞에서도 살펴봤지만 이 글에서 확인할 수 있는 것은 맑스가 문화를 물질적, 사회적 과정으로 보고 있다는 점이다. 이것은 그가 문화를 유적 존재로서의 인간의 종별적 특징을 드러내는 실천으로 간주한다는 것이다. 그에게

> 인간은 단순히 자연적 존재가 아니다. 그는 **인간적인** 자연 존재이다. 다시 말해 자신을 위한 존재이다. 따라서 그는 **유적 존재**이고, 자신의 존재와 지식에서 자신을 유적 존재로 확립하고 드러내야 한다. 따라서 **인간적** 대상들은 그것들이 직접적으로 제시되는 것과 같은 자연적 대상들이 아니며, **인간적 감각**도 그것이 직접적으로 객관적으로 **인간적** 감수성, 인간적 객관성인 것과 같은 것이 아니다. 자연은 객관적으로도 주관적으로도 **인간적** 존재에 적합한 형태로 직접 주어지지 않는다. 자연적인 것은 모두 **존재 속에 들어와야** 하듯이 **인간** 또한 자신의 기원을 가져오는 행위—**역사**—가 있는데, 그러나 이것은 그에게는 알려진 역사이고 따라서 기원의 한 행위로서 그것은 의식적인 자아 초월의 기원 행위이다. 역사는 인간의 진정한 자연적 역사이다.(337, 원문 강조)

여기서 인간은 역사적 존재로 규정되며, 그의 감각은 단순히 자연적 인간의 감각이 아니라 역사적으로 구성된 인간의 감각으로 규정된다. 인간이 유적 존재인 것은 그가 다른 존재들처럼 자연적 존재로서 물리적 화학적 특성을 공유하면서도 역사에서 자기 기원의 행위를 발견한다는 점이다. 유적 존재로서 인간은 인간화

된 자연을 품으며, 그와 더불어 역사적이고 사회적인 감각을 획득한다.

인간의 본질적 존재의 객관적으로 펼쳐진 풍부함을 통해서만 주관적인 **인간적** 감수성의 풍부함(음악적 귀, 형태미를 위한 눈—요컨대 인간적 만족을 가능케 하는 **감각들**, 스스로 **인간의** 본질적 능력임을 주장하는 감각들)이 함양되거나 만들어진다. 오감만이 아니라 이른바 정신적 감각들, 실천적 감각들(의지, 사랑 등), 한 마디로 **인간적** 감각, 감각들의 인간적 성격은 **자신의** 대상 덕분에, **인간화된** 자연 덕분에 존재하게 된다. 오감의 형성은 현재까지 세계 전체 역사의 노동이다.(302, 원문 강조)

이처럼 인간의 능력은 "인간화된 자연"이며, 여기서 이루어지는 인간화는 역사과정에서 일어나는 인간적 실천의 결과이다. 이 실천은 자연이라고 하는 가장 근본적인 물적 기반을 바탕으로 삼아 인간이 그 위에 가한 노동의 결과로서 만들어진 인간화된 자연까지 활용하는 인간활동이며, 이 과정을 통해서 인간은 역능을 갖춘 존재가 된다. 그러나 역능을 갖춘 이 인간은 미리 주어진 존재는 아니며, 물질적이고 사회적인 과정의 산물이기 때문에 불평등한 사회적 조건에서 불균등하게 그 역능을 발전시킨 존재라고 할 수 있다. 맑스의 견지에서 보면 실천적 인간주의는 이런 역사적 존재로서의 인간을 새로운 인간으로 형성시키려는 기획이라고 할 수 있다. 그리고 이런 전략을 문화운동에 끌어들이고자 하는 것은 현실 속에서 존재하는 역사적 인간들, 대중들, 프롤레타리아트를 다양한 역능을 지닌 존재로 양성하려는 기획이다.

6. 한국 좌파 문화운동의 방향

지금까지 이데올로기 비판 기획을 수용하면서 문화운동을 이론적 반-인간주의와 실천적 인간주의의 통일이라는 측면에서 생각해보고자 했다. 이 모순적인 이론과 실천의 통합은 문화운동에서 구체적으로 어떤 형태를 띨 것인가? 아마도 해방기획으로서의 역능 강화라는 전략적 형태를 띠어야 하지 않을까 싶다. 『경철수고』에서 맑스가 말하는 인간의 역능은 오감 등의 신체적 능력, 정신적 능력, 그리고 실천적 능력 등이다. 여기에는 지적 능력, 감성적이거나 정서적인 능력, 윤리-도덕적 능력, 그리고 신체적 능력 등이 모두 포함될 것인데, 역능의 강화는 기본적으로 이들 능력을 강화하는 것이라 할 수 있다. 물론 현실에서 이런 능력들이 명확하게 구분되어 쉽게 범주화되는 것은 아니지만 그래도 이들 능력의 강화를 목표로 잡으면 문화운동의 과제와 방향을 설정하는 데 참조가 될 수 있을 것이다. 이제 이 역능 강화라는 측면에서 이론적 반-인간주의와 실천적 인간주의가 결합되는 상황을 생각해보자.

먼저 지적 능력의 강화는 기본적으로 이데올로기 비판과 더 긴밀한 관련을 맺을 것이다. 지적 능력은 위에서 말한 과학적 능력으로서 이데올로기의 작동을 분석하고 비판하는 작업에서 더 잘 발휘된다. 문화운동이 이런 역능 강화를 지향할 경우 오늘의 지배적 이데올로기의 비판적 분석을 빼놓을 수가 없다. 이때 이 분석은 이미 이론적 입장의 단계를 넘어서서 이데올로기 작동 메커니즘의 실천적 분석으로 전환된 것으로 그 대표적인 사례를 롤랑 바르트가 오래 전에 시도한 부르주아 "신화" 분석 작업에서 찾아볼 수 있다.[17] 그런데 이 신화 연구는 지금 어떤 모습을 띠어야 할까? 오늘 신화의 주된 생산자는 자본주의 대중문화 특히 대중매체임을 생각할 때 매체 비판이 신화연구의 가장 중요한 분야가 아닐까 한다. 스튜어트 홀의 지적대로 문화는 자본주의 현실을 현실로 만드는 효과, 오늘의 현실은 이런 것이구나 하는 느낌을 만들어내는 현실효과가 생산되는 사회적 차원인데,[18] 이런 효과를 가장 강력하게 생산하는 곳은 매체 영역이다. 매체 비판은 물

17_ Roland Barthes, "Myth Today," in *Mythologies*, trans. Annette Lavers (New York: Hill and Wang, 1972), pp. 109-59 참조.

론 다양한 형태를 띠겠지만 현 단계 자본주의가 강제하는 삶의 방식을 자연스럽게 만드는 효과, 예컨대 신자유주의가 강제하는 자본과 노동의 관계를 사회적으로 생산된 것이 아닌 자연스런 관계로 만들어내는 재현의 현실효과를 분석하는 작업이 중요하다. 기호화 과정을 통해 이루어지는 재현은 현실을 생산하는 효과를 가지며, 이런 점에서 오늘 이 현실효과를 주로 생산하는 사회적 메커니즘의 분석과 비판은 문화운동이 결코 놓칠 수 없는 부분이다.

현실효과는 매체에 의해서만 만들어지지 않는다. 매체는 그 효과 생산의 주요 거점이기는 하지만 다른 곳에서도 이데올로기는 작용한다. 이런 점에서 알튀세르가 "이데올로기 국가장치"라고 부른 사회적 장치들의 작용과 이들 장치들간의 지형변화와 그로 인한 이데올로기 작동의 추이를 살펴보는 작업이 빠질 수 없다. 알튀세르는 중세의 지배적 이데올로기 지형은 교회와 가족의 연합에 의해 형성되었고, 자본주의적 근대에 이르러서는 학교와 가족의 연합에 의해 형성된다고 봤지만 오늘의 지배적 이데올로기 국가장치 연합을 말할 때는 학교와 가족 이외에 대중매체를 반드시 추가해야 할 것이다. 학교와 가족 그리고 대중매체의 연합은 물론 유동적이고 모순적이다. 오늘 사회적 문제라고 지목 받는 가족의 해체와 학교의 붕괴는 대중매체의 영향력 증가와 함께 등장했다고 하는 자주 접하는 주장은 이데올로기 국가장치들의 연합이 사실은 그 내부에 장치들 간의 복잡한 관계로 구성된다는 점을 알게 해준다. 하지만 그렇다고 해도 문제의 연합에 경향적 지배가 사라지는 것은 아닐 것이다. 대중매체의 부상으로 가족의 해체나 학교의 붕괴가 일어난다고 가족과 학교의 이데올로기 국가장치로서의 중요성이 결코 사라지는 것은 아니다. 오히려 가족과 학교는 위기를 맞고 있다는 담론을 생산함으로써 계속 지원과 보호를 받고 그 생명력을 연장한다.[19] 이데올로기 국가장치의

18_ Stuart Hall, "The Rediscovery of Ideology: Return of the Repressed in Media Studies," in Michael Gurevitch et al., eds., *Culture, Society and the Media* (London and New York: Methuen, 1982), pp. 56-90 참조.

19_ 현 단계 이데올로기 국가장치들의 지형에 대해서는 강내희, 「문화, 재생산, 그리고 국가주의」,

분석, 특히 매체 비판이 필요한 것은 이데올로기의 주체 호명 과정에 개입할 수 있는 길을 열기 위함이다. 한국의 지배적 문화운동은 그동안 이런 개입을 자신의 과제로 삼은 적이 별로 없다. 언론운동만 하더라도 관심을 기울였던 것은 주로 정치경제학적 분석이었기 때문에 언론의 소유구조 등에 대해서 주로 발언했을 뿐 미디어를 통한 기호화 과정이나 재현의 문제에까지 관심을 기울이지 않은 것인데, 이는 진보운동임을 자처하면서도 이데올로기 비판을 제대로 하지 못한 셈이 된다.

역능 강화라는 측면에서도 문화운동이 할 일은 많겠지만 여기서는 문화교육운동의 사례를 소개하고자 한다. 필자가 참여하고 있는 문화연대는 수년 전부터 문화교육위원회를 조직하여 '교육의 문화적 재구성'을 목표로 활동해왔는데, 여기서 중시하는 것이 그동안 입시 위주로 통제되어온 공교육 과정을 인간적 능력의 함양 과정으로 바꾸는 일이다. 심광현의 제안으로 출발한 이 운동에서 인간의 능력은 맑스에게서처럼 지적, 정서적, 윤리-도덕적, 신체적 차원을 갖는 것으로 이해되고, 문화교육운동은 공교육에서 이들 능력을 최대한 강화할 수 있는 방안을 찾기 위해 주로 교과과정을 개혁하는 노력에 집중되었다.[20] 교과과정에 관심을 집중하는 것은 그동안 교육운동이 교육의 민주화나 교육제도의 개혁에 치중하면서 교육내용에 관심을 쏟지 못하였고, 이 결과 교육과정을 통해 형성되는 주체-형태라는 중대한 문제를 놓치고 말았다는 판단 때문이다.[21] 교과과정의 개혁은 주체생산양식의 변혁과 밀접한 관련이 있다. 문화연대가 이를 위해 문화교육에 관심을 쏟는 것은 주체의 생산은 이데올로기에 의한 주체의 호명만이 아니라 주체의 능력들의 형성, 함양이기도 하다는 점 때문이다. 물론 자본주의 교육의 해체

『한국의 문화변동과 문화정치―문화사회를 위한 비판적 문화연구』, 문화과학사, 2003, 147-49쪽 참조

20_ 문화교육운동과 관련한 자료들은 심광현 편, 『이제 문화교육이다』, 문화과학사, 2003을 볼 것.
21_ 강내희, 「'교육내용'으로 본 교육운동의 과제와 방향」, 『교육개혁의 학문전략―신자유주의 지식생산을 넘어서』, 문화과학사, 2003, 275-305쪽.

를 목표로 하는 이 운동이 곧바로 효과를 거둘 수 있는 것은 아니겠지만 물질적 사회적 실천으로서의 교육문화를 변혁시키고자 하는 방향을 설정한 것만큼은 의미가 있다고 판단되며 문화연대의 중요한 과제로서 계속 추진되고 있다.

당연히 주체 형태로서 개인들, 대중들의 역능 강화가 교육운동에 의해서만 이루어지는 것은 아니다. 주체의 역능은 학교만이 아니라 가정이나 휴식공간, 병원, 노동현장 등 인간적 삶이 있는 모든 곳에서 영향을 받고 그 잠재력이 변할 수 있다는 점에서 역능 강화를 목표로 하는 문화운동은 삶의 모든 영역에서 전개될 필요가 있다. 진보적 문화연구 전통이 문화를 고급예술에 국한시키지 않고 "삶의 전체 양식"으로 규정해온 것도 이처럼 문화가 곳곳에 스며있다는 점을 간파한 때문일 것이다. 그런데 주체형태들의 역능을 강화한다는 것은 삶의 양식과 관련하여 어떤 함의가 있는 것일까? 그것은 삶의 양식을 더 긍정적으로 바꾼다는 것, 자본주의가 강요하는 삶과는 달리 유적 존재로서 인간의 가능성을 더 발전시키는 것이어야 할 것이며, 따라서 지금의 삶의 양식을 그대로 두는 것만이 아니라 더 능동적인 참여를 전제로 하며, 이것은 삶의 양식으로서의 문화 개념이 지닌 현재 문화—그 형태가 어떤 것이든—의 인정을 넘어서는 작업, 즉 조심스럽기는 하지만 '발전'의 개념을 도입하는 관점일 것이다.[22) 이런 점에서 문화운동은 문화적 환경을 개선하는 작업이 포함되어야 하며 환경영향평가와 유사한, 그러나 분명 그 내용에서는 많이 다를 수밖에 없는 문화영향평가와 같은 과제를 만들어낸다고 할 수 있다.[23)

22_ 삶의 양식으로서의 문화라는 관점은 "모든 삶의 양식이 다 나름대로 의미를 지닌다는 점에서 문화의 다양성, 문화의 주관성, 문화의 상대성은 포착해주는 장점은 있으나, 이런 상대성·다양성·주관성은 개인과 집단의 문화적 상태를 현재 상태로 방치해 두거나 서로 상충하는 삶의 양식들 간의 갈등과 충돌에 대해 방관적 입장을 취할 수밖에 없다고 보는 부정적이고 소극적인 함의, 다시 말해서 문화를 기정사실로 보고 그것을 용인하기만 하면 된다는 문화상대주의의 문제점을 내포하고 있다." 심광현, 「문화사회를 위한 문화 개념의 재구성」, 『문화과학』 38호, 2004년 여름, 64쪽.
23_ 문화연대문화사회연구소, 『문화영향평가제도 연구』, 2003.10 참조

이 정도로도 이론적 반-인간주의와 실천적 인간주의의 통일로서의 문화운동, 이데올로기 비판과 역능 강화라는 과제를 떠맡은 문화운동의 실천 전략은 80년대 문화운동을 지도한 리얼리즘 전략과는 크게 다르다는 점이 드러난다. 이것은 두 말할 것 없이 맑스가 남긴 이론적 자원에서 문화 개념을 다시 건져 올린 결과이다. 이데올로기는 여전히 유효한 개념으로 조심스레 사용할 필요가 있고, 인간은 유적 존재로서 자연에 몸을 빌려 역사적 감각들과 정신들과 태도들을 구성하면서 문화를 구성한다는 관점도 더욱 발전시킬 필요가 있다. 무엇보다 물질적 사회적 과정으로서의 문화라는 개념에서 새로운 문화운동의 과제가, 문화운동을 기본적으로 문화적 실천의 과정으로 이해하는 유물론적 관점이 도출될 수 있다고 본다. 리얼리즘 예술운동에서 중요한 것이 훌륭한 작품의 생산이었다면 오늘의 문화운동은 그것만으로 만족할 수가 없다. 오늘 리얼리즘 이론이 예술운동의 원동력으로서 역할을 제대로 하고 있지 못하는 것은 기본적으로 리얼리즘의 관심이 작품에 국한되어 있고 이 결과 예술작품, 문화적 창작물들이 처한 사회적 생산에서의 위상에 대한 대응책을 쉽게 내놓기 어렵기 때문일 것이다. 사실 리얼리즘의 위축은 미학 이론으로서 그것의 한계 때문만이 아니라 예술과 문화가 오늘 처한 지위가 바뀐 때문이기도 하다. 소설, 시, 미술 등 근대적 예술제도는 신자유주의 문화 상품 생산 구도 속에 힘겨운 경쟁을 해야 하는 처지가 되어버렸다. 이런 상황에서 리얼리즘이 문화운동의 이론으로 제 위력을 발휘하지 못하는 것은 당연하다. 작품을 작가의 현실 이해와 그에 바탕을 둔 미학적 형상화, 재현의 산물로 보는 것까지는 인정한다고 하더라도 문화적 실천 과정을 생각하면 작품은 작가의 창작으로 완결되는 것이 아니라 수용이라고 하는 새로운 과정으로 자신을 열어야 하며, 이 과정은 계속되어야 한다. 이것은 작품을 창작자의 생산물로 인정하면서도 그것을 사회적 생산의 더 큰 과정의 한 계기로서만 인정해야 한다는 말이다. 문화운동에서 역능 강화를 중시하는 것은 이 전체 흐름에 대응하는 능력의 강화가 중요하다고 보기 때문이다.

이런 점에서 좌파적 문화운동은 문화와 예술을 작품 중심으로만 볼 것이 아니라 그것을 포함하면서도 전체 사회적 과정과 연결되는 고리들, 예컨대 문화제도, 법, 예산 등의 문제들에 개입할 수 있는 능력을 기를 필요가 있다고 본다. 현실의 총체성을 이해하고, 그것을 반영하는 작품을 만들어낼 수 있다면 그것 자체로 의미가 없지는 않으나 작품의 테두리 안에 갇히게 되면 문화의 생산양식을 변혁시키는 데까지 나아가지는 못한다. 관건은 요소들의 개발보다는 그것들의 배치이다. 리얼리즘 미학을 수용하더라도, 그것이 중시하는 작품생산을 문화적 생산 전 과정에 전략적으로 배치시키는 문제가 중요하다. 이때 떠오르는 것이 문화지형의 연구와 함께 그 지형에 변동을 가하는 전략의 수립이다.24) 작품의 중요성보다 더 중요한 것이 작품을 포함한 문화적 실천과 생산, 과정 등의 배치 전략인 것이다. 맑스가 우리에게 희망이라면 물질적 사회적 실천으로서의 문화에 대한 이런 개입의 길을 열어주기 때문이 아닐까 한다.

이렇게 볼 때 문화운동은 이데올로기 비판과 연관해서 언급한 제도 개입을 더 중요한 과제로 삼을 필요가 있다. 제도에의 개입이 필요한 것은 문화적 생산물들을 낱개로 다루는 수준을 넘어서서 그것들을 중요한 요소로 간주하기는 하되, 다른 요소들과의 관계를 조정하며 배치해야 할 것이기 때문이다. 그래야 문화운동은 인간 역능으로서의 감각들과 정신력과 상상력, 의지 등 다양한 신체적 능력들을 키울 수 있는 조건들을 변혁시킬 기획을 할 수가 있지 않을까. 이들 조건은 인간으로서 우리의 삶 전체를 향상시키는 것과 관련이 있으며, 문화생산양식을 구성한다. 삶 전체를 관통하는 문화생산양식을 운동의 대상으로 삼으면 문화운동에도 일반 진보운동과 같은 수준의 보편적 과제들이 등장한다. 문화적 생산관계, 생산수단, 생산과정, 생산력 등이 문화운동의 기획에서 중요한 범주로 등장할 것

24_ 80년대 리얼리즘 예술운동이 지녔던 실질적 위력을 이런 관점에서 생각해볼 수 있겠다. 당시 리얼리즘 이론 진영은 지형의 구축을 운동의 명시적 과제로 삼지 않았을는지는 몰라도 실제로는 자본주의 문화지형까지 위협할 만큼 자신이 우위에 선 지형을 구축했던 것이 아닐까?

이며 이에 따라서 문화적 공공성이나 문화적 접근권, 문화적 권리, 문화민주주의와 같은 의제들이 중요하게 부상할 것이다.

7. 맺는 말

텍스트, 캔버스를 벗어나고, 예술의 한계를 벗어난다고 문화운동이 무조건 진보적이 되지는 않을 것이다. 문화에서 진보와 좌파는 문화적 과정에서 만들어지는 계급투쟁의 효과들에 개입해야 한다. 물론 사회적 적대가 계급투쟁으로 환원되지 않는다는 점에서 다른 방향으로의 운동의 여지가 없지는 않겠지만, 맑스에게서 희망을 찾고자 한다면 이 운동은 유적 존재로서의 인간의 역사가 제시하는 수수께끼를 푸는 데 기여해야 한다.[25] 이런 점에서 이 논의가 문화운동의 중요성을 지나치게 강조한 것처럼 들리지 않았으면 한다. 여기서 나는 문화운동이 사회운동의 중심이라거나 모든 운동은 문화운동으로 귀결된다고 말하려 한 것이 결코 아니다. 물론 사회운동은 문화운동을 필요로 하며, 이 운동이 배제된 좌파운동은 성공할 수 없다. 문화의 차원에서 인간이 인간으로서의 정체성을 형성한다면, 그런 정체성 형성 과정에 개입하지 못하는 운동이 성공할 리가 있겠는가. 하지만 그렇다고 문화운동의 자족성을 강조하다 보면 문화운동과 다른 사회운동의 연대의 필요성이 시야에서 사라지고 말 것이다. 여기서 이 연대의 구체적인 모습을 그릴 수는 없다. 하지만 문화가 물질적 사회적 실천의 한 층위임을 다시 강조하면, 그리고 문화운동이 이 과정에 대한 개입임을 기억하면 문화운동은 노동시간 단축과 같은 언뜻 노동운동에만 국한되는 것 같은 사회운동의 과제를 자신의 과제로도 안아야 할 것이다. 유적 존재로서 인간의 자유는 분명 아직은 필요성의 영역

25_ 맑스가 『경철수고』에서 코뮌주의를 역사라는 수수께끼의 해결로 봤다는 점을 기억하자. 297쪽.

너머에 있다. 그러나 이 자유를 우리의 것으로 만들려면 필요성의 영역에서 전개되는 투쟁과 문화과정을 분리할 수 없다. 다만 맑스가 오늘 한국의 좌파 문화운동에 여전히 희망이라면 나는 문화적 실천을 이 자유의 영역을 획득하는 중요한 지점으로 사고하게 해주기 때문이라고 믿는다.

신자유주의 시대 문화지형의 변동과 문화운동
—역사와 과제

1. 서언

한국의 문화운동은 1970년대 초 대학가의 탈춤부흥운동을 중심으로 시작되어 1980년대에 절정기에 이르렀다가 1990년대 중반에 침체기에 접어들지만 2000년대 이후 다시 활성화하는 모습을 보인다. 문화운동의 이런 부침은 사회운동 전반과 궤를 함께 했다고 할 수 있다. 한국의 사회운동은 해방정국에서 급속하게 성장하다가 한국전쟁을 거치며 거의 소멸하지만 1960년 4월 혁명과 함께 부활한 뒤 박정희 정권의 탄압 속에서도 그 생명력을 키워내어 1980년에 접어들며 새로운 도약을 이룬다. 이때 한국자본주의가 새로운 발전 양상을 드러내고 이에 대한 대중의 저항이 새롭게 조직된 것이다. 한국자본주의는 이 시점에 국가독점자본주의 단계에 접어들어 노동자계급을 사회적 생산 주체로 부상시킴으로써 노동운동이 사회운동에서 갈수록 중요한 역할을 하게끔 만들었다. 1970년대까지는 정치적 민주화가 주된 과제였던 사회운동이 이때 사회구조의 근본적 전화를 모색하는 변혁운동으로 성장한 것도 한국자본주의가 독점자본주의로 탈바꿈하기 시작하며 노동자계급을 중심으로 한 민중의 삶을 새롭게 조직하는 일이 사회의 관건으로 떠오른 결과이다. 물론 1980년대에도 운동의 주도권은 자유민주주의 및 민족통일 세력에게 있었고 이에 따라 노동운동 중심의 계급적 좌파는 '1987년 민주화체제'의 헤게모니 구성에서 배제되었지만, 그래도 1980년대 중반 이후 노동운동이 사회변동의 향방을 좌우하고 사회운동 자체의 질적 변화를 강제하는 동인으로 떠오른 점까지 부인할 수는 없다. 이런 변화는 문화운동에도 영향을 미쳐서 1980년대 중반에는 문화운동의 상승기를 만들어냈고, 1990년대 초반 이후에는 그 쇠퇴의 조건을 이루게 된다.

문화운동이 사회운동의 흐름을 그림자처럼 반영했던 것은 아니다. 문화운동은 때로는 사회운동의 주요 부문을 구성하기도 하다가 때로는 사회운동과 거리를 두며 독자적 노선을 강구하기도 했다. 특히 1990년대 초반 이후 문화운동은 사회운동과의 괴리를 드러낸다. 노동운동, 농민운동, 빈민운동과 같은 기층민중운동이 조직화를 통해 각개 약진하고, 환경운동이나 인권운동과 같은 신사회운동이 부상하는 등 이 시기에 사회운동 전반은 다양화하며 활성화하는 모습을 띠었으나, 문화운동은 오히려 이런 흐름과 거리를 둔 것이다. 당시 문화운동은 소비자본주의와 상품문화의 부상으로 인해 존립 조건의 악화라는 어려움에 직면했고, 그 결과 1990년대 초까지 보여주던 사회운동 전반과의 연대 강화보다는 자구책 강구라는 소극성을 드러내며 운동으로서는 쇠퇴하는 모습을 드러냈다. 다행히 2000년대 이후 문화운동은 1980년대 수준은 아니라 하더라도 상당한 활력을 되찾는 것으로 보이는데, 이는 1997년 이후 한국사회가 사회양극화 등 전반적인 위기를 맞게 되면서 사회운동에 대한 새로운 요구가 제기되고 문화운동도 이에 부응한 결과이다. 그러나 문화운동의 부상은 사회운동에서 가장 중요한 노동운동이 중대한 위기를 맞은 국면에서 이루어졌다는 점에서 문화운동과 노동운동, 그리고 노동운동을 중심으로 한 사회운동 전반의 관계를 새롭게 생각하도록 만드는 계기로도 작용했다. 이 글은 문화운동이 노동운동의 부상과 함께 진화하고 발전한 사회운동에서 어떤 변화를 겪어왔으며, 어떤 역할을 했는지, 최근의 정치경제적 변동 속에서 어떤 과제를 맞게 되었는지 살펴보려는 것이 목적이다.

이와 관련하여 생각해야 할 것이 한국자본주의의 변화, 특히 신자유주의 등장의 문제로 보인다. 여기서 '신자유주의'는 1970년대 중반 이후 위기에 처한 세계자본주의가 채택한 새로운 축적 전략으로서, 자유주의의 보수적 형태로 이해된다.[1] 이 자유주의는 19세기 말의 고전적 자유주의의 수정으로서 20세기 중엽에 등장한 '진보적' 자유주의의 대안으로 1970년대 중반부터 등장했으며, 선진 자본주의 국가들에서는 이전의 케인스주의, 사민주의를 폐기하는 양상을 띠었다는 점에서 '보수적'이다. 한국에서 신자유주의에 대한 문제의식이 생긴 것은 1990년대 초반 이후였다. 이때는 구현실사회주의 국가들의 붕괴와 냉전의 종식, 미국 중심의 '신세계질서' 수립으로 1970년대 중반 이후 미국과 영국이 수용한 신자유주의가 세계 전역에 퍼지며 '신자유주의 세계화'가 본격화하던 시점이고, 한국에서는 김영삼 정권의 문민정부가 '세계화' 정책을 펼치려던 시점이다. 국내에서 '신자유주의'가 비판적 논자들의 상용어로 등장한 것도 이때부터였다. 특히 1996년 말 김영삼 정권이 노동관계법 개악을 통해 신자유주의적 노동정책 강화를 기도했을 때 이에 저항하는 노동자계급의 총파업이 일어나면서, 그리고 1997년 말 'IMF 위기'로 대대적인 구조조정이 일어나자 노동자계급의 생존권 투쟁이 일상화하면서 '신자유주의'는 노동운동권, 나아가서 사회운동권의 저주받는 용어가 되었다.

신자유주의라는 담론의 출현과 그것의 현실 구성은 시기를 함께 한 것일까? 이 글에서는 신자유주의가 대중의 관심을 끌며 논의의 대상이 된 것은 1990년대 중반 이후이지만 정책 노선으로 도입된 것은 1970년대 말부터이며, 1980년대의 사회운동과 그 일환으로서의 문화운동은 신자유주의가 한국에서 작동하고 있었

1_ 김세균, 「자본주의의 위기와 신자유주의의 한계」, 『위기의 문명과 대안문명의 새 패러다임』 (이화여대 한국문화연구원 제2회 김옥길 기념 학술대회 자료집). http://kcri.ewha.ac.kr/sch/book_view.php?idx=33&kcomm=G

다는 사실과 분리해서 생각할 수 없다는 관점을 취한다. 1980년대에 사회운동이 고양되었고 이 과정에서 노동운동 또한 크게 성장했다는 것은 한국 최근세사 연구에서는 상식일 것이다. 하지만 그런 사실이 신자유주의의 등장과 밀접한 관련을 맺고 있다는 점을 중시하는 경우는 드물어 보인다. 1970년대 말 박정희 정권에서의 경제정책 방향 전환과 부마사태, 이어서 발생한 1980년의 광주항쟁 등을 신자유주의 도입과 결부하여 설명하는 입장이 전혀 없다는 말은 아니나, 1980년대와 그 이후의 사회운동 전반을 신자유주의에 대한 저항운동으로 보고 그 상관관계를 따지거나 특히 문화운동을 그런 관점에서 살피는 경우는 많지 않다.[2] 여기서 필자는 1980년대 이후의 한국 사회운동의 부상과 부침은 신자유주의의 도입 및 전개와 무관하지 않다는 판단에서 신자유주의가 현실로서 등장한 시점 이후의 한국자본주의의 변화를 사회운동, 그 중에서도 문화운동의 견지에서 살펴보고자 한다. 이를 위해서는 신자유주의 도입과 연동되어 나타난 문화정책의 모습, 그와 함께 형성된 문화지형의 변동을 특히 눈여겨볼 필요가 있다.

2. 신자유주의의 도입과 문화운동

신자유주의가 한국에 도입된 시점은 '경제안정화종합시책'이 발표된 1979년 4월, 박정희 정권 말이다. 이때는 1979-80년의 제2차 석유파동에 따른 유가인상, 세계적인 스태그플레이션의 심화, 선진국의 신보호주의 강화에 따른 수출부진, 고용둔화, 물가의 급상승 등 한국경제가 위기를 맞고 있던 때이다. '시책'을 통하여 박정권은 "수출과 투자정책에 대한 전면적인 재검토"를 꾀하고 경제 안정화를 위한다며 임금 및 농산물 가격 상승 억제 정책을 펼치고 경제정책 방향을 신자유주

2_ 1970년대 말 이후 1980년대 초의 한국의 사회변혁 운동을 신자유주의에 대한 저항으로 설명하는 글로는 윤소영, 『일반화된 마르크스주의 개론』(공감, 2006, 24-33쪽)이 거의 예외적이다.

의 노선으로 선회시킨다. 시책을 시행한 같은 해 8월에 발표한 '금융제도개편' 방안 속에 금리자유화, 은행경영 자율화, 화폐시장 종합개발, 금융기관 대형화 등 1980년대에 본격화된 금융자율화와 개방화정책의 근간이 된 정책내용을 담은 것도 같은 맥락이다.[3] 당시 박정희는 기존의 발전주의 노선을 수정시킨 신자유주의를 달가워하지 않았다고 하나 곧 암살되었기 때문에 자신의 입장을 정책에 반영시킬 수가 없었고(박지훈),[4] 이후 등장한 전두환 정권이 경제안정화종합시책과 금융제도개선방안의 정책 노선을 유지함으로써 신자유주의 노선은 그대로 계속된다. 전두환의 '경제과외교사' 김재익과 그의 동료들에 의해서 수용된 경제정책들은 당시 이미 신자유주의로 선회한 국제통화기금(IMF)과 국제부흥개발은행(IBRD)이 권장한 내용들이었다.[5]

신자유주의적 정책이 도입된 직후 1979년 10월의 부마사태와 박정희 암살, 1980년 5월의 광주항쟁 등 한국에 일대 정치적 저항과 격변이 일어났다는 것은 새로운 자본축적 전략이 순탄하게 수용된 것은 아님을 보여준다. '시책' 이후의 경제정책은 임금 및 농산물 가격 상승을 억제하는 등 노동자와 농민의 삶에 커다란 압박을 가함으로써 이들로부터 저항을 불러일으킬 수밖에 없었다. 신자유주의가 처음 도입되던 1979-80년 사이 YH사건, 부마사태, 박정희 암살, 전두환 세력의 쿠데타 감행, 광주항쟁 등 엄청난 격변이 일어난 것은 결코 우연이 아니며, 우리 사회가 처음부터 신자유주의 도입에 저항으로 대응했음을 보여준다.[6] 한국의 사회운동은

3_ '시책'과 '방안'의 내용은 전철환 외, 「제2차 석유파동과 화폐발행」, 『한국화폐전사(후속편)』, 한국조폐공사, 1993(http://www.komsco.com/currency/korea/history/4jang/ch4_4_3.htm)에서 정리한 것이다.

4_ 박지훈, 「경제안정화종합시책(1979년 4월 17일)」. http://parkism.egloos.com/2834980 2006. 12.6.

5_ 당시 IMF가 권장한 정책들은 정부적자 축소, 긴축재정, 임금인상억제, 무역거래자유화, 외국인 투자통제완화, 주요상업은행민영화, 중화학산업에 대한 보조금 삭감 등이었는데, 이들은 모두 나중에 '워싱턴 콘센서스'로 알려진 정책과 거의 동일하다. Lee, Chung H(2004), "Institutional Reform in Japan and Korea: Why the Difference?" http://swopec.hhs.se/eijswp/papers/eijswp0204.pdf

6_ 이와 관련해서 윤소영은 "부마항쟁과 광주항쟁이⋯신자유주의에 대한 최초의 투쟁"이라고 본다. 윤소영, 앞의 책, 32쪽.

1980년대 초의 이런 격동을 배경으로 고양되기 시작하는데, 그것은 한국자본주의가 이때부터 새로운 착취의 단계에 접어들며 사회적 저항을 야기한 때문이기도 하다. 문화운동이 1980년대에 절정에 이른 것도 이때 신자유주의가 국내에 도입되면서 민중의 저항이 거세짐에 따라 사회운동이 활성화된 것과 무관하지 않다.

한국 문화운동의 시발은 통상 1970년대 초의 탈춤부흥운동부터라고 말한다. 이때 문화운동은 "서구문화에 오염된 현실에 대해 전통문화의 창조적 계승을 통한 당당한 민족문화의 건설을 주창"[7]했고, 대학가 '문화서클'을 중심으로 이루어지고 있었다. 그러나 이들 문화서클은 당시 고양 중이던 "학생운동의 전문적인 조직체계에 비해 아직껏 허술하기 짝이 없는 조직" 형태를 띠고 있었고, 확실한 정체성을 결여했다. 1970년대 말로 가면서 "문화서클 성원들이 노동조합과 협조 아래 노동자 탈춤반을 만들거나 노동자 스스로의 연극행위들을 조직해"(19) 내는 일도 늘어났지만, 문화운동이 학생운동은 물론이고 사회운동 전반과 회통하며 대중화하는 데에는 민주화운동이 사회변혁운동으로 전환되는 것이 필요했다. 1980년대에 문화운동이 새로운 전기를 마련할 수 있었던 것은 운동이 대중을 확보함으로써 "주체적 조건"(21)을 갖게 된 덕분이다. 이때부터 문화운동은 대학은 물론 노동현장, 농촌현장으로까지 확산되고, 특히 전두환 정권이 유화국면을 조성한 1983년 말 이후 전국문화소집단이 결성되는 등 지식의 문화예술운동도 활발하게 전개된다.

1980년대 문화운동은 신자유주의 도입과 그에 따른 국가의 문화정책의 결과 형성된 문화지형에 대한 저항과 개입의 형태를 띠었다. 전두환 정권의 문화정책은 한편으로는 광주에서의 학살로 인한 정권의 잔혹성을 호도하고, 다른 한편으로는 신자유주의 정책에 대한 대중적 저항을 무마하는 것이 목적이었다. 1981년 봄 대통령 비서관 허문도가 기획하여 1만3천명의 출연자와 연인원 약 1천만명의

7_ 최승운, 「문화예술운동의 현단계」, 최승운 외, 『문화운동론 2』, 공동체, 1986, 15쪽. 이하 이 글에서의 인용은 본문에서 그 쪽수만을 명기한다.

관람객이 동원된 축제 '국풍 81'이 첫 번째 목적을 드러낸 좋은 예이다. 이 행사는 '단군이래 최대'의 축제였지만 전년도 광주에서의 민중학살로 인해 흉흉해진 민심 무마용이었기 때문에 당시 문화운동 진영은 그에 대한 협조와 참여를 거부하고, 오히려 군사정권에 대한 저항을 조직할 계기로 삼았다.[8]

집권 초기 전두환 정권은 민심 무마를 위한 대규모 관제 축제를 조직한 것 이외에도 다양한 문화정책을 실시한다. 1982년 컬러텔레비전 방송을 도입하고, 씨름과 야구의 프로화를 단행하고, <애마부인> 같은 에로물 제작을 허용하는 등 스크린, 스포츠, 섹스를 중심으로 한 이른바 '3S 정책'을 펼친 것이 좋은 예이다. 전두환 정권의 지배문화정책은 박정희 정권의 그것과는 사뭇 달랐다. 박정권이 장발 단속, 왜색 가요 금지, 대마초 연예인 퇴출, 국기 하강식 거행 등의 형태로 군사문화를 강화했다면 전정권은 3S 정책에 덧붙여 통행금지 해제, 중·고교생들의 교복 및 두발 자율화 등을 단행했다. 1980년대 초에 문화적 '자유화' 조치가 도입된 것은 과거와는 다른 대중 규율이 필요했기 때문이다. 박정희 정권 아래서 한국인은 <새마을노래>를 듣고 일어나 근면하게 노동해야 하는 '조국근대화의 역군'이었다. 박정권은 한국사회의 경제규모를 급속도로 키워가기는 했어도 성숙한 소비자본주의를 발전시키지는 않았다. 반면 전두환 정권에서 한국사회는 초기 소비자본주의로 전환되기 시작한다. 봉고 차를 이용하여 야외를 찾고 블루스타를 이용하여 삼겹살을 구워먹는 사람들이 늘어나고, 새로 보급되기 시작한 비디오를 통해 '문화영화'를 관람하는 일이 늘어난 것이다. 이런 흐름은 '국풍 81' 기획에서부터 드러난, 정치적 비판보다는 '문화적' 활동에 사람들의 관심을 집중시키려는 '정치의 심미화' 현상으로서 신자유주의 경제정책으로 야기되는 삶의 고통에 대한 대중들의 저항을 예방하는 방책의 일환이었다. 이 과정에서 도입된 '3S 정책'

8_ '국풍 81'의 책임자 허문도는 김지하를 문화운동의 지도자로 여기고 협력을 요청했던 것으로 알려져 있는데, 당시 권력층이 문화운동의 힘을 인정한 사례로 이해할 수 있다. 최한성, 「광주학살 덮기 위해 '국풍81' 만들었다」, 『데일리서프라이즈』, 2005.04.11.

은 이후에도 지속되며, 한국사회의 소비자본주의화가 진행되는 과정에서 더욱 심화된다.

1980년대 문화지형이 물론 정치의 심미화, 문화의 자유화에 의해서만 규정되었던 것은 아니다. 전두환 정권은 새 방향의 문화정책을 펼치기 전인 1980년 5월 광주항쟁을 무력 진압했고, 같은 해 8월부터 수만 명의 시민을 삼청교육대에 강제 수용하는 등 탄압을 자행했다. 이는 당시 문화정책이 이중구조로 진행되었다는 말로서, 한편으로는 '사회정화'라는 명목의 억압적 인구 통제, 다른 한편으로는 대중 포섭용의 '3S 정책'이 모순적으로 결합된 형국이었다. 전정권은 1983년 말에 이르러 일부 정치인에 대한 정치활동 금지 해금, 해직교수들의 타 대학에서의 복직, 민주화운동 전력으로 제적된 학생들의 복교 등을 허용하며 유화 조치를 취하기 시작한다. 1982년 3월에 부산 미문화원 방화사건, 9월에 1만여명 연합가두시위, 10월에 전남대 박관현 총학생회장 사망 원인 진상 규명 요구 시위가 일어나고, 1983년에 들어와서도 학원민주화투쟁, 국제의원연맹총회 반대 투쟁, 레이건 미국 대통령 방한 반대 투쟁 등이 학원가를 중심으로 전개되자 강경 일변도의 대응에서 벗어나 새로운 지배전략을 펼친 것이다.

유화국면의 조성은 문화운동 진영에도 적잖은 영향을 미쳤는데, 이는 무엇보다 문화운동의 조직화가 활발해진 계기가 되었다. 그러나 군사정권 하에서 조성된 이 유화국면이 자율화를 허용하면서 동시에 탄압을 가하는 문화정책의 이중구조에 대한 포기로까지 이어진 것은 아니다. 이런 흐름은 '1987년 체제'가 구축된 뒤에도 전두환의 군사정권의 맥을 잇는 노태우 정권의 출범으로 지속되었으며 이에 따라 1980년대 말 민예총이 벌인 전시나 공연은 계속 불법시되었고, '불온서적'에 대한 금서 정책 또한 김영삼 정권이 수립되는 1990년대 초까지는 여전히 강력하게 작동했다.

1980년대 문화운동은 전두환 정권의 문화정책을 거부했다는 점에서 한국사회의 신자유주의화에 대한 저항운동의 성격을 띠었다고 할 수 있다. 1980년대 초기 문화운동이 1970년대의 탈춤부흥운동의 맥을 이어받고 그 표현 방식에서 마당굿이라는 민중적 연희 전통을 널리 활용한 것도 같은 맥락이다. 전두환 정권이 신자유주의 경제정책 도입을 통해 민중 착취를 강화하면서도 대중적 저항을 막고자 스포츠, 스크린, 섹스 중심의 문화지형을 구축하려 했다면, 문화운동은 대학가와 생산현장에서 비자본주의적 대안문화를 만들고자 했다. 문화운동이 거부했던 것은 소비자본주의적이고 상업적인 대중문화였다. 이 결과 자본주의적 대중문화와 구별되는 '운동권 문화'가 형성되었고, 이 저항적 대안문화는 1980년대 사회운동이 상승하던 시기, 특히 학생운동이 그 기세를 유지하던 시기에는 주로 대학가 주변에서 지배적 위치를 차지할 정도로 성공을 거둔다.

1980년대의 문화운동은 다양한 조직 결성을 낳았다. 이 조직화는 특히 1983년 말의 유화조치 이후에 활성화되어 1987년 6월 항쟁 이후에도 그 흐름이 이어졌다. 1984년 4월 연극·영화·탈춤·놀이·소리·그림·만화 분야의 예술인들이 민중문화운동협의회를 결성하고, 1987년 말 민중문화운동연합으로 바뀌었다가, 1989년 9월 문학예술연구회와 통합한 노동자문화예술운동연합, 1988년에 창립된 민족민중미술운동전국연합, 1989년에 같은 이름의 월간 간행물을 창간한 노동해방문학 등이 그 예들이다. 이들 조직은 '민족해방', '민중민주', '민족민주' 등 1980년대 말 당시 운동권의 대표적 정파들과 긴밀한 관계를 맺고 있었고, 사회운동과 부침을 함께 하고 있었다. 1989년에 형성된 공안정국에서 엄중한 감시와 탄압의 대상이 되었고, 얼마 되지 않아 그 힘을 잃기는 했지만 이들 조직이 결성된 것 자체는 1980년대 문화운동의 결실이었다.

그러나 이 조직화는 당시 서로 입장을 달리하던 정파들과 긴밀하게 연계되어 있었다는 점에서 문화운동이 정치운동에 종속되어 있었음을 드러내는 지표이기도 하다. 1980년대 문화운동은 한편으로는 대단한 영향력을 행사했지만 다른 한편으로 자기 고유의 과제를 설정하는 데에는 한계가 없지 않았다. 물론 민중문화 건설이라고 하는 큰 목표를 설정하고는 있었지만 이때 민중문화는 전통문화의 형태에서 크게 벗어나지 않아서 자본주의 대중문화와의 대결을 통해 자신의 입지를 획득한 대안문화라기보다는 점점 거대해지는 대중문화의 외부에서 그 입지를 찾아야 하는 '잔존문화'에 가까웠다.9) 다른 한편 당시 문화운동은 선전에 주력하면서 정치의 도구로 전락했던 측면도 적지 않다. 문화운동에 '선전'의 개념이 도입된 것은 "상황상황마다의 미시적인 행동과제들을 보다 명확히 제시해"주고, "주체가 되는 집단과 대상이 되는 대중과의 미분화된 통일을 분화·재통일시키면서 활동의 지속성을 보장해주는"(최승운, 22) 점은 있었지만 문화운동을 정치경제운동의 하위범주로 만듦으로써 결국 수단화하고 말았다. 당시 문화운동이 자신의 위력을 드러내는 방식은 '5분대기조' 형태로 정치운동을 돕고, 가두시위 현장의 분위기를 돋우는 경우가 너무 많았던 것이다.10)

3. '짧은 1990년대'와 문화운동의 위축

1980년대 문화운동이 그 최후의 힘을 발휘한 것은 1991년의 강경대 정국이었다. 문화운동은 이때 다른 사회운동과 함께 1980년대에 축적한 모든 역량을 '열사정국'에 쏟아 부었다. 그러나 '유서대필' 사건과 '밀가루 투척' 사건 등으로 정세가 반전되며 1980년대 식 사회운동이 타격을 받게 된 것과 궤를 함께 하며 문화운동은 침체기를 맞는다. 노동운동의 경우 1990년대에 들어서서 전노협의 결성으로 조직화가 진전되고, 이후 민주노총의 결성으로 세가 확장되며 안정화되고, 또 전농이나 전빈련 등 다른 기층민중도 대중조직을 결성하며 각개 약진을 하지만 이

9_ 레이먼드 윌리엄스에 따르면 '잔존문화'는 현 단계 문화지형을 구성하는 세 종류의 문화 가운데 과거에 형성된 문화로서 지배문화에 속하지 않는, 이전의 사회적 구성체 잔재를 기반으로 하여 표현되고 실천되는 문화이다. Raymond Williams, *Problems in Materialism and Culture: Selected Essays* (London: Verso, 1980), pp. 40-42.

10_ 강내희, 「문화운동의 새로운 전략」, 『문화론의 문제설정』, 문화과학사, 1996, 60쪽.

런 조직화에도 불구하고 사회운동은 이전의 위력을 크게 잃고 만다. 무엇보다 현실사회주의의 붕괴로 새로운 사회의 대안이 사라지고 이 결과 사회변혁의 목표를 상실한 것이 가장 큰 원인이었을 것이다.[11] 1990년대에 들어와서 시민운동 노선 단체들이 대거 등장하고 이들이 언론의 주목을 받으며 다른 사회운동도 그 노선에 경도되면서 체제에 편입되는 경향이 만들어진 것은 변혁 전망의 상실과 무관하지 않다. 문화운동도 이런 흐름의 영향을 받았다. 그런데 다른 운동은 그래도 조직화와 함께 각개 약진한 측면이 없지 않았으나 문화운동은 조직화의 약화, 나아가서 운동의 동력 상실까지 겪게 된다. 1980년대 문화운동은 민족문학작가회의(1987), 한국민족예술인총연합(1988)의 결성으로 결산되었다고 할 수 있다. 이들 조직은 강경대 정국 때까지는 사회운동의 선두에서 다른 운동진영과 함께 투쟁했고, 당국의 탄압도 불사하며 저항적 전시와 공연 등을 감행했지만, 1993년 김영삼 정권의 출범과 함께 사단법인으로의 전환을 시도하며 '합법화'를 추구한다. 문제는 이들 조직이 합법화된 뒤 급진성과 치열함을 잃고 지배체제 안으로 편입되며, 사회운동 특히 진보적 사회운동과의 연대를 모색하는 노력을 외면했다는 점이다. 이 결과 1990년대 초반 이후 한국사회에서 문화운동은 부재하지는 않았으나 크게 위축된 모습을 드러낸다.

문화운동의 쇠퇴는 문화의 패러다임이 바뀌고 있었는데도 문화운동이 그에 대한 대안을 찾지 못한 결과이기도 하다. 1990년대에 들어와서 진보적 지식생산 진영에서는 기존 이론적 패러다임의 위축 현상이 드러난다. 1980년대에 비판적 사회과학을 지배한 것은 정치경제학 비판이었고, 리얼리즘 이론이 가장 대표적인 문예이론이었다. 리얼리즘의 지배적 위치는 문화운동을 구성하던 주요 흐름의 하나가 문예운동이었다는 사실과 무관하지 않다. 당시 문예운동을 이론적으로 주도

11_ 다시 생각하면 소련의 붕괴는 사회주의를 국가독점자본주의로 전환시킨 잘못을 시정할 수 있는 기회가 생긴 것으로 이해할 수도 있지만, 그렇다고 현실사회주의의 붕괴가 1990년대 초 한국의 진보운동에 준 충격이 적었다고 할 수는 없을 것이다.

한 분야는 (민족)문학운동이었다. 당시 문화지형의 변동을 가장 잘 감지하고 영향력을 행사한 측면에서 보면 미술운동이 문학운동에 뒤졌다 하기 어려우나 리얼리즘이 문예운동 전반의 지도 이론으로 군림했고, 그 논의를 주도한 것이 문학계였기 때문이다.[12] 1990년대에 들어와서 리얼리즘이 위축된 데에는 이 시기에 새롭게 형성된 문화지형에 충격을 줄 수 있는 미학적 실천을 위해 그것이 큰 도움을 주지 못한 때문이다. 물론 여전히 '다시 문제는 리얼리즘'이라는 주장[13])도 있었으나 그런 주장만으로 문화운동을 활성화할 수는 없었다. 리얼리즘은 문학을 중심으로 한 문예 '작품'의 의미를 설명하고, 예술적 형상화와 그 가치를 논하는 예술-미학적 이론으로서 문화운동의 문예운동론적 관점을 대변한다. 리얼리즘 이론이 설득력을 잃게 된 것은 이제 신자유주의가 삶의 방식을 더 많이 지배하고, 대중의 문화적 소구가 바뀐 탓에 문예활동의 사회적 비중 자체가 축소된 때문이었다. 리얼리즘 미학에 의한 당대 현실의 반영, 민중문화 건설이라는 대의를 고수한 잔존 문화운동은 전적으로 새로운 문화적 감수성을 드러낸 신세대가 출현하고 새로운 문화지형이 형성되면서 성장은커녕 자신의 생존 자체가 어려워져버렸다.

1990년대는 문화운동의 위축과는 별도로 문화이론, 특히 문화연구에 대한 관심이 증가한 시기이다. 현실사회주의 진영의 붕괴로 정치경제학 비판이 급속도로 영향력을 상실하자 그 공백을 메우며 등장한 것이 문화이론이었고, 이 과정에서 문화연구 패러다임의 수용도 이루어졌다. 문화이론, 문화연구의 등장은 정치경제

12_ 1980년대에 리얼리즘이 문화운동의 주된 이론으로 떠오른 것은 문자문화가 당시 문화지형에서 "지배적" 위상을 차지하고 있었던 점과 무관하지 않다. 물론 1980년대 문화지형에서 문자문화가 과연 "지배적 위상"이었는지는 엄격하게 검토할 문제이다. 당시 창작 중심의 문예운동에서 주도적 역할을 한 것이 문학보다는 '현실과 발언' 동인들 중심의 미술계였다는 점은 1980년대의 문화지형에서도 문자문화의 우월성이 사라졌다는 표시였을 것이다. 그렇다고 문학계가 이론적 권위를 놓친 것은 아닌 듯하다. 1980년대는 본격 시와 소설이 아직 대중성을 지니고 있던 때였다. 주로 문학비평가들 사이에 벌어진 리얼리즘 논쟁이 사회적 관심을 끈 것도 문학계가 아직은 문예운동의 이론적 쟁점들이 다뤄진 중심 영역이었음을 말해준다.
13_ 윤지관, 「다시 문제는 리얼리즘이다」, 『리얼리즘의 옹호』, 실천문학사, 1996, 115-22쪽.

학 비판 일변도의 사회현실 설명을 보완하는 측면도 있었지만 1990년대에 본격적으로 형성된 소비자본주의를 추종한 측면도 없지 않다. 대중매체가 대거 확산되며 문화담론이 홍수를 이룬 가운데 문화연구 일부가 소비자본주의를 긍정적으로 묘사하는 등 지배문화에 대한 비판을 소홀히 한 점도 적지 않았던 것이다. 물론 이런 흐름 속에도 비판적 문화연구를 시도하며 문화운동과 접속을 꾀하는 노력이 없었던 것은 아니나 변화한 정세 속에서 새로운 문화운동 흐름을 만들어내기에는 그것만으로는 역부족이어서,[14] 1990년대는 "문화운동 없는 문화연구"[15]의 시대로 전락한다.

문화운동의 공백기는 대략 '짧은 1990년대'와 궤를 함께 한다. '짧은 90년대'는 한국에서 포드주의 타협이 이루어지고 본격 소비자본주의가 가동되기 시작한 시기이다. 한국 자본주의는 1980년대 말까지만 해도 본격적 소비시장의 구축보다는 재투자 중심의 경제 운영을 했고, 재투자에 힘입은 내수시장 활성화에 의존했던 편이다. 임금정책 또한 여전히 수출 가격을 낮추기 위한 강제적 저임금 구조하에 있었다. 그러나 이 시기는 민주화 운동이 최고조에 달했고, 무엇보다 1987년의 노동자 대투쟁 이후 민주노조들이 대거 설립되고 전노협이 결성되는 등 노동운동 또한 크게 성장하던 때라서 자본과 국가의 의도대로만 국면이 전개되었던 것은 아니다. 노태우 정권기인 1980년대 말과 1990년대 초에 이미 우루과이라운드 협상 참여를 빌미로 쌀 수입 방침을 천명하는 등 경제 개방화를 추구하며 신자유주의로의 선회가 일어나고, 1993년 김영삼 정권이 출범한 뒤 더 많은 신자유주의 정책이 추진된 것도 노동의 이 상승하는 힘을 제압하기 위함이었다. 1990-97년은 한국에서 지니계수가 상당히 많이 낮아진 시기이다. 1989년 0.304에서 1990년에 0.295로 낮아진 뒤 1998년 0.316으로 다시 치솟기 전까지 계속 0.29나 0.28대에 머물렀던 것이다.[16] 이 시기를 '짧은 90년대' 또는 '포드주의 타협' 시기로 보

14_ 예컨대 1992년 창간된 『문화/과학』의 동인들의 시도가 여기에 포함된다고 할 수 있다.
15_ 심광현, 『문화사회와 문화정치』, 문화과학사, 2003, 169쪽.

는 것은 이때 노동운동의 상승으로 노동에 대한 자본의 양보가 강제됨으로써 임금상승을 포함한 노동조건이 어느 정도 개선되었다고 보기 때문이다.[17] 아울러 한국자본주의가 본격 소비자본주의를 구축하기 시작한 것도 이때이다. 이 변화는 노동과 자본의 타협 속에 하향 이동한 부를 다시 회수하려는 자본의 새로운 전략이 가동되었음을 보여준다. 소비자본주의의 본격화는 당연히 일상의 큰 변화를 가져오며 사회의 결도 근본적으로 바꿔냈다. 김영삼 정권의 등장과 때를 맞춰 우리 사회는 일상의 색깔까지도 바꾸는 변화를 드러낸다. '서태지와 아이들'과 같은 연예인들의 옷차림과 이들 '아이돌'을 추종하는 청소년의 라이프스타일에서, 자동차나 건물 내부의 색깔에서 컬러화 양상이 두드러진 것이다. 1980년대 말 이후 강화된 대도시 내부 특정 지역들의 젠트리피케이션 증가와 새로운 소비공간─백화점, 24시간 편의점, 멀티플렉스, 주상복합건물 등─의 대거 출현도 같은 맥락의 변화이다.

탄압과 자유화의 모순적 측면을 가지고 운용된 1980년대 문화정책은 1990년대, 특히 1993년 김영삼 정권의 출범과 함께 새로운 변화를 보이게 된다. 1980년대의 국가가 신자유주의 경제 정책을 펼치면서도 그 권력행사 방식을 과거의 발전주의 군사정권의 그것으로 삼았다면, 김영삼 정권 이후 국가는 일면 축소되는 경향을 드러냈다. '작고 강력한 정부'를 통해 정부부문의 생산성을 높인다며 노태우 정권에서는 한때 2원 6처 16부 15청으로 확장되었던 정부 규모를 2원 5처 14부 14청으로 축소한 것이 한 예이다.(매일경제) 이런 흐름은 민간 부분에서 도입하기 시작한 기업의 조직 방식을 일부 반영한 것이었다. 당시는 팀제 도입이 성행이었다. 신속한 의사결정과 강력한 업무 추진을 위한다며 신한은행이 금융계에서는 처음으로 2급이나 3급 팀장을 포함한 6명 정도의 인원으로 구성되는 13개의 팀을 새로운 조직 형태로 도입한 것이 한 예이다. 이런 팀제는 대기업에서는 이전부터

16_ 참고로 이 시기 지니계수는 1991년 0.287, 1992년 0.284, 1993년 0.281, 1994년 0.284, 1995년 0.284, 1996년 0.291, 1997년 0.283이었다.

17_ 1990년대의 일정 시기를 '포드주의 시기'로 볼 수 있다는 의견은 심광현으로부터 시사를 받았다. 하지만 이 글에서 그 시기를 1990-1997년으로 한정하는 것은 필자의 판단이다.

운영해오던 것으로 생산 현장에서는 대우자동차가 모듈러셀 생산방식을 도입한 터였다. 모듈러셀 방식의 작업조직은 기존의 라인 중심 조직과는 달리 "작업공정을 모듈화하고 셀 형태로 재편해 직무와 지식을 공유할 수 있는 방식"(한경비즈니스)이다. 생산과 관리에서 생겨난 변화는 노동력 양성을 위한 교육 과정에도 영향을 미쳤다. 1995년 5월의 교육개혁안을 통해 김영삼 정권은 대학에 '학부제'를 도입한다. 학부제는 기존의 분과학문체계와는 달리 모듈러셀 생산이나 팀제와 같은 새로운 생산과 업무 방식에 학생들을 더 쉽게 종속시키는 것이 목적이었다. 그것은 1990년대 말 신자유주의 노동정책이 전면 도입되며 전개되는 대량해고, 그리고 이후 급속도로 진행된 노동의 유연화에 대한 준비 과정이기도 했다.

김영삼 정권의 문화정책은 기본적으로 소비자본주의 강화로, 특히 문화산업 전략의 도입으로 특징지어진다. 소비자본주의의 본격화는 문화의 산업화와 궤를 함께 했다. 1994년 김영삼 정권은 문화체육부 안에 '문화산업국'을 신설한다. 현대자동차 150만대를 팔아서 얻는 것보다 <쥐라기공원> 영화 한 편으로 벌어들이는 이득이 더 높다며 문화를 경제발전에 활용하라는 대통령 산하 과학기술자문위원회의 권유를 받아서 취한 조치였다. 당시 문화산업 정책은 지방자치제도의 부활과 맞물리면서 지역축제, 나아가서 국제적 규모의 다수 페스티벌 제정을 유발하기도 했다.[18] 물론 이 시기의 '문화산업'은 개념만 설정해 놓은 수준이었을 뿐 아직 구체적인 정책으로 추진되지는 않아서 그 효과가 바로 나타났던 것은 아니다. 그래도 이 변화는 전통적인 문화 개념과 지형에 적잖은 영향을 미치게 된다. 고급문화가 위축되기 시작한 것이 대표적인 예이다.

1980년대 한국의 엘리트문화, 고급문화는 대중문화가 '3S 정책'의 영향으로 상업문화로 전환한 것과는 별도로 '자율성'의 환상을 고수할 수 있었다. 문자문화의 총아 신문의 경우 영화 광고는 실으면서도 영화 관련 기사를 싣는 일은 드물었

18_ 국제적 페스티벌의 경우, 대전엑스포를 필두로, 광주비엔날레, 과천국제민속페스티벌, 부산 영화제, 부천판타스틱영화제 등이 이 시기에 제정되었다.

고, 대학의 인문학이나 예술 계열 학과들도 대중문화를 연구와 교육 대상으로 삼는 경우는 거의 없었다. 한편으로는 대중문화의 상품화가 급속도로 진행되고 있는 현실을 외면하고, 다른 한편으로는 대학 캠퍼스 안으로까지 경찰이 진입하고 강의실이 최루탄 연기로 뒤덮일 때조차도 문화의 '절대적 자율성'이라는 이데올로기를 고수한 것이 1980년대의 고급문화였던 것이다. 그러나 1990년대 중반에 이르러 고급문화는 심각한 타격을 받게 된다. 문화산업과 소비자본주의의 발전에 따라 대중문화가 엄청난 위력을 발휘하기 시작한 데다 그동안 고급문화의 보루 역할을 해주던 대학마저 학부제를 도입하는 등 신자유주의 개혁을 시작했기 때문이다. 대학개혁은 인문학이나 예술 등 고급문화의 존립 방식을 바꿔놓았고, 학문과 예술을 시장 경쟁으로 내몰았다.

그러나 이 시기에 소비자본주의가 급속도로 발전한 것은 문화운동이 신자유주의 세력의 본격적 포섭 전략에 제대로 대응하지 못했다는 말이기도 하다. 그것은 문화운동이 사회운동과 분리되며 보수적으로 변한 결과였고, 사회운동 전반이 변혁 전망을 상실한 결과였다. 현실사회주의 진영의 붕괴와 탈냉전의 전개, 미국 중심의 신세계질서 성립과 함께 대안사회의 상이 불투명해진 가운데 형성된 '포드주의적 국면'은 운동 전반에 타협을 강요했다. 1990년대 초 '노동운동의 위기'가 거론되기 시작한 것은 우연이 아니다. 1980년대 말에 상승한 노동운동은 1990년 전노협을 결성하는 힘을 보여주지만 이때 형성된 '전투적 조합주의'는 '포드주의적 타협'의 국면 속에서 전노협의 한계로 지적되고,[19] 민주노총이 결성된 이후 노동운동은 경제투쟁에 몰입하기 시작한다.

이 시기 문화운동 또한 위기를 맞는데, 그것은 더 이상 사회운동과 긴밀한 연대를 맺지 않고, 특히 노동운동 중심의 민중운동과는 거리를 두기 시작하면서 문화운동이 운동성 자체를 상실한 당연한 결과였다. 당시 문화이론에 대한 관심 증

19_ 김진균, 「87년 이후 민주노조운동의 구조와 특징: '전국노동조합협의회'의 전개과정과 주요 활동을 중심으로」, 『진보에서 희망을 꿈꾼다』, 박종철출판사, 2003, 336-42쪽.

가, 문화연구의 등장, ‘문화담론’의 확산 등과 함께 ‘문화의 시대’라는 슬로건까지 나오며 ‘문화’가 대단한 사회적 관심사로 등장했지만 이런 흐름은 소비자본주의의 일환이었을 뿐 문화운동 활성화의 조건은 아니었다. 이때 새로운 ‘신세대’가 등장하지만 이들은 사회변혁을 위해 개인적 희생도 감내하던 1980년대의 신세대와는 전적으로 다른 태도를 드러낸다. 소비자본주의가 주조하는 삶의 방식에 매몰된 모습을 보이며, 문화산업의 성장이 분명해진 1990년대 중반 이후에는 그 속에 투항하고 마는 것이다.[20] 학생운동이 1996년 연세대 사태를 마지막으로 그 위세가 거의 소멸되기 시작한 것도 같은 맥락이다.

이런 상황에서 문화운동의 쇠퇴는 불가피했다. 리얼리즘이 강조하는 문예작품을 통한 현실의 ‘반영’, 특히 1980년대 후반에 이르러 제출된 사회주의 리얼리즘의 관점에 의한 사회주의적 삶의 건설이 불가능한 것으로 판명되자 리얼리즘의 이론적 지도력, 리얼리즘 미학의 영향력, 그리고 민중문화건설이라는 기존의 문화운동 슬로건은 더 이상 힘을 갖지 못하게 되었다. 한국의 문화지형은 이리하여 소비자본주의에 의해 지배되고, 이 과정에서 과거 국가로부터 보호를 받던 고급문화까지도 시장에서의 경쟁을 통해 생존하라는 압박을 받게 된다.

4. 신자유주의의 전면화와 문화운동의 새로운 부상

1997년 말에 닥친 외환위기는 신자유주의 지배의 전면화를 초래했다. 한국은 이때부터 신자유주의 세계화에 그대로 노출된다. 한국 정부는 국제통화기금 구제금융 신청 이전까지는 그래도 독자적으로 신자유주의를 추구한 편이었으나 이제

20_ 이런 사실은 1990년대 초에 등장한 ‘서태지와 아이들’이 1980년대 사회변혁운동의 전통을 일부 계승하면서 아직은 비판적 성격이 완전히 사라지지 않은 대중문화의 모습을 보여준 것과는 달리 1995년에 등장한 H.O.T의 경우 문화산업 논리에 의해 철저히 상품으로 기획된 밴드의 성격을 띠기 시작한 데서도 확인된다.

는 그런 독자성마저도 잃게 되었다. 이 흐름은 경제를 포함한 한국사회 전반을 초국적 자본, 특히 금융 자본에 개방하는 것으로 나타났다. 물론 김영삼 정권의 '세계화' 정책에서도 신자유주의의 전면화 경향이 없었던 것은 아니다. 김정권 하에서 한국은 1995년의 세계무역기구(WTO), 1996년의 '경제협력개발기구'(OECD) 가입을 통해 자국 시장의 '글로벌화'를 조장함으로써 이때 이룬 개방화와 신자유주의화의 강도는 1979년의 '경제안정화종합시책'이나 80년대 초부터 실시된 전두환 정권의 경제안정화 정책, 그리고 노태우 정권의 우루과이라운드 협상 참여 과정에서 나타난 것과는 비교할 수 없을 정도로 강렬했다. 1997년에 외환위기를 겪은 것도 이 시기에 강화된 신자유주의 세계화로 초국적 금융자본의 한국시장 유린을 막을 수 없었기 때문이다. 하지만 1997년 이후 한국사회는 한 층 더 강력한 신자유주의화를 이루게 된다. 국내 경제정책이 전면 IMF에 의해 규율됨으로써 그동안 유지하던 정책의 독자성마저도 상실하게 되었고, 이후 IMF를 졸업했지만 그 때는 IMF가 요구한 신자유주의 정책의 효과가 이미 사회 전반에 속속들이 파고든 뒤였다. 지금 국내외 신자유주의 세력들 사이에 정책적 공조가 진행되고 있는 것은 그 결과이다.

이런 흐름은 지배문화정책에서도 그대로 나타났다. 1990년대 중반에 경제발전 전략의 일환으로 도입된 문화산업 정책은 계속 강화되었다. '문화산업 육성'은 김대중 정권의 문화정책에서 가장 중요한 과제로 떠오르는데, 이는 '국민의 정부'가 정부 수립 이후 최초로 문화예산을 전체 예산 대비 1퍼센트 이상으로 높이며 문화산업 분야에 가장 많이 배정한 데서도 드러난다. 문화산업 예산을 확대한 것은 문화도 경제적 수단이라는 관점이 득세한 결과이고, 모든 가능한 사회 자원을 이윤 추구의 대상으로 만들고자 하는 신자유주의적 축적 전략의 일환이다. 1997년 이후 문화정책의 또 다른 방향은 신자유주의 세계화 흐름을 수용하며 국내 문화시장을 개방하려는 조치로 나타났다. 김대중 정권은 일본 대중문화에 대한 시장 개방, 한미 양자간투자협정(BIT) 체결을 위한 스크린쿼터제도 포기 등을 시도

한다. 이런 방침은 국내의 관련 문화산업계가 사회운동 진영의 도움을 받아가며 벌인 투쟁으로 상당 부분 철회되었지만 일본 대중문화에 대해서는 개방이 크게 이루어졌고 스크린쿼터 문제는 2003년 노무현 정권의 출범과 함께 WTO 양허안을 제출하는 과정에서 다시 불거졌다. 알다시피 노정권은 문화운동을 포함한 사회운동 진영 전반의 반대에도 불구하고 문화시장, 교육시장을 실질적으로 개방하는 조치를 취했으며, 2006년에 이르러서는 미국과의 자유무역협정(FTA) 체결을 위한 사전 조치로 스크린쿼터를 축소하고, 이어서 협상과정에서 방송을 포함한 미디어 분야, 서비스 분야, 교육 분야에서의 개방을 시도하고 있다. 근본적으로 문화시장 개방의 흐름이 만들어진 것이다.

여기서 주목할 점은 문화정책은 이제 경제정책에 종속된다는 사실이다. 1999년 서울의 세종문화회관은 대중연예인에게는 대관을 허용하지 않던 종래의 태도를 바꾼다. 국내 대표적인 공공문화시설이 대중예술을 폄하해온 태도를 고친 것은 바람직하지만 이 태도 변화는 정부가 모든 공공문화기관에 대해 '책임경영'을 강요하자 수입성 높은 행사를 초치하는 자구책을 펼칠 수밖에 없었던 결과였다. 문화정책이 경제정책에 종속되는 현상은 이런 일로 그치지 않는다. 문화부의 문화정책도 재정경제부, 기획예산처의 지도를 받아야 하는 지경인 것이다. 2006년 초 정부가 스크린쿼터를 축소했을 때 그 방침을 발표한 것은 재경부 장관이었고, 이때 이런 결정이 내려진 것은 한국에서의 신자유주의 경제정책을 더욱 심화시킬 '한미 FTA'를 체결하기 위함이었다. 이런 경향은 문화산업 논리가 지배하는 문화정책 전반에 걸쳐 나타난다. 최근에 만들어진 문화콘텐츠진흥원 같은 곳에 삼성 경제연구소 출신 등 대자본 이익을 대변하는 인사들이 집결하고, 이들과 관료들 간의 네트워크가 형성되고 있는 것이 좋은 예이다. 문화에서의 경제논리 지배는 오늘 지배적 문화로서의 대중문화가 대부분 소비자본주의에 포섭되어 있고, '한류'와 같이 외국으로 유출되는 문화 또한 주로 돈벌이라는 경제적 관점에서 이루어지고 있는 데서도 확인되고 있다.

문화의 경제 종속은 1990년대 중반 이후, 특히 IMF 위기를 겪으며 노골화한 반면 그에 대한 문화운동의 대응은 더뎠던 편이다. 문화운동의 부재가 계속되는 상황에서 그런 기대를 하는 것 자체가 무리인지도 모른다. 1990년대 후반으로 넘어가면서 표현의 자유가 새로운 사회적 의제로 떠오르며 이를 기본적 권리로 지키려는 새로운 흐름이 나타나기도 했지만 아직 사회운동으로서의 문화운동으로까지 고양되지는 않았고, 무엇보다 문화운동의 새로운 조직화가 이루어지지 않았다. 1997년 이현세의 만화 <천국의 신화>와 장선우가 감독한 <나쁜 영화>, 그리고 중학생들이 만든 <빨간마후라> 비디오, 스포츠신문의 만화 등에 대해 '음란폭력성조장매체공동대책위' 등 보수단체들의 비난과 공안당국의 검열 강화, 예술가 기소 등으로 사회적 논란이 생겼을 때 민예총이 표현의 자유와 관련한 토론회 개최를 주도한 것은 나름대로 문화운동의 전통을 이어가려고 노력하는 모습이었을 것이다.21) 그러나 옛 문화운동이 새로운 진보적 문화운동으로 발전하기에는 한계가 있음이 곧 드러난다. 1999년 장선우의 <거짓말>이 음란물이라는 혐의로 검찰에 기소되었을 때 사회진보연대와 같은 좌파 운동단체가 표현의 자유 수호를 위해 <거짓말> 탄압을 비판하는 대열에 선 것과는 대조적으로 민예총은 침묵으로 일관했고, 심지어는 지도층 인사가 그 영화를 음란물로 규정하며 검열을 두둔하는 듯한 발언을 하는 모습까지 보였다.22)

1990년대 중반을 거치며 새로운 문화운동을 위한 계기들이 형성된 것도 사실이다. 신문, 만화, 비디오, 영화 등 대중매체를 통한 문화 생산을 둘러싸고 사회적 논쟁이 벌어지는 일은 1980년대라면 상상하기 어려웠을 것이다. 당시는 문화운동이 고양된 시기이긴 했으나 그 운동의 뿌리가 탈춤부흥운동이었고, 민중문화 건설이 문화운동의 주된 목표로 설정되었던 만큼 저항문화는 대체로 자본주의 문화

21_ '우리사회 표현의 자유는 있는가' 토론회는 민교협, 민변, 지식인연대 등이 참여하고 민예총이 주도한 '문화정책연대 기획단'에 의해 1997년 9월 10일과 11월 14일 두 번에 걸쳐 열렸고, 기획단은 이후 문화·예술분야 탄압 사례집을 내기도 했다.
22_ 강내희, 「타자의 문화연구와 숭고의 미학」, 『문화/과학』 29호, 2002년 봄, 21-23쪽.

지형 안에서는 탈춤 등 '잔존 문화'에 속했기 때문이다. 반면에 90년대 중반 이후 대중문화에서의 저항 지점은 인디밴드, 독립영화운동, 성차 및 성애를 중심으로 한 정체성 문화 등 '부상문화'에 속했다고 할 수 있다.23) 새로운 유형의 문화적 실천가들은 문화산업의 소비자로 전락한 대다수 '신세대'와도 달랐지만 1980년대 문화운동가들과도 다른 정체성을 내보이게 된다. 이들은 소비 지향적인 대부분의 신세대와 달리 자신의 정체성을 자율적으로 표현하는 문화 생산에 관심이 있었으나 선배 세대와는 달리 대중과의 일체감보다는 차이를 강조하는 경향이 컸다. 이 변화는 1990년대의 소비자본주의 발전과 함께 문화적 생산의 사회화가 이루어진, 특히 다양한 매체들의 등장과 함께 비디오나 캠코더 등 뉴미디어 문화 생산수단에의 접근이 상대적으로 용이해진 결과이기도 하다. <빨간마후라>가 대중의 관심을 불러일으킨 것은 그것을 만든 주체가 어린 소녀들이었다는 "충격적인" 사실 때문이기도 했는데, 이후 아마추어에 의한 문화생산은 인터넷 기술의 보급과 그 이용자의 폭발적 확산, 디지털카메라의 보편적 사용 등으로 더욱 증폭된다. 그러나 문화적 생산의 사회화가 문화운동에 새로운 기회를 제공하기도 했지만 그와 동시에 진행된 신자유주의 세계화 국면에서 강화된 소유의 독점화 경향은 문화운동에 새로운 과제를 부여하고, 이에 부응하는 조직적 대응이 생겨남으로써 한국 사회의 문화운동은 새로운 전기를 맞게 된다.

이 흐름을 대표한 것이 1999년 9월에 출범한 문화연대였다. 문화연대의 등장은 그동안 전개된 문화의 경제화 또는 문화정책에 대한 경제정책의 우위 경향, 그리고 사회운동, 특히 노동운동의 보수화에 대한 대안을 마련하려는 관점이 새롭게 조직되었고, 무엇보다 문화적 관점에서 신자유주의를 극복하려는 조직적 움직임이 생겨났다는 징후였다. 여기서 문화연대의 활동을 상세하게 소개할 수는 없지만 문화연대가 신자유주의, 나아가서 자본주의에 반대하는 지향을 분명히 함

23_ '잔존문화'와 마찬가지로 '부상문화'의 개념도 윌리엄스의 것이다. '부상문화'는 여기서 지배문화에 대해 대안적이거나 저항적이면서 새롭게 만들어지는 문화를 일컫는 의미로 쓰인다.

으로써 기존의 문화운동, 특히 현존하는 옛 문화운동과 차별화를 시도한 점은 강조할 필요가 있다.[24] 문화연대는 '문화사회'의 건설을 창립 목적으로 삼고, 문화사회를 자본주의 사회의 대안으로 설정함으로써 소비자본주의와 신자유주의에 굴복하거나 그와 타협한 옛 문화운동의 흐름들과 사회운동과는 달리 진보적 좌파의 입장을 분명히 드러냈다.

문화연대 활동이 1980년대 문화운동의 그것과 다른 것 가운데 하나는 제도권 개입을 시도했다는 점이다. 이것은 1990년대 초까지는 문화운동이 군사정권의 타도라는 사회운동 전반의 기류에 맞춰서 지배문화정책에 대한 저항을 중심으로 움직였다면, 2000년대에 들어와서는 형식적 민주화가 어느 정도 이루어지고, 이에 따라서 정책 개입의 여지가 생긴 때문이다. 이 과정에서도 문화연대는 신자유주의 강화에 따른 문화의 사유화 경향에 맞서서 문화적 공공영역, 문화적인 '사회적 공유'(social commons) 구축을 위해 노력한다. 그런 목표가 달성되었는지에 대해서는 엄정한 평가가 필요하겠지만 문화연대가 문화의 '사회적 공유'를 추구한 것은 한편으로는 '문화의 민주화', 다른 한편으로는 '문화민주주의'를 구현하려는 취지였다.[25] '문화 민주화'가 문화를 일단 가치 있는 것으로 이해하고 계급, 성차, 세대, 지역, 국적 등 다양한 사회적 분할선에 의해서 만들어지는 문화 독점 현상을 타파하고 그 공유와 향유가 가능한 조건을 만들고자 하는 노력이라면, 문화민주주의는 문화교육 운동이나 시민자치 운동 등이 지향하는 것처럼 문화적 표현 수단에 대한 대중의 접근권을 강화함으로써 문화적 실천에서의 직접민주주의를 강

24_ 문화연대의 창립 과정이나 초기 활동에 대해서는 강내희, 「문화연대와 1990년대 문화운동」, 김진균 편, 『저항, 연대, 기억의 정치 1—한국 사회운동의 흐름과 지형』, 문화과학사, 2003, 396-419쪽 참고.

25_ 문화연대가 정책적 개입을 시도한 것은 참여정부 초기 시절이었다. 이때 스크린쿼터수호 운동을 벌이던 이창동 장관이 입각하며 문화정책에서의 변화 가능성이 있었기 때문에 문화연대를 포함한 문화운동 진영이 참여정부에 정책적 개입을 시도했으나 노무현 정권이 출범 초기부터 신자유주의화 경향을 드러내자 정부 정책과는 점점 더 거리를 두게 된다. 특히 2006년 한미 FTA 협상이 진행된 이후 문화연대는 그 저지 운동의 선두에 서게 된다.

화하려는 입장이었다. 문화연대가 문화적 공공영역의 확대를 주장하고, 정부의 문화정책에 개입하여 새로운 대안을 만들고자 노력한 것은 이런 문화 민주화와 문화민주주의를 구현하기 위함이었다.

과거 문예 중심의 문화운동과 문화연대 중심의 그것의 차이 하나는 이전에는 문화운동이 거의 일방적으로 정치경제학적 입장들의 지휘를 받았다면 이제는 '문화적 관점'을 정치경제학적 사회운동에 반영하려 했다는 점이다. 문화연대는 '문화사회' 구성을 목표로 제시함으로써 기존의 문화운동과는 차원을 달리하는 자기 정체성을 드러냈다. 옛 문화운동은 민중문화 건설을 목표로 설정하기도 했지만 민중민주, 민족해방, 민족민주 등 정치경제학적 관점에 의해 지휘를 받는 한계를 보인 반면, 문화연대가 '문화사회론'을 표방한 것은 문화운동 진영이 사회구성체에 대한 독자적 관점을 제시한 것으로서 통상 정치경제학 비판의 전문가나 지도자로 인식되는 사회과학자들과 대등한 입장에서 사회변혁을 실천하려는 의지의 표명이었다.[26] 그리고 그것은 '문화'를 좁은 의미의 문화예술로 한정하지 않고, 넓은 의미의 삶의 방식으로 이해함으로써 정치와 경제와 더불어 주요한 3대 사회적 실천의 하나로 보는, 문화가 정치나 경제보다 결코 덜 중요하지 않다는 입장을 밝히는 일이기도 했다. '문화적 관점'은 이때 사회를 구성하는 제한된 수의 차원들 가운데 문화적 차원이 포함된다고 보고, 이 차원이 생략된 사회운동은 온전할 수 없다는 관점이다. 이런 입장은 문화를 상부구조로 파악하며 그것의 진실을 경제적 토대에서 찾고자 하는 경제결정론이나 모든 운동을 정치적 시각에서만 파악하는 정치주의는 물론이고, 모든 것을 문화적으로만 보려는 문화주의와도 구분된다. 문화적 관점은 다양한 사회적 차원들 가운데서 문화 차원이 포함되어야 한다는 전제에서 문화와 정치와 경제의 상호 침투를 인정하고, 문화정치와 문화경제의 문제와 함께 정치와 경제의 문화적 측면들을 동시에 생각하려는 입장이다. 이런 점에서 문화연대는 사회운동의 문화적 재구조화를 주된 목표로 삼고 있기도 하다.[27]

26_ 이런 노력을 집중적으로 한 심광현의 작업을 보려면 그의 『문화사회와 문화정치』를 참고하라.

문화연대는 2000년대 이후, 특히 노무현 정권 출범 이후에는 한국 문화운동을 주도하기 시작했다.[28] 물론 아직도 구 문화운동을 대표하는 민예총과 작가회의가 있고, 문화운동의 새 흐름을 보여주는 독립영화운동, 미디어문화운동, 인디밴드운동, 지역문화운동, 문화스쾃운동 등이 있다는 점에서 문화연대가 2000년대의 문화운동을 포괄한다고 할 수는 없다. 그러나 구 문화운동 단체들의 경우 변혁의 전망을 포기한 상태에서 영향력이 거의 줄어들었고, 새로운 흐름을 나타내는 '부상문화' 운동 또한 아직은 조직화가 덜 된 상태이며 활동이 개별 과제 중심으로 분산되어 있는 편이다. 2000년대 한국의 문화운동은 이런 점에서 문화연대가 대표하는 셈인데, 문제는 이 단체만으로 문화운동이 제대로 이루어질 수 있느냐는 것이다. 문화연대의 활동은 개별 단체로서는 상당히 다면적이지만 현재 요구되는 문화운동의 과제를 한 단체가 다 끌어안을 수는 없다. 이런 점에서 문화연대에 국한되지 않는, 문화운동의 조직은 여전히 필요하다고 하겠는데, 이것은 앞으로 한국사회에서 사회운동이 또한 얼마나 활성화되고 조직화될 것인가, 더 나아가서 진보적 좌파 운동이 얼마나 힘을 키울 것인가 하는 문제와 결부되어 있다.

5. 신자유주의 시대 문화운동의 과제

신자유주의로 인해 발생하는 폐해는 사회적 공유가 축소되거나 사라지고 있다는 것, 인간의 공통적 삶의 기반들이 사라지고 모든 것들이 상품화되고 있다는

27_ 사회운동의 문화적 재구조화에 대해서는 문화연대의 출범과 활동에 핵심적 역할을 한 계간 『문화/과학』 43호('한국경제, 문화로 넘다'), 44호('한국정치의 문화적 재구조화'), 45호('한국사회 및 운동의 문화적 대안')의 특집들을 참고

28_ 문화연대는 2000년대 중반에 이르면 사회운동 전체 지형 안에서도 상당한 비중을 차지하게 된다. 한국 사회운동 단체들의 2005년 활동을 대상으로 한 한 연구에 따르면 "2001년 조사에서 연결·매개·지위 중심성 모든 분야에서 10위권 밖이었던 문화연대"가 "연결중심성과 지위중심성에서 2위(강한연계), 중간연계에서는 1위, 1위, 4위를 기록"한다. 시민의신문, 2006.05.29. 참조

것, 그리하여 인간의 관계가 상품관계로 전환하고 있다는 것 등이다. 사회적 공유만이 무너지는 것이 아니다. 자율적 활동의 기회도 급감하고 있다. 신자유주의적 사회운영 노선이 한국에 도입된 지 4반세기, 특히 신자유주의가 한국사회 운영의 지배적 노선으로 부상한 1990년대 초 이후 약 15년 한국사회는 신자유주의의 도입에 맞서 전개된 1980년대 사회운동이 거둔 결실마저 잃는 '상실의 시대'를 맞았다. 이 시기 노동은 유연화했고, 사회적 부와 자원, 기회는 위로만 이동했고, 가뜩이나 모자란 사회적 공유 지대들은 허물어지거나 그것을 구축하고 복원할 기회도 줄어들었으며, 더 많은 사람들이 주변으로 내몰렸다. 이런 경향을 보여주는 단적인 지표가 비정규직의 급속한 증가이다. 알다시피 오늘 노동의 비정규직화는 전면적인 상황이지만 특히 여성이나 외국인 등 약소자가 더 큰 차별을 받고 있다. 불평등의 심화, 노동 내부의 차별화는 자동기술화로 대변되는 생산기술의 발달에 따른 사회적 필요노동의 축소와 무관하지 않다. 이런 현상은 기술의 발달로 인한 생산의 사회화에도 불구하고 생산수단을 중심으로 한 소유의 사회화는 이루어지지 않고 사회적 부와 자원의 상향 이동을 강제하는 신자유주의적 자본축적 전략이 한국사회를 지배하고 있기 때문이다.

이런 상황에서 문화운동은 어떤 과제를 설정해야 할 것인가? 신자유주의 세계화가 대중의 삶을 지배하고 있는 상황에서 문화운동이 신자유주의 세계화에 대항해야 하는 것은 두말할 필요가 없다. 하지만 문화적 운동이 정치적 운동이나 경제적 운동과는 다른 점을 띠어야 한다면 삶의 결을 주조하고, 구축하는 측면들, 의미를 생산하고, 가치를 만들어내는 활동들에 집중해야 할 것이고, 그런 점에서 신자유주의의 지배와 신자유주의에 의해 추동되는 세계화로 빚어지는 삶의 방식에 대한 개입이 되어야 할 것이다. 그러나 진보적 문화운동의 목표가 신자유주의에 대한 저항만으로 끝날 수는 없다. 신자유주의에 대한 저항도 당연히 필요하지만 더 중요한 과제는 자본주의의 지양이다. 문화운동이 앞으로 노동사회에 대한 저항으로 발전할 필요가 있는 것은 그 때문이다. '노동사회'라 함은 자율적 노동, 산 노동이 아니라 임금노동이 중심인 사회를 말하는 것이고, 자본주의적으로 조직된 노동 중심의 사회, 사회적 주체들을 그에 따른 불평등 구도 속에 배치하는 사회를 말한다. 자본주의적으로 조직된 사회에서는 노동자 조직들조차도 노동의 자율성에 입각하여 구성되지 못하는 것이 특징이다.29) 오늘 노동조합의 활동은 기본적으로 임금노동의 한계에서 벗어나지 못해 대부분 자본주의적 관리 아래 놓여 있다.

다른 한편 문화운동의 개입을 긍정적으로 표현하면 그것은 노동사회에서 문화사회를 구성하는 일일 것이다. 노동사회와 문화사회를 변별하는 중요한 잣대의 하나는 '자유시간'이다. 자유시간은 개인들에게는 '가처분시간'으로 나타나며 자아의 실현을 위해서 절대적으로 필요한 조건이다. 임금노동이 중심이 되는 노동사회에서는 노동으로부터 자유로운 시간의 사회적 조직이 봉쇄되어 있고, 개별적으로 자유시간이 허용된다고 하더라도 불균등하게 배분되며, 따라서 자유시간은 특권이 될 뿐이다. 더구나 자본주의적 자유시간은 특히 신자유주의의 강화 속에서 그 대부분이 소비자본주의에 종속되어 있다. 문화사회는 자유시간의 최대 확보를 통해 사회적 조직이 자유시간을 기반으로 구축될 수 있는 사회를 일컫는다. 이런 문화사회를 구성하는 일은 난망하며, 그 구성 요건 또한 매우 복잡할 수밖에 없다. 물론 문화사회는 도래하지 않았다. 하지만 바로 그렇기 때문에 사회운동, 특히 문화운동이 필요하다고 본다.

충분한 자유시간의 확보가 문화사회 구성의 필수적 요건이지만 이 조건은 임금노동 중심의 자본주의 사회의 폐절을 전제하고, 아울러 자본의 지배를 영속화하고 제도화하는 국가의 근본적 기능 전환을 요구한다. 오늘 신자유주의는 국가를 소멸시키는 것이 아니라 그 기능을 더 강력하게 자본을 위한 것으로 바꾸고 있는데, 이런 점에서 문화사회의 건설은 국가의 새로운 기능 전환을 이뤄야만 가

29_ "자본주의 사회에서 노동조합은 시민사회적 층위에 위치한다…시민사회적 층위에 위치한다는 것은 우선 자본에 의한 노동력의 실질적 점유를 문제삼지 않는다는 것을 전제로 한다." 이종영, 『주체성의 이행』, 백의, 1997, 16쪽.

능한 일이다. 신자유주의 지배 국면에서 사회적 공유가 해체되고 있다는 점을 생각할 때 그 전환은 사회적 공유의 새로운 구축을 필요로 한다. 하지만 이 공유의 구축이 다시 국가의 기능 강화로 이어지지 않도록 하려면 국가와 자본의 연계 방지가 절대적이다. 따라서 국가의 지배력을 강화하지 않으면서도 사회적 공유나 그와 연계된 자율적 공간들을 구축하는 일이 중요하다. 문화운동은 이 과정에서 어떤 역할을 할 수 있는가? 문화가 교환을 통한 이윤가치의 창출이나 권력관계에서의 정의 실현과는 달리 삶의 의미나 가치 또는 개인의 정념이나 욕구를 실현하는 일이고, 문화운동이 그런 문화를 실현하려는 사회적 노력이라면 그것은 국가와 자본의 이중운동에 의해 만들어지는 의미와 가치와 정념, 욕망 등의 배치를 벗어나는 운동이 되어야 한다. 이때 그것은 경제와 정치의 자본주의적 배치에서는 벗어나야 하고, 새로운 정의를 실현하려는 정치 및 사회 운동과는 힘을 합쳐야 할 것이다.

신자유주의 세계화를 넘어서려면 문화사회 건설과 함께 대안적 세계화의 실현도 요구된다. 자본에게는 직접민주주의를 허용하면서 노동자를 포함한 대중, 민중에게서는 대의민주주의마저 앗아가는 것이 오늘의 세계 상황이다. 이제는 전통적인 빈국에서만 대중의 삶이 피폐해지지 않는다.[30] '20 대 80 사회'의 구축은 이미 오래된 일이고 지금은 '10 대 90'이라 해야 할 정도로 사회적 불평등이 심각하다. 대안세계화는 이런 현상을 일으키는 주된 원인으로서의 신자유주의 세계화, 서비스교역일반협정(GATS), 무역관련지적재산권협정(TRIPs), 도하개발의제(DDA)를 추진하는 WTO 체제와 이 체제를 우회하며 자국의 일방주의를 관철하는 미국이 주도하는 세계질서의 흐름을 꺾는 일로부터 출발하여 신자유주의를 축적 전략

30_ 2005년 현재 미국 인구 가운데 1천6백만명이 극빈층이다. 극빈층은 4명 가족이 연 9,903달러, 1인 가족이 5,080달러 이하의 소득을 가진 경우에 속한다(Pugh). 또 다른 통계에 의하면 6천만명의 미국인이 하루 7달러 이하의 소득으로 살아가고 있다. Jerry White, "60 million Americans living on less than $7 a day: US income figures show staggering rise in social inequality," *World Socialist Web Site*, Dec. 12, 2006.

으로 가동하는 자본주의 체제 자체를 넘어서는 일들로 이루어질 것이다. 대안세계화의 흐름은 현재 한국에서 벌어지고 있는 한미 FTA 저지운동을 비롯하여 사파티스타 운동, 세계사회포럼, 반전운동 등 다양한 형태로 일어나고 있다. 대안적 세계의 모습이 어떠해야 하느냐에 대해서는 물론 아직 일치된 견해가 없다. 그러나 그 세계가 오늘 신자유주의가 지배하는 세계와 근본적으로 달라야 하는 것은 분명하다. 그런 대안 세계를 만들려는 운동에는 문화사회를 구축하려는 노력이 반드시 포함되어야 한다.

12

신자유주의 체제와 문화적 권리

1

오늘 한국사회, 나아가서 인류사회는 신자유주의가 지배하는 정세 속에 있다. '신자유주의'는 현 단계 자본주의의 축적 전략으로서 전통적 자유주의의 변형된 모습, 또는 오늘날의 지배적 자유주의의 모습이다. 자유주의는 19세기 말에는 고전적 자유주의 또는 자유방임주의의 형태를 띠며 극단적인 착취와 수탈의 축적 전략을 펼치다가, 20세기 초 러시아혁명으로 대표되는 저항에 부딪치면서 20세기 중반에 이르러 과거의 모습을 수정한 '수정 자유주의'가 되었지만, 1980년대 이후 이 수정 자유주의를 다시 수정하며 이제는 신자유주의의 형태를 띠고 있다. 신자유주의는 수정 자유주의에 비하면 훨씬 더 보수적인 자유주의의 형태로서 과거 고전적 자유주의로의 회귀라고 볼 여지가 많다. 수정 자유주의의 경우 20세기 초반에 사회주의 국가들이 성립하게 되자 이 변화에 대응하기 위해 자본주의가 복지사회 건설에 기여한 케인스주의를 수용하는 등 민중에 대해 상당한 양보를 할 수밖에 없었던 과정에서 채택했기 때문에 불가피하게 진보적인 측면이 있었다면, 신자유주의는 다시 더 완고한 보수주의로 돌아간다. 신자유주의는 1970년대부터 본격화되고 1980년대에 이르러서는 미국과 영국을 중심으로 정치적 권력까지 장악하는데, 1980년대 말 소련을 위시한 현실사회주의 국가들이 붕괴하며 더 이상 그것을 견제할 세력이 아무도 없게 되자 1990년대에 이르러서는 세계의 대부분 국가들을 자신의 세력권 아래 두게 된다.

한국사회는 물론이고, 미국과 영국, 과거 사회주의 국가들, 나아가서 사민주의 국가들까지 신자유주의적 축적 전략에 종속됨으로써 일어나는 변화의 핵심은 무엇인가? 자본의 자유가 역사상 어느 때와 견주어도 뒤지지 않을 정도로 강화되었고, 자본에 일방적으로 유리한 축적 과정이 허용됨으로써 인간적 삶의 틀 자체가 바뀌었다는 점으로 생각된다. 다시 말해 자본주의적 삶의 방식이 보편화되고, 자본주의적 축적 양식의 국경을 초월한 적용이 이루어진다는 것이다. 이런 점은 오늘 한국사회에서도 두드러지게 나타나고 있다. 신자유주의가 한국에 도입된 것은 이미 1970년대 말부터이고, 한국사회가 신자유주의를 본격적으로 가동하기 시작한 것은 1990년대 초반부터라고 할 수 있지만, 신자유주의가 전면화한 것은 1997년에 'IMF 위기'라는 것을 겪은 후부터이다. 신자유주의는 1990년대 초 김영삼 정권이 세계화 전략을 펼치면서 국내적으로 강화되다가 1996년 말 김정권의 노동관계법의 개악 시도에 대한 한국 노동자들의 총파업이 위력을 발휘하면서 큰 타격을 입었다. 당시 총파업은 신자유주의 정책의 철회를 요구할 만큼 큰 힘을 발휘했던 것이다. 하지만 바로 이어서 1997년 말 외환위기가 발생함으로써 한국사회는 구제금융을 신청할 수밖에 없었고, 이 결과 한국 경제 전반은 세계 신자유주의의 첨병 또는 교두보라고 할 수 있는 IMF의 관리 아래 들어가게 된다. 이 새로운 국면은 국내적으로 관리되던 한국의 신자유주의가 세계적 수준으로 관리되는 상황, 다시 말해 '신자유주의 세계화'의 정세를 가져왔다. 이 결과 오늘 한국사회는 완벽하게 신자유주의 (세계화) 체제 아래 놓여 있다.

문화와 문화적 권리의 관점에서 볼 때 신자유주의 체제의 수립은 어떤 의미를 갖고, 어떤 파장을 일으키는가? 신자유주의가 자본축적의 논리 또는 전략임을 생각할 때 이 질문은 '문화가 오늘 경제 논리에 의해 어떤 영향을 받고, 그 결과 문화적 권리들은 어떤 영향을 받는가'라는 것으로 다시 이해될 수 있을 것이다. 일단 신자유주의로 인하여 문화와 경제와 정치의 관계에, 그리고 이들 사회적 실천들 각각에 어떤 변동이 생기는지 살펴보고자 한다.

새삼스럽지만 여기서 다시 강조할 점은 신자유주의는 무엇보다 먼저 자본축적 전략이라는 사실, 즉 그것은 다양한 사회적 활동들, 목표들, 제도들, 논리들을 경제적 관점에서 파악한다는 사실이다. 알다시피 오늘 문화는 '고급문화'라고 하더라도 과거와는 달리 독자적인 가치를 지닌 자율적 활동으로서의 성격을 많이 상실했다. 서울의 세종문화회관이나 정동극장, 국립극장 등이 근래에 이르러 경영 자립화를 요구받으며 생존의 자구책을 찾도록 강요당하는 것은 고급문화가 '자율성'을 상실하며 공적 지원을 받기 어려워진 결과이다. 대중문화의 경우는 당연히 더 노골적인 자본축적 논리에의 종속 모습을 드러낸다. 몇 년 전부터 모습을 드러낸 '한류'가 대표적이라 할 수 있겠지만 오늘 대중문화는 전면적으로 '문화산업' 논리에 종속되어 있다. 알다시피 문화산업은 문화를 상품으로 생산하고, 유통시키고, 판매하고, 관리하며, 대중들을 대대적으로 문화의 소비자로 전환시킨다. 한국에서 이런 흐름이 대중의 일상적 삶과 문화생산을 지배하기 시작한 것은 1990년대 초 이후이다. 1980년대 후반에 이르러 진보적 사회운동이 위력을 발휘하고, 노동운동이 크게 성장함에 따라서 '사회적 부의 하향 이동'이 일어나자 한국자본주의가 그 부의 회수에 나서면서 문화산업을 발전시킨 것이다. 이 결과 '대중문화는 곧 상품문화'라는 등식이 성립됨으로써 오늘은 이런 사실을 문제로 삼는 것이 오히려 겸연쩍은 일이 된 것이 사실이나, 대중문화가 꼭 상품문화여야 하는 것은 아니다. 자급자족의 농촌 생활이 가능하던 1960년대, 1970년대만 하더라도 시골에서 살던 대중은 대부분이 상품문화와는 거리를 둔 삶을 영위할 수 있었다. 하지만 오늘 대중적 삶의 양식은 거의 전면적으로 상품화된 문화로서, 일상생활의 활동 가운데 어느 것 하나 돈이 들지 않는 것이 없어졌다. (교환)가치의 생산이나 상품교환과는 무관하던 자유시간이나 활동이 자본축적을 위한 시간과 활동으로 편입된 것이다. 이에 따라서 문화 또한 경제적 논리에 의해 전면 침윤되어 '문화의 경제화' 현상이 만연하게 되었다. 돈이 되지 않는 문화는 버림받고, 돈이 되는 문화는 좋고 나쁨을 가리지 않고 소중하게 여겨지는 세상이 된 것이다. '문화의 경제화'는 문화가 경제적 논리에 의해 지배되는 것을, 바꿔 말해 이제는 자본축적이 문화적 활동과 실천, 문화적 제도 등의 가장 중요한 목적이 되고 말았다는 것을 의미한다.

그뿐 아니다. 신자유주의는 오늘 자본의 축적 전략이지만 그 영향이 반드시 경제적 측면에만 국한되지는 않는다. 사실 문화와 경제와 정치는 서로 분리되어 존재하는 영역이 아니라 동일한 활동에도 공존하는, 그리고 서로 침투하는 사회적 실천의 차원들이다. 우리가 경제적 활동이라고 보는 것에도 정치적 결정과정과 문화적 실천의 측면이 없을 수가 없고, 정치적 과정에도 문화적 실천과 경제적 계산이, 문화적 실천에도 정치적 과정과 경제적 계산이 들어있기 마련인 것이다. 과거 자율성을 강조하던 문화('고유한 문화' 또는 '문화 그 자체')가 득세하던 시절에도 특정한 문화적 실천이 정치권력의 비호를 받는다든가 '문화적 자본'으로서 이득을 본 것은 문화에 정치와 경제가 각기 다른 측면으로서 깃들어 있기 때문이다. 그리고 유력 정치인들에게 재벌의 상납이 관례적으로 이루어지고 그들과 일부 문화예술인들의 돈독한 관계가 맺어진 것을 보면 정치, 경제, 문화의 유착이나 상호 관련성이 깊다는 것을 알 수 있다. 하지만 신자유주의 체제가 강화된 오늘 이들 세 사회적 차원의 상호관계는 새로운 국면을 보여준다. 한국자본주의가 발전주의 양상을 더 강하게 드러내던 1970년대와 1980년대에는 '정치의 군사화'와 더불어 정치의 힘이 가장 우세한 가운데 경제와 문화가 정치를 보좌하거나 그 지휘를 받고 있었다고 한다면, 1990년대에 들어와서 특히 1997년의 IMF 위기를 겪으며 신자유주의 및 신자유주의 세계화가 한국사회 전반을 지배하게 된 이후에는 경제의 우세 속에 정치와 문화가 경제의 수단이 되는 경향이 두드러졌다. 이 과정에서 문화는 1980년대까지는 '정치의 시녀'로서의 역할을 했으나 1990년대 초 이후에는 '경제의 수단'으로서의 기능을 강화하였고, 아울러 역시 경제의 수단으로 위상이 바뀐 정치로부터도 새로운 기능을 수행할 것을 요구받게 되었다. 오늘 정치가 문화에 미치는 영향은 그것의 가장 중요한 목적이 경제적 효율성을 만들어내는 데 기여하는 것이라는 점에 의해서 새롭게 굴절되고 있다. 과거 권위주의 국가 시절의 정치는 자신의 권위에 도전하지 못하도록 자율성을 강조하면서 문화를 안전한 장소(대학이나 문화예술 기관)에 안치하거나 직접 지휘의 대상(무형문화재)으로 삼거나 국위 선양과 같은 직접적 정치적 효과를 기대하는 방식으로 문화를 관리했다면, 오늘의 그것은 문화의 정치적 자율성보다는 경제적 효과(부가가치 증대 수단)를 강조하며 문화가 생산적이 될 것을 요구하고 이에 따라서 문화의 사회적 경제적 측면을 강화하는 문화복지나 문화산업을 주로 지원하는 경향을 드러낸다. '한류'가 최근에 정책지원 등 정치적 주목을 받은 것도 주로 그것이 경제에 기여할 가능성을 가졌다는 점 때문이다.

　물론 정치와 문화의 관계, 경제와 문화의 관계를 단순히 이들 세 사회적 차원들의 지배적 형태의 견지에서만 생각할 수는 없는 일이다. '정치의 시녀'로서의 문화, '경제의 수단'으로서의 문화를 이야기하는 것은 이미 문화와 경제와 정치의 지배적 형태들과 그것들 사이의 관계를 상정한 것이고 이에 따라서 이들 사회적 실천을 그 역동성 속에서 파악해야 할 비판적 시각을 놓친 것일 수 있다. 따라서 과거 권위주의 또는 발전주의 시대와 오늘 신자유주의 시대를 새로운 관점으로 이해하는 것이 필수적이다. 문화가 정치의 시녀였던 시절에도 모든 문화가 정치의 시녀였던 것은 아니다. 문화는 정치에 대해 시녀로서만 나타난 것이 아니라 그 도전자로서도 나타났으며, 이런 사실은 1970년대, 1980년대에 문화운동이 왕성했다는 사실로써 입증된다. 물론 이때 문화는 지배적인 문화와는 다른 정체성을 가진 것이었다. 하지만 민족문화, 민중문화, 노동문화 등으로 다양하게 불리던 이 '운동문화'는 지배적 정치가 요구하던 문화를 거부했으며, 자신의 주체성을 주장했고, 자신을 당대의 지배문화를 몰아내고 들어설 '대안'으로 인식하고 있었다.

1980년대 후반에서 1990년대 초까지 이 '대안문화'는 일부 대학가에서는 지배적 문화의 위상을 누렸으며, 한국자본주의가 만들어낸 상업적 대중문화와 맞섰다. 1980년대에는 정치도 꼭 지배적 형태로만 존재했던 것은 아니었다. 운동권이 형성되어 그 안에서 독자적인 정치가 이루어졌고, 이 정치는 권위주의 정권이 중심이 된 지배적 정치에 저항하고 있었다. 다만 경제에서는 같은 수준의 저항이나 대안이 나타난 것으로 보이지는 않는다. '한살림 운동'과 같이 대안적 경제를 모색하는 흐름이 없지는 않았지만 그것은 문화운동의 일부로 이해되었을 뿐, 운동문화나 저항정치가 지배적 문화와 정치를 압박한 것과 같은 정도나 강도로 지배경제를 압박한 것은 아닌 것이다. 그러나 어쨌든 1980년대에는 사회 전반의 변혁을 위한 노력이 당시 한국자본주의에 대한 대안의 모색이라는 형태로 진행되었기 때문에 지배체제 전반에 대한 저항이 사회적으로 조직되어 있었고, 이에 따라서 문화와 정치의 지배적 형태, 또 물론 미미한 수준이기는 하지만 경제의 지배적 형태에 대해서도 대안들이 추구되고 있었던 편이다.

　문화를 그 지배적 형태로서만 이해하지 않고, 정치와 경제 또한 지배적 형태로서만 이해하지 않는 것이 중요하다. 문화와 정치와 경제의 관계를 생각할 때에도 상이한 문화들, 상이한 정치들, 상이한 경제들의 모습을 그려야 한다. 이 점은 신자유주의 시대의 문화를 논할 때에도 마찬가지로 적용된다. 신자유주의는 기본적으로 현 단계 자본주의가 펼치는 축적의 전략이다. 그것은 '수정 자유주의의 수정'이기 때문에 새로운 경제적 논리를 펼치며, (1970년대 이후 신자유주의 시대가 열리고 신자유주의적 축적 전략이 적용된 사회는 예외 없이 사회적 공공성이 무너지고, 빈부 격차가 심화된 것을 보면) 갈수록 더 적은 사람들은 살림살이 등 형편이 나아지지만 더 많은 사람들이 생존마저도 어려운, 통상 '20 대 80 사회'라고 부르는 사회를 만들어내는 데 '기여'한다. 신자유주의의 등장은 이런 사회의 구축을 위한 경제와 정치와 문화의 관계가 새롭게 설정되고, 그 무엇보다 축적의 효율화를 위해 경제의 작동 방식 변동, 그에 따른 정치와 문화의 기능 변화가 이루어짐을 의미한다. 하지만 동시에 신자유주의로 인하여 생겨나는 문화지형에서의 변동, 이 과정에서 생겨나는 지배적 문화 개념에 대한 개입의 여지는 여전히 존재한다는 사실을 강조할 필요가 있다. 신자유주의로 인해 문화와 정치와 경제의 관계에 변동이 생기고, 문화에서도 전환들이 생겨났다는 것은 문화와 정치와 경제의 관계는 변화할 수 있고, 언제나 새로운 문화가 형성될 수 있다는 말이다. 신자유주의 자체도 자본주의적 축적 논리로서 자본주의 자체가 역사적 조건인 한 극복될 수 있는 것임을 인식할 필요가 있다.

그리고 오늘 신자유주의 체제에서 '문화적 권리'를 말해야 하고 말할 수 있는 것도 이런 이유 때문이다. '문화적 권리'는 신자유주의 체제의 구축으로 인하여 일어난 문화적 변동 속에 후퇴한 인권을 문화적 관점에서 생각할 수 있게 하는 개념의 하나이다. 신자유주의 체제에서 문화적 권리는 어떤 변동을 겪는가? 문화적 권리를 회복하기 위해서는 신자유주의에 대해 어떻게 대처해야 하는가? 하지만 이런 질문에 대해 바로 답변을 구하기 전에 신자유주의 국면에서 문화는 어떻게 변하고 있는지 좀 더 자세하게 살펴보자.

2

다시 말하거니와 신자유주의 시대의 문화는 정치의 시녀이기 이전에 경제의 수단이다. 문화가 경제의 수단으로서의 성격을 강화한다는 것은 문화에서 문화 자체의 논리보다는 경제적 논리가 이전보다 더 크게 작용한다는 말이다. 이에 따라 과거에는 자본축적과는 무관하다고 본 문화적 활동들이 이제는 주로 가치 생산의 실천들로 전환되고 있다. 물론 아직 '시'와 '소설'을 바로 시장에 내다 팔지는 않는다. 음악이나 미술 작품 또한 마찬가지이다. 그러나 오늘 본격 시와 소설, 고전음악, 또는 미술 작품의 생산을 위한 활동이 크게 제한을 받는다는 것은 부정하기 어렵다. 과거에 비하여 상품으로서의 성격이 훨씬 더 강화된 결과 이들 활동은 그 자체의 가치와는 무관하게 상품으로서의 가치가 분명하지 않을 경우 자신들을 존립시킬 시장을 찾을 수 없기 때문이다. 이런 점은 최근에 대학에서 일어나고 있는 일련의 변화들에서도 분명하게 드러난다. 철학이나 역사, 문학 등 기초적인 인문학문들이나 음악과 미술 등 근대적 예술을 위해 만들어진 분과학문이나 분과예술 제도들은 이제 갈수록 설자리를 찾지 못하고 있다. 알다시피 문학, 미술, 음악, 연극, 무용 등 근대적 예술장르들은 고급문화로 간주되었고, 그 자율성이 인정되어 대학과 같은 문화 보호를 위한 사회적 제도들에서 생존을 보장받고 있었다. 하지만 오늘 이들 예술을 포함하여 그것들과 함께 고급문화를 구성하던 인문학과 같은 학문 분야들이 위기에 처한 것은 신자유주의가 지배하는 국면에서 경제적 논리가 문화를 압도한 결과이다.[1]

어디 이런 고급문화 분야뿐이던가. 판매되고 유통되고 소비될 가능성이 없는 것이면 그 밖의 어떤 것도 만들어지거나 행해질 수 없게 된다. 오늘 특정한 문화는 소비의 가능성이 많아야만 진흥의 대상이 될 수 있다. 1990년대 초 지방자치제도가 복구된 뒤 빈번하게 열리고 있는 각 지역의 축제를 보면 고래로 전승되어온 지방문화들도 그것들을 소비하고자 하는 대중이 형성되어 있다는 점이 확인되어야 존속의 허락을 받음을 알 수 있다. 1970년대 이전 농촌 중심의 삶이 지배적일 때 어느 시골마을이라 할 것 없이 가마니, 새끼, 지게, 쟁기 등 농경을 위한 도구들이 필수적이었고, 줄다리기와 같이 그런 도구들을 이용한 놀이가 지배적이었지만

1_ 물론 고급문화가 겪고 있는 이런 어려움은 각종 예술과 문화적 활동에 활용되는 매체들이 과학기술의 발전과 함께 새로운 존립 조건을 갖게 된 것과도 무관하지 않다. 예컨대 '문학의 위기'는 문자문화가 인쇄와 같은 아날로그기술 의존에서 디지털기술 의존으로 전환된 데 따른 결과이기도 하고, 고급예술의 경우도 문자와 이미지와 소리 등 주요 문화적 매체들이 디지털기술, 그리고 인터넷기술의 확산으로 과거와는 크게 다른 제작과 소비 패턴을 드러내면서 대중들의 외면을 받고 있다. 하지만 이런 경우에도 경제적 논리가 작용한다는 것은 엄연한 사실이다. 문자, 이미지, 소리 등을 활용한 문화적 활동은 소비자가 줄고 늚에 따라서 존립의 조건이 바뀔 수밖에 없다.

오늘 그것들이나 그것들과 관련된 삶의 방식은 관광상품으로서의 가치가 있을 때에만 재현될 수 있다.

다른 한편 문화의 영역이 시장처럼 변하기도 한다. 인문학 등 기초학문이 지식생산 프로그램 가운데 유독 강력한 퇴출 압박을 받는 것은 경영학이나 신문방송학과는 달리 바로 돈이 되지 않거나 돈과 직결되지 않는다고 인식되기 때문이다. 과거에는 고급문화의 경우 바로 돈이 되지 않기 때문에 존속을 위한 보호의 대상으로 분류되기도 했다. 물론 이때 어떤 문화가 보호 대상이 되고, 그 근거는 무엇이며, 나아가서 보호의 결정과 관련한 정치적 함의가 무엇이냐는 문제는 쟁점이 될 수밖에 없기는 하지만 일단 보호 대상이 된 문화적 활동이나 영역은 경제적 논리와는 무관하게 생존할 수 있는 기회를 갖게 된다. '무형문화재'로 지정된 경우 시장에서의 경쟁력과는 무관하게 정책적으로 지원을 받기 때문에 생존의 보장이 가능해지는 것이다. 다른 예로서 일단 국립대학이나 유서 깊은 사립대학에서 학과로 편성된 경우 특정한 예술 및 문화 장르는 당분간 안정된 재생산 구조를 갖게 되며 일정한 기간 생존할 수 있게 된다. 하지만 최근에 들어와서는 과거 문화를 지원하던 대학과 같은 기관에서도 문화를 시장의 논리에 따라 취급하는 경향이 높아졌다. 단적인 예가 일부 대학들에서 전통적인 학문 분야인 철학을 분과학문으로 운영하는 관행을 깨고 '철학과'라는 명패 대신 '문화과'로 전환한 것이다. 학과의 이름에 '문화'라는 명칭이 붙게 된 것은 문화가 소중해졌기 때문만은 아니다. 물론 1990년대에 '문화의 시대'라는 말이 회자하고, 마치 문화가 앞으로 인간적 삶에 중요한 역할을 하게 되리라는 기대나 선전이 유포되고 성행한 것은 사실이다. 철학과 같은 유서 깊은 학문 분야가 고유한 이름을 버리고 '문화'를 자신의 명칭으로 채택한 것은 앞에서도 언급했지만 한국의 자본주의가 부의 하향 이동에 대응하며 소비자본주의를 강화하면서 문화산업을 발전시키고, 이에 따라서 문자와 이미지와 소리의 생산이 급속하게 확대되며 이런 현상이 '문화적' 현상으로 인식되고, 그 현상에 부응하는 생존전략이 필요하다는 생각이 지배적이 된 때문이다. 그러나 좀 더 생각해보면 '문화'라는 기표가 이처럼 성행하게 된 데에는 문화가 경제적 부가가치를 높이는 데 중요한 역할을 할 수 있다고 하는 기대가 작용한 결과이기도 하다. '문화'가 성행한 것은 문화가 '값싸지고', 무엇보다 경제적 수단이 되었기 때문인 것이다. 1994년 김영삼 정부가 '문화산업국'을 신설한 것도 이처럼 문화를 이용하여 경제적 생산성을 높일 수 있다는 계산의 결과였다.

문화에 대한 이런 새로운 인식이 생겨난 시점은 신자유주의가 한국사회를 지배하기 시작한 시기와 우연치 않게 일치한다. 동시대 자본축적의 전략으로서 신자유주의는 새로운 '시초 축적'을 자행했다. '시초 축적'은 역사적 엔클로저가 잘 보여주듯이 공유지를 사유지로 전환하는 과정이며, 데이비드 하비가 설명한 바 있듯이 지속되는 '강탈에 의한 축적'이다.[2] 신자유주의 시대에 이르러 시초 축적 또는 강탈에 의한 축적도 과거와 같이 대중들의 삶의 기반을 대상으로 하여 이루어진다. 시초 축적은 맑스의 설명에 따르면 노동하는 대중을 생산수단으로부터 이탈시키는 과정이다. 오늘 시초 축적은 꼭 농토나 초원이 아니더라도 아직까지 사람들이 사회적 자원으로서 공유하는 다양한 제도들, 서비스들, 시설들을 사유화하고 민영화함으로써 그런 사회적 공유들에 대한 대중의 접근, 활용, 향유를 중단시키는 '강탈' 행위이다. 문화적 성격의 사회적 자원들, 기회들, 활동들, 제도들 역시 '신자유주의적 시초 축적'의 대상이다. 세종문화회관이나 정동극장, 국립극장에 자립 경영의 개념을 도입한 것은 단순히 이들 공공문화시설물의 운영에서 '경영합리화'가 이루어진 것으로만 볼 수는 없다. 공공문화시설물들에 대해 사설 기관처럼 자립할 것을 요구하는 것은 그 시설물들의 공적 기능을 외면하거나 축소하는 처사이고, 그것들로 하여금 생존을 위해서 상업적 활동에 의존하게 만드는 일이다.[3] 공공기관이 상업적 활동을 해야만 생존할 수 있다면 거기서 사회적

2_ 데이비드 하비, 『신제국주의』, 최병두 역, 한울아카데미, 2005.
3_ 나의 경우 2007년 봄에 750번 버스를 타고 서울의 정동극장 부근을 지날 때마다 그 곳의 프로그램이 재미있다는 내용의 요란스런 광고를 듣곤 했다. 정동극장은 버스승객들을 고객으로 유치하기 위해 안쓰러운 선전활동을 하고 있는 것이다.

공유의 가치들이 지속적으로 만들어질 가능성은 줄어들 수밖에 없을 것이다.

이런 변화가 생기는 것은 신자유주의 체제에서 국가의 기능이 전환되고 있기 때문이다. 흔히 신자유주의 하에서는 국가의 쇠퇴가 이루어진다고들 하는데 정확한 인식에 근거한 주장은 아니다. 물론 정부가 공공문화시설물들로 하여금 스스로 존립할 것을 요구하는 것은 국가의 의무를 저버리는 일로서 '국가의 쇠퇴'를 보여주는 사례로 보일 측면이 없지는 않다. 김영삼 정권 이후 한국정부는 '작은 정부'를 지향하면서 정부의 공적 기능을 축소해왔다. 하지만 우리가 놓쳐서 안 되는 것은 정부가 공적 기능을 축소하면서도 결코 '경찰적' 기능까지 약화시키지는 않는다는 점이다. 이런 사실은 한국정부가 끊임없이 '전자정부'의 기능을 강화하고자 하면서 주민등록법을 고치고, 전자주민카드 도입과 인터넷내용 등급화를 위한 시도를 하고, 최근에는 통신의 비밀을 침해할 소지가 높은 통신비밀보호법 개정을 추진하는 데서도 드러나고 있다. 한국의 국가는 한편으로는 사회적 공공성을 약화시키며 쇠퇴의 기미를 드러내지만 다른 한편으로는 국민을 잠재적 범법자로 감시하는 경찰 기능을 강화하고 있는 것이다. 문화적으로 이런 감시의 강화는 국민의 정보접근권에 대한 침해를 가져오면서 국민 대중을 규율의 대상으로 전락시키고 주눅 들게 만들어 지배세력에 당당하게 맞설 수 있는 태도를 앗아가는 효과가 있다. 통신비밀에 관한 보호장치가 사라지고 예상되는 대로 앞으로 인터넷에서의 모든 홈페이지 운영자에게 통신내용을 공개할 의무를 부과하게 된다면 사람들은 어떤 태도를 보이게 되겠는가? 문화는 광의적 의미로는 '삶의 방식', 다시 말해 사람들이 살아가는 모습을 가리킨다. 신자유주의의 강화 속에서 국가의 경찰국가로서의 성격이 강화된 가운데 오늘의 대중이 주눅든 태도를 갖게끔 강요된다는 것은 신자유주의가 활기 있는 문화와는 적대적임을 알 수 있다.

물론 신자유주의 사회에서 '활기'가 완전히 사라지는 것은 아니다. 신자유주의가 지배하고 있는 오늘 한국의 문화는 얼마나 발랄한가. 서울의 밤거리는 얼마나 휘황찬란한가. 마치 축제가 매일 벌어지는 것 같지 않은가. 하지만 이 발랄함과 화려한 축제는 개인들의 생명력이 발현되어서 생기는 것이라기보다는 대부분 자본축적이 삶의 가장 중요한 목표가 되어 삶을 구성하는 행위들이 상품의 판매와 소비를 위하여 이루어지고 있어서 생긴 현상이다. 오늘 세계에서 서울만큼 밤거리가 부산스럽고 사람들의 통행이 활발하며 영업행위가 늦게까지 지속되는 대도시는 거의 없다. 하지만 이런 '활기'는 사람들이 맑스가 말한 '필요성의 영역'을 넘어선 '자유의 영역'에서 자유시간을 구가하고, '그 자체가 목적'인 문화적 활동들을 하기 때문에 나온 것이 아니다. 야간통행인구가 늘어난 것은 사람들이 더 많은 자유시간을 가진 때문보다는 노동강도가 강화된 때문이며, 편의점이나 더 큰 유통업체, 심야영화상영관, 술집 등 소비공간들이 아무런 제재 없이 밤늦게까지 영업을 할 수 있기 때문이다. 오늘 삶의 모습, 즉 문화는 이 과정에서 자본축적 논리에 깊숙이 포박되고 있으며, 이 결과 상품화의 경향에서 벗어난 문화, 즉 비자본주의적 문화는 존립이 더욱 어려워졌다.

신자유주의가 득세하기 시작한 시점에 한국에서 '문화산업국'이 설립되고, '문화복지' 개념이 만들어진 것을 어떻게 이해할 수 있을 것인가? 언뜻 생각하면 한국문화의 생산성이 높아지고, 드디어 문화에도 복지라고 하는 사회적 공공성 개념이 도입된 것으로 보이기도 한다. 그러나 '문화산업국'이 만들어진 것은 문화의 산업화를 위함이고, 그것은 기본적으로 문화의 경제종속을 의미한다는 점에서 국가가 문화를 시장화하는 정책을 강화했다는 말이다. '문화복지' 개념의 도입도 생각만큼 문화의 경제종속 경향과 무관한 것이 아니다. 국민대중에게 문화를 제공하는 서비스를 높이겠다는 것이 문화복지의 관점이라고 하더라도 이 서비스를 제공해야 할 필요성이 생긴 이유를 알 필요가 있다. '20 대 80 사회'가 구축되면서 자꾸만 문화적 기회나 향수로부터 배제되는 인구가 늘어남에 따라서 그에 대한 배려가 필요해진 것이 문화복지 개념이 도입된 이유이다. 최근 노무현 정권이 <비전 2030>을 발표하고 사회적 서비스의 비중을 높이겠다는 포부를 밝히는 과정에서도 비슷한 계산이 드러났다. 사회적 서비스를 높인다 해서 반갑다고 할 수만 없는 것이 그동안 한국사회가 거들떠보지도 않던 '사회적 서비스 의제'가 등장한 배경이 바로 신자유주의의 강화이기 때문이다. 사회적 서비스 강화의 필요성이 제기된 데에는 2007년 4월의 '한미FTA' 협상 타결로 인해 앞으로 사회적 공공성이 무너지고, 빈곤문제가 심각해질 것이 너무나도 분명해졌기 때문이라는 분석이 있다. 한미간의 FTA 체결은 한국에 미국식 신자유주의 체제를 도입하자는 의도로서 한국사회에 큰 규모의 빈곤층을 만들어낼 전망이다.[4] 사회적 서비스를 높이겠다고 하는 것은 이런 맥락에서 보면 지금과는 다른 형태의 사회적 서비스를 공급하지 않으면 사회 자체가 안정성을 상실할 것이라는 우려 때문으로 보인다. 그나마 사회적 서비스의 제공 방식도 사회적 서비스 시장을 창출하여 그에 의존하려는 것임을 생각하면 사실 이런 서비스 개념과 사회적 공공성 개념 사이에는 엄청난 간극이 있다고 해야 한다.

위에서도 말했지만 이런 점은 오늘 우리 사회에서는 국가의 개념이 근본적으로 바뀌고 있음을 보여준다. 문화에서도 국가 기능의 변화가 두드러지고 있다. 최근 들어와서 문화정책에서 국민국가로서의 정책적 주권을 포기하는 경향이 느는 중이다. 알다시피 한국정부는 미국과의 FTA 협상을 시작하기 위해 선결조건의 하나로 그동안 지켜오던 스크린쿼터 제도와 관련하여 치명적인 양보 조치를 취했다. 연 148일의 스크린쿼터를 74일로 줄여준 것이다. 스크린쿼터 축소 또는 폐지에 대한 요구는 1990년대 말 '양자간투자협정'(BIT)을 추진하는 과정에서 미국 측에서 제기한 것으로 그동안 한국의 영화인들과 사회운동 단체들이 강력한 수호투쟁을 전개하여 막아왔으나 이번에 한국 정부가 멋대로 스크린쿼터를 축소해버린 것이다. 스크린쿼터와 같은 제도를 무역을 위해 양보한 것은 신자유주의 시대에는 문화에서 '교역의 논리'가 '교류의 논리'를 능가하기 때문이다. 교류보다 교역이 우선하게 되면 문화는 먼저 이윤 추구의 대상으로 인식되고 국제무역의 대

4_ 미국의 경우 20%에 해당하는 6천만명이 하루 6천원 남짓한 돈으로 의식주를 해결해야 할 정도로 빈곤 문제가 심각하다.

상이 되며, 이 결과 자국의 문화적 정체성이나 사회적 공공성 보존을 위해 개별 국가가 자국 문화에 대해 가져야 하는 정책적 주권은 뒷전으로 밀리게 된다. 신자유주의 국면이 오래 지속되면서 이런 현상은 세계 보편적이 되었다. 1940년대 말에 준비된 브레튼우즈 협정에서는 '문화적 예외'가 인정되었으나 1986년 이후 우루과이라운드가 진행되고, 그 결과 1995년에 WTO가 출범한 뒤로는 문화를 교역의 대상으로 전환시키는 시도가 강화된 결과이다. 한국은 특히 미국의 영향을 받아 갈수록 더 깊이 신자유주의 노선을 수용하면서 이런 흐름을 적극 받아들인 경우에 속한다. 2003년 노무현 정권 출범 초기에 이루어진 WTO 양허안 제출 과정에서 한국 정부는 문화를 무역관련 상품 서비스로 규정하며 교역대상으로 인정하는 태도를 드러냈다. 당시 무역관련서비스일반협정(GATS)에 참여하는 나라들 가운데 프랑스나 캐나다 등을 위시한 대다수가 문화적 산물은 교역 대상에서 제외되어야 한다는 '문화적 예외'의 입장을 취했으나 한국은 영화나 음악, 책 등 문화적 활동이나 산물을 여느 공산품과 다를 바 없다고 보는 미국의 입장을 추종했던 것이다.

현재 국제적으로 보면 신자유주의를 강화하려는 축과 그에 저항하거나 그에 대한 대안을 모색하는 축으로 크게 나뉘어져 있다. 국가 수준의 공식적 차원에서 보면 우루과이라운드를 통해 세계무역기구(WTO)를 출범시키고, 그 산하에 서비스교역일반협정(GATS), 무역관련지적재산권협정(TRIPs), 도하개발의제(DDA) 추진 기구를 두고 자유무역의 흐름을 강화하려는 다양한 신자유주의 추진 노력의 흐름이라면, 유네스코를 중심으로 2001년에 '세계문화다양성선언'이 채택되고 2005년 10월에 '문화적 표현의 다양성에 관한 국제협약'이 통과된 것은 신자유주의의 강화와 확산을 통해 다양한 문화들이 위험에 처한 상황에 대응하고자 만들어진 흐름이라고 할 수 있다. 그러나 지금 한국정부가 보여주고 있는 모습은 2005년의 국제협약 통과에 동의하면서도 실제로는 문화를 교역의 대상으로 보는 미국의 논리에서 벗어나지 못한 그것이다. 스크린쿼터를 없앤 것, 문화적 산물들을 무역 개방의 대상으로 삼은 것은 문화를 경제의 문제로 보는 인식이 국가간 관계에서도 관철된다는 것이며, 이 결과 문화는 더욱 철저하게 자본축적의 장으로 바뀌고 있다.

3

신자유주의 시대에 이르러 드러나고 있는 이런 문화적 양상들을 치유하려면 문화에 대한 새로운 개념 설정과 문화와 정치와 경제의 관계를 새롭게 규정하는 노력이 필요할 것이다. 신자유주의 정세에서는 정치적, 경제적 민주주의가 후퇴하게 되고, 이에 따라서 대중의 권리가 크게 후퇴하게 되며, 이 과정에서 문화권 역시 외면당하거나 무시당하게 된다. 문화의 사회적 공공성이 인정받지 못하고, 문화가 상품의 부가가치를 높이는 수단으로 전락하고, 또 문화가 '그 자체로 목적인 활동'이 되지 못하는 것은 신자유주의 체제에서는 자본의 권리만 강조되고 프롤레타리아트의 권리는 기본적으로 부정되고 있기 때문이다. 자본의 권리가 강화되면 경제적 논리가 다른 모든 사회적 논리를 지배하며 득세하게 되고, 프롤레타리아트의 권리가 존중되면 경제적 논리도 새로운 각도에서 해석될 수 있다.[5] 하지만 신자유주의는 자본 즉 부자가 프롤레타리아트 즉 빈자에 대해 노골적 착취의 공격을 가하는 자본주의의 국면에 해당하며, 이를 위해 여러 사회적 조건들을 좁은 의미의 경제적 논리, 즉 자본을 위한 부의 축적을 유일한 목적으로 삼은 경제적 논리에 따라서 재단하고 구축한다. 다시 말해 신자유주의 정세에서는 '경제결정론'이 다른 어떤 때보다 더 강력하게 작용하는 것이다.

5_ 물론 이는 경제를 상품의 생산과 교환, 그리고 그에 따르는 이윤의 도출, 즉 자본의 축적이라는 관점에서 이해한 경우에만 해당한다. '경제'는 이런 식으로 자본주의적으로만 이해될 수는 없으며, 'economy'를 'eikos'와 'nomos'의 결합으로 인식하면 삶의 환경 전체를 조직하는 문제로 해석할 수 있고, 따라서 호혜와 연대를 강화하는 새로운 경제구조를 상상할 수도 있다.

하지만 역사적으로 보면 1920년대 이후 경제위기에 빠졌을 때 오히려 사회적 평등을 위한 정책적 고려들이 만들어졌다는 점을 알 수 있다. 아로노위츠에 따르면 1920년대 말의 대공황의 여파로 미국경제가 큰 위기에 빠졌던 1930년대에 노동시간의 단축 논의가 본격적으로 이루어졌다. 이것은 삶의 위기 속에서 새로운 삶에 대한 기획이 나오는 전형적인 예일 것이다. 오늘 신자유주의는 과학기술 발전에 따른 '노동의 절약' 가능성과 함께 자본축적을 추진하는 논리라는 점을 잊지 말자. 자본주의 상황에서는 통상 '노동의 절약'이 가능해지면 노동에 대한 자본의 권한이 강화된다. 신자유주의 시대에 비정규직이 급증하는 것도 이런 사실과 무관하지 않다. 하지만 '노동의 절약'은 노동하는 사람들에게는 자유시간의 확대가 일어날 수 있는 가능성이기도 하다. 다시 말해 '필요성의 영역'이 줄어들고 '자유의 영역'이 확대될 수 있는 것이다.

문제는 조건이다. 신자유주의는 유적 존재로서 인류가 자연 속에서의 생존을 위해 반드시 구축해야 하는 '필요성의 영역'을 소수를 위한 자본축적의 장으로 전환시키며 노동을 귀족화하고, 인간의 자기실현을 위한 '자유의 영역', 사회적 생존을 위한 필요노동에의 의무적 기여에서 면제되는 자유시간은 또 그것대로 소비자본주의의 장으로 전환하여 '사회적 부의 회수' 기회로 삼는다. 이 결과 인류는 사회적 생산성이 가장 발달한 시점인데도 갈수록 더 많은 인구가 그 생산성에서 나와야 하는 혜택을 받지 못하게 된다. 과연 우리는 '자유의 영역'을 의미 있는 규모로, 다시 말해 '지상에서의 천국'을 건설할 만큼 충분하게 확보할 수 있을 것인가? 과연 그리하여 바람직한 문화의 시대, 노동과 함께 자연 속에서 인간적 영역을 만들지만 의무의 성격이 강한 노동과는 달리 그 자체로 목적이 될 수 있는 활동들, 인간 자신의 역능들을 최대로 강화할 수 있는 문화의 시대를 열 수 있을 것인가?[6] 신자유주의 시대를 극복하며 유적 존재로서의 인류가 누려야 할 문화적

6_ '노동'과 '문화'의 차이와 관계에 대해서는 이 책에 같이 실려 있는 「코뮌주의와 문화사회」 참조

권리를 강화할 수 있는 길은 어디에 있는가?

　문화적 권리는 기본적 권리, 즉 인권에 속한다. '인권'은 시민의 정치적 부상과 함께 형성된 개념이다. 인류사회에서 시민의 등장은 부르주아지의 소유권이라는 개념을 형성시켰다. 근대 초기의 시민은 재산을 소유한 계급이었고, 이들은 시민혁명을 통해 자신의 권리, 즉 소유권을 보장받는 운동을 전개했고, 이후의 역사가 증명하듯이 그 일에 성공했다. 시민계급은 17세기에서 시작된, 왕권신수설을 주장한 절대 군주와의 권력 경쟁에서 승리함으로써 자신의 재산에 대한 소유권을 확보한 것이다.[7] 시민계급 또는 부르주아지는 이 소유권을 지키기 위해 자유주의 이데올로기를 가동했으며, 오늘은 그것을 신자유주의라는 형태로 운용하고 있다. 이론으로서의 신자유주의는 프리드리히 폰 하이에크 등이 참가하여 만든 몽 페를랑 협회의 창립 선언문이 말해주듯이 '인간의 존엄'을 주장하고, 무엇보다 자유의 우선성을 강조한다.[8] 하지만 이때 인간은 모든 인간이 아니라 '재산 소유자'에 국한되고, 자유 또한 그런 소유자만 누릴 수 있는 자유이다. 신자유주의는 자유를 더 많이 구가할 수 있는 재산의 소유자, 자본가계급의 이념이다. 문화적 권리를 강화하려면 이런 자본가계급에게만 적용되는 인권에서 벗어나서 근본적으로 보편적인 인권의 개념이 요구된다고 하겠다.

　부르주아지의 소유권에 대립되는 인권 개념을 찾아야 한다. '노동권'의 개념이 그것이다. 노동권은 프랑스혁명 과정에서 "'급진화된 부르주아 노선을 대표'하며 '생존권이라는 개념을 제시'한 로베스피에르와는 달리 '공산주의화한 노동권' 개념을 제시한 바뵈프에 의해서 제출된 바 있다. 바뵈프의 노동권 개념은 나중에 푸리에에 의해서 '자기 자신에 대한 소유'로 개념화되는데, '소유'에 대한 이 새로운 해석이 1848년 혁명 기간에 쟁점으로 떠오르게 된다. '프롤레타리아 노동권과

7_ 이 과정은 17세기 영국에서 일어난 종교혁명에서 시작하여 18세기 말 프랑스의 대혁명으로 마무리된다.

8_ David Harvey, *A Brief History of Neoliberalism* (New York: Oxford University Press, 2005), p. 20.

부르주아적 소유권'9) 사이의 갈등이 그것이다.10) 푸리에가 노동권을 '자기 자신에 대한 소유'로 개념화한 것이 중요하다. 인권은 무엇보다도 인신의 보호를 전제하는 바 이는 누구도 자신 이외의 다른 사람이 자신에 대한 소유권을 주장할 수 없다는 것을 의미한다. 즉 자기 자신에 대한 소유권이 인권의 기본 개념인 것이다.11) 오늘 이런 인권을 어떻게 보장받을 것인가? 그리고 이런 노동권으로서의 문화적 권리는 어떻게 보장받을 것인가?

노동권과 문화적 권리는 일견 서로 상치되는 내용을 담는 것처럼 보일 수도 있다. 노동권은 노동에 대한 권리로, 문화적 권리는 문화에 대한 권리로 해석될 여지가 있어 보이기 때문이다. 하지만 양자를 서로 다른 내용일 것이라고 보는 것은 '문법에 의한 착각'이다. 노동권은 노동에 대한 권리가 아니라 노동자가 지닌 권리에 가깝다. 푸리에 식으로 이해하면 그것은 인간으로서의 노동자가 자신에 대해 갖는 절대적 권리로서 부르주아의 소유권에 대항할 수 있는 권리이다. 부르주아가 소유권 주장을 통해 노동자들을 자본축적의 수단으로 전환시킬 때 노동자들이 자신의 권리를 주장할 수 있는 것은 자신의 인신, 능력, 욕망, 여망 등에 대해 오직 자기만이 최종적 권리를 갖는다고 말하는 수밖에는 없다. 에티엔 발리바르가 지적하듯 노동자의 권리가 '봉기의 권리'가 되는 것은 그 때문이다. 노동자의 봉기, 그것은 부르주아가 자신의 권리인 소유권을 내세워 자본주의적 축적 구조를 가동하고 지배할 때 자신에 대한 권리를 침해받는 사람들, 맑스의 한 표현에 따르면 가난하여 노동을 할 수밖에 없는 프롤레타리아가 사회를 변혁시키기 위해 떨쳐 일어서는 일이다. 이때 주장되는 노동권은 더 이상 노동에 종속하여 비인간적 삶을 살지 않겠다는 의사의 표시이다. 노동권은 이처럼 그 표현과는 달

9_ 윤소영, 『역사적 마르크스주의: 이념과 운동』, 공감, 2004, 65쪽.

10_ 이 책에 실린 강내희, 「코뮌주의와 문화사회」 참조

11_ 이런 인권 개념은 노동자들에게는 큰 의미를 지닌다. 노동자들이 '자신에 대한 소유'를 제대로 보장받는다면 그것은 노동에 대한 거부의 권리도 노동자의 권리가 되며, 오직 생존을 위해서 노동을 해야 하는 상황에서 벗어날 수 있는 권리의 행사가 가능하기 때문이다.

리 노동에 대한 비판적 생각을 담고 있다. 그리고 이 때문에 노동권은 문화적 권리의 견지에서도 이해될 수 있다.

문화적 권리는 문화에 대한 권리로 이해할 수 있다는 점에서 노동을 거부할 권리로 인식할 필요가 있는 노동권과는 다른 문법적 표현이다. 문화적 권리는 인간이 그 자체로 목적인 활동을 할 수 있는 권리를 가리킨다. 문화적 권리는 인권이라는 측면에서 '자유권'에 해당한다. 노동권이 노동하는 사람이 자신의 의사에 반하여 노동을 하는 것을 거부할 권리이듯이 문화적 권리는 한편으로는 다른 사람들의 간섭, 국가 간섭 등을 받지 않고 영위할 권리이다. 문화적 권리에 표현의 자유가 중요한 품목으로 포함되는 것은 문화적 권리가 기본적으로 자유의 권리임을 보여준다. 하지만 문화권은 '사회적 권리'이기도 하다. 사회적 권리라 함은 문화권이 사회적 구성원으로서 개인들이 누려야 할 권리라는 말이다. 문제는 사회는 그 구성의 조건에 따라서 사회적 권리들을 보장하기도 하고 하지 않기도 한다는 점이다. 독재정권 아래 정치적 자유를 누리기 어렵고, 자본주의 사회에서 '자율적 생산자의 연합'이 이루어지기 어려우며, 가난한 나라에서 모든 사람이 풍족한 삶을 살기는 어렵다. 식민지에서는 지배받는 대중이 문화적 정체성을 결정하는 권리를 잃기 십상이고, 세계화가 무자비하게 진행되는 상황에서는 소수종족으로서의 생존권마저 유지하기 어렵다. 이런 점에서 자신의 정체성을 스스로 결정하고, 자신의 삶의 모습을 관장하며 자유시간을 창조적으로 활용하는 다양한 문화적 결정들은 사회적으로 주어져야 하는 사회적 권리이다. 자유권으로서의 문화권이 유적 존재로서의 인간 본래의 모습을 지킬 권리라면 사회권으로서의 문화권은 인간의 사회적 가능성을 확대하기 위해 요청되는 인권의 개념이라고 할 수 있겠다.

문화적 권리가 강화되려면 기본적으로 모든 인권이 강화되어야 한다. 하지만 프롤레타리아트에게[12] 이전보다 훨씬 더 큰 고난을 안겨주는 신자유주의 국면에

12_ 흔히 산업노동자를 중심으로 프롤레타리아트로 생각하는 경향이 있지만 프롤레타리아트는 기본적으로 가난한 사람들 일반을 가리킨다고 봐야 한다.

서는 노동권이 강화되는 것이 무엇보다도 중요하다. 노동권은 기본 인권으로서 노동자들이 자신에 대해 가지는 소유권을 가리킨다. 맑스는 유적 존재로서 인류에게 자유의 영역은 필요성의 영역 너머에 있지만 반드시 후자를 기반으로 구축된다는 점을 강조했다. 이는 우리가 자유 즉 문화를 영위하려면 필요노동을 해야 한다는 말이기도 하다. 하지만 노동권의 개념은 인간이 필요노동에만 모든 시간을 바쳐서는 아니 된다는 점을 동시에 환기시킨다. 필요노동은 최소화되어야 한다. 그러려면 '노동일의 단축'이 요구된다. 맑스의 말대로 인간이 자유로운 삶, 그 자체가 목적이 되는 문화적인 삶을 사려면 "노동일의 단축은 그 기본이다."[13] 하지만 노동권의 회복으로서의 노동일의 단축은 자본주의적 삶의 조직, 즉 자본 중심의 경제적 논리가 지배하고, 그 논리가 다른 사회적 논리들을 지배하는 오늘의 인류사회를 근본적으로 변혁하지 않으면 불가능하다. 노동권은 한편으로는 기본적으로 자유권이지만 다른 한편으로 기본적으로 사회권이라고 할 수 있다. 자유권이 시민적, 정치적 권리를 포괄한다면 사회권은 경제적 문화적 권리를 포괄한다. 노동권을 되찾으려면 따라서 정치적, 경제적, 문화적, 그리고 사회적 권리의 회복이 필요하며, 이는 곧 오늘 자본주의 사회, 특히 신자유주의적 사회를 극복해야만 한다.

13_ Karl Marx, *Capital*, Vol. III (Moscow: Progress Publishers, 1959), p. 820.

13

문화운동과 교육

1. 서언

2007년 현재 한국 문화운동의 최고 목표를 감히 제시할 수 있다면 '문화사회의 건설'이라고, 이 목적을 달성하려면 교육이 반드시 제자리를 잡아야 한다고 말하고 싶다. 문화운동의 가장 큰 목표가 문화사회 건설이라고 하는 것은 문화운동의 소임은 문화를 개혁, 변혁함과 아울러 사회를 문화적인 사회로, 즉 온전한 의미의 문화 활동이 가능한 사회로 전환시키는 것이라고 보기 때문이다. 여기서 문화사회를 일단 문화가 제 자리를 잡은 사회라고 정의해보자. 그렇다면 오늘 자본주의, 그것도 자본주의의 가장 극악한 형태라 할 신자유주의적 자본주의가 지배하고 있는 지금 문화는 어떤 모습을 띠고 있는가? 문화는 이미 상품으로 전락했거나 상품의 부가가치를 높이는 '콘텐츠'로, '경제적 이성'의 수단으로 전락하여 짓밟히고 왜곡된 모습을 띠고 있다. 물론 예외가 아주 없는 것은 아니지만 자본주의적 문화가 오늘의 지배적 문화형태임을 부인할 수는 없을 것이다. 문화운동이 문화사회를 지향해야 하는 것은 왜곡된 자본주의 문화를 온전한 형태로 바꾸기 위함이다.

다른 한편 문화운동의 목표 달성을 위해 교육이 제자리 잡는 것이 필수적이라

보는 것은 문화사회를 구성하려면 거기에 적합한 주체(형태)를 구성하는 일이 필수적이기 때문이다. 알다시피 근대사회에서 주체 형성의 과제를 떠맡고 있는 가장 중요한 사회적 장치는 교육 제도이다. 하지만 신자유주의 시대에는 교육도 문화처럼 제 모습을 갖추고 있지 못하다. 오늘 한국에서 교육운동이 반드시 필요한 것은 근본적으로 왜곡되어 있는 이 교육을 시정해야만 제대로 된 주체 형성을 꾀할 수 있고, 더 나은 사회 즉 문화사회를 만들 수 있을 것이기 때문이다.

2. '경제적 이성'의 지배와 문화사회

당연한 말이지만 문화운동은 사회운동의 일부이다. 사회운동을 구성하는 문화운동이 문화사회를 지향해야 한다고 하는 것은 무슨 의미가 있는가? 우선 사회운동은 단일하게 구성되어 있지 않다는 점을 확인할 필요가 있다. 사회운동은 개입하는 사회 부문도 다양할 뿐더러 동일한 분야에서 진행되는 경우라고 해도 그 안에 내재한 문제를 바라보는 시각에 따라서 다양한 입장으로 갈리기 마련이다. 오늘 한국의 사회운동은 한국사회를 개혁할 것인가 변혁할 것인가에 따라서, 1987년 체제가 성립된 뒤의 한국의 정치권력 구조, 특히 1993년 이후 세 차례에 걸쳐 집권에 성공한 자유주의 세력에 대한 지지와 반대의 입장에 따라서, 오늘 한국자본주의를 가동시키고 있는 신자유주의에 대해 어떤 입장을 갖느냐에 따라서 좌와 우, 중도 등의 경향으로 나뉘어져 있다. 이런 운동 지형에서 문화운동의 과제를 문화사회의 건설로 보는 것은 문화운동에서의 입장만을 표명하는 문제는 아니다. 그것은 한편으로는 오늘 인류를 지배하고 있는 자본주의 체제를 극복해야만 문화사회의 건설이 가능하다고 보기 때문에 자본주의 사회의 변혁을 지지하는 사회운동 노선을 표명하는 일이면서, 다른 한편으로는 문화운동 진영에서도 주로 '작품 내적'인 미학적 실천을 지향해온 종래 예술운동의 범위를 넘어섬과 아울러 운동의 목표를 문화(진흥)정책이나 문화제도 운영 등에서의 개선 요구의 수준을 넘어선, 변혁 지향적 사회운동과의 접목을 꾀하는 새로운 문화운동을 제안하는 일인 것이다.

'문화사회'를 지향하는 문화운동의 입장은 무엇보다 오늘날 자본주의 체제가 가동하고 있는 사회형태에 대해 비판적인 입장이다. 인류사회는 지금 거의 예외 없이 자본주의 체제 하에 놓여 있다. 이 말은 오늘 사람들은 '경제적 이성'이 지배하는 삶을 영위하고 있음을 의미한다. "경제적 이성은 세상만사 모든 것을 이윤 창출의 관점에서 판단하는 것이다. 이 이성이 오늘날 자연의 세계, 무의식까지 포함하여 인간 삶의 구석구석을 지배하고 있다. 우리는 이제 꿈을 꿀 때에도 생산성, 효율성, 경쟁력, 합리화를 추구하라는 명령을 따르지 않으면 안 될 지경이 되었다. 사랑, 우정, 동포애, 호혜와 봉사, 환경 가꾸기 등 '사회적 제 관계가 경제체계 속에 파묻혀'(폴라니) 버린 지금은 고향에 대한 추억도 '그래, 이 맛이야!'와 같은 광고 카피로 바뀌어 조미료 판매를 위한 수단으로 전락하고 백두산의 맑은 물도 어느 유명 작가가 나와서 선전하는 사이다를 마시기 위한 상상적 촉매제로 이용된다. 경제적 이성이 지배하는 시대는 이처럼 상상할 수 있고 활용할 수 있는 모든 것이 이윤을 내기 위해 상품으로의 '지양'(Aufhebung)을 겪고, 인간 활동은 그 대부분이 상품생산을 위한 (임금)노동에 의해 지배된다."[1]

경제적 이성이 지배하면 문화는 뒷전으로 밀릴 수밖에 없다. 18세기 말 이후 '사회 기획의 문화적 관점'을 제기해온 많은 사람들이 주장하듯이 문화는 그 자체가 목적인 인간적 활동을 일컫는다.[2] 다양한 대상들의 조화를 만들어내는 일, 일상 활동에서 창조의 즐거움을 느끼고 삶의 아름다움을 추구하는 일은 그 자체가 목적인 것이지 예컨대 (정치적) 권력이나 (경제적) 이윤을 추구하는 일과는 근본적

1_ 미간행 졸고, 「경제적 이성 비판과 사회발전—문화적 권리, 공공성 그리고 민주주의를 위하여」에서 발췌 인용.

2_ '문화적 관점'에 대해서는 이 책에 같이 실려 있는 글 「'문화적 관점」 참조

으로 다르다. 물론 맑스가 예리하게 지적한 대로 자본주의 체제가 사회를 지배하기 시작하면서 이와 같은 문화는 사적 소유를 독점한 부르주아들만의 특권이 된 것이 사실이다. "현실에서 문화는 강제된 노동, 소외 노동을 면한 사람들만 가능한, 사유재산을 바탕으로 하여 보장받는 활동으로 본 것이다."[3] 문화를 그 자체로 가치 있다고 보는 관점은 그래서 지배세력의 관점이 되고, 대중의 삶의 방식을 가치 없는 것으로 보는 엘리트주의가 된다. 그러나 문화를 어느 소수 집단의 특권이 아니라 유적 존재로서의 인류 전체가 자신의 삶의 터전인 세계를 전유하는 방식으로 본다면 문화에 대해 좀 더 민주적인 관점을 가지는 것이 불가능한 것은 아니다. 인간이 세계를 전유하는 방식에 유적 차원이 작용하는 것은 그것이 다른 동물의 그것과는 다르기 때문이다. 우리는 주변 대상들을 보고, 물이 흐르는 소리와 바람 부는 소리를 듣고, 냄새를 맡고 음식을 맛보고, 아픔 등을 느끼지만 아울러 어떤 소리는 음악으로, 어떤 제작품은 미술작품으로, 어떤 냄새는 향기로서, 어떤 음식은 별미로, 어떤 촉감은 쾌감으로 별다르게 받아들이는 능력과 이런 모든 인간적 감각들을 통찰하는 지적 능력도 갖추고 있다. "보고, 듣고, 맡고, 맛보고, 느끼고, 생각하고, 관찰하고, 경험하고, 원하고, 행동하고, 사랑하는" 온갖 감각적 능력을 통해 우리는 인간적 현실을 만들어내고 이를 통해 유적 존재로서의 인간의 고유한 삶의 공간을 창조해내는 것이다.[4]

문제는 오늘날 대부분의 사람들이 세계를 자신의 현실로 전환시킬 수 있는 이런 능력들을 제대로 펼칠 수 없다는 데 있다. 맑스가 『1844년 경철수고』에서 지적한 것처럼 자본주의 사회에서 인간이 세계와 맺는 관계는 자본주의 사회를 지배하는 '사적 소유'에 의해 지배되고 만다. "사적 소유는 우리를 너무나 멍청하고 일면적으로 만든 결과 대상은 우리가 그것을 가질 때에만 우리 것이 된다."

3_ 강내희, 「맑스와 한국 좌파 문화운동의 방향」, 제2회 맑스코뮤날레조직위원회 편, 『맑스 왜 희망인가?』, 메이데이, 2005, 280쪽.

4_ Karl Marx, *Economic and Philosophic Manuscripts of 1844*, in Karl Marx and Frederick Engels, *Collected Works*, Vol. 3. *Marx and Engles 1843-1844* (Moscow: Progress Publishers, 1975), p. 300.

이 결과 우리는 세계와의 관계를 맺게 해주는 "모든 신체적 정신적 감각들" 대신 "그 모든 감각들의 완벽한 소외일 뿐인 가짐의 감각"만 갖게 된다.[5] '가짐의 감각'은 사적 소유에 종속된 인간이 모든 것을 자본축적의 계기로 치환한 결과 인간의 다면적 능력으로서의 감각들이 축소된 모습이다. 문화사회를 건설하자는 것은, 이 목표를 위해 문화운동을 전개할 필요가 있는 것은 이처럼 사적 소유의 감각으로 축소된 다양한 감각들을 사적 소유의 포획에서 해방시키고, "보고, 듣고, 맡고, 맛보고, 느끼고, 생각하고, 관찰하고, 경험하고, 원하고, 행동하고, 사랑하는" 다양한 인간 역능을 복원시키고, 그것도 그 능력을 어느 한 사회집단의 전유물로 만드는 것이 아니라 유적 존재로서의 인간 전체가 그런 다면적 역능을 갖추기 위함이다. 맑스는 『자본』에서 사적 소유의 철폐를 통해, 즉 자본주의의 극복을 통해 '연합적 생산양식'을 가동하는 코뮌사회를 건설해야만 지상에서의 인간의 온전한 삶이 가능하다고 봤는데, 우리가 여기서 문화사회의 건설이 중요하다고 보는 것은 인간의 유적 능력으로서의 문화적 능력이 복원되지 않을 때 맑스가 꿈꾼 코뮌사회 또한 불가능하다고 보기 때문이다.

이상 살펴본 바로는 문화운동의 목표를 문화사회 건설에 둔다는 것은 한국사회의 근본적 변혁을 지향하는 입장이라고 할 수 있다. 왜 한국사회의 변혁이 필요한가? 오늘 한국사회는 신자유주의적 자본주의에 의해 지배되고 있고, '경제적 이성'의 전횡이 자행되고 있으며, 구성원 대부분이 그 자체로 목적인 문화적 활동을 영위할 희망이 없는 처지에 놓여 있다. 신자유주의는 물론이고 자본주의까지 넘어선 새로운 사회를 구축하지 않고서는 이런 상황을 극복하기 어려울 것이다. 물론 이런 변혁 입장 대신에 예컨대 신자유주의 축적 전략을 가동하는 자본주의의 극단적 폐해를 시정함으로써 왜곡된 문화를 얼마간 회복할 수 있지 않느냐라는, 사민주의나 케인스주의와 같은 개량주의적 관점이 대안으로 떠오르기도 한다. 그러나 이 입장은 신자유주의의 극단적 착취 경향을 비판하며 인간의 모습을 한 자

5_ Ibid, p. 300.

본주의를 해결책으로 내세우지만, 자본주의가 지속되어서는 결코 사회적 불평등이 치유될 수 없고, 그 속에서 문화 또한 근본적으로 자신의 사회적 위상을 향유할 수 없다는 점에서 근본적 대안은 아니다.[6]

3. 문화운동의 최근 위상 변화

다른 한편 문화운동이 문화사회 건설을 목표로 삼는 것은 문화운동이 사회운동으로서 자신에게 부과하는 과제의 성격, 사회운동에서 차지하는 위상을 전환시키고 있음을 의미하기도 한다. 한국사회에서 문화운동은 1960년대 말 1970년대 초 대학가를 중심으로 전개된 탈춤운동으로부터 확산되어 1980년대에 당시 상승한 민중·민주·민족운동을 중심으로 한 사회운동과 함께 최고조에 달했다가 1990년대 초반 이후 침체기를 거쳐서 2000년대에 들어오면서 미약하지만 그래도 새로운 발전 가능성을 드러내고 있는 것 같다.[7] 과거와는 달리 문화운동이 노동운동, 교육운동, 환경운동, 인권운동 등 다른 사회운동들과 대등한 관계를 유지하며 연대하는 모습을 보여주고 있는 것이다. 이는 문화운동이 최근에 들어와서 질적 전환을 겪고 있음을 보여주는 현상으로, 이런 현상의 출현은 현대 한국사회에서 문화가 차지하는 비중의 변화와 관련이 있는 것으로 판단된다.

문화운동이 가장 활성화되었던 시기는 1980년대 중·후반이다. 이때 문화운동은 적어도 대학가 주변에서는 전두환 정권이 펼친 '3S 정책' 등 '문화의 자유화' 조치에 따라 확산된 자본주의적 상품문화 중심의 지배문화에까지 압박을 가할 정도로, 자본주의 문화를 대체하는 대안문화로 부상할 정도로 영향력이 높았다. 그

6_ 졸고, 「신자유주의 반대운동, 어떻게 할 것인가」 (민교협창립20주년 기념심포지엄 자료집, 2007.6.26) 참고

7_ 이와 관련된 자세한 논의는 이 책에 함께 수록된 「신자유주의 시대 문화지형의 변동과 문화운동」 참조

러나 당시 문화운동은 아무리 활성화했을지라도 사회운동의 방향을 놓고 서로 경쟁하던 정치적 노선들에 종속된 처지에서 자유롭지 못했던 편이다. 80년대 문화운동은 민중민주(PD)와 민족해방(NL), 민족민주(ND) 등 당시 운동 지형을 구성하던 주요 정치경제적 노선들의 지도를 받고 있던 처지였다.[8] 알다시피 문화에 대한 이런 정치경제의 우위는 통상 '경제결정론'으로 알려져 있으며, 이 관점은 문화를 포함하는 상부구조를 '최종심급'에서 결정하는 것은 하부구조 또는 물적 기반으로서의 경제라는 인식을 깔고 있다. 이에 따라 이 시기 경제는 곧 정치였고, 정치의 우위는 권위주의 정권 하에서 집권자 권력의 절대화의 모습을 드러내지 않으면 운동 진영에서는 정치주의의 우위로 드러났다.

문화에 대한 정치의 우위는 1990년대 이후에는 문화에 대한 경제의 우위로 전환된 것으로 보인다. 1990년대 초에 '문화의 시대' 담론이 유포된 것을 기억할 것이다. 당시 이 현상은 대중매체시장 자유화와 함께 급속도로 일어난 문화산업의 성장과 궤를 함께 했다. 이때는 진보적 이론 진영에 의해 한국사회를 이해하는 새로운 접근으로 문화이론, 문화연구가 수용되기 시작한 시점이기도 하다. 이로 인해 좌와 우, 진보와 보수 가릴 것 없이 '문화의 시대'가 전개된다는 인식을 품게 되었고, 그에 따라 사회변동의 주요 동인을 문화의 범람 현상에서 찾는, 사회를 '문화적 관점'에서 보는 경향도 나타났다.

역사적으로 '문화적 관점'은 영국과 독일에서 18세기 말, 19세기 초에 처음 등장한 것으로 알려져 있다. 자본주의적 생산양식의 초기 형성과 함께 전통 장인들의 기예(the arts)가 공장에서의 기계 생산으로 이전되는 과정에서 그래도 기계에 의한 제작이 불가능한 것들은 '예술'(Art)로 치부되며 그것들에 가치부여가 이루어진 결과였다.[9] '문화'는 이때 '대문자 문화'(Culture)가 되고 이런 문화가 사람

8_ 이런 점은 문화운동의 최대 이론적 쟁점을 형성하던 리얼리즘 문제를 두고 비판적 리얼리즘, 사회주의 리얼리즘 등으로 문화운동 이론 진영의 입장이 갈린 것으로도 드러났다.

9_ Raymond Williams, *Culture and Society: 1780-1950* (New York: Columbia University Press, 1983), pp. 43-44.

들이 만든 것 가운데 가장 가치 있는 것으로 제시되면서 서구의 근대적 '문예' 개념이 만들어진 것이다. 이때 '문예'를 가치화한 것은 문화를 '예술'로 규정한 개념화 작업에 해당하는 것으로, 예술로서의 문화는 특히 대학제도로 편입됨으로써 인문학의 중요한 이념을 제공하고 자본주의 사회에 대한 비판적 통찰을 제공하는 것으로 이해되었다. 그러나 이 '예술 문화'의 비판성은 문제가 없었던 것이 아니다. 그것은 문화를 사회로부터 절연시키며 예술이라는 제도로 전환시켜 사회를 비판하는 능력을 부여한 꼴로서, 사회로부터 소외된 문화에 특권을 부여하는 경향을 지니고 있었던 것이다.10)

반면에 1990년대에 한국사회에 등장한 지배적인 문화적 관점은 비판적 기능을 크게 결여한 모습이었다. 근대적 예술문화는 사회로부터 분리되기는 했을망정 이 후자에 대해 비판적 태도를 유지하고 있었으나 한국에서 최근에 등장한 문화적 관점은 문화의 '수단적 기능'을 내세운 것이다. "문화가 중요하다", "문화의 시대가 열렸다", "새 천년은 문화가 지배한다" 따위의 당시 널리 유포된 언설에는 지배세력의 정치적 권력, 사회운동권의 정치적 입장에 의해 지휘를 받던 때와는 달리 문화의 당당한 자신감이 드러나기도 했지만 근본적으로는 문화가 경제적 계산에 의해 추켜세워진 모습에 불과했다. 문화의 세기에 문화는 '산업'이나 '콘텐츠'로서 한국자본주의가 구축한 소비자본주의 시장에서 유통되는 상품의 부가가치를 높이는 방법이었던 것이다.

그렇다고 이 '문화의 부상'을 부정적으로만 볼 일은 아니다. '목적'보다는 '수단'으로서 평가받기는 했지만 이때 문화의 중요성이 강조되기 시작하면서 사회적 실천들에서 의미, 가치, 형태 등 문화를 구성하는 요인들이 중요하다는 점이 인식되기 시작했다. "금강산도 식후경"이라는 말이 있다. 박정희 정권에 의해 발전주의 노선이 채택되어 경제개발정책이 막 시작된 1960년대 초까지만 해도 널리 회

10_ (근대적) '예술로서의 문화' 개념을 주요 구성 원리로 삼아 운영되는 인문학이 대학에 칩거하여 사회를 바라보는 습성을 드러낸 원인을 여기서 발견할 수 있다.

자되던 말이다. 이 말의 유포는 여유 있는 삶, 삶의 가치를 찾으며 여가를 즐기는 것은 다급한 생존 문제, 다시 말해 삶의 가장 기본이라는 경제적 문제가 해결되고 난 다음에나 관심을 기울일 대상이라는 인식이 만연했음을 보여준다.[11] 그러나 1990년대 이후 한국사회에서는 "금강산도 식후경"이라는 말이 그 전만큼 유효하게 들리지 않게 된다. 이때는 이미 한국사회가 고도로 발달한 자본주의 사회로 전환되어 디자인, 이미지 등 상품의 문화적 가치가 제고되지 않으면 그 시장가치가 제고되지 않는 단계로까지 발전하였고,[12] 이 결과 문화의 중요성이 널리 인식되기에 이르렀다.

문화운동이 2000년대에 들어와서 자신의 미학적 실천을 '예술미학'에서 '사회미학'으로 확장하기 시작한 것은 이런 맥락에서 가능했던 것으로 보인다. '예술미학'이 1980년대의 진보적 예술창작자들이 리얼리즘 이론에 입각하여 시나 소설, 회화, 연행 등의 '작품'을 중심으로 전개하던 창작 행위를 가리킨다면, '사회미학'은 '캔버스'나 '작품'을 벗어난 미학적 실천, 예컨대 정부의 예술정책이나 문화정책, 공공문화기반시설의 운영 방식, 나아가서 스크린쿼터제도의 철폐나 축소, 방송이나 통신 또는 문화 관련 세계무역기구(WTO) 양허안 제출, 미국과의 자유무역협정(FTA) 체결 등 시민 대중의 문화적 삶에 광범위한 영향을 미치는 국제무역상의 의사결정 등에 개입하는 것과 같은 좀 더 광범위한 미학적 실천과 관계가 있다. 물론 '예술미학'과 '사회미학'이 서로 배타적이라 할 수는 없지만, 그래도 양자는 미학적 관점이 다른 문화운동 단체들에 의해서 대표되기 마련인

11_ 엄밀하게 말하면 궁핍의 상태에서도 문화는 존재한다. 김우창의 '궁핍한 시대의 시'라는 개념이 말해주듯 궁핍을 살아내는 방식, 그런 시대를 풍미하는 방식이 있기 때문이다.

12_ 1980년대 사회운동의 역량이 총 결집되어 한국사회의 지배블록에 대한 저항이 조직된 강경 대 정국이 결국 운동권의 패배로 끝난 데에는 "의미, 가치, 형태"를 중심으로 한 문화적 요인들을 둘러싼 지배블록과 운동권의 투쟁에서 후자가 아무런 대책을 세우지 못한 점이 크게 작용했다고 할 수 있을 것이다. 당시 유서대필 사건과 밀가루 투척 사건은 사실 여부나 어느 쪽의 옳고 그름의 문제와는 무관하게 보수진영이 그 사건을 놓고 이미지 투쟁을 전개하여 성공한 경우이다.

데, 1980년대 문화운동의 전통을 따르는 민족문학작가회의나 한국민족예술총연합(민예총)이 예술미학을 중시하는 경향을 보인다면,[13] 1999년에 출범한 문화연대는 '사회운동으로서의 문화운동'을 전개하며 사회적 미학까지 추구한다고 말할 수 있다.

문화운동의 목표를 '문화사회'의 구성에 두겠다는 것은 '예술미학'의 한계에서 벗어나서 '사회미학'을 실천하자는 제안이기도 하다. '사회미학 기획'의 취지는 예술미학을 배격하려는 것이 아니다. 그보다는 사회에 대한 개입을 작품 내적인 세계에서의 반영, 재현으로 한정하려는 예술미학의 경향과 그 한계를 극복하고 미학적 실천의 장을 실제 생활세계로 확장하려는 것이다. '문화사회'를 건설하는 것은 예술이 작품 속에서 '있음직한' 사건 전개, 상상 가능한 배경, 전형적인 인물들을 그려내어 '별세계'를 구성하는 것과는 달리 실제로 바람직한 삶의 모습을 구현하는 일이다. 문학 작품의 별세계에는 현실에서는 불가능하지는 않더라도 자주 나타나지는 않는 '권선징악'이 구현되기도 하는데, 이런 플롯의 전개를 '시적 정의'(poetic justice)라고 부른다. 그런데 여기서 말하는 '문화사회'는 물론 아직은 실현되지 않은 이상에 속하지만, 그것의 '별세계'로서의 고유한 특징은 현실세계에서 실현되어야 한다는 데 있다. '시적 정의'가 상상의 작용이라면 문화사회는 실천의 문제인 셈이다. 사회미학은 문화사회의 건설을 위한 문화운동의 실천적 전략에 해당한다. 예술미학이 주로 현실에 대한 작품 내적인 반영과 재현을 추구한다면 사회미학은 오히려 '상상된 아름다움'의 현실에서의 반영이고 재현인 것이다. 문화운동의 관점에서 문화사회 건설의 구상을 하게 된 것은 1990년대 이후 한국사회에서 문화의 사회적 위상이 높아졌고, 이 과정에서 사회운동에서의 문화운동의 높아진 위상 때문이다.

13_ 1980년대 문화운동에도 사회미학의 경향이 없었던 것은 아니다. 당시 문화운동은 예술운동을 중심으로 일어났지만 예술운동의 영향력이 확산된 결과, 그리고 연행과 같은 종합적 예술 활동이 대중의 문화적 실천에 깊숙이 파고듦으로써 이들 운동이 대안문화로서의 가능성을 키워 갔기 때문에 대학가를 중심으로 자본주의적 문화를 압도할 정도로 발전하였던 것이다.

4. 문화와 교육

문화운동은 문화적 관점에서 사회를 개혁하고 변혁하려는 사회운동이다. '문화적 관점'은 크게 봐서 '정치적 관점', '경제적 관점'과 구분된다. 경제적 관점의 사회운동을 경제적 삶, 즉 생산과 소비 또는 노동과 자본 간의 관계를 중심으로, 정치적 관점의 사회운동을 사회적 권력 관계를 중심으로 개혁과 변혁을 추구하는 사회적 실천으로 여길 수 있다면, 문화적 관점의 사회운동은 문화적 삶의 개혁과 변혁을 일컫는 것으로 이해할 수 있다. 하지만 '문화적 삶'은 어떤 삶을 지칭하며 이 삶을 규정하는 '문화'는 어떤 의미로 이해되어야 하는 것일까?

문화는 주로 의미나 가치, 형태 등의 문제와 관련이 있는 것 같으며, 최근에 들어와서 문화에 대한 관심이 커진 것은 그런 요인들이 인간적 삶에 중요하다는 인식이 만들어진 때문일 것이다. 문화가 상품으로, 상품의 부가가치를 높이는 콘텐츠로, 문화산업 즉 경제발전을 위한 새로운 성장 동력으로 간주되는 것은 오늘날 사람들이 소중하게 여기는 재화나 서비스에 의미나 가치, 형태가 중요한 작용을 하게 되었다는 것을, 결국 사람들이 문화를 중요하게 여기게 되었다는 것을 말한다. 근래에 들어와서 기호나 이미지, 영상, 매체 등을 주요 연구 대상으로 삼아서 '의미생산'(signification)의 문제를 다루는 기호학이나 서사이론, (시각)문화연구, 도상학(圖像學, iconology)과 같은 학술적 방법들이 크게 발전한 것도 그런 변화와 무관하지 않을 것이다.

다른 한편 문화는 의미나 가치, 형태의 부여를 통해 주체를 구성하는 과정으로도 이해될 수 있다. 서로 다른 문화에 속한다는 것은 정체성이 서로 다르다는 말이다. 한국인과 중국인 사이에, 한국인 속에서도 지역, 계급, 성차, 세대, 인종 등에 따라서 그리고 같은 계급이나 인종, 세대 속에서도 개인적 집단적 삶의 방식의 차이에 따라서 사람들은 서로 다른 정체성, 주체성을 구성하게 된다. 서로 다른 주체가 된다는 것은 탄생과 성장과 죽음과 같은 인간의 삶을 구성하는 다양한 통과의식들, 타자와의 관계, 일상생활 등에서 서로 다른 기호와 이미지를 사용하며, 가치를 부여하는 방식이 다르고 의미를 찾는 방식이 다르다는 말이다.

끝으로 문화는 주체를 구성하는 역능들의 문제라고 할 수 있다. 인간의 역능은 다면적이다. 그것은 역능들이 크게 신체적 차원과 정신적인 차원으로 나뉘어져 있고, 정신적인 차원의 경우 감성적, 지적, 윤리적 차원들로 다시 구분되어 서로 복잡한 관계를 맺을 수 있기 때문이다.14) 각 차원의 역능은 개인에 따라서 활성화되거나 억압되어 있을 것으로 짐작되며, 특정한 차원의 역능은 훈련이나 교육으로 더 계발될 수도 있고 그렇지 않을 수도 있을 것이다. 나아가서 서로 다른 차원의 역능들이 조합을 이루는 방식도 다양할 것으로 예상된다. 우리가 주변에서 지적 능력은 떨어지지만 감수성이 풍부하며 신체적 능력도 뛰어나고 윤리적 감각도 예민한 개인, 지적 능력이 뛰어나지만 감성적, 윤리적, 신체적 역능은 모자란 개인, 지적 능력과 신체적 능력은 가공할 만하지만 윤리적, 감성적 섬세함은 거의 없는 개인 등 다양한 개인들을 접하게 되는 것은 그 때문이다. 개인이나 특정한 집단은 각 차원에서 그들의 역능이 형성된 방식, 그리고 서로 다른 차원에 속한 역능들이 조합되는 방식들에 따라서 서로 다른 특이성을 갖는다.

문화는 이처럼 인간이 지닌 계발 가능한 역능들의 다양한 조합이 생겨나고 그 결과 다양한 '주체 형태'가 등장할 수 있는 사회적 실천의 장이다. 문화의 영역이나 차원은 흔히 창의성의 영역과 차원, 표현의 영역과 차원으로 이해되는바, 이는 거기서 인간의 역능이 구현되기 때문이다. 문화는 이렇게 볼 때 개별적으로 중층적으로 구성되어 있으면서 서로는 상이한 역능을 지닌 개인들과 집단들이 이

14_ 세 가지 정신적 차원들은 칸트가 말한 인간의 세 가지 정신적 능력에 상응한다. "그는 인간의 정신 능력들이 인식 능력, 쾌·불쾌의 감정, 욕구 능력이라는 3가지 이질적 능력들로 구분되며, 이는 각기 오성(순수 이성), 판단력, 이성(실천 이성)이라는 3가지 상위의 인식능력들이 제공하는 3가지 상이한 선천적 원리들(합법칙성, 합목적성, 궁극 목적)에 의해 지도되고 운영되며, 자연과 예술, 그리고 자유라는 3가지 이질적 적용 대상들을 가진다고 보았다." 심광현, 「교육개혁과 문화교육운동: 지식기반 사회에서 문화사회로의 이행을 위해」, 심광현 편, 『이제, 문화교육이다』, 문화과학사, 2003, 57-58쪽.

미지나 텍스트, 영상, 상징부호, 행태, 기호 등 다양한 매체들을 통해 자신들에게 실존적인 의미나 가치를 표현하는 과정이고, 이를 통해 자신들의 정체성, 주체성을 형성하는 사회적 작업이라고 할 수 있겠다.

그런데 개인이나 집단이 특정한 주체가 된다는 것은 그런 존재로서 구성되는 과정을 거친 결과임을 인식하는 것이 중요하다. 사람들이 주체가 된다는 것은 '주체화'라는 사회적 과정을 거쳐야만 주체가 된다는 것이며, 이는 주체란 '주어진다기보다는 구성되는' 존재라는 말이다. 이 점이 중요한 것은 여기서 사회적 운동의 가능성과 필요성이 생겨나기 때문이다. 만약 인간 주체가 전통적 휴머니즘이 전제하듯이 언제나 이미 완전한 한 개인으로 존재한다면 '주체 구성'의 사회적 기획은 불필요할 것이다. 그러나 위에서 살펴본 대로 주체는 다양한 역능들의 조합으로 자신의 능력을 형성하고 이 과정에서 이미지나 텍스트, 영상, 부호, 행태 등의 매체를 활용한 정체성 구성의 과정을 거치기 때문에 일정한 기획에 의한 사회적 실천을 통해 새로운 형태로의 전환이 가능하다. 문화가 자연과 구분되어야 하고, 특정한 유적 존재로서의 인간의 활동, 즉 인위성을 자연에 가미하는 과정으로 이해되어야 하는 이치가 여기에 있다. 그런데 인위적 과정으로서의 자연 변형은 이미 문화가 된 것에 대한 작용으로 나타나기도 하기 때문에 문화는 '문화화'(culturation)인 경우가 허다하다.

그러나 이 문화, 문화화, 즉 문화적 과정은 사회적 과정이며, 이로 인해 그것은 늘 당대의 지배적 사회 구조에 의해 구조화되기 마련이다. 오늘 문화는 자본주의에 의해서, 그것도 신자유주의적 축적 전략에 배타적으로 의존하는 자본주의에 의해서 구조화되어 있다. 앞에서 지적한 대로 신자유주의 시대는 경제적 이성이 극단적 형태로 작용하는 시대이다. 경제적 이성이 지배하면 '그 자체가 목적인 인간적 활동'으로서의 문화는 다른 계산 작용을 받게 된다. 문화가 경제의 수단으로 전환되면서 상품화의 길을 걷는 것이다. 오늘날 소비자본주의가 창궐하고 소비문화가 갈수록 생활세계 전역을 지배하고 있는 것은 문화의 상품화가 그만큼 많이 진전되었다는, 문화가 더 이상 건전한 모습을 갖지 못한다는 말이다. 문화사회를 건설하자는 것은 이런 자본주의적, 신자유주의적 문화를 바로 잡으려는, 문화적 활동을 그 자체가 목적인 인간 활동으로 전환시키려는 기획이라 하겠다.

이 과정에서 교육이 관건으로 등장한다. 교육은 인간을 인간답게 만드는 일, 유적 존재로서의 인간이 지닌 잠재적 능력을 현실화하고 이를 통해 인간을 더 인간답게 만드는 일이다. 교육이 이런 일을 하는 것은 인간의 역능을 회복시키고, 그것을 강화할 수 있기 때문이다. 거듭 말하거니와 이 역능은 신체적, 감성적, 지적, 윤리적 차원에 걸쳐 나타나며, 이들 차원들이 개인이나 집단의 수준에서 서로 맺는 관계 양상에 따라서 변별적으로 나타난다. 이렇게 보면 개인들의 개성이나 집단들의 특성은 다양한 역능들이 서로 상이하게 조합되고 배치된 결과라고 할 수 있고, 교육은 이때 이런 다면적 인간 능력들을 각 차원에서, 그리고 상이한 차원들의 상이한 조합의 방식을 통해 계발하고 육성하고 배치함으로써 인간의 인간적 모습을 만들어내는 일, 인간이 스스로 만들어낸 자기 향상 활동이 된다. 그리고 교육은 인간의 인간적 활동이라는 점에서 자연과 대비되는 문화에 속하고, 나아가서 삶에서의 의미를 추구하는 사회적 실천이기도 하다는 점에서 정치와 경제와 구분되는 측면에서의 문화에 속한다고 할 수 있다. 즉 교육은 문화에 속하면서 문화를 변동시키고 발전시키는 역할을 하는 것이다. 이런 점에서 교육은 '문화에 의한 문화의 향상' 과정이라 할 수 있다.

그런데 오늘 이런 역할을 하는 교육은 유아교육, 초·중등 교육, 고등교육, 평생교육의 형태로 고도로 제도화되어 있고 거의 모든 나라에서 국민 대중 전체를 대상으로 이루어진다. 이는 교육의 대중화가 제도적으로 구현되고 있다는 말이며, 인류의 발전이 이제 그만큼 고도화되었다는 말이다. 그러나 문화가 전반적으로 경제의 수단으로 전락하여 소비문화로 전환되고 상품화 경향을 드러내듯이, 신자유주의 시대에는 교육 또한 자본주의 체제의 불평등을 재생산하는 사회적 기제로 복무할 것을 요구받는다. 교육은 지금 모든 국민 대중에게 보급되고 있으나 오늘 한국의 교육은 사회적 불평등을 재생산하는 역할을 수행하게 됨으로써 문화의 왜곡 발전을 유발하는 요인으로 둔갑한 모습이다.

여기서 우리의 마음을 불편하게 만드는 것은 이런 일이 교육의 중요성 증대와 함께 이루어졌다는 사실이다. 오늘 한국사회에서 교육은 국민 대중 전체를 대상으로 이루어진다. 그만큼 교육의 사회적 기능이 중요해졌기 때문일 것이다. 그러나 교육의 대중화는 교육이 자본주의적 사회관계 재생산의 핵심적 기제가 되었음을 입증하는 현상이기도 하다. 문화의 중요성이 증대하면서도 문화의 상품화가 진행됨으로써 '세계의 전유를 통한 삶의 의미 형성'이 오직 가짐의 감각, 즉 소유의 측면에서만 강조되고 있는 것과 마찬가지로 교육 또한 인간적 다면적 역능의 조화로운 계발보다는 일면적 개발만 지향하지 않는가. 이것은 인간의 역능이 기본적으로 사적 소유가 지배하는 자본주의 체제에 의해 포획된 결과로 보인다. 자본주의 체제에서 교육은 자본주의 생산양식과 지배양식의 재생산을 위해 기능한다. 이때 교육이 떠맡는 가장 중요한 과제는 개인들을 자본주의적 주체로 형성하는 일이다. '가짐의 감각'만을 중시하는 사람들, 소유를 위해 질주하는 사람들을 형성하는 것이 자본주의적 교육의 기본 기능인 것이다. 오늘 한국에서 교육이 하는 역할은 그래서 인간의 다면적 역능을 자본주의 사회가 지닌 불평등 구조에 맞게 일면적으로 만들고 이 일면적 역능을 다시 서열화하는 데 있다. 지난 수십 년 동안, 그리고 앞으로도 당분간 예상되는 자본주의적 미래에서 한국인들, 특히 청소년들은 이로 인해 '입시지옥'에 빠져야 했고 빠져야 하며, 자신들의 역능들을 자본주의적 측정에 적합한 방식으로 평가받을 수밖에 없다. 사람들이 누구나 지닌 감성적, 윤리적, 지적, 신체적 능력들 가운데 유독 지적 능력만을 중심으로 그것도 주로 이 능력의 정량적 측면만을 평가하는 관행이 만들어지는 것이다. 지난 수십 년 동안 한국의 초중등 교육이 입시교육 중심으로 일어나고, 이로 인해 수백만 학생인구가 "갈수록 감성과 인성이 메마르고 신체적 잠재력도 퇴화된 채 무한경쟁을 위한 생존기술에만 매달리는 '인지기계적 인간형'"으로 양산되는 이유가 여기에 있다.[15)]

5. 문화운동과 교육운동의 연대

문화사회 건설을 위한 문화운동에서 핵심적인 과제의 하나는 문화사회를 구성하는 사회적 주체를 형성하는 일이다. 지난 사반세기에 이르는 기간 한국사회에서는 새로운 자본주의적 축적 전략으로 신자유주의가 채택되어 그 지배가 강화되어 왔고, 이 과정에서 신자유주의적 주체형성 양식이 지배하게 되었다. 아마 이 시기 주체형성에서 가장 핵심적으로 작용한 신자유주의적 조치를 꼽으라면 1995년의 '5.31교육개혁안'이 아닐까 한다. 이 초법적 개혁안에 의해 초중등 학교와 대학에서 전면적인 신자유주의적 '교육개혁'이 진행되었고, 이로 인해 모든 교육현장에서 경쟁 강화와 불평등 심화가 이루어졌다. 앞서 지적한 대로 오늘 한국에서 교육을 받는 사람들, 즉 대중 대부분이 인지기계적 인간형으로 양성되고 있는 것은 우연한 일이 아니라 신자유주의적 교육이 전면화한 데 따른 필연적 결과이다. 그러나 문화사회를 건설하려면 새로운 주체형태의 양성이 필요하며 이를 위해서는 교육운동이 중요하다. 다시 말해 문화운동과 교육운동이 연대하여 주체형성의 새로운 전략을 짜는 작업이 필요한 것이다.

유감스럽지만 오늘 한국에서 교육운동과 문화운동은 제대로 연대하고 있는 것 같지 않다. 연대를 위한 노력이 전혀 없다거나 연대할 조건 자체가 아예 부재하다는 말은 아니다. 1980년대에 비하면 그 힘이 많이 줄기는 했으나 한국의 사회운동은 지금도 세계에서 유례가 없을 만큼 왕성한 축에 속한다. 전국교직원노동조합과 민주화를위한전국교수협의회, 전국교수노동조합, 한국비정규직교수노동조합, 참교육학부모회, 함께하는교육시민모임 등의 활동에서 보듯이 교육운동도 활발한 편이고, 문화운동의 경우 비록 교육운동의 수준에까지 이르지는 못하지만 다른 나라들에서는 볼 수 없는 조직력을 갖춘 모습이다. 학생과 교사, 교수, 학부모를 중심으로 한 교육운동과 일반시민, 문화예술인, 지식인이 중심이 된 문화운

15_ 문화연대 문화교육위원회, 「21세기 문화교육운동 선언문」에서.

동 사이에는 교육운동의 최대 조직인 전교조와 한국 문화운동의 주요 조직이라 할 문화연대 간의 최근 관계가 보여주듯 상당히 긴밀한 협력 관계가 이루어져 있다.16) 그러나 크게 봤을 때 지금까지 나타난 교육운동과 문화운동의 연대가 보여준 모습은 신자유주의 (세계화) 경향을 추종하며 교육과 문화를 시장화하고 국내 시장을 외국에 개방하려는 정부 방침에 저항하기 위해 공동투쟁을 전개한 것 이상은 아니었던 것 같다. 무엇보다 아쉬운 점은 교육운동과 문화운동이 '교육' 문제와 '문화' 문제를 접점으로 삼아 활동한 일이 적었다는 사실이다. 문화연대와 전교조의 연대활동만 하더라도 그렇다. 예컨대 문화연대는 2003년에 전교조가 '교육행정정보시스템'(NEIS) 도입 반대운동을 전개했을 때나 2006년 교원평가제도 도입 반대운동을 전개했을 때 연대 활동을 했고, 2006년에 한미FTA저지 투쟁이 전국적으로 전개되었을 때에도 전교조와 함께 저지 운동에 참여했지만 이와 같은 활동은 '교육' 자체, '문화' 자체의 문제를 중심으로 이루어진 것은 아니며, 문화와 교육을 연결하는 노력도 아니었다.

물론 문화와 교육을 연결하는 연대운동이 전혀 없었던 것은 아니다. 문화연대에서 2002년에 '문화교육'을 현 단계 한국의 새로운 교육이념으로 제시하며 '문화교육운동'을 전개하자 전교조에 소속된 상당수 교사들이 이 운동에 참여했고 지금도 그 일부가 남아서 활동하고 있는데, 이런 것이 교육 문제, 문화 문제를 접점으로 교육운동 진영과 문화운동 진영이 만나는 드문 사례이다. 그리고 문화연대가 전교조가 매년 개최하는 '참교육실천보고대회'에 2003년부터 참여하며 초중등 교육과정의 개혁에 관심을 표명해온 것도 비슷한 예로 들 수 있다. 이 과정에서

16_ 전교조와 문화연대의 연대는 2002년 월드컵이 끝난 뒤 당시 이수호 전교조 위원장과 문화연대 지도부 사이에 새로운 문화정세에 대한 공동 대응이 필요하다는 교감이 이루어지며 시작되었고, 2003년 초 제2회 참교육실천보고대회에 문화연대의 문화교육위원회 활동가들이 참여하며, 그리고 이수호 집행부를 뒤이은 원영만 집행부와 문화연대가 2003년 초에 출범한 노무현 정권이 WTO 양허안을 제출하는 과정에서 국내 교육시장과 문화시장을 개방하려는 태도를 취한 데 대해 공동 투쟁을 전개하면서 강화되었다.

소중한 성과도 있었다. 문화연대의 시각문화교육 분과위원회를 중심으로 '문화교육의 이념'에 동의하는 교사, 교수, 문화운동 활동가들이 모여서 대안적 미술교과서를 거의 완성한 것이다. 그러나 이런 성공 사례는 예외적인 경우로서 언어문화교육, 소리문화교육, 연행문화교육, 철학교육 등 문화연대가 추진한 다른 문화교육 운동은 아직까지는 교사들과 제대로 접점을 찾지 못한 상태이다. 문화연대의 경우 문화사회 건설을 목표로 새로운 문화적 역능을 갖춘 사회적 주체들의 형성을 운동의 중요한 과제로 삼고 있고, 교육운동 또한 명시적인 목적이 사회적으로 가장 중요한 주체형성 메커니즘이라 할 수 있는 교육의 개혁과 변혁에 있는 만큼 주체형성을 매개로 한 문화운동과 교육운동의 연대는 절실하게 요청되는 운동과제라 하겠으나, 현재 가장 잘 조직된 문화운동 단체인 문화연대와 한국 교육운동의 근간을 이루는 교사운동 사이에서조차 그 연대가 제대로 이루어지고 있지 못한 것이다.

'문화교육'의 제안은 교육을 재구조화하자는, 그 작업을 문화 중심으로 하자는 제안이다. 왜 교육의 재구조화에서 문화가 중심이 되어야 하는가? 앞에서 밝힌 것처럼 문화는 인간이 유적 존재로서의 역능을 통해 세계를 전유하는 방식으로서 삶의 의미를 생산하는 사회적 실천이고, 이를 통해 인간이 인간으로서 발전하는 과정이기 때문이다. 교육을 통해 획득되는 인간의 역능은 당연히 다면적이어야 한다. 그러나 인간의 역능을 일면적인 지적 능력을 중심으로, 그것도 이 능력을 서열화하는 방식으로 양산하는 것이 한국 교육의 실상이다. 문화교육론은 이런 교육의 모습을 새롭게 하자는 것, 인지기계와 같은 인간형 대신 신체적이고 정신적인 인간의 문화적 역능을 총체적으로 계발하는 교육을 실행하자는 입장이다. 그리고 문화교육론은 특히 교육과정을 진보적인 문화적 관점에서 새롭게 구축해야만 더 나은 사회로서의 문화사회를 구성할 주체들을 양성할 수 있다고 본다.

물론 '문화교육'만이 한국 교육의 문제점을 치유할 수 있는 유일한 방책은 아닐 것이다. 비리재단의 척결, 교육부의 권력 남용 저지, 교육현장에서의 비민주적

관행 철폐, 부당 해고 등 교권 침해에 대한 대처 등등 수많은 교육 문제가 있으며
이들 문제를 해결하는 것 역시 교육운동의 중요한 과제가 아닐 수 없다. 그러나
여기서 '문화교육'을 특별한 과제로 설정하는 것은 교육의 핵심 목적은 인간의
다면적 역능 강화에 있다는 점을 다시 확인하기 위함이다. 한국의 교육이 이 목표
수행에 둔한했다는 점은 반복해서 말할 필요가 없겠지만 문제는 교육운동 역시
'인간적 역능 강화'가 교육의 목표라는 점을 망각한 것 같다는 것이다. 교육운동
이 교육민주화, 교원의 신분 안정, 각종 사회적 쟁점들에 대해 기울인 관심에 비하
면 교과과정 등 교육내용의 문제에 대해 기울인 그것은 대조적으로 크게 낮았다
고 해야 한다. 물론 교육운동이 교육내용에 대해 전적으로 무관심했다는 말은 아
니다. '참교육'을 교육이념으로 제시하며 출범한 전교조의 경우 초기에는 교육내
용에 대해 상당한 관심을 기울였다고 할 수 있고, 참교육실천보고대회가 매년 개
최되고 있는 것도 교육내용에 대한 전교조의 관심이 지속되고 있음을 보여준다.
그러나 이런 사실이 교육내용에 대한 교육운동의 상대적 무관심을 무효화하는 것
은 아니다.

　　교육운동은 '교육'을 중심으로 이루어져야 한다. 그리고 '교육'운동이라면 교
육의 '내용'을 개혁 또는 변혁하는 운동이어야 할 것이다. 하지만 오늘 교육운동
은 그런 모습과는 거리가 멀어 보인다. 교육 내용을 바꾸려는 운동이 아예 없는
것은 아니다. 대안교육 운동을 한 예로 볼 수 있다. 그러나 대안교육 추구는 예외
적인 경우에 국한되고, 그 또한 대학입시에 더 효과적인 방안을 찾는 노력 이상은
아닌 것 같다. 대안 교육은 대부분 중등교육 수준에 머물러 있거나 중산층에게만
주어지는 기회일 뿐으로 대중들에게는 그림의 떡으로 보인다. 그 사이에 초중등
공교육 현장은 황폐화되고, 사교육에 주도권을 빼앗긴 상황이다. 전교조 운동이
전개된 지 20년이 가까워오지만 공교육은 여전히 입시교육 중심이다. 교육내용에
대한 무관심은 교사운동에서보다는 학생운동, 교수운동에서 더 노골적으로 나타
난다. 지금은 거의 소멸했으나 한때 위세가 등등하던 학생운동이 '교육' 운동에

진력한 적은 거의 없었던 것 같다. 학생운동은 교육내용을 바꾸는 일보다는 통일운동에 더 몰두했던 것이다. 교육 문제를 등한시하기는 민교협과 교수노조도 마찬가지이다. 이들 교수운동 단체들의 관심사는 대사회적 발언이나 노조의 합법화이기 때문이다. 그러나 교육운동이 '교육'의 문제를 등한시하는 동안 한국의 교육은 망가지고 있다. 최근 미국에서 유학하는 한국인 수가 한국 인구의 수십 배인 중국과 인도, 서너 배인 일본보다 더 많다고 하여 화젯거리가 된 적이 있다. 결코 바람직하지 못한, 미국에서의 한국 유학생 급증은 한국 교육이 지닌 문제의 한 단면이 아닐 수 없다.

'문화교육' 운동은 교육운동에서 교육내용을 쟁점으로 떠올림으로써 '교육' 문제를 중심으로 교육운동을 펼치자는 것이며, 이 과정에서 문화적 관점을 강조하자는 취지이다. 나는 '문화교육'은 문화와 교육을 연계하는 중요한 교육적 통로이며, 이를 통해 한국교육의 정상화, 내실화를 기할 수 있을 것이라고 믿는다.

6. 결어

그래도 교육운동에 대한 기대를 피력하고 싶다. 문화사회를 건설하려면 한국 자본주의에 대한 비판과 극복을 위한 노력이 요구되고, 이를 위해서는 새로운 주체 형성이 필수적이다. 문화운동, 교육운동이 중요한 것은 이 과정에서 대중의 새로운 주체화를 기대할 수 있기 때문이다. 특히 교육운동이 중요하다고 본다. 현재 한국의 문화운동은 그 운동에 참여하는 대중이 많지 않고, 앞으로도 그렇게 많지는 않을 것이다. 이는 문화운동은 '전문가'를 요구하기 때문이기도 하고, 조직된 대중을 갖기 힘들기 때문이다. 반면에 교육운동은 넓게 보면 문화운동에 속하지만 독자적인 부문운동으로 구성되어 있으면서 광범위한 조직 대중을 지닌 장점이 있다. 약 8만명의 노조원을 지닌 전교조가 대표적인 경우이지만 전교조 이외에도 민교협이나 교수노조가 있고, 참교육학부모회, 함께하는교육시민모임이 존재한다. 지금은 크게 힘이 약화되었지만 학생운동도 적잖은 대중을 가지고 있다. 이렇게 보면 교육운동은 사회운동 진영에서 가장 많은 조직된 대중을 가진 운동의 하나인 셈이다.

교육운동이 중요한 것은 한국자본주의 재생산 구도에서 교육이 차지하는 위상 때문이기도 하다. 한국자본주의가 재생산되는 데에는 크게 봐서 세 영역이 가장 중요한 역할을 하지 않을까 한다. 첫째가 부동산, 둘째가 소비자본주의, 셋째가 교육이다. 이 세 영역이 중요한 것은 한국인이 지금 거기에 소득을 가장 많이 쏟아붓고 있다고 판단되기 때문이다. 개인들이 지닌 재산 가운데 이 세 분야만큼 지속적으로 많이 쏟아 붓는 곳은 아마 없을 것이다.17) 하지만 운동의 관점에서 보면 이 세 분야 가운데서도 교육 분야가 가장 중요한 것으로 보인다. 부동산이나 소비자본주의는 개혁이나 변혁을 희구하는 대중의 조직이 어렵다면 교육 문제는 이미 많은 조직들이 존재하고 있는 점으로 입증되듯이 운동의 의제로 전환하기가 상대적으로 쉽기 때문이다.

그러나 교육운동은 이제 '교육' 운동으로의 전환이 필요하다. 교육의 제도 개선도 중요하고, 교육의 민주화도 중요하지만 더 중요한 것은 교육을 새롭게 하는 일, 교육 자체를 바꾸는 일, 즉 교육의 내용을 전환하는 일이다. 아직 한국의 교육 운동사에서 이런 의미의 교육운동은 진보적 관점에서는 시도된 적이 드물고 특히 지금은 그 흔적을 찾기 힘들 정도이다. 하지만 1980년대에 운동권 대학생들이 지하서클을 통해 '대안적 자기교육'을 시도함으로써 사회적 개입 능력을 확대한 적이 있었음을 기억한다면 교육의 힘은 교육 내용을 통해서, 그 내용의 혁신을 통해서 이루어진다는 점을 알 수 있을 것이다. 교육운동이 새로운 사회의 건설에, 문화사회의 건설에 참여할 사회적 주체를 형성하는 데 기여하려면 '교육' 운동을 전개

17_ 의료비도 생각할 수도 있지만 그것은 일상적 비용이 아니라는 점에서 부동산, 교육, 소비생활의 중요성에는 미치지 못한다.

해야 하지 않을까? 최근에 '입시폐지와 대학평준화 국민운동본부'(준)가 출범한 것은 이런 점에서 교육운동이 새로운 변신을 시도하는 일로 보인다. '입시폐지와 대학평준화 국본'은 입시폐지를 통해서 초중등 교육의 입시교육으로부터의 해방을 꾀하고, 이를 통해 청소년 교육이 지식교육에 매몰되는 것을 막고 '문화교육'을 실시할 수 있는 가능성을 만들고자 하고, '대학평준화'를 통해 대학입학에서부터 인생의 서열이 매겨지는 폐단을 막고, 대학서열화를 폐지하고 개별 대학들에 대한 균등한 재정 지원을 통해 대학들 간의 교육여건 차별을 해소하고 그 성과를 물적 기반으로 삼아 대학들이 학문과 교육에서 다양한 프로그램들을 도입할 수 있게 하여 지금처럼 서열화로 인해 특성화 노력을 기울이지 않는 관행을 불식하려 한다는 취지를 밝히고 있다. 아직 국본의 활동이 본격적으로 전개되지 않았기 때문에 어떤 결과를 가져올는지는 말할 수 없으나 이런 노력이 한국의 '교육' 자체를 개혁하고 변혁하는 계기가 되기를 기대한다. 교육운동이 '교육' 운동으로 바뀔 필요가 있는 것은 문화사회는 새로운 주체를 필요로 하며, 새로운 주체는 교육과정을 통해서 형성될 수밖에 없겠기 때문이다. 문화사회를 건설하고자 하는 문화운동이 교육 문제와 '교육' 운동에 관심을 기울이는 것은 이런 점에서 당연하다.

14

현 단계 문화운동의 방향과 과제

1. 이명박 정권의 등장

한국사회는 지금 새로운 신자유주의 관리 체제 하에 들어가 있다. 2007년 대선에서 이명박 후보가 당선되고 2008년 총선에서 한나라당이 승리함으로써 지난 10여년 정권을 잡아온 개혁적 자유주의 대신 보수적 자유주의 세력이 한국사회의 헤게모니를 잡은 때문이다.[1] 한국에 신자유주의가 지배적인 경제정책 노선으로 도입된 것은 30년이 넘는다. 이 기간 동안 신자유주의는 군부 출신의 권위주의 정권, 보수적 자유주의, 개혁적 자유주의 세력 등에 의해 관리되어 왔다.[2] 보수적 자유주의 세력인 한나라당이 정권을 잡은 지금 신자유주의에 의한 지배라고 하는

1_ 나는 여기서 한나라당을 단순히 보수우파로 보지 않고 '보수적 자유주의' 세력으로 보고자 한다. 이는 한나라당이 보수우파가 아니라는 것이 아니라 기본적으로는 자유주의 세력임을 강조해야 한다고 보기 때문이다. 자본주의 사회에서는 자유주의가 지배적 세력으로 군림하며, 그 안에서 서로 적대적이거나 경쟁적인 관계에 있는 정파들이 경합하고 있다고 볼 수 있다. 오늘 한국에서 자유주의는 모두 신자유주의를 지지하고 있으며, 한나라당은 그 가운데 보수적 또는 우파 신자유주의 세력, 민주당은 개혁적 또는 좌파 신자유주의 세력에 해당한다.

2_ 신자유주의가 한국에 처음 도입된 것은 '경제안정화종합시책'이 실시된 박정희 정권 말기인 1979년이다. 박정권 붕괴 후 신자유주의는 전두환 정권에 의해 수용되었고, 이후 계속하여 한국 자본주의를 운영하는 주된 정책 노선으로 작용해왔다. 이와 관련해서는 이 책에 같이 실려 있는 「신자유주의 시대 한국의 문화지형과 문화운동─역사와 과제」 참고

이런 기본적 구도가 바뀔 것이라 기대할 수는 없다. 아니 이제 신자유주의 체제는 지난 10년간 개혁적 자유주의에 의해서 관리되던 것보다 훨씬 더 강력한 모습을 띨 것으로 전망된다.

지난 30년 동안 신자유주의에 대한 저항도 만만치는 않았다. 신자유주의는 사회적 부의 상향 이동을 강제하고, 이 과정에서 대대적인 사회적 배제를 야기하기 때문에 필연적으로 아래로부터의 저항을 불러일으킨다. 신자유주의가 도입되기 시작한 1980년대 초에 사회운동이 상승하고, 신자유주의가 급격하게 강화되던 1990년대 말에 노동자 대투쟁이 일어난 것이 그 증거이다. 그러나 크게 보면 한국 자본주의는 1987년 체제 구축과 같은 '위로부터의 개혁'을 통해 신자유주의에 대한 대중의 저항이 격화되지 않도록 관리하고 통제해 왔다고 할 수 있다. 지난해 대선에서 유권자들이 이명박 정권을 탄생시킨 것도 신자유주의 지배가 얼마나 공고하게 작동하는지 보여주는 증거이다. 대선 결과는 집권 기간 동안 줄기차게 신자유주의 정책을 펼치며 민생파탄을 초래한 노무현 정권에 대한 심판이었다는 점에서 신자유주의에 대한 반대의 성격을 띠었다고 할 수 있다. 하지만 이로 인해 보수적 자유주의 세력이 대선과 총선에서 승리하고 만 것은 신자유주의에 의해 피해를 입은 대중이 개혁적 자유주의 세력이 추진했던 것보다 훨씬 더 강력하게 신자유주의를 추진할 세력을 지지한 꼴로서 아이러니가 아닐 수 없다.

그래도 오늘 신자유주의는 분명히 위기에 처했다고 봐야 한다. 그동안 신자유주의 세계화에 앞장서온 미국과 유럽의 선진자본주의 국가들이 지금 거의 예외 없이 100년에 한 번 있을까 말까한 금융위기, 경제위기를 겪고 있다. 세계 전체가 대공황으로 내몰렸다는 정황이 포착되면서 '워싱턴컨센서스'를 통해 신자유주의를 세계에 퍼뜨려온 자들마저 신자유주의가 오늘 세계자본주의의 위기를 가져온 원인임을 자인할 정도이다. 최근에 유색인종으로는 처음으로 미국 대통령에 당선된 버락 오바마가 케인스주의 정책을 펼치려고 하는 데서 보듯이 미국과 세계에서 신자유주의의 후퇴는 불가피할 것이다. 하지만 이명박 정권 하의 한국에서는 이런 궤도 수정을 기대하기는 어려울 것 같다. 이명박 정권은 세계경제 위기에도 불구하고 이전 정권들이 추진해온 신자유주의 정책을 오히려 강화하고 있기 때문이다.

이 글은 이런 상황을 염두에 두고 우리 사회에서 문화운동이 앞으로 나아갈 방향을 생각해 보려는 데 그 취지가 있다. 한국의 문화운동은 사회운동 전반과 함께 쇠락을 함께 해왔다. 사회운동이 상승하던 1980년대에는 문화운동도 상승했으나, 사회운동의 시민운동화 또는 자유주의화가 진행된 1990년대에 들어와서는 문화운동, 특히 사회 변혁을 지향하던 문화운동이 크게 후퇴했다. 하지만 1990년대 말 IMF 위기 등을 통해 신자유주의화가 더욱 급속도로 추진되고 사회에 대한 자본의 공격이 격렬해짐에 따라서 신자유주의 반대운동도 더욱 치열해질 수밖에 없었고, 변혁적 문화운동에 대한 요구도 다시 제기되기 시작했다. 한국의 사회운동, 문화운동은 이런 시대적 요구에 부응코자 했지만 만족할 만한 성과를 거둔 것은 아니다. 그만큼 신자유주의의 사회 지배가 견고했던 것이다. 그러나 이명박 정권이 들어선 지금 신자유주의 반대운동은 더욱 절실하게 요구될 것으로 예상된다. 무엇보다 신자유주의에 의한 대중의 폐해가 막심하다. 대중은 개혁적 자유주의 10년 집권의 신자유주의 정책만으로도 극도의 삶의 위기에 빠졌는데, 이명박 정권은 한 술 더 떠서 '고소영', '강부자' 즉 인구 1퍼센트에게만 혜택을 주는 노골적인 신자유주의 정책을 펼치고 있는 중이다. 신자유주의의 국제적 쇠퇴와 국내적 강화, 이것이 오늘 우리가 당면한 삶의 착잡함인데, 이런 국면에서 한국의 문화운동은 어떻게 전개되어야 할 것인가?

문화운동의 의제와 방향을 설정하려면 한국사회의 상황, 특히 신자유주의를 둘러싼 사회 제 세력의 분포를 살펴볼 필요가 있다. 당연한 말이지만 오늘 한국에는 신자유주의 세력과 반신자유주의 세력이 대치하는 중이다. 전자의 경우 한나라당과 통합민주당, 자유선진당 등을 포괄한다. 이들 내부에 입장 차이와 의견 대립, 경쟁과 갈등이 존재하는 것은 말할 필요가 없을 것이다. 하지만 신자유주의

정책을 지지하는 점에서 그들은 공통점이 더 크다고 해야 한다.3) 반면에 반신자
유주의 세력은 2006-2007년의 한미FTA저지를위한범국민운동본부에 참여한 여
러 조직들을 포괄하며, 이들은 대부분 기존의 정치권과는 거리를 둔 사회적 세력
이라고 할 수 있을 것이다. 이 진영에도 입장 차이, 의견 대립, 경쟁, 갈등이 있는
것은 마찬가지이다. 한미FTA범국본의 경우에도 시민운동, 민중운동, 통일운동 진
영 등 다양한 운동 진영이 참여했고, FTA와 신자유주의에 대한 입장에서 큰 편차
를 드러낸 바 있다.

2008년 말 현재 신자유주의 지지와 반대는 어떻게 나타나고 있는가? 특히 대
중의 태도는 어떻게 표출되고 있는가? 신자유주의에 대한 반대 여론은 지난 여름
촛불집회를 거치며 크게 성장한 것으로 보인다. 집회 과정에서 광우병 문제 이외
에 의료보험·공기업 민영화, 물 사유화, 교육자율화, 대운하 건설, 공영방송 장악
등의 문제를 포괄하는 '1+5 의제'가 투쟁 과제로 설정된 것은 이제는 신자유주의
에 대한 반대 의견이 운동단체 차원을 뛰어넘어 대중적 차원에서도 표출되기 시
작했다는 증거이다.4) FTA 추진 등 신자유주의 정책에 대해서는 그동안 조직된
사회운동 세력만이 저항하는 모습을 보였다면 촛불집회를 통해서는 '미친 소와
미친 교육', 물-가스의 사유화, 의료민영화, 대운하 사업 등 주요 신자유주의 정

3_ 민주당의 경우 대선 및 총선에서 패배하고, 최근 미국 대통령으로 당선된 오바마가 한미간에
체결된 FTA를 반대하자 한나라당이 2008년 국회에서 FTA비준을 시도하는 데 대해 반대하는
모양새를 갖추고 있으나 한미FTA가 민주당의 집권 하에서 체결되었다는 점을 잊어서는 안 될
것이다.
4_ '1+5 의제'는 대책회의를 실질적으로 주도한 시민운동 진영과 민족주의 세력의 관심을 넘어
선다고 할 수 있다. 그동안 시민운동 진영이 개혁 정부에 대한 비판적 지지를 통해 신자유주의
를 은근히 지지해왔다면, 민족주의 진영은 한미FTA 저지와 같은, 크게 보면 반신자유주의인
운동에 동참하면서도 '국악' 개념에 집착하는 등 자본주의적 가치를 철저히 극복하지 못한 모습
을 보였다고 할 수 있다. 하지만 '1+5'가 의제로 설정된 것을 보면 이번 촛불집회에서는 이
두 세력의 영향력보다는 더 큰 힘이 작용한 것으로 보인다. 이런 점은 이번에는 대책회의가
운동 전반을 지휘하기보다는 관리하는 쪽에 자신의 역할을 국한했다는 평가가 나오는 데서도
확인되지만, 다른 한편에서 보면 이번 집회와 시위에 참여한 대중들이 그만큼 아래로부터 강력
한 요구들을 제출했다는 말일 것이다.

책에 대해 대중들이 직접 반대하는 모습을 드러낸 것이다.

그러나 이런 발전에도 불구하고 오늘 한국사회는 여전히 신자유주의에 의해 관리되고 있다고 해야 한다. 촛불집회의 열기도 이제는 사그라든 것으로 보인다. 이명박 정권은 촛불집회가 한참일 때에는 마지못해 뒤로 물러서는 자세를 취하더니 집회가 줄어들자 정연주 KBS 사장 해임, '선진화'를 내세운 공기업의 실질적 민영화 추진, 종부세 위헌 판결 유도 등 신자유주의를 강화하는 조치를 취하고 있다. 이 기조는 그동안 신자유주의 세계화를 각국에 요구해온 미국에서 오바마가 정권을 잡고, 지난 10월에 명시적으로 드러난 세계경제위기 국면에서 세계 자본 세력이 신자유주의를 수정하려는 움직임을 보이는 것과는 대조를 이루지만 이명박 정권의 신자유주의 지지는 요지부동으로 보인다.

신자유주의가 문제인 것은 '사회'를 구성하는 주요 기반들을 약화시키기 때문이다. 신자유주의는 사적 자본의 자유를 최대한 보장하며, 자본의 침투를 허용하지 않던 공적 영역까지 시장으로 전환시키고(민영화), 일부 사회적 자산에 대한 침투(사유화)를 자행하며, 자본의 사회적 지위를 극도로 상승시킨다. 이로 인한 사회적 폐해는 지금까지 이루어진 비정규직의 증가, 자영업자의 몰락, 빈곤층의 증가, 그리고 사회적 공공성의 약화로 입증되고 있다. 사회적 공공성이 약화된다는 것은 국가의 공적 기능이 축소된다는 말이기도 하다. 이는 국민 대중에 대한 국가의 의무, 배려가 약해진다는 것으로, '사회적 배제'가 강화된다는 말이다. 사회에 대한 자본의 지배와 독점이 강화되면 사적 이해가 우선됨에 따라 사회의 공공성은 붕괴되거나 해체될 수밖에 없으며, 갈수록 많은 사람들이 사회적으로 배제될 수밖에 없다. 최근에 수많은 사람들이 삶의 위기 속으로 내몰리고 있는 것은 그 결과이다.

하지만 이런 점 때문에 신자유주의는 국가의 기능을 근본적으로 전환시키게 된다. 이른바 경찰국가를 탄생시키는 것이다.5) 10월 말에 이명박 정권은 사이버

5_ 김세균, 「신자유주의 경찰국가와 한국 민주주의」, 제3회 맑스코뮤날레 학술문화제 서강대

모욕죄 신설, 인터넷실명제 확대, 인터넷감청 허용을 내용으로 하는 법안을 제출한 바 있다. 이런 움직임은 KBS 사장 교체 등을 통한 방송 장악 시도와 궤를 함께하는 것으로서 국가의 감시와 통제 기능을 강화하기 위함이며, 신자유주의가 자본의 자유 강화를 위해 국가를 축소하는 데 그치지 않고 사회적 배제, 공공성 약화 등에 반발하는 세력의 억압을 위한 조치를 취하는 것도 잊지 않음을 보여준다.[6)]

2. 문화지형의 변화와 문화운동의 방향

문화운동의 방향을 제대로 잡으려면 문화지형의 파악이 중요하다. 오늘 국내 문화지형의 양상은 어떠한가? 지금 문화지형을 지배하는 가장 큰 힘은 소비자본주의라고 해야 할 것이다. 한국에서 소비자본주의가 급성장한 것은 자유주의 세력이 정권에 참여하기 시작한 1980년대 후반부터이다. 신문과 방송 등 대중매체 시장을 위시한 부문에서 자유화 조치가 취해지고, 문화산업이 이때 급속도로 성장하기 시작했다. 그런데 한국의 소비자본주의는 신자유주의 지배 하에서 성장했다는 점에서 미국이나 유럽의 그것과는 차이가 있다. 미국의 경우 소비자본주의는 1950년대 이후에 급속도로 발전했는데 이때는 케인스주의=수정자유주의의 영향으로 대중의 소비능력이 증가하던 시기였다. 반면에 한국에서 소비자본주의는 대중에 대한 착취가 강화된 신자유주의 지배 국면에서 강화되었다. 최근 대중

사회과학연구소 주관 토론회 '세계화 시대 한국 민주주의: 검토와 모색' 자료집, 2007년 6월 28일, 1-12쪽.

6_ 영국과 미국 등 과거 '자유주의 국가들'로 자처하던 나라들에서 사회 전반적으로 인권이 실추하고, 인구에 대한 감시와 억압이 늘어난 것은 우연이 아니다. 영국은 지금 사회 곳곳에 CCTV가 설치되어 감시의 천국이 되었고, 미국은 범죄와의 전쟁을 명분으로 한 흑인, 치카노 등 소수인종에 대한 억압 및 감금 강화, 아부그라이브와 관타나모 수용소 포로들에 대한 경악할 인권 침해 자행, '애국자 법' 등을 통한 자국민에 대한 광범위한 도청 등 감시 강화가 이루어져 더 이상 정치적 자유와 인권이 보장되는 나라로 자임하기 어려워졌다.

다수가 '부채경제' 속에 시달리고 있는 것은 이런 점과 무관하지 않을 것이다. 신자유주의 국면에서 사회적 부의 상향 이동이 일어나는 이유 중의 하나는 대중이 빚을 지면서까지 소비를 하기 때문이다. 지금의 소비자본주의는 대중에게 소비를 강제하는 방식으로 일어난다고 해도 과언이 아니다.

소비자본주의가 강력하게 작동하는 것은 기본적으로 '노동사회'를 유지하기 위함이라 할 수 있다. '노동사회'는 자본주의가 노동을 통해 대중을 통제하는 사회로서 신자유주의 지배 국면에서는 '노동의 희귀화'를 통해 대중으로 하여금 자꾸만 줄어드는 노동기회를 갈구하도록 만든다. 신자유주의 시대에는 구조조정이 급증하는데, 이때 인구 다수가 (무수히 많은 다른 인간 활동이 있음에도 불구하고) 노동을 가장 소중한 활동인 양 여기는 것은 노동에서 배제되면 삶을 영위하기 어려워지기 때문이다. 이런 노동사회를 유지하고 재생산하려면 대중으로 하여금 자신의 소득을 배타적으로 임금을 통해서 획득하게 만드는 것뿐 아니라, 그 소득을 최대한 빨리 탕진하게 하는 것이 필요하다. 대중의 빈곤화가 진행되는 국면에서도 소비문화, 상품문화가 지배하는 것은 대중의 수중에 있는 소득을 가능한 한 빨리 회수하여 계속 노동에 얽매이게 만드는 지배 전략이 통하고 있기 때문이다. 현재 한국사회는 소비자본주의가 여전히 극성을 부리고, 대중문화 즉 대중이 살아가는 삶의 방식이 상품문화, 소비문화에 의해 거의 완전히 장악된 모습을 보이고 있으며, 이런 상황은 조만간 바뀔 것 같지 않다.

대중문화가 소비, 상품문화 일변도의 모습을 보이는 것은 오늘 한국인의 삶이 자본축적의 수단으로 전환되었음을 의미한다. 자본축적의 조건을 개선하고 특히 이를 대자본에게 유리한 방식으로 만들기 위해 한국의 지배블록은 사회적 공공성을 대대적으로 붕괴시키고, 이를 통해 자본주의적 시장을 확대하면서 삶의 터전은 자본주의 시장밖에 없는 것인 양 만들고 있다. 이런 경향은 신자유주의 하에서는 더욱 강화될 수밖에 없는데, 이는 이제는 (촛불의 승리, 혁명의 도래 등 새로운 전기가 마련되지 않을 경우) 민영화, 사유화, 시장화, 자유화 흐름으로부터 벗어나는 일이 갈수록 어려워질 것이라는 말이다. 고급문화(예술과 학문)의 경우 한때 시장으로부터의 거리를 통해 자신의 미학적 거리(aesthetic distance)를 유지한다는 자의식을 가지기도 했지만, 1990년대 중반 이후 고급문화의 최대 물적 기반인 대학제도가 신자유주의화를 겪으며 이미 시장의 요구에 종속된 모습인데, 이제 이런 경향도 더욱 강화되고, 고급문화에 대한 '생산성' 즉 부가가치 생산 능력에 대한 요구는 더욱 노골화될 것으로 예상된다. 아울러 대중문화도 거의 예외 없이 소비자본주의에 포획된 문화산업의 굴레 속에 빠져 비시장적 활동의 가능성은 갈수록 줄어들고 있다. 시장의 외부, 다시 말해 상품의 생산과 판매 활동 바깥에서 대중적 삶을 구축하는 것이 더욱 더 어려워지고 있는 것이다. 이는 상품, 산업, 상징적 자본, 광고 등의 형태를 띠지 않으면, 즉 자본축적의 수단이 되지 않으면 일상적 문화는 살아남기 어려워졌다는 말이다. 과거 대안적 삶의 양식을 추구했던 대학문화도 소비문화와 전혀 다를 바 없는 모습으로 전락한 지 오래이다.

이런 상황에서 앞으로 문화운동을 어떤 방향으로 전개해야 할까? 답을 내놓기 전에 문화운동의 이념, 전망, 목표를 어떻게 세워야 할는지 먼저 생각해야 할 것 같다. 앞에서 오늘의 상황을 신자유주의 지배라는 정세와 결부하여 살펴본 이유가 있다. 경제와 정치도 마찬가지이겠지만 문화 역시 현대 사회를 지배하고 있는 자본주의적 지배 체제와 무관하지 않다. 현 단계 자본주의와의 관계에서 볼 때 문화운동은 일단 자본주의의 신자유주의적 전략에 대처할 수 있는 자신의 정체성을 확립할 필요가 있다고 본다. 문화운동은 다양한 형태로 존재한다. 보수적 자유주의 세력도 나름의 문화운동을 전개할 것이고, 개혁적 자유주의 세력도 나름의 문화운동을 전개할 것이다. 그러나 여기서 자본주의의 축적 전략으로서의 신자유주의를 비판하는 것은 당연히 이들과는 다른 관점에서 문화운동을 전개하기 위함이다.

한국에서 자유주의는 1987년 이래 군부가 주도해온 권위주의 대신 신자유주의 축적 전략을 관리해왔다. 자유주의 세력은 한나라당을 중심으로 한 보수 세력과 통합민주당을 중심으로 한 개혁 세력으로 양분되어 서로 치열한 갈등관계를 빚어왔지만, 신자유주의 노선을 통해 한국자본주의를 관리해온 점에서는 서로 다를 바가 없다고 봐야 한다. 양측이 그동안 갈등한 것은 신자유주의 관리의 기회를 얻기 위한 경합이었을 뿐인 것이다. '진보적' 운동 진영에서의 신자유주의에 대한 태도 역시 다양하다. 1990년대 이후 영향력을 키워온 시민운동 진영이 개혁적 자유주의에 대한 비판적 지지를 통해 신자유주의에 대한 근본적 반대를 유보해 왔다면 민중운동이나 통일운동의 경우, 그리고 1990년대 후반 이후에 등장한 진보정당 운동에서 나온 신자유주의에 대한 대응은 온건한 반대, 조건부 반대, 전면반대 등의 다양한 스펙트럼을 펼쳐 보인 편이다. 이런 점은 2006-7년에 펼쳐진 한미 FTA 저지를 위한 투쟁 과정에서도 확연하게 드러났다. 단순화를 무릅쓰고 말하면 민중운동 진영 예컨대 민주노총의 경우 FTA에 대해 원론적으로 반대하는 입장 이상의 실질적 반대운동을 펼친 적이 없고, 전농의 경우 FTA 체제가 가동되면 가장 큰 피해를 보는 것이 농민이라는 점 때문에 열렬한 투쟁을 전개했지만 그것이 과연 신자유주의, 즉 새로운 자본주의 축적 전략 일반에 대한 투쟁이었는지는 불투명하고, 민주노동당의 경우 내부에 민족주의와 사민주의라는 서로 다른 정치적 지향을 지닌 분파의 존재 속에 FTA 반대투쟁을 전개함으로써 FTA에 대한 반대를 표명하면서도 신자유주의에 대해서는 표피적 반대밖에는 하지 않았다고 판단된다. 이렇게 보면 신자유주의에 대한 근본적 반대, 그것도 자본주의 자체의 극복이라는 관점에서의 신자유주의 반대를 자신의 과제로 삼은 것은 소수의 좌파 세력밖에는 없었다고 할 수 있다. 하지만 반신자유주의 운동을 제대로 전개하지 못한 것은 내부 분열과 자체 능력 부족을 드러낸 좌파도 마찬가지이다.

이런 정치 지형 위에서 문화운동은 어떤 방향으로 전개되어야 할 것인가? 문화운동은 자기 정체성을 올바로 형성할 필요가 있고 이를 위해서는 진보적일 뿐만 아니라 변혁적이어야 한다고 본다. 보수적 자유주의 세력이 정권을 잡은 지금은 자유주의적 문화운동도 진보적일 수 있을 것이다. 보수 세력은 정권을 잡자마자 지난 10년 넘게 개혁적 세력이 펼쳐온 자유주의적 또는 수정자유주의적 문화 정책을 철폐하기 시작했다. 노무현 정부에서 임명한 문화단체장들에 대해 임기가 끝나기도 전에 사퇴 압박을 가한 것이 대표적인 사례이다. 그래도 보수적 자유주의 정권에서 '자유화'가 마냥 축소되리라고 예단할 수는 없다.[7] 보수적 자유주의 역시 신자유주의 정책을 펼칠 것이고 이에 따라서 소비자본주의를 강화할 수밖에 없을 것인 만큼 '문화의 시장화'를 위한 '자유화' 노선은 지속시킬 가능성이 높다. 하지만 이명박 정권이 조중동 불매운동, 인터넷에서의 자유로운 토론 등 촛불집회에서 등장한 시민적 권리 운동을 탄압하는 것을 보면, 개혁적 자유주의 정권에서는 전혀 탄압 대상이 되지 않았거나 오히려 권장된 자유주의가 크게 억압당할 것으로 관측된다. 문화운동이 진보적 정체성을 지녀야 한다고 했을 때 일부 자유주의까지 옹호해야 할 이유가 여기에 있다.

하지만 변혁적 문화운동이 자유주의로 만족할 수만은 없다. 역사는 자유주의가 보수주의의 한계를 뛰어넘으려고 하면서도 사회주의와는 곧잘 적대적인 관계를 맺었고, 사회주의를 억압하기 위해서는 언제라도 보수주의와 힘을 합치곤 했음을 보여준다. 문화운동이 진정으로 변혁적이 되려면 자유주의가 보수주의와 연대하는 흐름을 차단하고 사회주의와 연대하도록 하는 계기가 되어야 한다. 오늘 한국에서 자유주의는 보수적 자유주의가 승리하게 되어 자유주의의 보수화가 진행되고 있다. 여기서 우려되는 바가 위로부터의 파시즘화인데, 보수적 자유주의 세력이 이 과정에서 국민의 아래로부터의 요구를 외면하며 대중에 대한 배제정책을 펼치다가 대중을 동원 대상으로 전락시킬 가능성이 높다. 이런 흐름을 막기 위해서는 한국사회의 자유주의가 보수화되는 것을 막는 노력이 요구된다.

이때 가장 중요한 것이 보수적 자유주의 세력이 관리하게 된 신자유주의에

7_ 흔히 폭압적이었다고 알려진 전두환 정권에서도 '문화의 자유화'가 정책적으로 펼쳐졌음을 상기할 필요가 있다. 전두환 정권의 '문화 자유화' 정책에 대해서는 이 책에 같이 실려 있는 「문화와 시장—신자유주의 시대의 한국 문화」, 142쪽 이하 참고

대한 반대운동을 제대로 전개하는 일이다. 문화운동이 신자유주의에 대해 반대하는 것은 이런 점에서 현 단계의 자유주의에 대해 반대하는 일이라고 할 수 있다. 이는 한편으로 보면 자유주의가 보수화되는 것을 막는 일이면서 한국의 자유주의가 최근까지 보여준, 기껏해야 개혁 노선에만 안주하는 한계에서 벗어나는 일일 것이다. 한국의 범자유주의 진영은 신자유주의를 관리해오면서 최근에 들어와서 경제적 신자유주의와 정치적 보수주의를 결합하는 중이다. 이런 흐름은 신자유주의를 더욱 강화시킬 공산이 크다. 신자유주의는 범자유주의 세력이 현 단계에서 추진하는 자본축적 전략으로서 사회적 부의 상향 이동을 위한 각종 사회정책을 펼치며, 이 과정에서 인구의 양극화와 대중에 대한 배제를 서슴지 않는다. 문화운동은 진보적 정체성을 유지하려면 이 흐름에 저항해야 하며, 신자유주의 자체에 대해 반대해야 하지만 자유주의 자체를 극복하려는 관점, 다시 말해 변혁적 관점을 지닐 필요가 있다. 신자유주의에 대한 반대만이 아니라 신자유주의를 축적 전략으로 가동하는 자본주의의 극복까지 자신의 목표와 과제로 삼아야 하는 것이다.

3. 문화적 공공성 수호와 대안문화의 구축

개혁적 자유주의가 관리할 때에도 그랬지만 보수적 자유주의의 관리 하에 들어간 지금 신자유주의는 부의 상향이동을 더욱 노골적으로 진행할 전망이다. 앞서 신자유주의 국면에서는 소비문화가 부채경제에 의한 강압적 착취의 성격을 띤다고 지적했는데, 그럴 경우 한국의 '사회'는 더욱 피폐해지고 취약해질 것이다. 문화운동이 이 국면에서 해야 할 일 가운데 하나는 문화적 관점에서 이 '사회'를 수호하고, 복원하고, 회생시키는 것이다. 이는 신자유주의 지배 국면에서는 문화적 공공성을 강화하는 노력이 문화운동의 중대한 의제로 떠올랐다는 말이기도 하다.

문화적 공공성을 지키는 운동은 사회적 공유(commons)를 지키는 운동의 일환이다. 사회적 공유는 자연 생태나 문화재, 공공건물, 교육이나 의료체계 등 다양한 사회적 기반들을 가리키며, 문화적 관점에서 이를 지키는 운동이 필요한 것은 사회적 공유가 인간적 삶의 기반으로 작용하기 때문이다. 사회적 공유 가운데 문화적 공유에 속하는 것은 주로 도서관이나 박물관, 미술관, 문화센터 등 우리가 통상적으로 문화적 활동의 공간으로 간주하는 제도, 시설 등에 집중되어 있다고 할 수 있지만 공공의료, 물이나 가스, 전기 등 에너지, 각종 공기업 등도 사적 자본의 횡포 앞에 비인간적 삶을 살지 않도록 하는 사회적 자원이라는 점에서 문화적 공유로서의 의미를 갖는다. 문화운동은 이런 점에서 주로 문화기관들을 중심으로 자신의 운동을 전개하면서도 사회적 공공성 일반을 지키는 다른 부문운동과의 연대를 소홀히 할 수 없다고 하겠다. 보수적 자유주의의 국가 권력 장악, 그리고 한미FTA 협상 타결과 FTA체제의 성립으로 인해 신자유주의가 더욱 강화된 모습을 보이고 있는 오늘 문화적 공공성을 지키는 운동은 신자유주의에 대한 반대운동으로서의 중요한 의미를 갖지 않을 수 없다.

그런데 문화운동은 단순히 비판적 개량주의 운동으로서의 진보운동이 아니라 변혁운동으로서의 진보운동이 될 필요가 있다. 사실 문화운동이 당면한 정세는 신자유주의 지배 국면이지만 신자유주의를 가동시키는 근본 원인은 자본주의에 있다. 문화운동은 당연히 신자유주의에 대해 저항하고, 신자유주의를 극복하고자 노력해야 하겠지만 신자유주의를 극복한다고 해서 문제가 근본적으로 해결되는 것은 아니다. 오늘 신자유주의 문제를 일으키는 근본적인 문제가 자본주의 자체에 있다는 점을 생각하면 문화운동은 자본주의 체제 극복을 위한 변혁운동의 형태를 띠지 않을 수 없다. 이는 문화운동이 신자유주의에 대한 투쟁은 물론이고, 신자유주의 극복 이후의 자본주의 사회에 대한 극복 전망까지 가져야 한다는 것을 의미한다. 이는 문화운동이 신자유주의 반대 투쟁과 함께 자본주의 극복 운동을 동시에 수행해야 한다는 말일 것이다.

자본주의 극복, 즉 변혁 운동으로서의 문화운동은 어떤 모습이어야 할 것인가? '대안문화'를 구성하는 문화운동이 되어야 한다고 본다. 공공성을 수호하는 문화운동은 다 그렇다고 할 수는 없지만 신자유주의의 침탈로부터 사회를 보호하는 수세적 성격을 띤다고 할 수 있다. 문화적 공공성을 수호하는 운동은 신자유주의에 대해 저항하는 성격을 띠며 그만큼은 신자유주의를 수용하는 자유주의적 문화운동에 비해 진보적이라고 할 수 있다. 그러나 신자유주의의 극복 이후에도 자본주의 극복의 문제가 남게 된다는 것은 문화적 공공성을 수호하는 것만으로는 충분한 문화운동이 될 수 없다는 말이기도 하다. 여기서 대안문화를 구축하는 새로운 차원의 문화운동이 요구된다.

'대안문화'는 어떤 문화인가? 그것은 오늘의 지배적인 자본주의적 문화, 예컨대 소비문화, 상품문화와는 구분되어야 할 것이다. 소비문화와 상품문화는 사람들을 자본주의적 생산관계에서 벗어날 수 없도록 만든다는 점에서 자본주의 문화이다. 소비문화를 통해 사람들은 자신의 활동 대부분을 소비생활에 헌신하고, 자신의 가처분 소득을 자본에 헌납하고 자신의 삶을 자본주의가 기획한 모습대로 영위하며, 이를 통해 소비자, 소유 지향적 개인, 기호인 등이 된다. 이런 소비문화 대신 '대안문화'를 추구할 필요가 있다고 보는 것은 자본주의적 삶이 인류의 운명을 파멸로 몰아가고 있다고 보기 때문이다. 하지만 다시 묻건대 '대안문화'는 어떤 문화인가? 비자본주의적 문화라고 한다면 '대안문화'는 자본주의적 삶을 극복한 형태여야 할 것이며, 그런 점에서 사회주의적 또는 코뮌주의적 문화라고 할 수 있을 것 같다. 자본주의 문화를 극복한 대안문화를 사회주의 문화, 코뮌주의 문화라고 지칭하는 것은 자본주의 극복은 오직 사회주의적 혁명 또는 이행을 통해, 그리고 코뮌주의의 완성을 통해 이루어질 것이기 때문이다. 물론 입장에 따라서는 사회주의, 코뮌주의에 대해 비판적인 입장을 취할 수도 있으며, 현실사회주의의 역사적 실패로 인해 이런 비판이 적잖은 설득력을 갖는 것도 사실이다. 그러나 현실사회주의가 대거 붕괴한 이후 신자유주의 세계화가 급속도로 진행되기 시작하고, 이때부터 형성된 '신세계질서' 속에서 '빈곤의 세계화'가 이루어지고 세계 곳곳에 '20 대 80 사회'가 구축되면서 자본주의가 갈수록 추악한 면모를 보여주고 있음을 생각할 때, 현실사회주의의 한계에 대한 인정과는 별도로 사회주의 기획에 대한 새로운 시대적 요청이 형성되고 있다는 점도 인정해야 할 것이다.

대안문화가 사회주의 또는 코뮌주의 문화라는 것은 오늘날 자본주의적 축적 메커니즘에 의해 주조되고 있는 삶의 방식과는 질적으로 다른 삶을 지향한다는 것을 의미한다. 자본주의적 삶은 자본축적을 목적으로 한 상품의 생산과 소비 활동에 인간의 삶, 활동 대부분을 투자하도록 설계되어 있다. 이에 따라서 우리가 영위하는 일상적 활동은 다양한 인간적 역능을 확장하는 '그 자체로 목적인' 성격을 띠기보다는 자본축적의 수단이 될 뿐이며, 『경철수고』에서 맑스가 예리하게 지적한 것처럼 보고 듣고 맛보고 냄새 맡고 즐기고 사랑하는 우리의 많은 감각들을 소유의 감각, 가짐의 감각으로만 환원시키는 역할을 할 뿐이다.[8] 자본주의의 일상은 생산과 소비로 양분되어 있고, 이 양분 체제의 작동 목적은 자본의 축적에 있다. 이로 인해 우리가 만들고 갖고 노는 모든 것들, 우리가 선물하고 공유하는 모든 것들은 그와 같은 활동 자체가 목적이기보다는 그 활동들을 수단으로 하여 사적인 이윤을 남기는 것이 목적이 된다. 사회주의 또는 코뮌주의 문화를 건설하는 것은 이처럼 수단화되고 축소된 인간적 감각들을 회복하는 일이며 삶을 자본주의적 생산양식에서 벗어나게 하는 일이다.

4. 문화운동의 주체 형성

문화적 공공성 수호 및 강화와 대안문화 형성 운동은 현재 모두 어려운 처지에 놓여 있으며, 이 운동을 활성화하려면 문화운동의 조건을 마련하는 것이 중요

8_ Karl Marx and Frederick Engels, *Collected Works*, Vol. 3. *Marx and Engels 1843-44* (Moscow: Progress, 1975), pp. 299-300.

하다. 이 작업 가운데 가장 절실하게 요청되는 것은 아마도 주체적 조건의 형성일 것이다. 주체적 조건은 이론적 능력과 실천적 능력의 두 차원에서 생각할 수 있을 것 같다. 먼저 이론적 능력은 현재의 사회 성격에 대한 이해, 분석, 대안 제시 능력, 의제 설정 능력 등을 가리키고, 실천적 능력은 문화운동 주체의 자본주의 사회에 대한 압박 능력, 대안문화 구축 능력을 가리킨다고 한다면 이론적 능력은 과거에 비해 향상된 점이 없지 않으나,[9] 실천적 능력은 '운동권'의 해체, 진보적 의제를 지지하는 대중의 감소로 큰 난관에 봉착한 상황으로 보인다. 문화운동의 실천적 능력 강화를 위해서는 문화운동에 동참하고 자본주의 문화를 거부하며 대안문화로서의 사회주의 문화, 코뮌주의 문화를 실천하는 대중의 출현이 절실하게 요청된다고 하겠다. 이들 대중의 경우 현 상태를 지양하는 현실적 운동에 동참한다는 점에서 진정한 진보적 대중이라고 하겠는데, 오늘 이미 문화운동에 참여하고 있는 활동가, 지식인, 예술인, 문화전문가 등이 해야 할 일은 이들 진정한 대중과 만나는 통로를 마련하고, 대중으로부터 대안문화에 대한 지지를 이끌어내는 일이다.

그러나 이런 작업을 하려면 기왕의 문화운동 활동가 자신, 즉 우리가 먼저 '좌파'가 될 필요가 있다고 본다. 여기서 '좌파'는 신자유주의에 반대하는 투쟁에서 연대하게 될 자유주의(의 일부), 민족주의, 사민주의 세력이 추구하는 다양한 진보적 가치들을 인정하면서도 거기서 더 나아가서 자본주의 자체의 극복을 목표로 삼는 입장을 가리킨다. 문화적(이면서 동시에 사회적인) 공공성을 수호하고 강화하는 노력에서, 그리고 다양한 대안문화를 구축하려는 노력에서 '좌파'는 진보진영의 다양한 세력들과 연대할 일이 많겠지만 자본주의를 넘어선 새로운 사회, 대안사회 건설을 자신의 최고 목적으로 삼는다는 점에서, 자본주의 극복을 전략적

9_ 제3회 맑스코뮤날레 조직위원회 편, 『21세기 자본주의와 대안적 세계화』, 문화과학사, 2007 과 『문화/과학』, 『마르크스주의 연구』, 『진보평론』 등의 최근호에 대안사회의 상을 그리는 논의가 이전에 비해 자주 나오는 것이 한 증거이다.

과제로 삼는다는 점에서, 그리하여 사회주의 혁명과 코뮌주의 건설을 지상의 목표로 삼는다는 점에서 고유한 정체성을 갖는다고 할 수 있다. 오늘 문화적 공공성 운동, 그리고 사회주의적, 코뮌주의적 대안문화 건설을 위한 문화운동은 한편으로 보면 진보적 대중의 결여로 인해 어려움을 겪고 있지만 다른 한편으로 보면 변혁적 문화운동을 기획하고 실천할 '좌파'의 부족으로 더 큰 난관에 봉착해 있다고 할 수 있다. 다른 부문의 운동도 마찬가지겠지만 문화운동이 힘을 발휘하려면 문화운동 내 진보적 활동가들이 '좌파'가 되고 주변에서 좌파 동지들을 찾고, 서로 연대하는 노력이 필요하다.

이런 측면에서 오늘 한국의 문화운동은 진보적 대중 가운데 '전문적 대중'을 찾는 노력, 또는 전문가든 비전문가든 활동가 주체를 찾아 나설 필요가 있다고 본다. 이들 주체는 아마도 전문 문화인들 특히 예술가들일 것이다. 현재 진보적 문화운동에서 예술운동은 거의 소멸했다시피 했는데, 이는 예술가들이 진보적 사회운동에서 거리를 두고 있거나 운동을 포기했기 때문이다. 예술가들을 다시 문화운동의 동력으로, 주체로 끌어들일 필요가 있다. 하지만 이를 위해서는 새로운 미학적 실천 강령을 수립해야만 한다. 예술가, 또는 전문 문화인들은 미학적 실천가들로서 그들이 문화운동에 전문가로서 참여하려면 자신들이 실천할 수 있는 미학적 실천 강령이 마련될 필요가 있다. 나는 이 새로운 미학을 '사회미학'으로 명명한 적이 있는데, '사회미학'은 일단 반영, 재현 등의 개념에 의해 주로 '작품'으로 구현되는 '예술미학'과 구분되는 것으로 이해할 수 있고, 공공미술, 스쾃운동(오아시스 프로젝트) 등이 보여주는 것처럼 '미학의 사회화'에 해당한다. 과거 예술운동은 주로 '작가 중심적' 실천이었다면 사회미학은 창작자, 문화적 실천가로서의 예술가를 배제하지는 않되, 예술가를 미학적 실천에 참여하는 다양한 주체들 가운데 하나로 설정하는 방식이다.[10]

다른 한편 문화운동을 지지하는 '일반 대중'의 확보도 중요하다. 1980년대에

10_ 이 책에 같이 실려 있는 「의림과 시적 정의, 또는 사회미학과 코뮌주의」 참고

사회운동이 상승한 데에는 80년대 학번 대학생 대중의 '인적 기반'이 크게 작용했다. 이런 점을 생각할 때 2000년대 운동이 위기에 처한 것은 시민운동이든 민중운동이든 운동에 대한 '일반 대중'의 관심이나 지지가 소멸했기 때문이다. 근래에 들어와서 대중은 자신들을 대표하는 단체나 개인, 무엇보다 '지도부'에 대한 불신이 팽배한 것 같다. 2008년 촛불집회에서도 '광우병대책회의'나 정당, 개별 운동단체를 막론하고 '대표' 형태에 대한 대중의 불신은 극에 달했다. 그런데 이것은 진보진영, 나아가서 변혁운동 진영이 현재 별다른 '지적, 도덕적 지도력'을 행사하지 못한 때문은 아닐까?[11] 물론 2008년 촛불집회에서 대중들이 대표 형태 일반을 거부한 것을 두고 이 '지도력'까지 거부한다고 할 수도 있을는지 모르지만, 진정한 지도력과 사이비 지도력은 구분해야 할 것이다. '대표'에 대한 거부는 대표의 자격이 없는 대표에 대한 거부라고 봐야 하지 않을까? 아마 여기서 좌파를 포함한 진보운동 진영 전반이 반성해야 할 점이 있을 것이다. 촛불집회에서 대표의 지도력이 발휘되지 않고, 대표에 대한 불신이 팽배한 것은 대표가 대표다운 역할을 하지 못한 때문일 것이다. 좌파의 경우 대중의 불신을 산 것은 좌파다운 모습을 드러내지 못한 데, 예컨대 좌파가 진정한 '전위'로서의 모습을 드러내지 못한 데서 그 원인을 찾아야 한다.[12] 문화운동도 일반 대중의 지지를 얻으려면 문화운동을 전개하고 있는 이론가, 실천가, 활동가가 먼저 대중의 지지를 받을 만한 모습을 갖출 필요가 있다.

좌파가, 진보진영이 대중의 지지를 받으려면 어떻게 바뀌어야 하나? '전위'가 되어야 한다. 진보진영 일반이 '지적 도덕적 지도력'을 확보하려면 스스로 앞장서

11_ "하나의 사회집단은 정권을 획득하기 전에 '지도력'을 행사할 수 있고, 진정 행사해야 하며, 이미 행사하고 있어야 한다. (이것이야말로 그런 권력을 획득하는 주요 조건들의 하나이다); 그 집단은 이후 권력을 행사하게 될 때 지배적이 되지만 권력을 확고하게 장악한다고 할지라도 계속 '지도하기도' 해야 한다." Antonio Gramsci, *Selections from Prisons Notebooks*, tr. Quintin Hoare and Geoffrey Nowell Smith (New York: International Publishers, 1971) pp. 57-58.

12_ 여기서 말하는 '대표'나 '지도'의 문제에 대해서는 『문화/과학』 55호, 2008년 가을의 특집 좌담으로 실린 「좌파, 2008년 촛불집회를 말하다」, 37-40쪽 참고.

는 모습을 가져야 하고, 그 모습은 이론적으로나 실천적으로 전향적이고 실험적이며, 발본적이어야 한다. 아울러 담론적 능력 강화가 절실하게 요구된다. 진보진영, 좌파의 지도력이 낮은 것은 오늘 한국의 담론 지형에서 뒷전에 처져 있기 때문이다. 이 난관을 돌파하려면 진보적 담론의 구축과 함께 그것의 유포 전략이 필요하다. 이는 논쟁의 점화, 글쓰기 방식의 변화 등 매체운동의 새로운 전략을 요구할 것이다.

그런데 전위적 좌파를 형성하는 일과 문화운동을 포함한 진보적 운동을 지지하는 일반 대중을 형성하는 일은 구분할 필요가 있다. 전위적 좌파의 실천력 강화, 연대 강화가 필요한 것과는 별도로 진보운동을 지지하는 대중의 확보도 중요한 과제로 설정해야 한다. 문화운동, 진보운동의 대중—전문적 대중의 범위를 넘어선 일반 대중—은 어떻게 확보할 것인가? 다시 말해 한국자본주의 변혁에 동참할 대중은 어떻게 형성될 수 있는가? 이와 관련하여 한국자본주의의 재생산 구도를 이해할 필요가 있다고 생각한다.

대중의 태도라는 관점에서 봤을 때 현재 한국자본주의의 재생산은 대중을 자본주의적 생산과 소비의 연계메커니즘과 이와 관련한 자본주의적 가치 생산에 종속시킴으로써 이루어진다. 여기서 중요하게 떠오르는 부문이 위에서 소비자본주의가 작동되는 대중문화시장, 부동산시장, 그리고 교육시장이 아닐까 한다. 이 세 분야를 특별히 중요하다고 보는 것은 대중 소유의 부나 소득이 거기에 집중되고 있기 때문이다. 소수의 자본 소유자와 다수의 노동력 소유자가 서로 만나서 형성한 사회체제로서의 자본주의가 지속하려면 다수 노동력 소유자 또는 (노동자) 대중이 자본축적의 메커니즘을 계속 지원하는 삶을 살아야만 한다. 자본주의 사회에서 자본의 축적이 이루어지는 곳은 시장이고 한국에서 자본축적이 집중적으로 이루어지면서 대중의 삶을 지배하는 곳은 라이프스타일이 형성되는 자본주의적 대중문화의 공간, 개인의 사적 부가 집중되는 주택, 그리고 미래에의 투자가 이루어지는 교육 부문이다. 이에 따라 한국자본주의는 부동산, 교육, 그리고 소비문화를 통해 재생산되고 있다고 해도 과언이 아닐 것이다.[13] 물론 자본주의 체제는 재생산 부문만이 아니라 다양한 생산부문을 가동하며, 생산과 재생산/소비를 통합적으로 지배함으로써 자신의 지배를 지속시킨다. 여기서 재생산 문제에 대해 관심을 환기시키는 것은 한국의 변혁적 진보진영은 대체로 생산 부문에서의 개입만 생각할 뿐 재생산의 문제는 생각하지 않는 것 같기 때문이다. 그러나 (노동자)대중은 개별적으로 힘들게 번 임금을 부동산, 교육, 소비생활을 위해 쏟아 붓고, 이를 위해 다시 노동생활로 돌아가는 방식의 삶을 영위하는 중이다. 오늘의 지배적 사회 형태가 '노동사회'라고 위에서 언급한 것은 이런 점을 염두에 둔 것이다.

진보운동을 지지하는 일반 대중의 확보를 위해서 좌파 또는 진보진영이 우선적으로 해야 할 일은 일상적 삶의 의미를 소비에서 찾게 만드는 소비자본주의적 삶의 방식, 사회적 공유를 사적 소유 대상으로 만들어내는 부동산 투기, 지식과 능력의 사회화보다는 소비적, 사적 소유만 부추기는 교육 현실에 대한 개입 전략을 세우는 것이다. 이 작업은 대중과 만나는 일이면서 새로운 진보적 주체를 형성하는 과정이 될 수도 있을 것이다. 이 세 영역에의 개입을 통해 두 가지 문화운동의 의제를 도출할 수 있다고 본다. 첫째 소비자본주의와 부동산 시장에 대한 비자본주의적, 사회주의적, 코뮌주의적 운동을 통해 새로운 사회적 공유의 기반을 만들어내는 운동, 다양한 코뮌 형성 운동을 발전시킬 필요가 있다. 이미 존재하는 다양한 공동체 운동, 최근 시작한 '민중의 집' 운동이 이런 사례에 속한다.[14] 코뮌을 형성하는 운동은 삶의 방식을 새롭게 하는 운동이다. 둘째, 교육운동을 현 단계 진보운동의 전략적 운동으로 전환시키는 것이 필요하다. 그동안 교육운동은 학생,

---

13_ 현재 한국사회에서 지배블록은 이 3대 재생산 영역에서 지배적 영향력을 행사하는 데 반해 진보운동은 설령 개별적으로는 그들 영역에 개입할지는 몰라도 한국자본주의의 재생산이라는 전략적 시각에서 3대 영역의 문제를 보지는 않는다. 사회운동에서 문화운동이 중요한 것은 이 후자의 영역에서 재생산의 관점이 좀 더 지속적으로 도출될 수 있고, 자본주의 극복을 자본주의적 주체 형태 극복의 문제로 사고할 수 있게 해주기 때문이다.

14_ '민중의 집' 운동에 대해서는 심광현, 「촛불시위로 열린 "제3 공간"의 키잡이, "민중의 집 운동"」, 『문화/과학』 55호, 2008년 가을 참고

학부모, 교사, 교수 등 교육과 직접 관련된 사회적 주체들이 중심이 되어 전개되었다. 그러나 교육이 한국자본주의 재생산에서 핵심적인 한 역할을 한다는 점을 생각하면 진보운동 전반이 교육운동을 자신의 운동으로 떠안을 필요가 있다. 교육은 교사와 교수, 학생, 교직원 등만의 문제가 아니라 한국의 대중 전체에게 고통을 전가하는 문제라는 점에서 교육계의 사안을 넘어서는 문제이다. 그동안 교육문제는 부문운동의 과제로만 인식되어 왔지만 대중 전체에게 영향을 미친다는 점을 인식할 필요가 있다. 게다가 교육은 한국자본주의가 결코 해결하지 못하는 문제이기도 하다는 점에서 그 '약한 고리'라고 할 수 있다. 이 약한 고리를 공격하면 진보운동은 큰 힘을 얻을 수 있고, 대중적 지지도 얻게 될 것이다. 문화운동도 이에 따라 교육운동을 자신의 중요한 현장으로 삼을 필요가 있다. 문화운동은 재생산 문제에 집중함으로써 교육운동의 전화에도 기여할 수 있을 것이다.

5. 맺으며

진보운동의 과제는 한국사회의 변혁이고, 이는 자본주의 체제의 변혁으로 이루어져야 한다. 진보운동의 궁극적 목적은 따라서 사회주의 또는 코뮌주의 사회의 건설이라 할 수 있다. 문화운동의 견지에서 보면 이 과제는 '문화사회의 건설'로 요약될 것이다. 문화운동이 사회운동의 주요 차원이고 사회운동을 문화적 관점에서 추구하는 운동이라면, 문화운동의 작용 결과 나타나는 사회의 모습은 문화적으로 가꾸어진 사회, 문화적 가치가 투영되고 문화적 관점이 반영된 사회일 것이기 때문이다. 이런 문화사회는 문화적 활동이 지배적인 사회, 문화적 가치 창조가 사회구성의 주된 목적이자 원칙으로 설정된 사회라고 할 수 있다.

이명박 정권의 등장으로 신자유주의가 강화됨에 따라 한국사회는 사회적 공공성이 더욱 붕괴하고 대중에 대한 착취가 더욱 심화될 전망이다. 이런 국면에서 진보운동은 사회적(문화적) 공공성 사수 등 신자유주의 반대운동을 지속할 수밖에 없지만 '지적, 도덕적 지도력'을 확보해야만 성장의 전망을 가질 수 있다. 문화운동에서 이런 지도력은 전문 및 일반 대중에 대해서 이루어져야 하며, 이 과정에서 사회미학의 실천과 교육운동에의 개입이 필요할 것으로 보인다. 아울러 이 모든 운동은 대안문화 운동으로 전환될 필요가 있다. 대안문화는 자본주의적 삶의 극복을 전제할 때 그 모습을 찾을 수 있으며, 따라서 문화사회를 지향하는 것이어야 한다. 오늘 문화운동의 최대 과제는 대안문화와 문화사회를 건설하는 데 있다.